公共经济与管理·投资学系列

房地产金融
Real Estate Finance

（第二版）

曹建元　主编

复旦大学出版社

公共经济与管理系列丛书编委会

主　任　刘小兵
副主任　方　芳　何精华
编　委（按姓氏笔画排序）
　　　　　　方　芳　王　峰　刘小兵　朱为群
　　　　　　李　华　任晓辉　陈　杰　何精华
　　　　　　岳　崟　赵永冰　陶　勇

序

  上海财经大学公共经济与管理学院是一个既富有历史积淀,又充满新生活力的多科性学院。其前身财政系始建于1952年,是新中国成立后高校中第一批以财政学为专业方向的教学科研单位。经过60多年的变迁和发展,财政学科不断发展壮大,已成为教育部和财政部重点学科,为公共经济学的学科发展和人才培养做出了重要贡献。2001年,在财政系基础上,整合投资系,新建公共管理系,组建了公共经济与管理学院,从而形成了以公共财政、公共管理和公共投资三个方向为基本结构,以公共事务为纽带,以培养具有国际化视野的公共管理人才为使命,以公共经济与公共管理学研究为核心的跨学科教学和研究机构。

  公共经济与管理学院具有海纳百川的悠久文化渊源。半个多世纪以来,创立和推动学科发展的知名教授中既有毕业于美国、日本和法国等著名国际高等学府、具有极高学术声望的海外归国学者,如杨荫溥、冯定璋、曹立瀛、席克正、周伯棣、尹文敬教授等;也有长期致力于中国财政经济、投资经济研究,具有重要社会影响的著名教授,如苏挺、李儒训、葛维熹、俞文青教授等。他们曾引领了我国财政学科的发展,奠定了学科人才的培养基础,也为上海财经大学在公共经济领域开拓了一片沃土,培育了一批财政、投资和税收学科的学术带头人。

  经济体制改革掀开了中国历史新的一页,也给学院的发展注入了勃勃生机。目前学院已经发展成为由财政、投资、税收、公共管理、社会保障与社会政策五个系组成的本科、硕士和博士学位的人才培养体系,拥有10个本科专业、15个硕士专业和7个博士专业授予点,同时建立了以9个研究所中心/所为基础的科研团队。2012年年末,中国公共财政研究院诞生;2013年,作为上海市教委建立的十个智库之一的公共政策与治理研究院成立,从而构成了以学院为主体,以两个研究院为两翼的"一体两翼"教学科研组织结构,成为了以公共经济和公共管理理论为基础,以提供政府公共政策咨询为己任的开放型、跨学科协同创新研究平台,开启了学院融教学管理、学术研究、政策咨询为一体,协同发展的新征程。

传承历史,继往开来,学科建设是学院整体建设的重要组成部分,是学院的龙头工作。而课程建设既是学科建设的中心环节,又是承载专业教学重任的关键桥梁。抓好课程建设不仅是深化教学改革的一项重要措施,也是学科自身建设的根本大计。为了深化学院课程体系改革,推动将优质科研资源转化为教学资源,落实教授为本科生上课制度,帮助学生提高自主学习能力,提升学院人才培养质量和水平,学院在课程建设上,明确了名师领衔、团队攻关,"以系列教材建设为品牌,以精品教材建设为目标,以实验性和务实性教材建设为特色"的教改思路。

由复旦大学出版社出版的"公共经济与管理"系列丛书旨在推出上海财经大学公共经济与公共管理课程建设的成果。这套丛书既是学院全体教师劳作的园地,又是学院教学展示的窗口。

在"公共经济与管理"系列丛书出版之际,谨致以最美好的祝愿。

刘小兵

2016 年 6 月 10 日

前　言

　　坚持以人民为中心的发展需要房地产业持续健康发展的支持，房地产业的持续健康发展对发展经济、改善人民群众住房条件、推进新型城镇化、提高城镇化率有着重大的作用。房产存量提质改造、增量结构调整并重已经成为新的经济增长点，是房地产市场平稳运行的重要方面。房地产持有以及加快培育和发展住房租赁市场成为房地产行业发展的重要方面，租购并举的住房制度的实施成为住房政策的重要方面，研发大楼、生产厂房建设中的融资支持也是金融支持实体经济的重要方面，创新创业中个人经营用房的获得往往也需要融资支持，而这些都离不开大量的资金投入和相关的风险保障，房地产业与金融业的关系因而越来越密切，"房子是用来住的，不是用来炒的"政策落实也需要房地产金融政策配合。以研究金融机构对房地产开发、流通、消费和持有领域提供信用服务和理财等其他金融服务为主要内容的房地产金融学科应运而生，并得到不断发展。房地产金融学是经济学科的一个分支，是一门介于房地产经济学、货币银行学、保险学和经济法学等学科之间的边缘学科。它是在这些学科的基本理论、基本方法的基础上发展起来的，是系统论述房地产金融活动的理论和方法的学科。

　　本书在编著时，力求理论联系实际，对房地产金融的理论和实践进行阐述，对当前房地产金融领域已有的经验和做法作出总结和关注，并对房地产金融的发展进行了一定的探索，希望能使读者对房地产金融有较为全面、系统的认识。

　　本书共分十三章，内容大致分为六个部分：第一部分（第一章）论述房地产业与金融业的关系、房地产金融学的研究对象与内容；第二部分（第二章）论述房地产金融组织体系和房地产融资主体；第三部分（第三章至第六章）阐述房地产银行信用的受授，尤其是房地产抵押贷款的发放和运行管理，阐述政策性住房金融制度与业务，介绍房地产融资信用调查和项目融资分析；第四部分（第七章至第十一章）阐述房地产金融机构的其他金融服务，内容涉及房地产信托、房地产典当、房地产保险、房地产结算融资和房地产证券化等内容；第五部分(第十二章)介绍了国外及中国香港地区房地产金融的经验；第六部分(第十三章)介绍了房地产金融创新。

  本书是作者结合教学实践和在房地产金融领域的从业(执业)经历，在力求达到理论性、实务性和一定前瞻性相结合的目标的基础上编著而成的。全书各章之后附有复习思考题，并且对于以往读者学习中比较关注的住房贷款按月等额本息还款方式，以附录方式介绍了有关公式的推导，便于读者思考和理解。另外，本书在部分章后附有案例分析，帮助读者了解相关内容。教材再版编写中，高晓辉参与了教材第四章、第五章和第六章部分内容的编写，恽可、裴卓童、王婷婷、何香妍、罗晶、马嘉佳、王雪婷、武荣荣参与了案例、房地产融资估值资料与房地产金融政策梳理与初稿编写。本书可以作为高等院校有关专业房地产金融课程的教材和参考用书，也可以作为房地产金融机构工作人员、房地产开发经营企业筹资人员业务学习用书。

  本书在编著过程中，参阅了不少有关文献资料，利用了不少官方网址相关信息，这些都对本书的编著有很大的帮助。本书在出版过程中得到了复旦大学出版社的帮助，上海财经大学公共经济与管理学院的大力支持，在此一并表示感谢。

  由于编著者的水平有限，书中定有不妥之处，恳请读者批评指正。

曹建元
2021 年 3 月

目 录

第一章　总论 ……………………………………………………………… 1
　第一节　房地产业及其资金运作 ……………………………………… 1
　第二节　房地产金融的概念 …………………………………………… 5
　第三节　房地产业与金融业的关系 …………………………………… 14
　第四节　房地产金融学的研究对象和内容 …………………………… 16
　本章小结 …………………………………………………………………… 17
　复习思考题 ………………………………………………………………… 18

第二章　房地产金融机构和房地产融资主体 ………………………… 19
　第一节　房地产金融机构的组织体系 ………………………………… 19
　第二节　房地产金融机构的任务 ……………………………………… 27
　第三节　房地产金融机构的管理 ……………………………………… 29
　第四节　房地产融资主体 ……………………………………………… 35
　本章小结 …………………………………………………………………… 37
　复习思考题 ………………………………………………………………… 38
　案例分析 …………………………………………………………………… 38

第三章　房地产银行信用及其管理 …………………………………… 40
　第一节　房地产信用概述 ……………………………………………… 40
　第二节　房地产银行信用的受授业务 ………………………………… 42
　第三节　住房储蓄积数贷款 …………………………………………… 51
　第四节　房地产银行信用管理 ………………………………………… 54

本章小结 ··· 57
　　复习思考题 ··· 58

第四章　房地产抵押贷款 ·· 59
　　第一节　房地产抵押贷款的原理与种类 ·············· 59
　　第二节　房地产抵押贷款的运作 ···························· 65
　　第三节　房地产抵押贷款管理 ································ 78
　　第四节　银行对抵押房地产的估价的审核 ·········· 81
　　本章小结 ··· 94
　　复习思考题 ··· 95

第五章　政策性住房金融 ·· 96
　　第一节　住房公积金制度 ·· 96
　　第二节　住房公积金贷款 ·· 101
　　第三节　政策性住房置业担保 ································ 107
　　本章小结 ··· 109
　　复习思考题 ··· 110
　　案例分析 ··· 110

第六章　房地产融资征信调查和项目融资分析 ·················· 112
　　第一节　房地产融资征信调查概述 ······················· 112
　　第二节　房地产融资征信调查的主要指标 ·········· 120
　　第三节　房地产开发项目的融资分析 ··················· 127
　　本章小结 ··· 136
　　复习思考题 ··· 137

第七章　房地产信托 ·· 138
　　第一节　房地产信托概述 ·· 138
　　第二节　房地产资金信托和其他受托业务 ·········· 143
　　第三节　房地产代理、征信、咨询和担保 ·········· 146
　　本章小结 ··· 148
　　复习思考题 ··· 149

第八章　房地产典当和其他非金融机构房地产融资 ·········· 150
　　第一节　典当概述 ··· 150
　　第二节　房地产典当和房地产典权 ······················· 154
　　第三节　房地产典当与房地产抵押贷款、房地产租赁的关系 ·· 156
　　第四节　其他非金融机构的房地产融资 ·············· 158

本章小结 160
复习思考题 161
案例分析 161

第九章　房地产保险 163
第一节　房地产保险概述 163
第二节　房地产保险的运行要素 166
第三节　房地产保险的运行原理 177
第四节　房地产保险的主要险种 184
本章小结 206
复习思考题 208
案例分析 208

第十章　结算与房地产结算融资 212
第一节　结算概述 212
第二节　银行票据结算 217
第三节　银行其他结算 221
第四节　房地产结算融资 225
本章小结 226
复习思考题 227

第十一章　房地产证券化 229
第一节　房地产证券化与证券市场概述 229
第二节　房地产融资证券化 234
第三节　住房抵押贷款证券化 240
第四节　房地产实物产权证券化 250
第五节　房地产PPP项目证券化 252
第六节　基础设施领域不动产投资信托基金 257
本章小结 259
复习思考题 261
案例分析 261

第十二章　国外及中国香港地区的房地产金融 264
第一节　国外房地产金融概述 264
第二节　美国的房地产金融 271
第三节　新加坡的房地产金融 286
第四节　中国香港地区的房地产金融 291
本章小结 297

复习思考题 ··· 299
   案例分析 ··· 299

第十三章 房地产金融创新 ··· 302
   第一节 房地产金融创新的基本理论 ······················· 302
   第二节 房地产金融创新的基本内容 ······················· 305
   第三节 房地产金融创新的经济效应 ······················· 309
   本章小结 ··· 311
   复习思考题 ··· 312
   案例分析 ··· 312

参考文献和网址 ·· 313

第一章 总论

本章在简要介绍房地产业及其资金运作的基础上,对房地产金融的概念进行了定义,概要介绍了我国房地产金融的主要发展历程,分析了房地产业与金融业的关系,并阐述了房地产金融学的研究对象和内容。

第一节 房地产业及其资金运作

一、房地产和房地产业

(一) 房地产的概念

房地产是房产与地产两种财产的合称,是以房与地的这种物的存在为前提的一种财产形态,是土地和附着于土地之上的房屋等建筑物以及构筑物所构成的物质形态在经济上的体现,是房屋与土地的经济形态,它涉及权属关系。房产和地产都是与一定所有制关系下的房屋和土地相关联的,产权的形成、转让、抵押和租赁等是房地产经济活动的主要内容。房地产的各种经济活动的实质就是其权属(产权)的运行过程。因此,房地产不仅是指土地及土地附着物,而且还包括由此而衍生的各种权属关系。

(二) 房地产的特征

房地产作为一种财产,与其他形态的财产相比,具有如下的物质和经济性质方面的特征,显示出房地产财产的自然属性和社会属性。

1. 房地产物质性质方面的特征

(1) 固定性

属于不动产的房地产,从建设到使用始终固定在某个确定的场所,不能移动。除非自然毁损和人为拆除,它是一直建立在一定的地理位置上的。

(2) 多样性

房地产受地质、地形、水文、气候等自然条件的限制和影响,同时还受文化、风俗、民族习惯等社会因素的影响,这些影响都会导致人们对房地产的需求不同,也决定了房地产在不同地区、不同条件下存在着异质性,从而导致房地产生产的单件性和房地产本身的多样性。

(3) 耐久性

房地产的使用价值具有耐久性,如果不是人为原因或自然灾害,使用年限可长达数十年甚至更长,在整个使用年限里都能基本保持原有的使用价值,从而也使房地产服务具有长期性。

(4) 体积大

房地产的外在形态一般都比较大,要占相当大的空间。随着现代社会城市化发展和人们生产与生活水平的提高,房地产的建筑标准在提高,房地产规模也在扩大,从而导致房地产的生产跨年甚至跨若干年,客观上也决定了某些房地产生产的长期性。

2. 房地产经济性质方面的特征

(1) 房地产所处的地理位置对其价格有着重大影响

由于房地产所处场所的固定性,使得购买者或者承租人对房地产的选择,深受该房地产周围的交通、就业、购物和文化教育设施等条件的影响。这些条件优越与否直接影响房地产的价格,土地的价格又受土地的地段价差影响,处在有利区位的房地产价格就高;反之则低。

(2) 房地产的单件性使得房地产估价显得日趋重要

由于房地产本身的多样性,为了实施房地产的交易,需要有专门的机构和人员从事房地产估价工作,以便能够公平有效地实现房地产的交易。用房地产担保、投资等也需要对其进行估价,以保护担保和投资当事人的正当权益。

(3) 房地产产权具有可分割性,投资者可以以出售或出租等方式寻求投资回报

所有权是法定权利的结合体,它包括占有权、使用权、收益权和处分权。在必要的情况下,这些权利可以分别出售或转让给不同的生产者和消费者,甚至随着社会经济的发展和需要,以上权利可以分割并重新组合,产生新的权属状态,如租赁权、信托权、抵押权、可保权益等;在房地产交易中,房地产所有者既可以以出售房产的方式转移房屋产权和土地使用权,也可以在保留房屋产权的情况下转移一定期限的房屋使用权,如房屋出租,甚至可以以分时度假方式向多个受让人转让分时度假房等。房地产产权的可分割性也为房地产金融的多样化运行(如房地产抵押、房地产典当、房地产信托、房地产保险等)提供了可能和法律上的保障。

(4) 房地产生产投资大

房地产在生产过程中,从土地取得、规划设计到委托施工,要投入大量的人力和物力,单位产品的价格较高,房地产的购买者也需要投入大量的资金,这也为金融机构介入房地产领域提供了机会。金融机构可为房地产开发和消费提供融资服务。

(三) 房地产业的概念

房地产业是一个为实现房地产产权权属而进行相应经济活动的产业部门,是从事房地产开发、经营、管理和服务等项房地产经济活动的各个经济单位的总体。这个产业的经济活动涉及金融、保险、建筑和法律等领域。

在我国的国民经济三次产业的划分中,房地产业与金融业作为两个门类共同列入第三产业,房地产业同时作为单一大类进行归类,在金融业这一门类中,包括货币金融服务、资本市场服务、保险业和其他金融业四个大类。房地产业与金融业都是为生产经营和生活服务的部门。

房地产业涉及房地产开发经营、物业管理(服务)、房地产中介服务、自有房地产经营活动和其他房地产活动。主要构成单位是各种形式的房地产开发、经营、管理和咨询机构,包括房地产开发公司、房地产投资咨询公司、房地产物业管理公司、房地产交易市场组织和房地产估价事务所等。此外,房地产业的构成单位还包括从事住宅发展管理、土地储备管理、土地招标、拍卖、挂牌管理和其他房屋管理的房地产管理机构。这些单位(机构)的有效运作,使得房地产业具有房地产投资开发的组织职能、房地产产品流通的媒介职能以及房地产使用的日常管理职能。

二、房地产业资金及其运作

(一) 房地产业经济活动的资金分类

房地产业资金是指房地产业在房地产开发、经营和管理活动中的各项财产物资的货币表现。房地产业经济活动的资金分类,视房地产业经济活动各类主体的不同而有差异,但就综合性的房地产开发经营企业从事房地产的形式与流通过程来看,房地产业经济活动的资金可以从来源、实物形态和价值转移方式等方面进行划分。

1. 按资金来源渠道划分

按资金来源渠道划分,从事房地产投资开发经营的房地产开发经营企业其资金来源主要包括所有者权益和负债两大部分。

(1) 房地产开发经营企业的所有者权益

房地产开发经营企业的所有者权益构成了房地产开发经营企业自有资金的来源。它包括由所有者投入的资本,可涉及国家投入的资本、法人投入的资本、个人投入的资本和外商投入的资本;直接计入所有者权益的利得和损失和留存收益等。

(2) 房地产开发经营企业的负债

房地产开发经营企业的负债包括向各金融机构的借款、债券筹资、预收购房定金、预收代建款和其他负债。

2. 按资金的实物形态和价值转移方式划分

按资金的实物形态和价值转移方式的不同,房地产开发经营企业的资金可以分为固定资金和流动资金两大类。

(1) 房地产开发经营企业的固定资金

房地产开发经营企业的固定资金主要是指用于以房屋、建筑物、机械设备、运输工具、办公设备等固定资产实物形态存在的劳动资料方面的资金。在开发经营过程中，固定资产可长期使用，而其价值分次地、逐步地以折旧形式转移到所开发经营的产品中去，并随着产品的销售（房屋出售、土地使用权转让）和出租（房屋出租）而得到补偿，其停留在固定资产实物形态上的价值逐渐减少，转化为货币形态的价值逐渐增加，直到固定资产实物报废，其价值形态和实物形态完全分离，并转化为货币形态。

（2）房地产开发经营企业的流动资金

房地产开发经营企业的流动资金主要是指用于原材料等劳动对象方面的资金。流动资金所代表的物质资料一经投入，就要全部被消耗或改变其原有的实物形态；流动资金还用于人工和其他费用，从而流动资金的价值就要一次、全部地转移到新生产的产品中，通过房屋销售、土地使用权转让和房屋出租得到补偿。

（二）房地产业资金的循环运行

房地产业经济活动中的资金随着生产经营活动的进行不断地循环运动。房地产的生产和再生产，顺次经过供应、生产和销售阶段，资金也相应从货币资金形态经过储备资金形态、生产资金形态（在建工程包括在建场地、在建房屋、在建配套设施等）、成品资金形态（产成品包括完工土地、房屋、配套设施等开发产品），以及结算资金等各种不同的形态，然后又回复到货币资金形态进行循环周转。在准备阶段，房地产开发经营企业用货币购入物质资料以及土地使用权，这时货币资金就转化为储备资金。在生产阶段，房地产开发经营企业在建筑地块上投入物质资料，用货币资金支付人工费和生产费用，使储备资金和一部分货币资金转换为生产资金，产品完工后，生产资金又转化为成品资金。在销售阶段，房地产开发经营企业将产品出售，进行结算，收回价款，成品资金又通过结算资金转化为货币资金。

房地产开发经营企业的资金运动，不仅要通过供应阶段、生产阶段和销售阶段，而且要在各个阶段循环反复（除了一次性的房地产项目公司外）。资金在同一时期中经历各个阶段，各种形态的资金在空间上并存，在时间上继起，从而使房地产业经济活动不断运行，资金在循环周转中不断增值，房地产的生产和再生产不断地进行。

（三）房地产业资金运动的特点

由于房地产存在着物质性质方面和经济性质方面的特征，房地产业资金运动也就有着与一般商品生产和流通行业不同的特点。这些特点归纳起来主要有以下四个。

1. 资金投入量大

相对于一般商品来说，房地产单体价值较大，在房地产的生产和再生产过程中，房地产的生产、流通和消费的每一环节都要花费大量资金，否则难以实现房地产的价值和使用价值。

2. 整体资金周转慢

房地产从开发到可交付使用，其生产工期短则一年，长则数年，才进入流通和消费领域。由于房地产的投资回收可以采用出售、出租方式来实现，其中出租和采用分期收款出售的，投资回收期可以长达几十年。资金完成一次周转的时间较长。

3. 资金运动受地域影响大

房地产属于不动产，其生产、流通和消费都要在同一地域才能完成，加上房地产的购买者或投资者往往受国籍、城市户口、生活习惯等的限制,使得房地产的流通和消费有一定的地域性,从而导致房地产资金运作也会受地域的影响。

4. 房地产资金的增值性

由于房地产地理位置的排他性和每个确定场所的稀缺性,随着经济的不断发展和人们生活水平的不断提高,房地产的需求也在不断增大,造成一定时间和特定地点上的供需矛盾加剧,从而使得房地产的价格上扬,房地产资金的增值性越发明显。

第二节 房地产金融的概念

一、金融概述

金融指货币资金的融通,包括与货币流通和信用有关的一切经济活动。在商品生产和商品交换的发展过程中产生了货币,金融是商品货币关系发展的产物。在社会经济生活中,货币的发行、流通和回笼,存款的吸收和提取,贷款的发放和回收,货币结算、贴现,金银、外汇和有价证券的买卖,金融信托和租赁等项活动,都称为金融活动。专门经营货币资金业务的机构称作金融机构,包括银行、保险公司、信托公司、证券公司、基金管理公司、财务公司、信用合作社、贷款公司等。金融活动的发展和金融机构的广泛建立,推动着社会经济的发展。

金融活动按是否有金融机构作为货币资金融通的中介,可分为直接金融活动和间接金融活动。在直接金融活动方式中,货币资金的实际融出方和实际融入方直接进行资金融通,其主要方式有有价证券的直接买卖、货币资金所有方向借款方直接贷放、预收预付和赊购赊销商品等,直接金融活动受融资双方的资金数量、资信程度等因素的影响较大。在间接金融活动方式中,货币资金的实际融出方和实际融入方之间加入金融机构作为中介参加融资,在一定程度上克服直接金融活动的局限性。金融机构以其广泛的信息与结算网络、众多的服务网点、良好的资信状况和吸存和(或)其他筹资能力,为资金融通提供较为雄厚的来源基础,这有利于货币资金的融通。在实务上,为了规范直接金融活动,一些直接金融活动也要有金融机构的一定参与,而间接金融活动在资本市场不是很发达的地方,往往成为货币资金融通的主要形式。

二、房地产金融的概念和内容

房地产金融是指在房地产开发、流通、消费和持有过程中,通过货币流通和信用渠道所进行的筹资、融资及相关金融服务的一系列金融活动的总称。

房地产金融的基本任务是运用多种金融方式和金融工具筹集和融通资金、保障资金安全,支持房地产开发、流通、消费和持有,促进房地产再生产过程中资金的良性循环,保障房地产再生产过程的顺利进行。

房地产金融业务的内容主要包括吸收房地产业存款,开办住房储蓄,办理房地产贷款尤其是房地产抵押贷款,从事房地产投资、信托、保险、典当、货币结算以及房地产有价证券的发行和代理发行与交易、房地产证券化等。

房地产金融包括政策性的房地产金融和商业性的房地产金融。政策性房地产金融早期主要是房改金融,它是与住房制度改革有关的一系列金融活动,并且已经朝住房保障金融支持方面发展。

房改金融和住房保障金融与商业性房地产金融的差异主要表现在以下四个方面。

第一,房改金融和住房保障金融是政策性房地产金融业务,政策性很强;商业性房地产金融是经营性房地产金融业务,政策性相对较弱。房改金融和住房保障金融的政策性主要体现在以下三个方面:一是房改金融和住房保障金融不以营利为主要目的,特别是房改资金循环周转增值的部分主要是继续投入房改业务;二是具有特定的资金来源和资金运用,房改资金的归集和运用都要符合房改政策的规定,而住房保障金融资金的运用往往也与财政性存款吸存相联系,具有专款专用的特征;三是资金来源的强制性和资金运用的优惠性,房改金融和住房保障金融资金归集具有强制性,并且一般筹资成本较低、但期限较长,而资金运用的利率较低、期限较长。商业性房地产金融是以营利为主要目的的金融业务,其资金来源和资金运用受政策性影响相对较弱,房地产金融机构运作此类资金时具有较大的自主性。在实践上,商业性房地产金融也会涉及住房保障金融领域,以体现相关金融主体的社会责任。

第二,房改金融和住房保障金融具有地方性特征,而商业性房地产金融地方性特征相对弱一些。房改金融和住房保障金融的地方性特征主要体现在两个方面:一是房改资金和住房保障金融的地方性较强。房改政策在实施过程中,因地制宜是一个基本要求,从而使房改金融从资金来源的具体形式和种类、资金运用的具体投向和种类各地不尽相同,如有的城市住房基金不强制归集单位这一块,而有的城市住房基金归集则包括城镇住房基金、单位住房基金和个人住房基金这三大块资金,地方财政性存款也往往和住房保障金融相联系。二是房改金融和住房保障金融资金运作具有地方性。这包括其资金来源的地方性,如房改金融来源于当地城镇住房基金、当地企事业单位住房基金和当地个人住房基金等,住房保障金融也往往和地方财政性存款相联系;资金运用也具有地方性,资金用于解决当地住房建设资金的不足、当地企事业单位和个人购房资金的不足等,同时资金运用需要符合当地房改政策和住房保障政策。而商业性房地产金融属于一般金融业务,可以跨地区调剂资金余缺,收益统一归各金融机构总部(总行或总公司等),其地方性特征相对比较弱。

第三,房改金融和住房保障金融具有阶段性,而商业性房地产金融具有长期性。房改金融业务是住房制度改革派生出来的政策性金融业务,随着房改目标的实现,房改金融也将完成其使命,当然,根据现实情况,住房保障金融的阶段性目前还不明显;而商业性房地产金融是房地产与金融相互融合发展的产物,与市场经济社会相伴而长期存在。

第四,房改金融和住房保障金融只涉及住房,有的还属于委托(受托)业务,而商业性房地产金融属于商业性金融机构的自营业务,可涉及各类房地产,在贷款融资上,商业性金融机构承担房改金融业务或者委托性住房保障金融,只收取手续费,不得代垫资金,对房改金融和受托的住房保障金融资金的投向要符合委托人制定的政策性住房资金使用计划的要求,按照政策性住房资金管理规定,审定、使用和回收各项房改金融资金或者住房保障资金;而商业性房地产金融只作为商业性金融机构一般金融自营业务操作,需自寻资金来源,自主选择贷款对象,自行承担风险。

政策性房地产金融除了涉及政策性的房改资金融通外,还应该包括政策性房地产保险、政策性住房融资担保等内容。

三、房地产金融的发展

(一) 起步、初创时期

中国房地产金融业务有着较长的历史,自中国通商银行于1897年成立以来,到20世纪二三十年代,金融业务有了较大的发展,上海、天津等大城市金融业比较发达,房地产经营活动比较活跃。不少银行都介入房地产的投资开发经营和从事与房地产有关的贷款等业务。这些银行把投资开发经营房地产作为树立银行形象、吸引客户存款、获取高额利润、降低资产风险的一个重要手段。如当时的"北四行"(盐业银行、金城银行、中南银行和大陆银行的合称)合办的四行储蓄会在上海投资建造国际饭店大厦,该大厦成为当时远东第一大厦,大厦建成后,各地四行储蓄会的存款大大增加,四行本身的存款也有了增加,四行在社会上的信誉有所提高[1]。浙江兴业银行1930年1月正式拨款设立信托部,其业务有自造房屋用以出卖出租、办理房地产押款等,到20世纪40年代末,浙江兴业银行拥有近1 000幢房屋,成为房产大王[2]。

(二) 过渡、萎缩时期

新中国成立初期,房地产经营还活跃了一阵,房地产金融也维持了一定阶段。1956年,为配合国家实施的自建公助,鼓励职工个人建造住宅的政策,建设银行在辽宁、四川、内蒙古等18个省、市、自治区试办了一年的贷款总额为400万元的建造住宅贷款,由职工所在企业出面统一向建设银行经办行办理申请,由企业负责按期归还[3]。但由于计划经济的推行,城镇住房建设投资转由国家财政拨款建设,住房作为福利近似无偿分配。住房实行供给制,房地产市场不复存在,房地产金融业务也随之消失。

(三) 恢复、发展时期

1978年,我国投资体制和金融体制开始进行了一系列的重大改革,城镇住房制度开始进行改革,提出了住房商品化的观念。住房商品化的政策开始实施,从而为房地产金融业务的恢复和发展带来了机遇。20世纪80年代初,中国国际信托投资公司把房地产作为商品,投资开发房地产,自筹资金盖起了北京第一幢主要供外商办公用的29层大厦[4],即位于北京建国门外大街的国际大厦。1981年,建设银行总行投资8 000万元,组建了中国房屋开发公司,用经济办法经营包括住宅、中小型旅游宾馆、综合性业务楼和公共建筑等房地产项目。建设银行上海、石家庄、东北三省和山东等地分支行还试办了与住宅建设

---

[1] 中国人民银行上海市分行金融研究室:《金城银行史料》,上海人民出版社,1983年,第314页。
[2] 朱镇华:《中国金融旧事》,中国国际广播出版社1991年,第79页。
[3] 周道炯:《中国经营投资的金融巨子建设银行》,人民出版社,1989年,第87—88页。
[4] 计泓赓:"荣毅仁,'CITIC先生'",《开放月刊》,1993年,第5页。

存款结合的住宅贷款业务,贷款对象是单独建房有困难的企事业单位[1]。从1982年起,为配合常州、郑州、沙市、四平等城市住房制度的改革,建设银行和人民银行加大了房地产金融业务的力度,为购建房者提供贷款服务,人民银行提出了试办购房储蓄贷款业务,把发展储蓄同支持住房流通、促进住房消费结合起来[2]。1984年,国务院印发了《关于基本建设和建筑业管理体制改革座谈会纪要》,该纪要提出各地应组建房地产综合开发公司,对城市建设实行综合开发,并规定房地产综合开发公司所需周转资金由建设银行提供。按照国务院的要求,建设银行于1985年将其20世纪80年代初开始发放的土地开发和商品房贷款单列计划,把支持房地产开发、推行房屋商品化作为一项主要业务进行开拓。1986年,以提租补贴为特征的住房改革在烟台、蚌埠等城市试点,为配合"提租发券"的改革,办好相应的结算和住宅贷款等工作,实现多渠道、多层次筹集和融通住房资金的目的,烟台和蚌埠两市于1987年开始组建住房储蓄银行,烟台和蚌埠两家住房储蓄银行相继成立,并承担了当地的房改金融业务。

(四)调整、发展时期

1988年2月,国务院住房制度改革领导小组制定的《关于在全国城镇分期分批推行住房制度改革的实施方案》,由国务院以国发〔1988〕11号文发布。该文件明确提出:"住房制度改革,要广泛而有效地筹集和融通资金,建立一套科学的结算办法,金融体制必须进行相应的配套改革。"除烟台、蚌埠两市,"其他城市可由当地政府委托银行设立房地产信贷部,专门办理有关住房生产、消费资金的筹集、融通和信贷结算等业务。""人民银行要根据住房制度改革和住房商品化的实际进程,从今年开始逐年在计划上安排一块商品住房信贷指标。"以住房金融为代表的房地产金融业务得到了进一步发展。建设银行和工商银行等相继成立了房地产信贷部。据统计,到1993年年底,建设银行房地产存款余额已达713亿元,发放房改贷款和商品房住宅开发贷款余额556亿元,发放单位购建房贷款余额130亿元,解困、解危和集资合作建房贷款余额50亿元,个人购、建房贷款余额27亿元。全国建设银行系统已向15 000多家开发企业累计发放开发企业流动资金贷款743亿元,支持建成各类商品住房面积3.3亿平方米,帮助50多万户居民实现了住房自有化[3]。同时,工商银行房地产信贷部已吸收住房存款204亿元,发放住房贷款余额178亿元,支持企事业单位和居民个人购建商品住房共1亿多平方米,解决了近200万户职工、居民的住房问题[4]。

1993年11月30日,第三次全国城镇住房制度改革工作会议提出了普建公积金制、发展住房金融等房改指导思想,强调全面推行住房公积金制度,开办住房储蓄、购房抵押贷款、分期付款和住房保险等,建立政策性和商业性并存的住房信贷体系[5]。1994年,国务院开始推出安居工程计划,为期5年的安居工程于1995年正式开始实施。银行的房地产信贷结构开始有了调整,重点支持城市一般性经济适用房地产开发项目以及职工住房

---

[1] 周道炯:《中国经营投资的金融巨子建设银行》,人民出版社,1989年,第89页。
[2] 姚达添:"人民银行试办存贷结合业务",《经济参考报》,1983年7月12日。
[3] 周丕富、勒斯慰:"建行房地产存款余额达713亿元",《金融时报》,1994年6月7日。
[4] 董青石:"鼎力支持房改成效显著",《金融时报》,1994年6月1日。
[5] 张锦胜:"本世纪末城镇居民住房达小康水平",《解放日报》,1993年12月1日。

抵押贷款和商品房抵押贷款。

（五）规范、发展时期

1994年年末以来,有关部门出台了多项房地产信贷政策和规则,不断规范房地产金融业务,1994年12月,人民银行、国务院房改领导小组和财政部联合颁布了《政策性住房信贷业务管理暂行规定》,次年7月,人民银行又印发了《商业银行自营住房贷款管理暂行规定》,对政策性住房金融业务和商业性住房金融业务作了初步规范,明确了政策性住房金融的受托银行,规定政策性住房金融业务除了烟台和蚌埠由住房储蓄银行办理外,其他城市（包括县级市及大型工矿区）由建设银行和工商银行办理,县（不含县级市）由农业银行办理。对于商业银行自营住房贷款,专门明确了住房开发贷款和个人住房贷款的利率和信贷政策。

1995年《中华人民共和国商业银行法》和《中华人民共和国担保法》先后颁布并实施,商业银行在中华人民共和国境内不得从事信托投资和股票业务,不得投资于非自用不动产,不得向非银行金融机构和企业投资,人民银行也加大了规范商业银行经营的力度,正式出台了《贷款通则》,商业银行的经营活动进一步走向规范。在房地产金融领域,为了推进住房制度改革,促进住房消费,改善居民住房条件,解决居民改善住房要求和当前支付能力不足的矛盾,变将来消费为当前消费,提前改善住房条件,同时也为了增加社会有效需求,促进住宅业成为新的经济增长点,规范个人住房贷款运作,1997年4月,人民银行颁布了《个人住房担保贷款管理试行办法》（以下简称《试行办法》）,1998年4月,人民银行提出要加大住房信贷投入,支持住房建设与消费,并扩大了经办住房委托业务的金融机构范围,除了烟台、蚌埠两城市继续由住房储蓄银行办理住房委托业务外,在其他地方,将原来只能由工商银行、农业银行、建设银行三家银行办理的住房委托存、贷款业务扩大到所有国有独资商业银行和交通银行。另外,还扩大了个人住房贷款的范围,从只限于在安居工程试点城市实施,扩大到所有城镇均可开展个人住房贷款业务,允许所有商业银行在所有城镇对所有普通商品住房办理个人住房贷款。为此,人民银行对《试行办法》进行了修订,并于1998年5月以《个人住房贷款管理办法》（以下简称《新办法》）的名称出台,《新办法》对个人住房贷款的对象和条件、程序、期限和利率、担保、房屋保险以及抵押物和质物的处分等方面作了详细的规定。

1999年2月,为扩大国内需求,开拓国内市场,促进和规范个人消费信贷业务的健康有序发展,人民银行对商业银行提出了积极稳妥地扩大个人消费信贷的指导意见,个人住房贷款范围可以扩大到借款人自用的各类型住房贷款,同时,在严格防范信贷风险的基础上,商业银行对购买住房的贷款的比例可以按不高于全部价款的80%掌握,进一步提高了个人住房贷款的发放成数。随后,为加强经济适用住房贷款管理,支持经济适用住房建设,1999年4月,人民银行还印发了《经济适用住房开发贷款管理暂行规定》,进一步规范了经济适用住房开发贷款的管理。

此外,为了支持城镇个人住房消费,发展个人住房贷款业务,保障债权实现,规范和完善住房置业融资担保行为,2000年5月建设部和人民银行联合发布了《住房置业担保管理试行办法》,以规范置业担保公司的运作,同时也丰富了住房贷款担保的主体。

进入2001年,针对房地产金融业务尤其是住房金融业务发展过程中出现的一些问题，如有的商业银行放松信贷条件擅自推出个人住房贷款业务品种、对不具备开发资质的公司或者开发条件不具备的项目发放贷款，人民银行在当年6月发布了《关于规范住房金融业务的通知》，重申和明确商业银行开展住房金融业务应共同遵循的有关规定，维护公平竞争的经营环境，防范信贷风险，促进住房金融业务快速、健康规范发展。2003年6月，人民银行发布了《关于进一步加强房地产信贷业务管理的通知》，明确加强房地产开发贷款管理、引导规范贷款投向、严格控制土地储备贷款的发放，规范建筑施工企业流动资金贷款用途，加强个人住房贷款管理，重点支持中低收入家庭购买住房的需要，强调对借款人申请个人住房贷款购买第一套自住住房的，首付款比例仍执行20%的规定；对购买第二套以上（含第二套）住房的，提出应适当提高首付款比例。此外，还提出要强化个人商业用房贷款管理，充分发挥利率杠杆对个人住房贷款需求的调节作用，加强个人住房公积金委托贷款业务的管理等。2004年9月，中国银行业监督管理委员会（简称银监会）发布了《商业银行房地产贷款风险管理指引》，引导商业银行建立针对房地产贷款特点的有效、完善的内部控制机制，监测、识别、衡量并提高房地产贷款风险防范能力，促进我国商业银行房地产信贷的健康发展。2004年10月，银监会公示了《信托投资公司房地产信托业务管理暂行办法（征求意见稿）》，以期规范信托投资公司房地产信托业务的经营行为，保障房地产信托业务各方当事人的合法权益，加强信托投资公司房地产信托业务的风险管理，促进房地产信托业务的规范稳健发展。2005年9月，银监会办公厅下发了《关于加强信托投资公司部分业务风险提示的通知》，提示信托投资公司要密切关注房地产业务风险，规范经营行为，并对房地产信托作出了房地产项目必须"四证"[①]齐全、开发企业资质不低于二级以及项目资本金比例不低于35%的规定。2006年8月，为进一步落实2006年5月《国务院办公厅转发建设部等部门关于调整住房供应结构稳定住房价格意见的通知》的精神，加强和改进银行业金融机构房地产信贷管理，促进房地产市场持续健康发展，银监会公布了7月22日签发的《关于进一步加强房地产信贷管理的通知》，就进一步加强房地产信贷管理，对各银监局，各政策性银行、国有商业银行、股份制商业银行、金融资产管理公司，国家邮政局邮政储汇局，银监会直接监管的信托投资公司、财务公司、金融租赁公司提出了9条要求：① 加强市场研究，增强市场适应能力；② 坚持科学发展观，制定稳健经营战略；③ 完善内控措施，健全风险管理制度；④ 严格执行有关信贷管理规定，规范开发贷款行为；⑤ 加强尽职调查，注重防范土地储备贷款风险；⑥ 引导合理的个人住房消费，加强按揭贷款管理；⑦ 强化贷后管理，防范和控制信贷风险；⑧ 进一步规范信托投资公司房地产贷款业务；⑨ 银行业监管部门要加强窗口指导和风险提示，加大违规查处力度。

2007年9月，人民银行、银监会发出《关于加强商业性房地产信贷管理的通知》，就严格房地产开发贷款管理、严格规范土地储备贷款管理、严格住房消费贷款管理、严格商业用房购房贷款管理、加强房地产信贷征信管理、加强房地产贷款监测和风险防范工作作出规定。

此外，作为对于住房保障金融支持的重要方面，2008年1月，人民银行、银监会颁布了基于对人民银行1999年颁布的《经济适用住房开发贷款管理暂行规定》进行修订并更

[①] 指土地使用权证书、建设用地规划许可证、建设工程规划许可证和施工许可证。

名的《经济适用住房开发贷款管理办法》;2008年12月,人民银行、银监会出台了《廉租住房建设贷款管理办法》,以支持国家住房保障制度建设。

2009年7月,银监会公布《固定资产贷款管理暂行办法》和《项目融资业务指引》,规范了房地产开发投资等固定资产投资贷款的资金支付方式,提出强化贷款的全流程管理。明确房地产等项目的项目融资的特征,贷款人从事项目融资业务,应当以偿债能力分析为核心,重点从项目技术可行性、财务可行性和还款来源可靠性等方面评估项目风险,充分考虑政策变化、市场波动等不确定因素对项目的影响,审慎预测项目的未来收益和现金流。2010年2月,银监会公布并实施《个人贷款管理暂行办法》,规定贷款人不得将贷款调查的全部事项委托第三方完成,贷款人应建立并严格执行贷款面谈制度。通过电子银行渠道发放低风险质押贷款的,贷款人至少应当采取有效措施确定借款人真实身份。同月,银监会公布并实施《流动资金贷款管理暂行办法》,加强流动资金贷款审慎经营管理,促进流动资金贷款业务健康发展。

(六) 调控、发展时期

进入2010年4月,根据国务院的要求,我国实行了更为严格的差别化住房信贷政策,对购买首套自住房且套型建筑面积在90平方米以上的家庭,以及对贷款购买第二套及以上住房的家庭,在贷款成数、利率以及贷款的可获得性方面实行了区别对待的政策,金融机构配合政府部门加大了房地产领域的调控。住房公积金个人住房贷款政策也作了相应调整,以期抑制投机投资性购房。

(七) 创新、发展时期

2014年3月以后,政府强调针对不同城市情况进行分类调控,鼓励创新,政府提出要创新政策性住房投融资机制和工具,采取市场化运作方式,为保障房建设提供稳定、成本适当的资金支持。增加中小套型商品房和共有产权住房供应,抑制投机投资性需求,促进房地产市场持续健康发展。2014年11月银监会下发了《关于信贷资产证券化备案登记工作流程的通知》、证监会发布了《证券公司及基金管理公司子公司资产证券化业务管理规定》及配套文件,进一步推动包括房地产等资产的证券化工作,2015年4月央行发布2015第7号公告,允许已经取得监管部门相关业务资格、发行过信贷资产支持证券且能够按规定披露信息的受托机构和发起机构可以向央行申请注册,并在注册有效期内自主分期发行信贷资产支持证券。由此也进一步推动了信贷资产证券化工作,也为相关房地产资产证券化的创新创造了有利条件。

这一时期,房地产金融创新不断推进,房地产投资信托基金(REITs)开始推出,房地产众筹也有尝试,房地产金融创新有进一步发展的趋势。

(八) 因城施策、规范发展时期

为进一步支持合理住房消费,促进房地产市场平稳健康发展,2016年2月以来,人民银行、银监会各派出机构强调应按照"分类指导,因地施策"的原则,加强与地方政府的沟通,指导地方确定辖区内商业性个人住房贷款的最低首付款比例。2016年12月的中央经济工作会议明确提出"房子是用来住的、不是用来炒的"的住房市场定位以来,人民银行、银监会强化了对房地产贷款资产质量、区域集中度、机构稳健性的监测、分析和评估,督促金融机构根据房地产形势变化及地方政府调控要求，及时调整商业性个人住房贷款具体政策，促进银行业金融机构住房金融业务稳健运行和当地房地产市场平稳健康发展。2018年银监会还从个人住房贷款和房企融资两个角度，提出防范化解金融风险，重点是控制居民杠杆率的过快增长，打击挪用消费贷款、违规透支信用卡等行为，严控个人贷款违规流入股市和房市；遏制房地产泡沫化，严肃查处各类违规房地产融资行为，规范房地产金融行为。2018年人民银行继续推动住房金融体系完善，建立健全住房租赁金融支持体系，紧盯房地产金融风险，对房地产开发贷款、个人按揭贷款继续实行审慎的贷款标准，防止房地产金融风险出现大的问题。

2020年2月，人民银行公布了《2019年第四季度中国货币政策执行报告》，报告强调坚持房子是用来住的、不是用来炒的定位，按照"因城施策"的基本原则，加快建立房地产金融长效管理机制，不将房地产作为短期刺激经济的手段。房地产金融进入创新规范时期。

监管部门的规范，促进了房地产金融的发展，从而也有利于房地产业的发展。房地产金融业务尤其是住房金融业务近几年发展迅速，对拉动国内需求，推动国民经济发展起到了积极作用。截至2019年年末，全国主要金融机构（含外资）房地产贷款余额44.41万亿元，同比增长14.8%，增速较上年末回落5.2个百分点。房地产贷款余额占各项贷款余额的29%。其中，个人住房贷款余额为30.2万亿元，同比增长16.7%，增速较上年末回落1.1个百分点；住房开发贷款余额为8.4万亿元，同比增长14.6%，增速较上年末回落17.3个百分点；地产开发贷款余额为1.28万亿元，同比下降7.1%，增速较上年末回落11个百分点。受发行地方政府专项债置换保障房开发贷款影响，2019年末，全国保障性万亿平方米住房开发贷款余额为4.6万亿元，同比增长6.7%，增速较上年末回落22.8个百分点；全年新增2878亿元，较上年少增6960亿元，占同期房产开发贷款新增量的25.5%。① 而截至2019年末，全国住房公积金缴存总额为169 607.66亿元，提取总额104 235.23亿元，缴存总额扣除提取总额后的缴存余额为65 372.43亿元；累计发放住房公积金个人住房贷款3 620.88万笔、97 959.46亿元，个人住房贷款余额55 883.11亿元，保障性住房建设试点项目贷款余额6.96亿元，国债余额20.84亿元；缴存余额扣除个人住房贷款余额、保障性住房建设试点项目贷款余额和国债余额后的结余资金为9 461.52亿元。② 住房金融的发展，极大地提高了城镇居民购房的有效支付能力，获得住房金融服务已经成为城镇居民提前实现住房消费的重要手段。2019年全国房地产开发投资完成额同比增长9.9%，增速较上年提升0.4个百分点。其中，住宅开发投资累计完成9.7万亿元，同比增长13.9%，增速较上年提高0.5个百分点，占地产开发投资的比重为73.4%。2019年全国房屋新开工面积22.7万亿平方米，房屋施工面积89.4万亿平方米，房屋竣工面积9.6万亿平方米。③ 房地产投资带动室内装饰、陈设及日用消费品的需求，是近几年来推动经济增长或者保持经济增长的主要动力之一。而房地产投资高增长很大程度上得益于商业银行房地

---

① 中国人民银行货币政策分析小组：《2019年第四季度中国货币政策执行报告》，2020年2月19日。
② 中华人民共和国住房和城乡建设部、中华人民共和国财政部、中国人民银行：《全国住房公积金2019年年度报告》，2020年6月12日。
③ 中国人民银行货币政策分析小组：《中国货币政策执行报告（二〇一九年第四季度）》，2020年2月19日。

产开发贷款、个人住房抵押贷款和个人住房公积金贷款的高增长。

2020年12月,根据党中央、国务院关于进一步落实房地产长效机制、实施好房地产金融审慎管理制度的要求,中国人民银行、中国银行保险监督管理委员会研究制定了房地产贷款集中度管理制度,发布了《关于建立银行业金融机构房地产贷款集中度管理制度的通知》以提高金融体系韧性和稳健性,促进房地产市场平稳健康发展。房地产贷款集中度管理制度是指在我国境内设立的中资法人银行业金融机构,其房地产贷款余额占比及个人住房贷款余额占比应满足人民银行、银保监会确定的管理要求,即不得高于人民银行、银保监会确定的相应上限。

四、房地产金融发展展望

从房地产业的发展来看,随着住房制度改革的不断推进、住房商品化的发展、居民住房消费的增加,住房建设和消费已成为经济增长点。并且随着2001年12月11日中国正式加入世界贸易组织(WTO),中国扩大对外开放,不断完善营商环境,开展对外投资,中国境内外的经济活动更趋频繁,刺激了商业用房和居住用房的需求,这些都离不开大量的资金投入和相关的风险保障,使得社会公众对房地产金融产生了新的需求。而且,随着中国对外资金融机构的进一步开放,外资金融机构也已经进一步介入在华的业务经营,包括房地产金融业务的经营。展望未来,中国的房地产金融应该会有进一步的发展。

(一)房地产金融的经营主体会进一步增加,房地产金融经营主体经营管理能力和服务水平有望得到进一步提高

除了国内全国性和部分区域性的商业银行继续把房地产金融业务作为全行业务的重要经济增长点外,国内其他商业银行也有望涉及或者加大涉及房地产金融业务的力度,保险公司、信托公司、证券公司等金融机构和现在已经划归银保监会监管后由地方金融监管局具体监管的典当行等地方金融组织都会进一步加入房地产金融领域。2019年10月,中华人民共和国国务院令第720号的颁布,第三次修订的《中华人民共和国外资保险公司管理条例》《中华人民共和国外资银行管理条例》于公布之日起施行,进一步扩大了金融业对外开放,中国房地产金融市场进一步对外开放,特别是在中国注册为法人的外资银行可以全面从事人民币业务后,外资法人银行会显著增加,进而独立的房地产金融的经营主体也会进一步增加。并且随着取消对外资银行开办人民币业务的审批的落实,国外金融机构也会进一步直接或者间接进入我国的房地产金融领域,房地产金融的经营主体会进一步增加,市场竞争将日益加剧。这也必然要求房地产金融的经营主体降低成本、提高效益、改进服务。房地产金融经营主体的经营管理能力和服务水平有望得到进一步提高。

(二)房地产金融工具会呈现多样化发展的格局

随着中国银行业度过中国加入WTO的过渡期,2006年12月11日,中国银行业迎来了全面开放,国内房地产金融市场也将加快开放,市场环境发生了变化,外资金融机构会进一步参与国内市场竞争,国内房地产金融市场具有了高度的竞争性。伴随中国银监会发布的《商业银行金融创新指引》在同日的施行,商业银行等房地产金融的经营主体努力开发房地产金融市场,从而有助于房地产金融产品的创新,如对于个人住房抵押贷款品种的细化和完善,进一步开发和完善住房装修保险、住房产权保险、装修住房保险、房屋当值保险、住房抵押贷款还款保证保险的应用等,而房地产信托理财品种则开始增多,私募和公募的房地产投资信托基金数量有望扩大,住房抵押贷款证券化产品进一步增多,同时,房地产金融的经营主体也会不断加强营销,使房地产金融工具多样化发展格局开始呈现。

(三)房地产金融法规不断完善,房地产金融市场体系逐步完善

随着中国法治建设的日益加强,与房地产金融运作相关的法规会不断健全和完善,公众的法治意识和诚信意识进一步提高,包括房地产贷款在内的贷款利率市场化体系也将进一步完善,房地产金融业与国际接轨的步伐会加快,一个包括政策性房地产金融机构和商业性房地产金融机构共同发展的完整的房地产金融机构体系逐步建成,房地产金融二级市场的基本框架初步确立,房地产证券化形式有望多样化,房地产金融市场体系逐步完善,房地产金融有效运行的环境进一步改善。

(四)信息技术的进一步发展,网上和移动互联网房地产金融业务成为房地产金融发展的一个重要方面,区块链技术在房地产金融领域会得到应用

互联网集声音、图像和文字于一身,并且具有即时和互动的功能,以互联网为基础的电子商务是史无前例的商业运作模式,以电子商务为代表的网络经济已经成为经济发展的重要方面。随着计算机和互联网在我国的普及、信息产业的发展、企业和家庭上网工程的推进,上网将变得更加快捷和廉价,使得包括购房贷款、房产保险在内的网上房地产金融服务会成为新的、富有竞争性的房地产金融发展的重要方面。网络经济的发展会促使房地产金融业在服务手段、经营方式、服务功能和服务时空方面发生变化。网上房地产金融服务实现网上申请、实时审查、实时认证、在线支付,客户可以享受到24小时周到的服务,可以比较轻松快捷地完成若干房地产金融业务。移动互联网、大数据、人工智能更是给房地产金融的创新发展创造了条件。

互联网的应用将改变房地产金融业务的经营主体与客户之间的动态关系,把房地产金融业务经营主体与客户直接联系起来,向他们提供更多有关信息,为潜在的客户提供了与房地产金融业务经营主体进行接触的更多的便利机会。互联网技术还将帮助创建低成本自助式房地产金融业务的营销方式,增强房地产金融业务的吸引力。区块链技术凭借其安全、信任度高等特点,可以帮助房地产金融活动的参与者防范风险,如验证购房发票、验证抵押物,基于区块链的移动数字汇票平台对房地产企业开展票据融资等。当然,网上和移动互联网房地产金融的发展还有赖于人们对于网上交易的信心的建立和支付手段的完善、相关业务前端和后端业务的配合,当然这也离不开有关法律法规的建立和完善,尤其是有关法律法规的有效执行。

第三节 房地产业与金融业的关系

同为第三产业的房地产业和金融业,随着我国城市化的发展、住房制度改革和金融体制改革的推进,两者相互促进、共同发展的关系越来越明显地表现出来。

一、房地产业的发展需要金融业的支持

(一) 房地产的开发与经营需要金融业的配合

住房等房地产的潜在需求量大,但开发投资也大。以上海市为例,根据《上海市住房建设规划(2006—2010年)》,"十一五"期间,新建住房新开工总量预计约1亿平方米,预计竣工新建住房约1.2亿平方米[①]。平均每年要竣工住房2 400万平方米。如果按每平方米住房平均成本4 000元计,这样平均每年需要投入的资金达960亿元。这么大的资金投入,仅靠房地产开发经营企业和购房者的自有资金的投入而没有金融业的支持和配合,一般房地产开发经营企业是很难实现房地产投资良性循环的,这种情况即使进入"十四五",也会存在。房地产开发经营企业将面临投入资金回收期长和再生产连续性要求的矛盾,使房地产开发经营企业的运作难以为继。为解决这一矛盾,房地产开发经营企业可通过多种途径筹资(包括发行股票和债券),向金融机构借款等。但由于受房地产开发经营企业的规模、性质等因素制约,向金融机构借款是房地产开发经营企业筹资的一个重要途径。而通过金融业的融资支持,能使房地产开发经营企业利用金融信贷资金的杠杆作用,有利于较好地发挥资金的使用效益,推进房地产的开发。

(二) 房地产的流通和消费需要金融业的帮助

房地产进入流通领域,满足单位和个人的消费需要,单位和个人也需要花费大量资金。需要购置房地产的单位和个人如果仅仅依靠自身积累的资金实现购置房地产的目的,往往需要较长的时间。对广大个人购房者来说,更是如此。如果以上海市2020年6月15日至28日内外环间住宅平均单价每平方米为68 000元[②]计算,一户年收入50万元的三口之家,假定其购买建筑面积90平方米的住宅,则需购房款612万元,不考虑其他消费,从静态上看,也需要12年多的时间,而低收入家庭所需的时间更长。但是,如果有了金融业的介入,提供了融资支持,则可缩短购房者资金积累时间,提前购得房屋,房地产的流通和消费也能得以正常进行。

(三) 房地产的发展过程需要融资以外的其他金融手段的服务

金融业除了在房地产的开发、流通和消费过程给予有关当事人以融资支持外,还可以运用多种金融工具,通过办理结算、信托、保险、代理发行有价证券等业务,支持房地产的开发,促进房地产的流通和消费。

二、金融业的发展需要在房地产业拓展业务

(一) 金融业的发展需要在房地产领域安排资产业务

金融业的稳步发展需要实行多元化的资产战略,体现金融业经营管理的资产分散化原则的要求。为了保证金融资产的安全性,无论从总体上安排资产结构,还是在某类资产业务

---

① 《上海市人民政府关于印发〈上海市住房建设规划(2006—2010年)〉的通知》,上海市人民政府文件沪府发〔2006〕42号。
② 根据网上房地产(http://www.fangdi.com.cn/CircleChartselect.asp)公布的住宅均价走势图估算。

中落实具体项目,都必须保证资产的分散化。就商业银行的金融资产而言,在贷款资产中,由于房地产财产的物质特征和经济特征,使得房地产抵押贷款成为商业银行重要的贷款资产之一。其他金融机构如信托公司、保险公司等投资房地产也成为一项重要的资产安排。

(二)金融结算工具在房地产流通和消费领域可得到进一步的应用与推广

随着房地产业存量搞活、增量发展、金融业介入房地产领域的范围扩大,个人购房、个人抵押贷款购房得到进一步推行。为了方便房款结算,个人采用支票、银行本票办理房款结算已经成为一种可能,为支票、银行本票的推广应用提供了外部条件。有的银行已经利用信用卡等银行卡办理房地产抵押贷款手续,建立分期付款、分期还款的自动转账支付系统,也为信用卡等的推广起了积极作用,为银行拓展了结算服务领域。

(三)金融业需要在房地产业拓展金融服务内容

顺应房地产业的发展,金融业除了在上述领域提供服务、安排资产以外,还将在房地产领域恢复和发展金融服务,为金融服务增添新的内容。这包括保险公司开办房屋质量保险、住房产权保险、商品住房保险、购房保值保险、住房抵押贷款保证保险等房地产保险品种;信托公司承办房地产经租管理,代理房地产投资或买卖,从事房地产咨询业务等。根据房地产金融发展的新情况,金融业还将不断开发新的金融服务品种。

三、房地产业与金融业的过度结合易诱发危机

房地产业与金融业两者合理结合能够相互促进、共同发展,但是如果两者过度结合,如金融机构追求高利润率不计后果扩张融资支持房地产业,对于房地产相关资产进行过度的证券化,会给房地产业与金融业的发展带来负面影响,极易诱发危机,进而影响整个经济的健康持续发展。

第四节 房地产金融学的研究对象和内容

一、房地产金融学的研究对象

房地产金融学是经济学的一个分支,是一门介于房地产经济学、货币银行学、保险学和经济法学等学科之间的边缘学科。它是在这些学科的基本理论、基本方法的基础上逐步独立和发展起来的,是专门研究房地产金融活动的方法和规律的科学。

房地产作为商品,其开发、流通和消费等过程都需要货币媒介。由于房地产存在着物质性质方面的特征和经济性质方面的特征,为加速房地产资金的周转,也需要信用中介的参与。为了补偿房地产的意外损失,也需要房地产保险。离开了金融作用的发挥,房地产业的顺利发展是很难想象的。房地产业越发展,金融介入的程度就会越深,房地产金融机构运用其信用中介职能、支付职能、保险保障职能和其他金融服务职能,利用资金的时间差、空间差,调剂房地产资金余缺,保障房地产财产利益,为房地产开发、流通、消费和持有服务,房地产金融服务活动从而构成了房地产金融的主要内容。

房地产金融学通过对房地产金融活动的研究，揭示房地产金融活动的规律性，以便运用有效的金融手段，筹集、融通房地产资金，探索一条适合整个经济发展要求、能使房地产业和金融业协调发展的路子，探索实现房地产资金良性循环，从而提高经济效益和社会效益的最佳途径和方法。

房地产金融学所要研究的对象主要涉及以下三个方面。

① 研究如何构筑房地产金融组织体系并对其运作实施管理。

② 研究如何拓宽房地产资金运作渠道，通过资金融通和其他金融服务，促使房地产资金实现良性循环。

③ 研究房地产金融如何配合房地产业的发展重点，解决居者有屋住，进而促进居者有其屋目标的实现。

二、房地产金融学的内容

房地产金融学是以金融学和房地产经济学等为基础，它的研究内容主要是银行和非银行金融机构对房地产的开发、流通和消费领域的单位和个人提供与房地产有关的信用和其他金融服务。它具体包括以下六个方面。

① 房地产金融机构的组织体系和房地产融资主体。

② 房地产金融机构的信用管理，主要论述房地产银行信用的受授，包括信用资金的来源和筹集、信用资金的运用，尤其是房地产抵押贷款的发放和运行管理。

③ 房地产融资的可行性研究，主要探讨房地产融资的信用调查和项目融资分析的方法。

④ 房地产保险的原理和险种设置。

⑤ 房地产证券化，阐述房地产金融中的证券化问题，主要涉及房地产抵押贷款证券化和融资证券化，包括房地产股票、债券等的代理发行和交易等。

⑥ 为房地产开发、流通、消费和持有服务的其他业务，包括房地产信托、房地产典当和房地产金融结算的理论与实务。

此外，房地产金融学的研究内容还涉及政策性方面的内容，尤其是政策性住房融资和担保方面的问题等。

本章小结

房地产是以房与地的这种物的存在为前提的一种财产形态，是土地和附着于土地之上的房屋等建筑物以及构筑物所构成的物质形态在经济上的体现，是房屋与土地的经济形态，它涉及权属关系。作为房地产金融活动基础的房地产业，是一个为实现房地产产权权属而进行相应经济活动的产业部门，是从事房地产开发、经营、管理和服务等项房地产经济活动的各个经济单位的总体。这个产业的经济活动涉及金融、保险、建筑和法律等领域。房地产业经济活动中的资金随着生产经营活动的进行不断地循环运动,资金运作的特点主要有:资金投入量大、整体资金周转慢、资金运作受地域影响大、房地产资金具有增值性。

房地产金融是指在房地产开发、流通、消费和持有过程中,通过货币流通和信用渠道所进行的筹资、融资及相关金融服务的一系列金融活动的总称。房地产金融包括政策性的房地产金融和商业性的房地产金融。

我国房地产金融的发展主要经历了起步、初创时期,过渡、萎缩时期,恢复发展时期,调整、发展时期,规范、发展时期,调控、发展时期,创新、发展时期和因城施策、规范发展时期。展望未来,房地产金融的经营主体会进一步增加,房地产金融经营主体经营管理能力和服务水平有望得到进一步提高;房地产金融工具会呈现多样发展的格局;房地产金融法规将不断完善,房地产金融市场体系逐步完善;信息技术进一步发展,网上和移动互联网房地产金融业务将成为房地产金融发展的一个重要方面,区块链技术在房地产金融领域会得到应用。

房地产业与金融业两者相互促进、共同发展的关系表现在:房地产业的发展需要金融业的支持,金融业的发展需要在房地产业拓展业务。房地产业与金融业要避免过度结合,否则极易诱发危机。

房地产金融学是经济学的一个分支,是一门介于房地产经济学、货币银行学、保险学和经济法学等学科之间的边缘学科。它是在这些学科的基本理论、基本方法的基础上逐步独立和发展起来的,是专门研究房地产金融活动的方法和规律的科学。房地产金融学通过对房地产金融活动的研究,揭示房地产金融活动的规律性,以便运用有效的金融手段,筹集、融通房地产资金,探索一条适合整个经济发展要求、能使房地产业和金融业协调发展的路子,探索实现房地产资金良性循环,从而提高经济效益和社会效益结合的最佳途径和方法。房地产金融学是以金融学和房地产经济学等为基础,它的研究内容主要是银行和非银行金融机构对房地产的开发、流通和消费领域的单位和个人提供与房地产有关的信用和其他金融服务。

复习思考题

1. 什么是房地产?它有哪些特征?
2. 什么是房地产业?其资金运作的特点有哪些?
3. 什么是房地产金融?
4. 房改金融与商业性房地产金融的差异有哪些?
5. 信息技术的发展对房地产金融会有什么样的影响?
6. 房地产业与金融业之间的关系是怎样的?
7. 房地产金融学研究的对象和内容是什么?

第二章 房地产金融机构和房地产融资主体

本章首先在介绍房地产金融机构概念的基础上,阐述建立房地产金融机构的必要性。然后,分析了我国房地产金融机构的现状,提出房地产金融组织体系的发展设想,并且归纳了房地产金融机构的主要任务,介绍了房地产金融机构的管理要点。最后,就房地产融资主体的概念进行了定义,对房地产融资主体进行了分类,并分析房地产融资主体的特征。

第一节 房地产金融机构的组织体系

一、建立房地产金融机构的必要性

房地产金融机构是房地产金融运营的载体,是房地产资金融通过程中处于资金供应者和资金需求者之间的信用中介组织,此外,还包括为房地产资金融通提供直接服务和配套服务的其他金融组织。建立房地产金融机构的必要性主要有以下五个方面。

(一) 房地产资金融通的需要

在社会经济领域的商品生产和交换过程中,一些部门、企业、事业单位和个人出现货币资金闲置不用,而另一些部门、企业、事业单位和个人急需补充货币资金,在房地产开发、流通、消费和持有领域也不例外。金融机构通过发挥其信用中介职能,筹集资金,发放贷款,调节房地产开发、流通、消费和持有领域的资金余缺。

(二) 房地产资金结算的需要

房地产资金的筹集和运用,涉及货币资金的收付,银行等金融机构具有支付中介的职能,拥有科学的结算网络,通过账户的设置、结算工具的运用、结算方式的选择,能方便房地产资金融通各方资金的了结和清算,满足各方货币资金收付的要求。

(三) 落实国家房地产业政策的需要

房地产的发展必须和整个社会经济发展相协调,重视和加强房地产的宏观调控,把房地产的重点放在居民住宅建设上,确保房地产业持续稳定健康发展是房地产业发展的政策要求。为落实国家对房地产业的政策,需要房地产金融机构提供配套服务,如建立住房金融体系,为住宅开发、流通和消费提供政策性的融资和保险等金融服务,为配合调整住房供应结构,贷款成数与首付款要求相协调,为人人享有适当住房和大力改善人民居住环境创造外部条件等。

(四) 房地产财产保险与人身保险的需要

因自然灾害和意外事件,房屋财产有遭受损失的可能性。为了对房屋财产所有人和相关利益人提供保障服务,需要由房地产保险金融机构来承担此项任务。此外,在房地产经济活动中的个人参与者,无论是以单位的名义还是以本人的名义,都可能面临着意外的人身伤害等情况,也需要人身保险金融机构提供保障服务,而房地产保险金融机构具有这些方面的保险功能,可以起到保障房地产经济、金融活动正常运行的作用。

(五) 适应房地产证券市场发展的需要

社会主义市场经济的发展,推动了筹资途径的多元化,房地产开发经营企业通过发行股票、债券筹集资金成为一种可供选择的筹资途径,房地产开发经营企业资产证券化也(将)成为房地产开发经营企业筹集资金的一种重要方式,而要发行股票、债券,进行资产证券化,乃至参与证券市场的交易活动等,都离不开房地产金融机构的代理服务。

二、我国房地产金融机构的现状

(一) 我国房地产金融机构的概况

我国房地产金融机构目前已经是多头并进,已经从无序走向有序。我国从事房地产金融业务的商业银行是我国房地产金融机构的主体,并且以六大商业银行(中国建设银行、中国工商银行、中国银行、中国农业银行、交通银行和中国邮政储蓄银行)为主导。从事房地产金融业务的商业银行本身一般设有住房金融与个人信贷部(住房信贷是其最重要的业务)和公司业务部(房地产信贷是其重要的业务),主管或者从事银行的房地产金融业务。商业银行与其他从事房地产融资及相关金融服务活动的保险公司、信托公司、证券公司等非银行金融机构共同构成了目前中国的房地产金融机构体系。这种组织体系的形成,是与我国基本建设投资体制改革、我国商业银行和其他金融机构的业务发展分不开的,是与我国城镇住房制度的改革相关联的。从1978年改革开放后,城镇住房制度开始改革,1987年烟台和蚌埠各自组建了一家住房储蓄银行,其他城市大多由政府委托银行设立房地产信贷部,专门办理有关住房生产、消费资金的筹集、融通和信贷结算等业务。以向房改提供金融服务为主要特征的房地产金融,已经在全国有了进一步发展。据统计,到1994年年底,全国性银行设立的房地产信贷部约为5 000家,在支持各地购建房的同时,还帮助各地分期分批地实现解困、解危计划。

不过，由于当时不少从事房地产金融业务的全国性银行所属机构既承担政策性业务，又从事商业性业务，又没有正确处理和两者的关系，在房地产金融业务发展中，有的银行利用政策性优势展开不公平竞争，有的以政策性业务为幌子逃避人民银行金融政策的管理，使得一些房地产金融机构业务的正常营运受到一定的影响。总之，当时在房地产金融组织的运作体制上存在着一定的无序。1994年12月，为了加强对政策性住房信贷业务的管理，推进城镇住房制度改革，中国人民银行、国务院房改领导小组和财政部联合颁布了《政策性住房信贷业务管理暂行规定》，对政策性住房信贷业务进行了界定，在明确了政策性住房信贷资金的来源、运用和政策性住房信贷业务的管理以及利率、计划、财务等问题的同时，规定了中国建设银行、中国工商银行和中国农业银行为办理政策性住房信贷业务的指定银行。除了上述指定银行和烟台住房储蓄银行、蚌埠住房储蓄银行以外，其他任何金融机构均不得吸收政策性住房资金存款和办理政策性住房信贷业务。

1995年下半年，为清理房地产信贷业务，人民银行总行在《关于清理房地产信贷业务有关问题的通知》[①]中强调，各银行的房地产信贷部为该银行内部业务部门，有关银行必须加强管理，各银行房地产信贷部设立的分支机构一律撤销，今后，人民银行各分行原则上不再批准设立新的银行房地产信贷部。1996年7月，为促进商业银行加强内部管理，发挥整体经营功能，提高综合经济效益，人民银行要求各商业银行对所属房地产信贷部的对外营业机构进行清理，强调各商业银行及其分支行设立的房地产信贷部为商业银行的内部业务部门，不具有企业法人资格，不得以自身的名义对外营业，规定凡未经人民银行批准，自行设立的房地产信贷部对外营业机构（包括营业网点），一律予以撤销，经人民银行当地分行批准设立的"三部"对外营业机构，原则上要进行撤并，对经营规范、业务量较大、撤销或并入营业部确有困难的，可以向人民银行当地分行申请改建为办事处或分理处。1998年4月，人民银行扩大了经办住房委托业务的金融机构范围，除了烟台、蚌埠两城市继续由住房储蓄银行办理住房委托业务外，在其他地方，将原来只能由工商银行、农业银行、建设银行三家银行办理的住房委托存、贷款业务扩大到所有国有独资商业银行和交通银行。另外，允许所有商业银行在所有城镇对所有普通商品住房办理个人住房贷款，在此情况下，住房储蓄银行由于业务单一，也没有被正式认定为政策性银行，迫于竞争的压力，这两家住房储蓄银行开始考虑向综合性商业银行发展，经过人民银行批准，两家住房储蓄银行相继进行了综合性的股份制商业银行的改制工作，明确加入了城市商业银行的行列，其中，2000年，蚌埠住房储蓄银行与当地城市信用社等合并成立了蚌埠商业银行，后者以后又与若干城市商业银行、城市信用社一起于2005年组成徽商银行；而烟台住房储蓄银行曾经保留原来的名称，后于2003年7月在烟台住房储蓄银行基础上经过整体股份制改造，改制变更为恒丰银行。由于上述变化和发展，从而进一步确立了商业银行在房地产金融业务中的主体角色。对恒丰银行在经营中积累的问题，人民银行积极推进恒丰银行改革重组，防止风险蔓延。在地方政府和监管部门指导下，恒丰银行遵照市场化、法治化原则制定实施了"剥离不良、引战增资"两步走改革方案。到2019年12月31

[①] 王宝清："清理房地产信贷业务"，《金融时报》，1995年9月8日。

日,恒丰银行顺利完成股改建账工作,标志着市场化重组基本完成①。

此外,保险公司也加大了房地产领域的业务,与房地产有关的财产保险和人身保险品种逐步增加,有的保险公司还推出了以房养老相关的保险产品,一些保险公司已经开展非基础设施类不动产及相关金融产品的投资,保险公司还通过直接投资,保险资产管理机构通过发起设立债权投资计划、股权投资计划、资产支持计划、保险私募基金参与长租市场。证券公司在《中华人民共和国证券法》和其他有关法规的规范下,积极介入房地产企业的上市融资和购并业务,规范自己的行为。信托公司经过整顿和重新登记,根据《中华人民共和国信托法》和其他有关法规,也开始推出房地产信托投资等业务。房地产金融机构开始走向有序发展,并且作为专业的房地产金融机构,首家中外共同投资的住房储蓄银行在我国设立,这是由中国建设银行和德国施威比豪尔住房储蓄银行股份公司共同出资成立的中德住房储蓄银行,并于2004年2月15日在天津正式营业,开展住房储蓄及相关贷款业务,住房储蓄银行又开始成为我国房地产金融体系中的一个组成部分,专业的房地产金融机构会在中国的金融机构体系得到进一步发展。

(二)房地产金融机构

可以从事房地产金融业务的金融组织分成五大类:银行类、保险公司类、信托公司类、证券公司类和其他类②。其主要机构见图2-1。

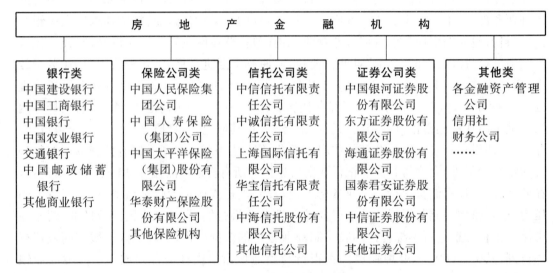

图2-1 主要房地产金融机构

1. 银行类

(1)中资银行(包含外资部分参股的银行)

① 六大商业银行,包括中国建设银行、中国工商银行、中国银行、中国农业银行、交通

---

① 中国人民银行货币政策分析小组:《2019年第四季度中国货币政策执行报告》,2020年2月19日。
② 本书把从事业务中包括房地产金融业务的金融机构称为房地产金融机构,把其中的银行、保险公司、信托公司、证券公司等分别称为房地产银行、房地产保险公司、房地产信托公司和房地产证券公司等,简称为商业银行或者银行、保险公司、信托公司和证券公司。

银行和中国邮政储蓄银行。

② 全国性股份制商业银行，包括中信银行、招商银行、中国光大银行、中国民生银行、华夏银行、广发银行、平安银行、上海浦东发展银行、兴业银行、恒丰银行、浙商银行和渤海银行。

③ 区域性或地方性股份制商业银行（如城市商业银行），包括上海银行、北京银行和其他城市商业银行。

④ 住房专业银行，如中德住房储蓄银行。

⑤ 其他银行，包括村镇银行等。

随着中国商业银行体制改革和对外开放进程的进一步加快，中资商业银行吸引外资参股、合资的步伐也会进一步加快，外商独资商业银行已经或者将在华进一步开展房地产金融业务。中资或者中资控股的商业银行仍然是我国房地产金融业务的主要承担者。这些银行的房地产金融业务部分或者全部涉及如下业务：

① 办理房地产开发经营企业、房屋管理部门的流动资金贷款与存款业务；

② 办理企事业单位和个人购买商品房抵押贷款业务；

③ 办理居民住房储蓄存款和住房贷款业务；

④ 受托办理城镇住房基金存款、企事业单位住房基金存款和个人住房基金存款（含住房公积金存款）；

⑤ 受托对缴交住房公积金的职工发放购、建、大修自住住房抵押贷款；对实行房改的单位购买、建造职工住房发放抵押贷款；

⑥ 对合作建房、集资建房提供贷款；

⑦ 办理住房建设债券存款、合作建房存款、集资建房存款；

⑧ 办理开户企事业单位以房地产为抵押的其他各类贷款；

⑨ 办理房地产业务的银行结算工作；

⑩ 对于房地产贷款尤其是个人住房抵押贷款实施证券化。

商业银行除了主要承担房地产存贷款和结算业务外，还积极从事与房地产有关的咨询、房地产保险代理等业务，有的商业银行通过旗下子公司开展住房租赁业务，并且也开展住房租赁金融服务。村镇银行主要为当地农民、农业和农村经济发展中的房地产金融业务提供金融服务。

（2）外资银行

① 合资银行，是指外国金融机构与中国的公司、企业共同出资设立的银行，如厦门国际银行。

② 外国银行分行和独资银行，外国银行分行是指外国银行在中国境内的分行，随着中国履行入世承诺和《中华人民共和国外资银行管理条例》的实施，汇丰银行、花旗银行、渣打银行、东亚银行、恒生银行、日本瑞穗实业银行、新加坡星展银行、荷兰银行等一些外国银行已申请将其在华分行改制为其总行单独出资的独资银行，以利其在华业务的开展。独资银行是指1家外国银行单独出资或者1家外国银行与其他外国金融机构共同出资设立的外商独资银行。

这些有外资的银行也可在其业务经营范围内从事房地产金融业务,如提供购买商品房的抵押贷款、住房储蓄与住房贷款等。

2. 保险公司类(含相互保险社)

保险公司有国有控股(集团)公司、股份制公司、外资公司等多种形式,形成了多种所有制成分并存,公平竞争、共同发展的市场格局。

(1) 中资保险公司(包含外资部分参股的保险公司)

① 保险集团控股公司,包括中国人保控股公司、中国人寿保险(集团)公司和中国太平洋保险(集团)股份有限公司、华泰保险集团股份有限公司等。

② 财产险保险公司,除了保险集团控股公司控股的财产险保险公司外,还包括从事财产保险的天安财产保险股份有限公司、华安财产保险股份有限公司、永安财产保险股份有限公司、安诚财产保险股份有限公司、中煤财产保险股份有限公司等。

③ 人身险保险公司,除了保险集团控股公司控股的人身险保险公司外,还包括从事人身保险的新华人寿保险股份有限公司、民生人寿保险股份有限公司和合众人寿保险股份有限公司、前海人寿保险股份有限公司、上海人寿保险股份有限公司、吉祥人寿保险股份有限公司等。

④ 责任保险公司,如长安责任保险股份有限公司。

中资保险公司目前是我国房地产领域保险业务的主要承担者,从事房屋财产保险、建筑工程一切险、商品住宅综合保险、自购公有住房保险、房屋质量责任保险、土木工程项目质量责任保险、住房抵押贷款还款保证保险、住房抵押贷款人寿保险和房地产业人身保险等。

随着中国保险业改革的不断深化和对外开放的进一步进行,保险公司可望进一步通过外资参股、合资和规范上市等多种形式,调整股权结构,理顺产权关系,强化公司治理结构,规范公司运作,在房地产保险等领域发挥更大的作用。

⑤ 相互保险社,如众惠财产相互保险社、汇友财产相互保险社、信美人寿相互保险社。相互保险是指具有同质风险保障需求的单位或个人,通过订立合同成为会员,并缴纳保费形成互助基金,由该基金对合同约定的事故所造成的损失承担赔偿责任,或者当被保险人死亡、伤残、疾病或者达到合同约定的年龄、期限等条件时承担给付保险金责任的保险活动。相互保险组织是指在平等自愿、民主管理的基础上,由全体会员持有并以互助合作方式为会员提供保险服务的组织,包括一般相互保险组织,专业性、区域性相互保险组织等组织形式。

(2) 外资保险公司

① 合资保险公司,如中宏人寿保险有限公司、交银康联人寿保险有限公司等。

② 外国保险公司分公司,如美国友邦保险有限公司在中国境内设有分公司。

③ 外国保险公司全资附属子公司,如美亚财产保险有限公司等。

根据《中华人民共和国保险法》规定,"保险人不得兼营人身保险业务和财产保险业务。但是,经营财产保险业务的保险公司经国务院保险监督管理机构批准,可以经营短期健康保险业务和意外伤害保险业务"。有关房地产领域的财产保险和人身保险分别由财产保险公司和人寿保险公司承担,不过,财产保险公司经保险监督管理机构核定,也能够从事房地产领域的人身意外险和健康险业务。

3. 信托公司类

信托公司包括中信信托有限责任公司、中诚信托有限责任公司、上海国际信托有限公司、华宝信托有限责任公司、中海信托股份有限公司、中国对外经济贸易信托有限公司等数十家。随着中国信托业的发展和中国金融业的进一步对外开放，外资已经开始进入信托业。

信托公司的业务范围比较广，与房地产有关的业务主要有受托经营房地产资金信托业务，受托经营房地产财产的信托业务，受托经营房地产投资基金业务，作为投资基金或者基金管理公司的发起人从事房地产投资基金业务，经营房地产企业资产的重组、购并及项目融资、公司理财、财务顾问等中介业务，受托经营房地产企业债券等债券的承销业务等。

4. 证券公司类

证券公司主要有中国银河证券股份有限公司、东方证券股份有限公司、海通证券股份有限公司、国泰君安证券股份有限公司、中信证券股份有限公司等数十家具有保荐资格的证券公司，它们承担着房地产证券的承销、房地产投资基金管理、房地产股票上市公司的改制辅导等工作。随着中国证券业的发展和《外资参股证券公司设立规则》的发布，中国证券业进一步对外开放，外资也加快进入中国证券业。

5. 其他类

其他类包括金融资产管理公司、信用社、财务公司、金融租赁公司、投资基金管理公司、贷款公司等非银行金融机构。

上述五类金融机构的运作分别受金融监管当局如中国人民银行，银行、保险和证券监管部门等的监管。

三、房地产金融组织体系的发展设想

房地产金融组织体系是指在一定的经济条件下，为房地产开发、经营、管理、服务和消费过程筹集、融通、清算资金，提供多种金融服务的若干金融经济组织构成的一个整体。对于是否要建立健全房地产金融组织体系，尤其在是否要再建政策性房地产金融机构上有这样两种主要观点：一是不赞成再建房地产金融机构，认为在今后相当长的一段时间内，房改金融业务仍将由专业银行承办[1]；二是要再建政策性房地产金融机构，如原国家计委、建设部提出了建立国家政策性住宅银行的设想[2]。从房地产金融发展趋势来看，应该要建立健全房地产金融组织体系。

(一) 建立健全房地产金融组织体系的必要性

1. 建立健全房地产金融组织体系是金融组织体制深化改革的要求

随着金融体制改革的深化，我们已经改变了原有的中央银行、专业银行和非银行金融机构这一金融组织体系，建立了包括金融监管当局、政策性银行、商业银行和非银行金融机构在内的新的金融组织体系框架。就政策性银行而言，在世界贸易或区域贸易自由化

---

[1] 中国人民建设银行房地产信贷部：《房改金融》，四川科学技术出版社，1992年，第34、35页。
[2] 国家计委、建设部："建立国家住宅银行"，《文汇报》，1994年12月26日。

进程中,即使在中国已经成为世界贸易组织成员后,国家给予政策性银行的特殊待遇将不适用于国民待遇原则,外资银行不能享受。

目前政策性房地产金融业务正从主要体现在政策性房改金融业务上,朝着棚户区改造和保障性住房建设和消费领域发展,国家开发银行和一些商业银行及其分支机构作为受托业务承担了当地相应的棚户区改造和保障性住房建设和消费金融业务。尽管这已经改变了过去一些受托银行利用政策性业务的优势与其他银行进行不公平竞争的状况,但是,对于丰富房地产金融组织体系的构成还是显得有所不足。从金融体制改革深化的角度看,还需要丰富房地产金融组织的机构类别,建立专业的房地产金融机构,包括建立政策性房地产金融机构和商业性房地产金融机构。

2. 建立健全房地产金融组织体系有利于金融业的正常运作

专业的房地产金融机构的建立有利于各类金融机构的协调发展,满足需求者的需要,如建立商业性的住房储蓄银行,利用商业性住房储蓄银行资金来源和资金运用低利率的特点,为购买住房者提供部分低利率资金,并且与政策性置业发展银行的住房贷款以及商业银行商业性住房贷款结合起来,满足购房者合理的需要。这样,一方面可以降低购房者借款购房的资金成本,克服政策性置业发展银行资金提供的数量限制;另一方面,可以为一些商业银行减少由于过多的资金来源带来的麻烦,主要是资金运用的压力。

3. 建立健全房地产金融组织体系有利于城镇住房制度的改革

在我国经济城市化发展过程中,作为基础性产业的房地产业应该有较大的发展。事实上,一些城市已经把房地产业作为当地经济发展的支柱产业。建立健全房地产金融组织体系,建立专业的房地产金融机构,有助于充分体现国家产业政策和住房政策,促进工业厂房、商业楼宇和居民住房等物业的生产、流通和消费的良性循环;有利于商业性金融机构更好地自主经营、合理地发展商业性房地产金融业务;有利于政策性房地产金融机构更好地实现政策性房地产金融发展目标;有助于实现国家住房发展目标,改善和提高人民群众的居住水平。而建立政策性房地产金融机构将更好地贯彻国家深化改革城镇住房制度的决定,为政策性房地产项目提供政策性金融服务;更有效地承担国际金融组织如世界银行的房地产贷款的转贷任务,促进政策性房地产业的发展。

(二)建立健全房地产金融组织体系的设想

顺应建立一个政策性金融与商业性金融相分离,以商业银行为主体、多种金融机构并存的金融组织体系的金融体制改革要求,应该建立专业的房地产金融机构,形成与商业银行等商业性非专业的房地产金融机构分工协作、有相应法规和自我约束机制的房地产金融组织体系。

在这个新的组织体系中,商业性房地产金融可以由新设立的住房储蓄银行、现有商业银行以及其他商业性金融机构来经营,至于政策性房地产金融机构可以设立置业发展银行等政策性房地产金融机构,形成商业银行、住房储蓄银行、置业发展银行与其他商业性和政策性房地产金融机构并存,商业性业务与政策性业务相分离的房地产金融组织体系。

对于置业发展银行的运作,可以与住房公积金的管理与运作联系起来。另外,置业发展银行根据资金状况和政府的住房政策对购买微利住房的城镇中低收入者提供融资便利,为微利住房和公益性微利房地产的开发、经营、管理、服务提供筹集、融通、清算资金等金融服务。基于房地产具有不可移动性这一自然特征,房地产市场的地方性这一主要特征,以及房地产消费者的收入水平带有很大的地域性,城镇居民居住水平提高与地方政府的相关工作目标具有很大的关联性,因此应建立地方性的置业发展银行。

置业发展银行是一个由地方政府(省级政府以及享有省一级经济管理权限的计划单列城市)出资发起,并可由下一级地方政府出资参建,还可寻求上一级政府(或中央政府)的支持,组成一个不以营利为主要目的而要从社会发展的角度来评价项目和支持单位(微利房地产开发单位以及机关、事业单位)和中低收入者置业的金融机构。对于原先承担政策性房地产金融业务的房地产金融机构使用的有关资产等,可采用收回投资或有偿的方式取得。置业发展银行的资金来源除了各级政府的出资外,还包括全面推行住房公积金制度后归集的资金、出售公有住宅回笼的资金、提高公有房租后增加的资金以及置业发展银行向其所在地运作的国内商业性金融机构发行的置业发展银行债券所吸收的资金、金融创新筹资工具吸收的资金和其他专项资金及各项捐款。

置业发展银行的组织结构可以采用理事会领导下的行长负责制。并设立监事会,监事会组成人员中要有若干社会人士参加。理事会成员由出资的各级政府委派,并吸收中央政府有关部门人士参加,以利置业发展银行运作并能体现中央政府的意图。理事会是置业发展银行的最高权力机构,其主要职责是确定置业发展银行的运作目标和运作政策,聘任或解聘置业发展银行的行长,根据行长的提名聘任或解聘副行长。监事会由理事会选举产生,其人员安排不应该是名誉性的,而应该是务实性的安排,监事会职责是对置业发展银行的运作进行监督和检查。行长执行理事会的决定,组织置业发展银行的业务活动。

置业发展银行的组织形式可根据其服务范围的大小而定。除总部以外,可在服务范围内的各行政区域设置办事处,在主要房地产市场设立派出机构,必要的时候某些业务可委托在当地的其他金融机构代办,以方便客户。

专业的政策性与商业性房地产金融机构与商业性非专业的房地产金融机构相互分工、相互协作,开拓房地产金融业务新品种,必将有助于房地产业的正常发展。

第二节 房地产金融机构的任务

房地产金融机构的任务是为房地产业及相关需求者筹集、融通资金并提供结算和其他金融服务。

一、房地产金融机构的筹资任务

房地产开发、流通、持有和消费各环节都需要大量的资金投入,房地产金融机构发挥金融机构的筹资职能,广泛筹集各类资金,支持房地产开发、流通、持有和消费。房地产金融机构以有效的方式、方法及工具,向社会筹集资金,或者代理房地产开发经营企业向社会直接筹资。房地产金融机构的筹资任务具体包括以下四个方面。

1. 吸收企业、事业单位和个人等的闲置未用资金

房地产金融机构将国民经济各部门、各企业、机关、团体和居民个人的暂时闲置未用的资金聚集起来,尤其是把这些单位和个人与房地产开发、流通、持有和消费有关的资金集中起来,作为房地产金融机构筹资的主要来源。

2. 积极归集住房公积金、旧公房出售资金和房屋维修基金等各项房改资金

房地产金融机构,尤其是政策性房地产金融机构要承担起归集住房公积金、旧公房出售资金和房屋维修基金等各项房改资金的职责,积极支持住房制度改革,将个人的一部分消费资金引到住房消费上来。

3. 代理房地产开发经营企业向社会直接筹集资金

房地产金融机构承担证券筹资媒介职能,代理房地产开发经营企业向社会发行公司股票、债券,归集股票、债券资金,代理发行政府有关机构发行的住宅建设债券,帮助房地产开发经营企业归集房产销售预收款等。

4. 利用其他筹资工具归集资金

房地产金融机构通过发行金融债券、吸存保险费、办理转贴现、再贴现等业务,归集资金。

二、房地产金融机构的投融资任务

筹集资金是投融资业务的基础,投融资业务是资金筹集的归宿。房地产金融机构投融资任务主要包括以下四个方面。

1. 房地产投资活动

房地产金融机构,尤其是房地产信托机构、证券经营机构运用所筹资金及自有资金,从事房地产股票、债券的买卖以及房地产信托机构等直接投资于房地产开发建设。

2. 房地产开发与经营贷款

房地产金融机构利用所筹资金及自有资金,对房地产开发经营企业在开发与经营活动中需要的生产性周转资金提供贷款。

3. 房屋抵押贷款

房地产金融机构利用所筹资金及自有资金,对购房的单位和个人提供以房地产作抵押的贷款。此类贷款包括购买商品房抵押贷款、购买公有住房抵押贷款等,帮助房屋消费者提前享用明天的钱,从而缩短购房需求与资金筹集之间的时间差,支持居民住房消费和合理的房地产投资。

4. 其他资金运用任务

房地产金融机构的其他资金运用包括信托贷款、信托投资、委托贷款、保险资金的营运等。

三、房地产资金结算任务

房地产金融机构发挥支付中介职能,为房地产经济活动提供结算服务,其服务包括如

下四个方面。

1. 住房公积金结算

住房公积金是为推行住房商品化,实施房改政策而推行的一种带有强制性的政策性储蓄。实行住房公积金办法的职工个人按月缴交占工资一定比例的住房公积金,单位亦按月为职工缴交按职工工资一定比例的住房公积金,两者均归职工个人所有。住房公积金由房地产金融机构按月定期为缴交者办理缴交结算,并日常办理支取、移转等结算业务。

2. 房租和物业管理费结算

租用房屋的职工或者单位每期缴纳的房租和使用自有产权房屋的房主按期缴纳的物业管理费等,都可利用支票、现金或自动转账系统等通过房地产金融机构办理结算。

3. 购售房资金结算

购房者购买房屋,包括分期付款方式和通过贷款按期还本付息方式购房,都可利用银行卡、支票、银行本票、现金或自动转账系统,通过房地产金融机构定期办理结算。

4. 其他资金结算

房地产开发经营企业日常经营活动中除上述有关结算业务以外的结算,如取得土地使用权支付的价款、购买办公设备的付款等都可通过房地产金融机构办理结算。此外,还有其他单位通过房地产金融机构办理的结算等。

四、其他金融服务任务

房地产金融机构的任务除了筹资、投融资和结算服务之外,还包括其他金融服务,如房地产保险服务、房地产投资咨询、代编代审房地产项目预决算、代编房地产开发建设项目招标标底、提供抵押房地产价值估算、代理房地产买卖和代理房地产租赁等。

房地产金融机构提供其他金融服务,一方面可拓宽房地产金融机构服务领域,扩大社会影响,吸引客户,提高房地产金融机构的信誉;另一方面,还可增加房地产金融机构的收益,增强房地产金融机构的实力,降低房地产金融机构投融资活动的风险。

第三节 房地产金融机构的管理

房地产金融机构的管理包括金融、外汇、银行、保险和证券管理部门等对房地产金融机构的监督管理和房地产金融机构内部的管理两个方面。金融、外汇、银行、保险和证券管理部门主要包括中国人民银行、国家外汇管理局、中国银行保险监督管理委员会和中国证券监督管理委员会。

中国人民银行从成立至1983年,既行使货币发行和金融行政管理职能,又从事信贷、结算、储蓄等业务经营活动,机构遍及全国城乡。1983年9月,国务院决定中国人民银行专门行使中央银行职能,不再办理一般银行业务。1995年,随着《中国人民银行法》的颁布，中国人民银行的地位和职责得到了法律上的确立。中国人民银行在国务院的领导下，对全国金融机构、金融市场和金融业务进行统一的监督管理，包括对房地产金融机构及其业务进行监督管理。1997年11月全国金融工作会议后，将监管证券经营机构职能开始移交中国证券监督管理委员会统一监管，1998年11月起将保险业的监管职能移交给新成立的中国保险监督管理委员会。2003年，根据第十届全国人民代表大会第一次会议批准的国务院机构改革方案，中国人民银行把对银行、金融资产管理公司、信托投资公司及其他存款类金融机构的监管职能移交给新成立的中国银行业监督管理委员会。《中国人民银行法》(2003年修正)对中国人民银行的职能重新给予了明确。中国人民银行是制定和执行货币政策、维护金融稳定、提供金融服务的一个宏观调控部门，负有对金融业包括房地产金融业进行宏观调控和防范与化解系统性金融风险的重任，中国人民银行通过灵活运用利率、汇率等各种货币政策工具实施宏观调控；通过对货币市场规则的研究和制定，加强对货币市场、外汇市场、黄金市场等金融市场的监督与监测，密切关注货币市场与房地产市场、证券市场、保险市场之间的关联渠道、有关政策和风险控制措施，疏通货币政策传导机制，促进银行、证券、保险三大行业的协调发展和开放，管理信贷征信业，推动社会信用体系建设，从而也影响着房地产金融机构的运作。

国家外汇管理局是我国的国家外汇管理机关，1979年3月由国务院批准成立，原与中国银行为一个机构，1982年划归中国人民银行直接领导，现为中国人民银行代管的国家局。国家外汇管理局审批房地产金融机构外汇业务资格和范围，对房地产金融机构的外汇业务进行监督管理，如对外商投资房地产企业的外汇借款结汇进行管理等。

中国银行保险监督管理委员会是在原中国银行业监督管理委员会和中国保险监督管理委员会的基础上，根据十九届三中全会审议通过的《中共中央关于深化党和国家机构改革的决定》《深化党和国家机构改革方案》和第十三届全国人民代表大会第一次会议批准的《国务院机构改革方案》于2018年3月组建，依法依规对全国银行业和保险业实行统一监督管理，依据审慎监管和金融消费者保护基本制度，制定银行业和保险业审慎监管与行为监管规则，依法依规对银行业和保险业机构及其业务范围实行准入管理，对银行业和保险业机构的公司治理、风险管理、内部控制、资本充足状况、偿付能力、经营行为和信息披露等实施监管。包括制定与发布《商业银行房地产贷款风险管理指引》、出台房地产信托业务管理规定等，对涉及房地产的主要保险险种的基本条款和费率作出规定，对保险公司上报的其他保险条款和费率进行备案等。银保监会及其派出机构通过现场检查发挥查错纠弊、校验核实、评价指导、警示威慑等作用，督促银行业和保险业机构贯彻落实国家房地产金融宏观政策及监管政策，提高经营管理水平、合法稳健经营，落实银行业和保险业机构风险防控的主体责任，维护银行业和保险业安全，促进房地产市场健康稳定发展。

中国证券监督管理委员会最初是国务院证券委员会的监督管理执行机构，1992年10月经国务院批准成立，依照法律法规对证券市场进行监管。1998年4月，根据国务院机构改革方案，国务院证券委员会与中国证券监督管理委员会合并，组成新的中国证券监督管理委员会,作为全国证券期货市场的主管部门。中国证券监督管理委员会依法对证券市场实行监督管理,维护证券市场秩序,保障其合法运行。其监管工作也包括对房地产领域的证券期货工作等进行监督和管理。

一、中国银行保险监督管理委员会对从事房地产金融业务的银行的管理

中国银行保险监督管理委员会对从事房地产金融业务的银行的管理包括设立管理和日常管理。

(一) 设立管理

从事房地产金融业务的银行的设立,包括独立的房地产金融专业银行和商业银行都须经中国银行保险监督管理委员会(及其授权银监局,下同)的审批。

中国银行保险监督管理委员会审查设立申请时,应当考虑经济发展的需要和银行业竞争的状况。中国银行保险监督管理委员会按照有关法律规定审批银行机构的设立、变更、终止及其业务范围。

经中国银行保险监督管理委员会批准新设立的商业银行,凭中国银行保险监督管理委员会颁发金融许可证,及有关法人代表、注册资金、业务范围的批准文件进行工商注册登记。

申请设立银行,或者银行机构变更持有资本总额或者股份总额达到规定比例以上的股东的,中国银行保险监督管理委员会应当对股东的资金来源、财务状况、资本补充能力和诚信状况进行审查。

政策性的房地产金融机构的设立,一般要经政府有关部门批准。

(二) 日常管理

中国银行保险监督管理委员会为履行对金融业监督管理的职责,需要对银行等金融机构实施日常的监督管理。对银行机构的日常管理主要体现在以下十个方面。

① 制定并发布对银行机构及其业务活动监督管理的规章、规则。

② 审查批准或者备案银行业务范围内的业务品种。

③ 对银行机构的董事和高级管理人员实行任职资格管理。

④ 依照法律、行政法规制定银行机构的审慎经营规则,审慎经营规则包括风险管理、内部控制、资本充足率、资产质量、损失准备金、风险集中、关联交易、资产流动性等方面的内容。

⑤ 对银行机构的业务活动及其风险状况进行非现场监管,建立银行业金融机构监督管理信息系统,分析、评价银行业金融机构的风险状况。

⑥ 对银行机构的业务活动及其风险状况进行现场检查。

⑦ 对银行机构实行并表监督管理。

⑧ 建立银行机构监督管理评级体系和风险预警机制,根据银行机构的评级情况和风险状况,确定对其现场检查的频率、范围和需要采取的其他措施。

⑨ 建立银行业突发事件的发现、报告岗位责任制度。会同中国人民银行等有关部门

建立银行突发事件处置制度。

⑩ 有权要求银行机构按照规定报送资产负债表、利润表和其他财务会计、统计报表、经营管理资料以及注册会计师出具的审计报告。

另外，对已经或者可能发生信用危机，严重影响存款人和其他客户合法权益的银行，中国银行保险监督管理委员会可以依法对该银行机构实行接管或者促成机构重组，接管和机构重组依照有关法律和国务院的规定执行。对有违法经营、经营管理不善等情形，不予撤销将严重危害金融秩序、损害公众利益的机构，中国银行保险监督管理委员会有权予以撤销。

本书以后章节有关银行类的房地产金融业务，将主要以商业银行为例介绍，至于政策性房地产金融业务作为商业银行的委托（受托）业务介绍，并在政策性住房金融一章作详细介绍。

二、中国银行保险监督管理委员会对从事房地产金融业务的信托公司的管理

中国银行保险监督管理委员会对从事房地产金融业务的信托公司的管理也包括设立管理和日常管理。

（一）设立管理

从事房地产金融业务的信托公司的设立，包括独立的房地产专业信托公司和一般信托公司都须经中国银行保险监督管理委员会（及其授权银保监局，下同）的审批。

中国银行保险监督管理委员会可以根据经济发展的需要和信托市场的状况对信托公司的设立申请进行审查。

经中国银行保险监督管理委员会批准新设立的信托公司，凭中国银行保险监督管理委员会颁发金融许可证，及有关法人代表、注册资金、业务范围的批准文件进行工商注册登记。

（二）日常管理

中国银行保险监督管理委员会为履行对信托业监督管理的职责，需对信托公司等实施日常的监督管理。这种日常管理主要体现在以下七个方面。

① 制定并发布对信托公司及其业务活动监督管理的规章、规则。

② 可以定期或者不定期对信托公司的经营活动进行检查；必要时，可以要求信托公司提供由具有良好资质的中介机构出具的相关审计报告。

③ 对信托公司实行净资本管理。

④ 对信托公司的董事、高级管理人员实行任职资格审查制度。对信托公司的信托从业人员实行信托业务资格管理制度。

⑤ 可以与信托公司董事、高级管理人员进行监督管理谈话，要求信托公司董事、高级管理人员就信托公司的业务活动和风险管理的重大事项作出说明。

⑥ 对违反审慎经营规则的信托公司责令限期改正；逾期未改正的，或者其行为严重危及信托公司的稳健运行、损害受益人合法权益的，可以区别情形，依据《中华人民共和国

银行业监督管理法》等法律法规的规定,采取暂停业务、限制股东权利等监管措施。

⑦ 对信托公司已经或者可能发生信用危机,严重影响受益人合法权益的,可以依法对该信托公司实行接管或者督促机构重组。

三、中国银行保险监督管理委员会对从事房地产金融业务的保险公司的管理

中国银行保险监督管理委员会在其履行对保险业实施监督管理职责中,包括对房地产保险业务的管理,其中涉及对保险公司、保险经纪公司、保险代理机构、保险公估行等保险相关机构和保险代理人、保险经纪人等保险从业人员的监管。这里主要介绍对保险公司的监督管理。

我国目前还没有专业房地产保险公司,房地产保险业务作为保险公司业务的一个重要方面,正不断得到开拓和发展。中国银行保险监督管理委员会作为保险监督管理部门对房地产保险业务的管理主要通过对保险公司设立管理和日常管理来实施。

(一) 设立管理

设立保险公司,必须经中国银行保险监督管理委员会批准。中国银行保险监督管理委员会审查设立申请时,应当考虑保险业的发展和公平竞争的要求。中国银行保险监督管理委员会按照有关法律规定审批保险公司的设立、变更、终止及其业务范围。

经中国银行保险监督管理委员会批准设立的保险公司,由中国银行保险监督管理委员会颁发经营保险业务许可证,由申请人凭证向市场管理机关办理设立登记。

(二) 日常管理

日常管理主要体现以下五个方面。

① 对关系社会公众利益的保险险种、依法实行强制保险的险种和新开发的人寿保险险种等的保险条款和保险费率进行审批。对其他保险险种的保险条款和保险费率进行备案。

制定商业保险主要险种的基本保险条款和保险费率,接受保险公司拟订的其他险种的保险条款和保险费率的备案。

② 建立健全保险公司偿付能力监管指标体系,对保险公司的最低偿付能力实施监控。

③ 有权依法检查保险公司的业务状况、财务状况及资金运用状况(包括查询保险公司在金融机构的存款),有权要求保险公司在规定的期限内提供有关的书面报告和资料,如营业报告、财务会计报告、精算报告及有关报表等。

④ 规定保险公司运用的资金和具体项目的资金占其资金总额的具体比例。

⑤ 对违反规定提取或结转各项保险准备金,或者未按照有关法规办理再保险,或者严重违反资金运用规定的保险公司实施限期改正措施,限期内保险公司未予改正的,可对保险公司采取整顿措施。

中国银行保险监督管理委员会对损害公共利益,可能严重危及或者已经危及偿付能

力的保险公司实行接管。

中国银行保险监督管理委员会还应介入保险公司的解散（人寿保险公司除分立、合并外，不得解散）、撤销、业务转移、破产等过程，实施清算和业务转移的监督。

四、中国证券监督管理委员会对从事房地产金融业务的证券公司的管理

中国证券监督管理委员会依法履行对从事房地产金融业务的证券公司的监督管理的职责，其监督管理主要通过对证券公司的设立管理和日常管理来实施。

（一）设立管理

设立证券公司，必须经中国证券监督管理委员会审查批准。证券公司设立申请获得批准的，申请人应当在规定的期限内向工商行政管理机关申请设立登记，领取营业执照。并由中国证券监督管理委员会核发经营证券业务许可证。

（二）日常管理

日常管理主要体现在以下九个方面。

① 依法制定有关证券公司监督管理的规章、规则。

② 依法对证券公司的证券业务活动，进行监督管理。

③ 对证券公司的净资本，净资本与负债的比例，净资本与净资产的比例，净资本与自营、承销、资产管理等业务规模的比例，负债与净资产的比例，以及流动资产与流动负债的比例等风险控制指标作出规定。

④ 核准证券公司的董事、监事、高级管理人员的任职资格。

⑤ 接受证券公司按照规定报送的业务、财务等经营管理信息和资料；有权要求证券公司及其股东、实际控制人在指定的期限内提供有关信息、资料。

⑥ 有必要时，可以委托会计师事务所、资产评估机构对证券公司的财务状况、内部控制状况、资产价值进行审计或者评估。

⑦ 责令净资本或者其他风险控制指标不符合规定的证券公司限期改正；逾期未改正，或者其行为严重危及该证券公司的稳健运行、损害客户合法权益的，可以采取整改措施，并对整改工作进行验收。

⑧ 对未能勤勉尽责，致使证券公司存在重大违法违规行为或者重大风险的证券公司的董事、监事、高级管理人员，可以撤销其任职资格，并责令证券公司予以更换。

⑨ 对违法经营或者出现重大风险，严重危害证券市场秩序、损害投资者利益的证券公司，可以对该证券公司采取责令停业整顿、指定其他机构托管、接管或者撤销等监管措施。

此外，中国证券监督管理委员会还对证券公司设立、收购或者撤销分支机构，变更业务范围或者注册资本，变更持有百分之五以上股权的股东、实际控制人，变更公司章程中的重要条款，合并、分立、变更公司形式、停业、解散、破产等事项进行审批。

随着金融监管的改革，监管部门会进一步协调对房地产金融机构与房地产金融业务的监管，建立房地产金融宏观审慎管理体系，从人口、房地产市场、房地产金融、经济与金

融等方面建立房地产金融宏观审慎监测指标体系,在综合评估判断房地产市场发展走势的基础上,因地制宜,构建逆周期的房地产金融宏观审慎调控机制,促进房地产金融业务稳健运行和房地产市场平稳健康发展。

五、房地产金融机构的内部管理

以商业性的房地产金融机构为例,房地产金融机构应当按照现代企业制度的要求,建立并健全符合《公司法》规定的治理结构。房地产金融机构的内部管理主要包括以下五层管理。

① 权力机构的管理,包括房地产金融机构的股东大会、股东会或其他有关部门决定房地产金融机构的经营方针,行使《公司法》和金融法规或其他有关法规赋予的职责。

② 董事会的管理,包括建立和完善独立董事制度、执行权力机构的决议、决定房地产金融机构的经营计划、制定基本的管理制度等。

③ 经理人员的日常经营管理,包括组织实施董事会的决议、拟订具体的规章等。

④ 具体业务人员的业务管理。

⑤ 监事会和房地产金融机构内部稽核(审计)、监察部门的监督等。

内部管理涉及财务管理、人事管理和经营管理等方面。财务管理的内容主要是资本金管理、现金管理、成本管理、财产管理和利润管理。财务管理要遵守国家的法律、法规和财政金融政策,做好财务收支的计划、控制、考核和分析工作,有效筹集和运用资金,依法计算缴纳国家税金。人事管理的内容主要是招聘员工、培训员工、任用员工、进行工作和工资审评等。经营管理的内容主要是根据经营计划和目标安排组织和开拓各种房地产金融业务,分析经营过程,保证经营活动安全。

内部管理由房地产金融机构各部门分工负责,相互协作,完成房地产金融机构的经营计划,实现既定的经营目标。

第四节 房地产融资主体

一、房地产融资主体的含义

融资主体是指金融机构提供服务的对象,尤指融资机构提供服务的对象。融资机构作为信用中介,是通过借贷两个行为构成资金供应者和资金需求者之间的中介地位的。这个信用中介是贷者和借者的集中,其意义在于以融资机构的信用来代替企事业单位和个人的信用,从而能大量地集聚资金,并对资金进行有效的分配,为信贷资金进入生产和再生产领域提供条件。

作为融资机构服务对象的融资主体包括资金融通的各种供需者。就房地产融资主体而言,它是指房地产资金融通过程中处于房地产融资机构房地产资金融通供需者地位的有关部门、企事业单位和个人,房地产融资机构根据处于需方地位的房地产融资主体对房地产经营和消费的资金需求,合理利用处于供方地位的房地产融资主体提供的房地产资金,采取适当的房地产融资形式,为房地产融资主体提供服务。

二、房地产融资主体的种类

房地产融资主体按照不同的划分标准可以有多种表现形式。这些分类形式又互有交叉。

① 按照所融通资金的物质承担者的经济形态来划分,房地产融资主体可以划分为房产融资主体和地产融资主体。

② 按照所融通资金的地域来划分,房地产融资主体可以划分为城市房地产融资主体和农村房地产融资主体。

③ 按照所融通资金的所有者或使用者划分,房地产融资主体可以划分为国有房地产融资主体、集体房地产融资主体和个人房地产融资主体等。这种划分是与我国土地归国家或集体所有,由企事业单位和个人使用相联系的。

④ 按照所融通资金的用途划分,房地产融资主体可以划分为专业性的房地产融资主体和非专业性房地产融资主体。专业性的房地产融资主体是把房地产作为经营对象的企业和个人投资者,而非专业性房地产融资主体仅是把房地产作为一种载体(生产或生活空间)从事活动的企事业单位和个人。

三、房地产融资主体的特征

我国实行土地公有制,国家所有或集体所有的土地不能买卖和转让,但土地的使用权可以出让或转让。拥有土地所有权的各级政府土地管理部门和土地集体所有者是地产资金的融资主体,土地使用权的所有者也是地产资金的融资主体。房屋的融资主体是指房屋的所有者或使用者。房地产融资主体包括与房地产有关的所有者和使用者。

当房地产作为商品进入货币经济领域后,参与房地产生产、交换、分配和消费的各方才有了资金融通的真正要求,才有了房地产的融资主体。从事房地产开发经营的房地产开发经营企业通过融资活动进行房地产的开发、买卖和租赁,获取利润,其根本性质与经营一般商品的企业的融资主体是一致的,但与一般商品经营企业作为融资主体相比较,又有自己的一些特点。具体表现在以下三个方面。

1. 经营对象的差异

房产与一般经营对象相比在于价值较大,使用年限较长,而地产仅是指有使用年限的使用权,而不是所有权。经营其他商品的经营者所经营的对象是所有权与使用权相统一的。房地产经营者考虑资金融通时更需要考虑时间因素、金额因素、融资时效等问题。

2. 经营对象的价值构成差异

房产的价格包含了房屋及其所占土地的土地使用权价格。而一般商品价值是由原材料等物化劳动的价值和工人劳动创造的活劳动的价值所构成。由于地价受土地稀缺性因素和经济周期影响较大,地价在呈上升趋势中仍可能存在较大的波动性,从而也给房地产融资带来一定的风险性。

3. 经营对象充当担保品的形式差异

由于房地产具有物质方面和经济方面的特征,属于一种价值较高的不动产,经营者可以将其作为担保品而取得借款,融通资金。与一般属于动产的商品不同,经营者以房地产作抵押取得借款,一般只采用不转移占有的方式,将该财产作为债务的担保,而一般属于动产的商品用作担保取得借款,不只采取不转移占有的方式,更多的是采取移交占有的方式,将该动产作为债务的担保,取得借款,融通资金。

本章小结

房地产金融机构是房地产金融运营的载体,是房地产资金融通过程中处于资金供应者和资金需求者之间的信用中介组织,以及为房地产资金融通提供配套服务的其他金融组织。建立房地产金融机构是房地产资金融通的需要,是房地产资金结算的需要,是落实国家房地产产业政策的需要,是房地产财产保险与人身保险的需要,也是适应房地产证券市场发展的需要。

我国从事房地产金融业务的房地产金融机构可以分成五大类:银行类、保险公司类、信托公司类、证券公司类和其他类。

房地产金融组织体系是指在一定的经济条件下,为房地产开发、经营、管理、服务和消费过程筹集、融通、清算资金,提供多种金融服务的若干金融经济组织构成的一个整体。建立健全房地产金融组织体系是金融组织体制深化改革的要求,有利于金融业的正常运作,有利于城镇住房制度的改革。置业发展银行等政策性房地产金融机构的建立,有助于形成商业性业务与政策性业务相分离的房地产金融组织体系框架。

房地产金融机构的任务是为房地产业筹集、融通资金并提供结算和其他金融服务。

房地产金融机构的管理包括金融、外汇、银行、保险和证券管理部门等对房地产金融机构的监督管理和房地产金融机构内部的管理两个方面。

房地产融资主体是指房地产资金融通过程中处于房地产融资机构房地产资金融通供需者地位的有关部门、企事业单位和个人。房地产融资主体根据所融通资金的物质承担者的经济形态来划分,可以分为房产融资主体和地产融资主体;根据所融通资金的地域来划分,可以分为城市房地产融资主体和农村房地产融资主体;根据所融通资金的所有者或使用者划分,可以分为国有房地产融资主体、集体房地产融资主体和个人房地产融资主体等;根据所融通资金的用途划分,可以分为专业性的房地产融资主体和非专业性房地产融资主体。

房地产融资主体的特征表现在经营者的经营对象的差异、经营对象的价值构成差异和经营对象充当担保品的形式差异上。

复习思考题

1. 建立房地产金融机构有什么必要性？
2. 什么是房地产金融组织体系？如何发展房地产金融组织体系？
3. 房地产金融机构的任务主要有哪些？
4. 房地产金融机构的管理包括哪两个方面？
5. 什么是房地产融资主体？其特征有哪些？

案例分析

案例 　　　　　　中德住房储蓄银行的转型[①]

2008年12月22日，由中国建设银行控股的中德住房储蓄银行在津正式启动新业务，这也标志着中德住房储蓄银行已由单一从事住房储蓄业务的储蓄银行转型为专业经营住房信贷业务的商业银行。

中德住房储蓄银行是中国建设银行和德国施威比豪尔住房储蓄银行于2004年共同投资建立的国内唯一一家专业从事住房储蓄银行业务的全国性银行，2008年7月21日获中国银监会批准，将业务范围扩大，在原有住房储蓄业务的基础上增加开办吸收公众存款，发放个人住房贷款，发放以支持经济适用房、廉租房、经济租赁房和限价房开发建设为主的开发类贷款，发行金融债券，代理发行、兑付和承销政府债券，代理收付款项，代理销售基金，代理保险业务，由单一从事住房储蓄业务的储蓄银行转型为专业经营住房信贷业务的商业银行。

在建设银行和天津市政府的大力支持下，中德住房储蓄银行推出面向中低收入居民的住房金融服务，包括经济适用房开发贷款、经济适用房个人住房贷款、限价房个人住房贷款及中小户型普通商品住房个人住房贷款等多款住房信贷产品，最突出的特点就是"首付低、利率低、期限长、优惠多、效率高"。其中保障性个人住房贷款产品不仅以"三天放款"为客户提供住房贷款绿色通道服务，还提供灵活还款、优惠担保和保险政策等差别化金融服务。

为更好地支持和推动相关业务的开展，天津市政府将按照"限定总额、限定期限、限定收益人群"的原则，为中德住房储蓄银行推出的保障性住房金融产品提供财税优惠政策，

[①] 资料来源：北方网：《中德住房储蓄银行启动新业务 转型为商业银行》，http://economy.enorth.com.cn/system/2008/12/22/003836337.shtml，2008 - 12 - 22；《中国建设银行2008年年报》。

并通过该行向中低收入居民和保障性住房开发企业提供相应的优惠和支持。

在新业务启动及签约仪式上,中德住房储蓄银行与天津市国土资源和房管局签订了支持天津市保障性住房建设合作协议,承诺在未来三年内,将意向性向天津市保障性住房建设提供总额为200亿元的金融支持,最大限度地支持天津市保障性住房建设。同时,中德住房储蓄银行与天津市津房置业担保公司签订了业务合作协议,与天津市房地产总公司、天津住宅建设发展集团有限公司、河东房地产开发总公司等签订了融资协议。

经过多年运行,2019年,中德住房储蓄银行业务稳步发展,住房储蓄产品销售319.89亿元。2019年末,中德住房储蓄银行资产总额227.58亿元,净资产29.48亿元;2019年净利润0.45亿元。[1]

分析:

1987年烟台和蚌埠各自组建了一家住房储蓄银行,但是由于住房储蓄银行业务单一,也没有被正式认定为政策性银行,迫于竞争的压力,这两家住房储蓄银行后来都考虑向综合性商业银行发展,最终经过人民银行批准,两家住房储蓄银行相继进行了综合性的股份制商业银行的改制工作,先后并入或者改制为商业银行。住房储蓄银行在2004年中德住房储蓄银行成立前已经在我国不复存在。

中德住房储蓄银行设立之初,业务范围主要涉及住房储蓄及相应的贷款业务,住房储蓄银行运营模式是只向住房储蓄客户吸收存款,存款达到一定数额和期限后,储户就可以获得相应的低息购房贷款,存贷利率在合同期内保持不变。尽管储户存款还能获得天津市政府的存款利息的补贴,但是相对于2004年以来的房价涨幅,利息补贴的优势大大弱化,中德住房储蓄银行业务开展并不顺利[2]。

现在中德住房储蓄银行正视现实,寻求业务范围的扩大,并且继续寻求当地政府的支持,突出住房金融业务,其发展的空间进一步扩大,在全国布点可望在不久的将来逐步成为现实。

---

[1] 《中国建设银行2019年年报》。
[2] 程志云、马宜:"误判中国市场 中德住房储蓄银行两年半际遇不顺",《经济观察报》,2006年8月27日。

第三章 房地产银行信用及其管理

本章首先概述信用、房地产信用及房地产银行信用,着重阐述房地产银行信用的特点,然后就房地产银行信用的受授业务作了概要介绍,并且对住房储蓄积数贷款进行专门介绍,最后阐述了房地产银行信用的管理。

第一节 房地产信用概述

一、信用与房地产信用

信用是指以偿还为条件的价值运动的特殊形式,在市场经济活动中主要表现为货币资金的借贷和商品交易中的赊销与预付。价值以信用形式运动并不发生所有权的转移,只是其使用权在一定条件下让渡,价值的复归伴随着利息收入,即贷出价值的增值。房地产信用则是以房地产作为特定对象,产生于房地产再生产过程中的信用,它包括土地、房屋的开发、营建、经营和消费过程中发生的货币借贷和房地产交易中的预付与赊销行为。与一般信用一样,房地产信用也包含接受信用和授予信用两个方面。

房地产信用的主要形式有政府信用、商业信用、银行信用和消费信用四种。此外,还有民间个人信用。

房地产政府信用是指政府的一种借贷行为在房地产领域的表现,其主要的接受信用形式是由政府发行政府债券。如住房建设等房地产开发类政府债券,以筹措资金支持土地储备、住房等房地产的开发建设或者廉租房收购。政府从个人、企业和金融机构取得信用,形成债务,成为债务人。政府授予信用的主要形式是政府贷款,如向经济适用房工程有偿提供资金。中央政府的信用通常又被称为国家信用。

房地产商业信用是指企业之间相互提供的、与房地产交易直接相联系的信用。它包括企业在房地产交易中以延期或分期付款等形式所提供的信用和在房地产交易基础上派生的预付款或预付定金等形式所提供的信用。房地产商业信用主要是从房地产经济活动进入开发营建开始到消费阶段的流通过程中所发生的借贷行为。其内容包括企业之间在进行土地使用权转让和房屋买卖时所采用的延期或分期付款或预付定金或预付款。如预付土地转让定金,在工程完成一定比例投资额后的预付款以及在房地产产品开发建成后销售时的延期付款或分期付款。此外,在房地产经营性租赁中也有类似情况,如租金的预付、租赁的定金等。房地产商业信用的发生,应该要有证明债权债务关系的凭据,房地产商业信用发展的方向应该是房地产商业信用票据化。

房地产银行信用是指银行以货币形式向企业或个人提供的与房地产有关的信用。银行一方面以债务人的身份,通过吸收存款等形式,把社会上可以用于房地产领域的闲散资金集中起来;另一方面,以债权人的身份通过房地产贷款等形式将资金提供给企业与个人。这里的银行包括了所有可受授信用的金融机构。

房地产消费信用是指房地产最终消费时消费者获得的信用。房地产消费信用产生于房地产商品交易中的赊销。由房地产开发经营企业向消费者以赊销方式提供的信用称为房地产商业消费信用;由银行向消费者以一定期限的消费性贷款方式提供的信用是房地产银行消费信用。房地产消费信用主要有个人购房分期付款和个人购、建房贷款两种形式。房地产消费信用的产生具有现实意义,消费者可以用未来的收入作保证取得当前消费的权利,房地产企业可以推销房产,银行可以增加资产的收益。房地产消费信用的结果是促进了房地产消费,繁荣了房地产市场。当然,过度的房地产消费信用也会刺激消费者不合理的过度消费,反而会造成房地产市场的剧烈波动,影响社会和经济的稳定发展。利用房地产消费信用,目的一方面是在于扩大消费的有效需求、适当地刺激消费,另一方面,在于吸引社会消费基金,改变消费者个人的消费结构和个人的资产结构。

房地产民间个人信用是指个人之间存在的与房地产有关的借贷行为。随着住房商品化政策的实施,个人投资各类房产的行为增多,个人拥有房产越来越多,个人之间的房产交易也相应地增多。在个人房产交易中的赊销、预付款等行为就构成了房地产民间个人信用,如个人之间房屋买卖中的延期付款或分期付款、个人之间房屋租赁中的预付款或者预收款等。

二、房地产银行信用的特点

随着房地产商品化,尤其是住房商品化政策的广泛实施,房地产金融市场也在不断发展,房地产银行信用成为房地产信用的主要形式。

房地产银行信用的特点主要体现在作为银行信用与其他信用尤其是商业信用的不同,以及作为房地产信用与银行其他信用的不同。

(一) 银行信用与商业信用的比较

从信用的发展历史来说,商业信用是先于银行信用的。银行信用是在商业信用基础上发展起来的,但银行信用突破了商业信用的局限性。其主要表现有以下三个方面。

① 银行信用能动员全社会的闲置资金，把它们集中起来，而不是某个企业的商品（包括房地产企业的房产等）。

② 银行信用所提供的是全社会经济活动参与者都需要的货币资金，不受商品（包括房地产商品）流转方向的限制。

③ 银行信用在资金数量、运动方向和银行自身信誉上一般都要优于商业信用。

（二）房地产银行信用与银行其他信用的比较

相较于银行其他信用，房地产信用有以下四个特点。

1. 房地产银行信用具有专门性

房地产银行信用顾名思义是银行信用服务于房地产领域，银行通过吸收存款等形式集中房地产领域的闲散资金，并通过发放房地产开发经营企业经营贷款和居民与单位住房消费贷款等来有效安排所筹资金。

2. 房地产银行信用具有长期性

由于房地产生产投资大、生产期限长，而消费期限一般更长，这就使得房地产银行信用具有长期性，特别在推行房地产消费贷款的情况下，房地产银行信用的长期性更明显。如国内目前的购买商品住房抵押贷款期限可长达 30 年，而国外同类贷款的期限有的甚至更长。与此相适应，资金来源的存储期限往往也较长。这是银行其他信用所不及的。

3. 房地产银行信用的授予较多地采用抵押方式

在房地产银行信用的各类贷款中往往多采用抵押方式，抵押品以贷款支持购、建、开发的房产和土地使用权为多。

4. 房地产银行信用资金的管理具有较高的集中性

由于住房问题是许多国家政府关心的问题，为了更好地为住房建设服务，需要建立能迅速归集住房资金，并有效监督使用的专业房地产信用机构，以便集中管理资金、更好地实施政府的住房政策。目前，世界上不少国家都已有专业房地产信用机构，如美国的专业储蓄贷款协会、日本的住房金融公库等。我国过去曾经有烟台、蚌埠两家专业住房储蓄银行，尽管现在已经改制成（或者并入）商业银行，但是随着住房制度改革和金融体制改革的深化，金融创新在金融机构创新上已经有了新的突破，中德住房储蓄银行于 2004 年 2 月 15 日正式开业，标志着我国专业住房信用机构开始有了新的发展，政策性住房金融机构设立的探讨，也为丰富专业住房信用机构类型创造了条件。

第二节 房地产银行信用的受授业务

一、房地产银行受信业务的意义和内容

（一）房地产银行受信业务的意义

受信业务主要是银行的负债形成业务，银行通过受信业务来筹集资金，这是银行日常

经营的基础。银行的自有资金总是有限的,并且还要用于银行的营业设施等硬件方面,如果吸收不到大量的存款资金作为贷款资金的来源,将会影响银行的营业,不利于银行贷款授信等业务的正常运作。对于房地产银行来说,受信业务的意义主要有以下三个方面。

1. 有利于筹集房地产贷款资金

房地产贷款业务的规模受多种因素制约,但就房地产银行内部来说,房地产贷款资金来源状况(包括资金来源的数量、期限等)对房地产贷款业务有很大的制约。房地产银行广泛利用各种受信手段开辟多条渠道筹集房地产资金,为房地产贷款业务的发展提供资金保障。

2. 有利于把部分消费基金引向住房建设,改善居民消费结构

曾有一段时间,我国居民消费主要集中在吃、穿、用上,居住条件指望由国家包下来,因此消费结构过于倾斜。随着住房制度的改革与深化,通过引入银行受信机制,有利于引导和分流居民的消费,把部分消费基金用于住房建设,改善居民消费结构,提高居民的住房水平。

3. 有利于房地产金融结算业务的开展

受信业务形成的各项存款是办理房地产金融结算业务的前提。结算是货币的收付行为,收入货币的单位要把资金存入银行,支付货币的单位一般要有存款,办理货币结算与办理存款受信业务是联系在一起的,开展存款受信业务有利于房地产金融结算业务的开展。

(二) 房地产银行受信业务的形式和内容

1. 房地产银行存款形式的受信业务

房地产银行受信业务形成了房地产银行的负债,各项负债最终主要以存款形式表现出来。房地产银行存款的种类可以有多种划分方法。

(1) 按存款来源分类

我们把房地产银行存款按来源的不同分为企业存款、储蓄存款和其他存款三大类。

① 企业存款。

房地产银行的企业存款主要有企业住房建设存款和房地产开发经营企业存款两种。

企业住房建设存款。企业拥有的准备用于住房建设的暂时闲置资金,包括用于住房建设、维修、房租补贴的资金,出售新建住房和旧住房出售回收的资金,以及企业其他已提取尚需专用的住房建设资金;这些资金存入房地产银行就构成了企业住房建设存款。

房地产开发经营企业存款。房地产开发经营企业包括各类城市综合开发公司、对外承包工程公司和房地产买卖、租赁、物业管理等经营公司。这些房地产开发经营企业拥有的货币资金存入房地产银行的部分构成了房地产开发经营企业存款。在房地产开发经营企业存款中还包括这些企业发行股票、债券等有价证券筹集的资金存款等。

② 储蓄存款。

储蓄存款,简称储蓄,是指人民群众把结余的或待用的货币存入到银行中去的一种信用行为。房地产银行的住房储蓄是居民存入的准备用于购买、建造和维修住房的一种专

门性储蓄,具有专用性、积累性、稳定性和存贷结合、期限较长的特点。房地产银行的储蓄存款主要有以下几种。

a. 住房有奖储蓄。

住房有奖储蓄是将储蓄存款应得到利息的一部分或全部作为住房奖品或其他奖品与奖金的形式支付给中奖储户的一种住房储蓄。这种储蓄有利于激发人民群众储蓄的兴趣,使得房地产银行能在较短的时间内吸收较多的社会闲置资金,支援住房开发建设。这种住房有奖储蓄能迎合一部分群众的心理,颇受欢迎。住房有奖储蓄的设计要注意科学性、合理性和开奖方式的公正性,从而促进住房有奖储蓄的健康发展。具体要求有:支付住房奖品和其他奖品、奖金与利息及个人所得税税金的总和应该与应付的全部利息金额相等或接近;在确定奖励额度时,首先应考虑得奖住房的价格、数量和应付利息总额,然后确定提奖比例、奖励等级和奖额个数;确定的中奖面要适当,不得过于集中,住房有奖储蓄存款一般不得提前支取。

住房有奖储蓄的形式可根据基本储种作适当的变化来规定。常见的住房有奖储蓄主要有:定期定额住房有奖储蓄、定期定额住房有奖有息储蓄、零存整取集体户住房有奖有息储蓄等。住房有奖储蓄的推行往往要有比较高的利率水平相配合,以便使利息总额与作为奖品的住房价格相适应,或者能够提高住房有奖储蓄的吸引力。

b. 存贷结合的住房储蓄。

存贷结合的住房储蓄,又称住房储蓄贷款,是一种支持居民购买、建造住房,推进住房商品化的储蓄贷款。对于具有购买、建造住房的合同、协议或其他证明文件,在房地产银行存有规定额度的住房储蓄存款并有偿还借款能力的存款人,通常为当地居民,在用本人房产、有价证券等作担保的情况下,可以向房地产银行申请住房储蓄贷款。住房储蓄贷款的形式主要有:

零存整取和整存整取。第一,零存整取,整借零还。储蓄期限可以分为1年、2年、3年、4年和5年等,按月均存,数额不限。到期一次支取本息,并可以申请期限比储蓄期限长(如1倍或者数倍)的住房储蓄贷款。第二,整存整取,整借零还。储蓄期限可以分为1年、2年等,一次存入,数额不限,到期一次支取本息,并借款:1年期的储户到期后可以申请1年至数年期(如5年)的住房储蓄贷款;2年期的储户到期后可以申请1年至更长年期(如10年)的住房储蓄贷款。上述零存整取和整存整取住房储蓄贷款,最高贷款额可以根据资金状况规定不超过储蓄额的1倍至数倍。

零存整借和整存整借。第一,零存整借,整借零还。储蓄期限可以分为1年、2年、3年、4年和5年等,按月均存,数额不限,储蓄到期后继续存储,并可以申请比储蓄期限长(如1倍或者数倍)的住房储蓄贷款。第二,整存整借,整借零还。储蓄期限分为1年、2年等,一次存入,数额不限。1年期的储户,到期后可以申请贷款期限1年至数年期(如5年)的住房储蓄贷款;2年期的储户,到期后可以申请1年至更长年期(如10年)的住房储蓄贷款。原储蓄额均需继续存入。上述零存整借和整存整借住房储蓄贷款,最高贷款额也可以根据资金状况规定不超过储蓄额的1倍至数倍。

储户支用住房储蓄贷款,一般采取转账方式。储户在贷款合同规定的还款期内,未按规定还款的,将被处以加息,直至由房地产银行依法处分担保物。房地产银行未按合同支付贷款,影响储户支用的,要计算罚金,作违约金付给贷款储户。

住房储蓄贷款还有按住房储蓄存款额与存款年数相结合的住房储蓄积数贷款,这一内容将在本章第三节作介绍。住房储蓄贷款在国外通常与利率低进低出即住房储蓄存款利率低而相应住房贷款利率也低相配合,以便减轻有关借款购房者的总体借款成本。

c. 政策性住房基金储蓄。

政策性住房基金储蓄是顺应住房制度改革,归集住房建设资金,实现住房自有化而设立的一个带有强制性的政策性储蓄品种。此储蓄收储时采取强制性,如按职工工资收入的一定比例收储,或按职工获配住房建筑面积的一定比例收储。此储蓄的使用方向有的有明确规定。如规定只能用于个人与亲属购建自用住房、私房翻建与大修;或者规定要存满一定期限才能支用等。政策性住房基金储蓄具体形式有住房公积金储蓄和公房储蓄等。

有关住房公积金储蓄的详细内容将在第五章予以介绍。

住房储蓄存款还有其他形式,如奖售平价住房储蓄,此储蓄中奖者获得购买平价住房的权利;以息抵租住房储蓄,此储蓄是以存款利息抵偿住房租金来确定储蓄本金的一种住房储蓄;等等。储蓄存款的具体品种会结合市场利率、监管规定等因素由房地产银行推出。

③ 其他存款。

其他存款是指上述企业存款、储蓄存款之外的存款,或者兼有企业存款和储蓄存款性质的存款。这些存款主要有:

土地出让收入管理中的农业土地开发资金存款、国有土地收益基金存款,新增建设用地土地有偿使用费管理中的土地有偿使用费存款。

政府住房建设债券存款。政府住房建设债券存款是指政府发行住宅建设债券后筹得的资金存入房地产银行所形成的存款。

房地产抵押债券存款。房地产抵押债券存款是指房地产金融机构发行以受押的房地产作为担保的房地产金融债券而形成的存款,这是房地产资产证券化的重要方面,是我国房地产银行今后调节资产负债状况、调剂头寸的一个发展方向。

住房合作社存款。住房合作社是群众性互助协作建房组织。它的建房资金来源是由社员入股储蓄资金和社员所在单位、社区的一定资助资金构成。这些资金由住房合作社集中,并将货币资金存入银行,这就构成了住房合作社存款。

住房建设基金奖券存款。这是由政府有关部门批准设立的商品住房基金会,经有关部门批准发行住房建设基金募捐奖券。筹集住房建设资金后,由商品住房基金会将所募集的资金存入房地产银行而形成的住房建设基金奖券存款。此做法是我们在住房制度改革深化中可以考虑有条件地恢复和发展的一项有益做法。募捐实得资金可以作为低息或无息资金支持安居工程的开发,帮助低收入家庭实现住房自有化。

其他存款还包括同业存款等。

(2) 按受信期限分类

房地产银行存款还可按房地产银行受信期限的不同,分为活期存款、定期存款和定活两便存款。

① 活期存款。

活期存款是指存款授信人事先不约定存期，可以随时存入、支取和续存的存款。活期存款具有流动性大、存取频繁、利率较低的特点。房地产银行可以利用活期存款的特点，扩大与客户的信用关系，争取客户，争取存款，有利于扩大贷款，但由于活期存款资金受期限制约，除了活期存款的稳定余额部分外，应安排短期的资金运用。

② 定期存款。

定期存款是相对于活期存款而言的，是一种由存款授信人事先约定存期的存款。存款期限通常为3个月、6个月、1年、2年，也有3年、5年等。定期存款利率随着存款期限长短而高低不等，但一般高于活期存款利率。定期存款的稳定性较强，通常情况下未到期不能支取，如果存款授信人违约提前支取，将会在利息收入上受到损失。房地产银行可以利用定期存款的特点，安排期限匹配的贷款。

③ 定活两便存款。

定活两便存款是指事先不固定存期、可以随时提取的存款。定活两便存款的利率随实际存期的长短而在一定范围内自动升降，其利率一般高于活期存款利率，低于定期存款利率。存款的稳定性介于活期存款与定期存款之间，是房地产银行吸收存款的一种受信工具。

(3) 按存款性质分类

房地产银行存款按存款性质可以分为政策性存款和商业性存款。

① 政策性存款。

政策性存款是指按照某种特定政策、法规归集的存款。

② 商业性存款。

商业性存款是指房地产银行自主运用信用手段归集的除政策性存款以外的所有存款。对于商业银行来说，政策性存款业务可视作委托存款业务，而商业性存款则作为自营存款（又称经营性存款）。

房地产银行存款主要分类可见图3-1。

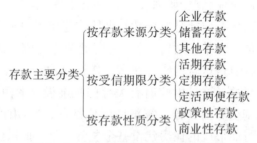

图3-1 房地产银行存款主要分类图

房地产银行经营的具体存款品种因各自经营状况和外部环境的不同而不同。

2. 房地产银行借款形式的受信业务

房地产银行受信业务除了上述存款形式表现出来的负债外，还包括其他负债受信。房地产银行通过其他负债受信，可帮助其实现流动性和盈利性要求，避免或减少由于出售资产而发生损失，有利于扩大经营规模。在存款利率、种类难以正常吸引客户存款时，其他负债的主动性特点可以弥补资金来源不足,保证房地产银行的正常运作。

在房地产银行的其他负债受信业务中,主要包括向中国人民银行借款、同业借款、发行金融债券、证券回购、国际金融市场借款等。

(1) 向中国人民银行借款

这是房地产银行筹集资金的一条途径,中国人民银行是中央银行、发行的银行,其垄断着货币发行,集中着房地产银行的存款准备金和备付金,具有制定和执行国家货币政策,实行宏观调控的职能。中国人民银行肩负着调节资金、保持银行体系稳定的重任。房地产银行在必要时可以要求中国人民银行给予资金融通。这种资金融通广义上有两种形式:一种形式是向中国人民银行借款,包括年度性借款和短期借款,具体而言,包括常备借贷便利(Standing Lending Facility, SLF)、中期借贷便利(Medium-term Lending Facility, MLF)和抵押补充贷款(Pledged Supplemental Lending, PSL)。常备借贷便利是中国人民银行正常的流动性供给渠道,主要功能是满足金融机构期限较长的大额流动性需求。对象主要为政策性银行和全国性商业银行。期限为1—3个月。中期借贷便利是中国人民银行提供中期基础货币的货币政策工具,对象为符合宏观审慎管理要求的商业银行、政策性银行,可通过招标方式开展。中期借贷便利采取质押方式发放,金融机构提供国债、央行票据、政策性金融债、高等级信用债等优质债券作为合格质押品。抵押补充贷款是中国人民银行为开发性金融支持棚改提供长期稳定、成本适当的资金来源。抵押补充贷款的主要功能是支持国民经济重点领域、薄弱环节和社会事业发展而对金融机构提供的期限较长的大额融资。抵押补充贷款采取质押方式发放,合格抵押品包括高等级债券资产和优质信贷资产。另一种形式是再贴现,这是房地产银行把其已经贴现但尚未到期的商业汇票向中国人民银行要求再贴现,以获得资金融通。

(2) 同业借款

同业借款包括同业拆借、转贴现和转抵押借款三种具体形式。同业拆借是指房地产银行与其他金融机构之间的临时借款,一般可以通过全国银行间同业拆借市场网络实现这种拆借。转贴现是指房地产银行把自己已经贴现但尚未到期的商业汇票向其他银行办理转贴现。转抵押借款是指房地产银行在资金紧张、周转不畅等情况下,通过抵押的方式向其他银行取得的借款,作为抵押的财产大部分是客户抵押给房地产银行的房地产。房地产银行向同业抵押借款,是我国房地产银行应该可以考虑采用的一种融资方式。

(3) 发行金融债券

发行金融债券是指房地产银行为筹集中长期贷款资金而发行的债券。这种金融债券的发行对象一种是以个人为主,债券面额可分为500元、1 000元不等,不记名,不挂失,可上市转让流通。这种债券的计息形式有固定利率、累进利率和贴水三种。固定利率金融债券年限固定,利率固定,不能提前支取。累进利率金融债券,一般最短年限为1年,不满1年不能支取,最长年限为3年或5年;存满1年后可随时兑取本息,利率采取累进制,逐年提高;利息按满年计算,不满年的零头月日不计息,超过最长期限不计逾期息。贴水金融债券是按低于券面额的价格出售的债券,价格差额相当于当期利息,到期一次按券面额兑付时不计息,不能提前支取。另外一种金融债券的发行对象是以机构为主,目前,主要是在全国银行间债券市场发行。发行金融债券有利于提高房地产银行资产负债管理能力,化解金融风险;有利于拓宽直接融资渠道,优化金融资产结构。房地产银行利用发行金融债券筹资,要相应安排好所筹资金的运用。

(4) 证券回购

它是指房地产银行将其持有的未到期的债券按一定的条件暂时售给投资者,并商定于规定期限由房地产银行按约定价格从原购买方重新赎回上述债券。从出售到回购期间,房地产银行实质上获得了一笔融通资金,这也属于房地产银行的负债。

(5) 国际金融市场借款

它是指房地产银行在国际金融市场上直接向其他银行借入外币资金(包括用于转贷而取得世界银行的住房改善贷款)和在国际金融市场上发行本外币债券。

此外,房地产银行的自有资本也可以视作房地产银行对投资人的受信,作为贷款资金运用的来源。

二、房地产银行授信业务的意义和内容

(一) 房地产银行授信业务的意义

授信业务主要是银行贷款资产的形成业务,银行通过授信业务来运用所筹集的资金,这也是资金筹集的主要目的。银行通过合理安排授信业务,以获取较好的经济效益。对于房地产银行来说,授信业务的意义主要有三个。

1. 支持和促进房地产业发展,提高资金利用效率

房地产商品具有价值大、生产周期长的特点,房地产的开发营建需投入大量的资金且资金占用时间较长,而房地产贷款可以融通资金,支持房地产开发,并且房地产贷款授信具有有偿性和增值性,促使贷款资金使用者提高资金利用效率,增强资金的再生产能力。另外,通过房地产贷款也可以向房地产商品需求者提供资金融通,使房地产需求者早日得到满足,从而促进房地产再生产的顺利进行,支持房地产业的发展。

2. 支持住房制度改革,帮助购房居民早日实现购房愿望

随着住房制度改革,过去那种城镇居民住房由国家、单位包下来,由国家、单位包建、包分、包管的做法已越来越难以适应社会主义市场经济发展的要求,住房自有化已逐渐成为许多人的共识。但是,住房自有化能否实现,住房制度改革能否顺利进行,关键在于能否解决居民的购房支付能力。通过住房贷款,可以解决一部分人支付能力不足的问题,增加有效需求,同时使借款购房者提前实现购房愿望。

3. 扩大银行资产业务领域,带动银行相关业务发展

发放房地产贷款,可以使房地产银行中的一般商业银行扩大资产业务领域,调整资产结构,改善资产负债状况。同时,随着房地产贷款业务的开展,一方面可以使房地产银行因实行先存后贷而增加资金来源;另一方面,会为房地产银行带来其他相关服务需求,如提供房地产评估服务、代理买卖房地产以及房地产咨询业务等,扩大房地产银行的中间业务。这都有利于提高有关银行信誉,增加银行无形资产价值,有利于房地产银行创造更好的效益。

(二) 房地产银行授信业务的内容

1. 房地产银行贷款的种类

房地产银行授信业务形成了房地产银行的资产,各项资产主要以贷款形式表现出来。房地产银行贷款的种类可以有多种划分方法。主要可以根据贷款的性质、用途、对象、自主权、期限、有无担保等进行分类。

(1) 按贷款的性质分类

可以分为固定资金贷款(如单位购建房贷款)、流动资金贷款(如房地产开发企业流动资金贷款)、消费性贷款(如个人购建房贷款)。

(2) 按贷款的用途分类

可以分为房地产开发贷款、建房贷款、购房贷款、房地产经营贷款等。

(3) 按贷款的对象分类

可以分为单位购建房贷款、住房合作社建房贷款、个人购建房贷款和房地产开发经营企业贷款等。

(4) 按贷款的自主权分类

可以分为自营房地产贷款和委托(实为受托,习惯称为委托,下同)房地产贷款。自营房地产贷款是指房地产银行以合法方式筹集的房地产资金自主发放的房地产贷款,贷款风险由房地产银行承担,并由房地产银行收取本金和利息。委托房地产贷款是指由政府部门、企事业单位和个人等委托人提供资金,由房地产银行根据委托人确定的房地产贷款的对象、金额、期限、利率等而代理发放、监督使用并协助收回的房地产贷款。委托贷款风险由委托人承担,房地产银行收取手续费,不得代垫资金。目前由商业银行承担的住房公积金购房贷款,就属于委托房地产贷款;还有就是资金宽裕者(单位或者个人)委托商业银行向资金需求者发放用于房地产领域的委托贷款等。

(5) 按贷款的期限分类

可以分为短期房地产贷款、中期房地产贷款和长期房地产贷款。短期房地产贷款是指贷款期限在1年以内(含1年)的房地产贷款。中期房地产贷款是指贷款期限在1年以上(不含1年)5年以下(含5年)的房地产贷款。长期房地产贷款是指贷款期限在5年以上(不含5年)的房地产贷款。

(6) 按贷款有无担保分类

可以分为房地产担保贷款和房地产信用贷款。房地产担保贷款分为房地产保证贷款、房地产抵押贷款和房地产质押贷款。房地产保证贷款,是指第三人承诺在借款人不能偿还贷款时,按约定承担一般保证责任或者连带责任为前提的房地产贷款。房地产抵押贷款是指以借款人或第三人的财产作为抵押物的房地产贷款,通常作为抵押物的财产就是房地产。房地产质押贷款,是指以借款人或第三人的动产或权利作为质物的房地产贷款。房地产信用贷款是指以借款人的信誉发放的房地产贷款。

房地产贷款还包括视作贷款的票据贴现。它主要指房地产银行用房地产信贷资金购买未到期的商业汇票。在商业汇票到期被拒绝付款时,可以对背书人、出票人以及商业汇票的其他债务人行使追索权。

房地产贷款是房地产银行投向房地产开发、营建、流通和消费领域的贷款资金总称。房地产贷款具有偿还期较长、抵押形式较多的特点。

2. 房地产开发经营企业贷款

房地产开发经营企业贷款主要有以下两种。

(1) 房地产开发企业流动资金贷款

房地产开发企业流动资金贷款包括土地开发及商品房贷款,是房地产银行发放给房地产开发企业用于房地产开发建设的一种生产性流动资金贷款。

房地产开发企业流动资金贷款的对象是经有关部门批准经营土地开发和商品房建设,具有独立法人资格,实行独立经济核算的从事房地产开发的企业,如土地开发公司、住房建设公司、房地产综合开发公司等。

房地产开发企业流动资金贷款的条件主要有:借款企业必须具有房地产开发资格;在贷款银行开立账户,持有贷款卡;拥有一定的自有资金,一般自有流动资金要达到生产流动资金的30%;要有开发计划和经有关部门批准的开发项目规划设计;必须有健全的管理机构和财务管理制度;有偿还贷款本息的能力;能提供符合要求的借款担保。

房地产开发企业流动资金贷款主要用于垫付城市综合开发、商品房开发和土地开发等项目所需的生产性流动资金,不得用于房地产开发企业自身固定资产投资,也不能作为开发项目的投资性贷款。此项贷款的具体用途有以下五种。

① 房地产开发前期工程必须占用的资金,主要有工程总体规划设计费、可行性研究费、水文地质勘察设计费等;

② 土地开发所需占用的资金,主要有土地补偿费、青苗补偿费、安置补偿费、拆迁补偿费、新菜地开发基金、"七通一平"费等;

③ 开发项目内基础设施所需占用的资金,主要包括道路、供水、供电、供气、排水、照明、通信、绿化和环境卫生建设费等;

④ 建筑安装工程所需占用的资金,即直接计入商品房成本的建筑安装工程费;

⑤ 开发项目内非营业性公共配套设施建设所需占用的资金,主要包括建造居委会、派出所、幼儿园、托儿所、消防设施、锅炉房、水塔、配电房、自行车棚和公共厕所等用房所需费用。

房地产开发企业流动资金贷款期限一般不超过2年。由于季节性超储备材料或预收定金不能及时到位而需要发放短期的临时性贷款时,则要求开发项目已经落实销售对象,并能按期如数回收售房款或预收定金。临时性贷款的期限一般不超过6个月。

房地产银行对借款企业提出的借款申请进行评估,核定贷款额度和期限,签订贷款合同和担保合同,办妥相关手续,然后由房地产银行按贷款合同的规定发放贷款,到期后收回贷款本息。目前,房地产开发企业流动资金贷款已经在监管层面上演化为房地产开发贷款,其有关内容将在第四章中介绍。

(2) 房产经营贷款

房产经营贷款是指房地产银行对从事房屋租赁、房产交易、房屋维修和装饰以及其他服务性活动的独立经营、自负盈亏的房产经营企业发放的经营性贷款。

房产经营贷款的具体贷款对象有房地产经营公司、房屋维修公司、房屋装饰公司、物业管理公司等。这些对象要具有依法登记的法人资格；实行独立经济核算，有健全的管理机构；有一定的经济实力、能还本付息；在贷款银行开立结算账户，并持有贷款卡。

房产经营贷款的用途主要有房屋出租、房屋修缮、房屋装饰、房产交易所需资金。

房产经营贷款的种类有：对房产经营企业发放的经营性流动资金贷款；对房产经营企业发放的经租房大修理资金贷款；对房产经营企业发放的经租房更新改造资金专项贷款。

房地产银行授信业务除了主要形成各项房地产贷款外，还包括投资于政府债券和中国人民银行融资券的授信。此外，房地产银行受信业务形成的资金来源还授信于在中国人民银行存款、存放同业资金以及存款准备金等方面。

第三节　住房储蓄积数贷款

住房储蓄积数贷款是一种存贷结合、先存后贷的住房储蓄，参加此项住房储蓄的储户存款达到一定的数额和期限，可获得申请住房贷款的资格。由于这一定的数额和期限的乘积在银行业务中称为积数（根据期限是按日、月、年计算的不同，积数有日积数、月积数和年积数之分），而此存贷结合的住房储蓄的贷款额是按存款年积数的一定倍数确定的，因此这种住房储蓄理论上可称为住房储蓄积数贷款。住房储蓄积数贷款的原理可以应用于各类住房储蓄和住房贷款关联的住房贷款中，以下只是这一原理的一种具体应用。

一、住房储蓄积数贷款的主要内容

（一）住房储蓄积数贷款的储蓄品种

住房储蓄积数贷款的储蓄品种可以有多样性，这里介绍整存整取定期住房储蓄和零存整取定期住房储蓄两种。

1. 整存整取定期住房储蓄

整存整取定期住房储蓄存期一般可以分为半年、1年、3年、5年。其通常规定有起存额，如1 000元，多存不限。储户按约定存期，一次存入，由银行发给记名存单，到期凭存单支取全部本息。如储户到期未取，银行通常自动办理转存。

2. 零存整取定期住房储蓄

零存整取定期住房储蓄存期1年，储户自定固定存额，其通常也规定有最低额，如500元起存，多存不限，按月存入。由银行发给记名存折。储户中途如有漏存，一般应在次月补存。储蓄到期按实存金额和实际存期支取本金和利息。

这两种储蓄的其他规定比照整存整取定期储蓄存款和零存整取定期储蓄存款处理。

（二）住房储蓄积数贷款的贷款资格

住房储蓄积数贷款的贷款资格可以由房地产银行根据资金状况、市场情况和住房贷款政策等作出具体规定。例如，规定存款达到1万元，实际存期满1年，或者存款达到2

万元,实际存期满半年,也就是存款年积数达到 1 万元,就可获得申请住房贷款的资格。

储户参加住房储蓄积数贷款的储蓄,无论是参加一种储蓄方式或两种储蓄方式,以及同一储户持有不同存期的多笔住房储蓄的存单和存折,通常都规定可以综合折算。储户的配偶及其同户成员一般也可以将自己名下已存储的住房储蓄存款额和储户本人的住房储蓄存款额合并计算。当存款额和实际存期综合折算为一个相当于 1 万元,实际存期满 1 年的存款额,即累计存款年积数满 1 万元,也可取得申请住房贷款的资格。储户获得的申请住房贷款的资格,在存单或存折的存期内有效,并且保留至其存款支取时为止。约定存期届满未支取存款的,房地产银行自动代办转存,获得的住房贷款资格仍然有效。

二、住房储蓄积数贷款有关折算存款额的计算公式

(一) 整存整取定期住房储蓄折算存款额

$$整存整取定期住房储蓄折算存款额 = \frac{甲存单存款金额 \times 实际存期(日)}{360}$$
$$+ \frac{乙存单存款金额 \times 实际存期(日)}{360}$$
$$+ \cdots$$

(二) 零存整取定期住房储蓄折算存款额

$$零存整取定期住房储蓄折算存款额 = \frac{每月固定存款金额 + 累计已存入的余额}{2 \times 12} \times 已存月数 + \cdots$$

(三) 折算存款额合计(即存款年积数)

折算存款额合计 = 整存整取定期住房储蓄折算存款额
    + 零存整取定期住房储蓄折算存款额

例如,储户 A 及其同户成员 B、C、D 的储蓄存款情况如表 3-1 所示。

表 3-1　储蓄存款情况表

储　户	储蓄存款金额(元)	已存时间(月)
A	整存整取 5 000	15
B	整存整取 1 000	3
C	整存整取 20 000	6
D	零存整取月存 3 000	9

如果储户 B、C、D 同意将自己名下的住房储蓄存款和实际存款时间一并纳入储户 A 的住房储蓄折算存款额的计算,那么储户 A 合并的住房储蓄折算存款额可以如下计算:

整存整取定期住房储蓄折算存款额为

$$\frac{5\,000\times 15\times 30}{360}+\frac{1\,000\times 3\times 30}{360}+\frac{20\,000\times 6\times 30}{360}$$
$$=6\,250+250+10\,000$$
$$=16\,500(元)$$

零存整取定期住房储蓄折算存款额为

$$\frac{3\,000+3\,000\times 9}{2\times 12}\times 9$$
$$=11\,250(元)$$

折算存款额合计(即存款年积数)为

$$16\,500元+11\,250元$$
$$=27\,750元$$
$$=2.775万元$$

即储户 A 及其同户成员 B、C、D 合并计算的住房储蓄存款额和实际存期综合折算为存款年积数 2.775 万元。如果规定有资格申请住房储蓄积数贷款的存款年积数为 1 万元,则储户 A 已经取得住房储蓄积数贷款的申请资格。

三、住房储蓄积数贷款的贷款额度

住房储蓄积数贷款的贷款额度与住房储蓄存款额挂钩,存款额越大,可申请的贷款额度越大。具体可以通过约定存、贷款的比例,存、贷期的比例来进行调节。如果存、贷款的比例为存 1 贷 5,贷款额可相当于存款额的 5 倍;存、贷期的比例也为存 1(年)贷 5(年),贷款期限可相当于存款实际已存储期限的 5 倍。借款人要求增加贷款期限的,则要将可申请的贷款额度相应减少;要求增加贷款额度的,则要将可申请的贷款期限相应减少。为了控制短期借大额贷款,可以规定最低调节贷款额度的期限,如规定贷款期限减少至 5 年为最低调节贷款额度的期限,贷款期限低于 5 年的贷款额度不再增加。也就是说,在贷款期限不低于 5 年的情况下,贷款额与贷款期限乘积(即贷款年积数)可以达到存款额与存期乘积(即存款积数)的 25 倍,且贷款期限最长可达 30 年,贷款额度在房价 80% 的限度内。同时,根据房地产银行的资金来源状况、市场房价等情况,限定最高可贷额度。

折算存款额及其存款期与贷款额和贷款期之间的关系如表 3-2 所示。

表 3-2 折算存款额 A 万元(存满 1 年)可申请贷款额、贷款期

贷款期(年)	1	2	3	4	5	6	7	8	9	10
可申请额度(万元)	A×5	A×5	A×5	A×5	A×5	A×4.2	A×3.6	A×3.1	A×2.8	A×2.5

(续表)

贷款期（年）	11	12	13	14	15	16	17	18	19	20
可申请额度（万元）	A×2.3	A×2.1	A×1.9	A×1.8	A×1.7	A×1.6	A×1.5	A×1.4	A×1.3	A×1.3
贷款期（年）	21	22	23	24	25	26	27	28	29	30
可申请额度（万元）	A×1.2	A×1.1	A×1.1	A×1.0	A×1.0	A×1.0	A×0.9	A×0.9	A×0.9	A×0.8

四、住房储蓄积数贷款

住房储蓄积数贷款的贷款品种包括个人购房组合贷款和商业性住房抵押贷款两种。有关具体内容在第四章和第五章介绍。

第四节　房地产银行信用管理

房地产银行作为信用中介机构，主要是以信用方式来调剂资金余缺的，受信业务是授信业务的前提和基础，是房地产银行业务经营的基础，而授信业务又是受信业务开展的主要目的，离开了授信业务，受信业务的开展对于房地产银行来说就没有多大意义了。房地产银行信用管理包括受信业务的管理和授信业务的管理。

一、受信业务管理

受信业务主要是存款负债的形成业务，对存款负债的管理就成为受信业务管理的重要方面。

存款的最大风险就是流动性风险，房地产银行能否随时应付客户的提存、能否按较低的成本及时获得所需的资金是存款负债管理必须考虑的问题。

为了防止存款负债的流动性风险尤其是存款提存风险，保持一定规模的存款量是十分必要的。一般而言，存款量大，稳定的存款余额就大。对于房地产银行来说，吸收中长期的定期存款对稳定存款的量有积极的意义，即使存款客户提前支取存款，房地产银行也能在利息支付上获得好处。稳定存款的量可以有效地应付存款客户的提存。房地产银行一旦无法支付存款客户的提存，房地产银行就会失信于存款客户、失信于社会公众，该房地产银行的信誉就会遭到损害，产生难以估量的损失。

房地产银行存款量的多少和存款稳定量的多少受多种因素影响，但房地产银行可以通过选择或设置各种存款种类和档次，确定合理的利率水平对存款进行管理，仍不失为一种手段。对存款负债不能仅仅看成是被动型的负债，通过存款创新，进一步推出新的存款品种，使其在某些方面优于现有的存款品种；或者将现有的各种存款种类和档次，与房地产贷款保持各种相关性，吸引不同客户前来参加各种存款，在某种意义上都具有主动负债的性质,都会对房地产银行存款量和存款稳定量产生积极的影响。

对存款的管理还包括对存款受信成本的管理,这一点不仅对商业性房地产银行有要求,对于政策性房地产银行同样也有要求。即使是政策性房地产银行,虽然不是以营利为主要目的,但也应该考虑财务上的稳健性,不能支出大于收入。

受信业务管理的另一个重要方面是对存款人的保护。房地产银行办理个人住房储蓄存款业务,应当遵循存款自愿、取款自由、存款有息、为存款人保密的原则。除法律另有规定外,对于个人住房储蓄存款,房地产银行有权拒绝任何单位或者其他个人查询、冻结、扣划。住房公积金储蓄存款指定金融机构有义务接受住房公积金储蓄存款当事人就其收到的住房公积金储蓄存款对账单进行的查询,有权拒绝任何单位和个人冒领、强行支取、转移或截留职工住房公积金。

除法律、行政法规另有规定外,对单位存款,房地产银行有权拒绝其他任何单位或者个人查询。除法律另有规定外,房地产银行有权拒绝其他任何单位或者个人冻结、扣划单位存款。

房地产银行应当执行中国人民银行规定的存款利率政策,保证存款本金和利息的支付,不得擅自拖延、拒绝支付存款本金和利息。

房地产银行的受信业务管理还包括其他负债受信的管理。房地产银行的受信管理包括从存款人及其他债权人那里吸收资金和合理安排资金来源的结构而发生的各项业务管理活动。受信管理的目的是力求在尽量小的筹资成本的条件下,恰当增加负债的规模,特别是存款的规模,并注意增强房地产银行资金的流动性。

房地产银行的受信管理涉及对负债市场的研究,要分析负债来源潜力及其具体实现的可能性,做好有关负债金融产品的营销工作,并考虑整个负债成本的管理,包括负债利息支出和非利息支出,如存款利息支出、金融债券利息支出、固定资产折旧费、手续费支出、业务宣传费、业务招待费和业务管理费,以及实际可用资金规模和成本等。在利息支出管理上,房地产银行要关注在相同的利率条件下,如何吸引更多的负债资金,或者在相等的负债规模下能否使利息支出少一些。在存款利率市场化的情况下,存款利率如何定价,如何通过服务来吸引存款就显得更为重要。当然,提供服务也是需要付出代价的,负债受信管理应当使服务补偿的费用低于所替代的利息费用,这就涉及非利息支出管理。负债受信规模越大,非利息支出的单位成本就越小,应当设法提高非利息支出的效率,减少闲置和浪费。

受信管理还要结合授信管理一并考虑,纳入房地产银行整个资产负债管理系统。

二、授信业务管理

授信业务主要是贷款资产的形成业务,对贷款资产的管理,就成为授信业务管理的重要方面。

房地产银行根据国民经济和社会发展的需要,在国家房地产业政策的指导下开展贷款授信业务。

贷款授信要遵循安全性、流动性和盈利性的原则,房地产银行贷款授信也应考虑这三个原则。安全性是指贷款资产所具有的安全保障程度,它体现了房地产银行避免和承受风险的能力。流动性是指贷款资产在不发生损失的情况下迅速变现的能力。盈利性是指在贷款营运中,资金获得利润的能力。对于房地产银行来说,其贷款具有刚性,并且期限较长、流动性差,而相应的存款具有较多的弹性并且期限相对较短。贷款的安全性是房地产银行经营中需要首先考虑的问题,贷款的流动性也是一个十分迫切的问题。它要求房地产银行必须将期限较长的购房贷款与期限相对短一些的房地产企业流动资金贷款,以及其他资产进行合理的安排,并要考虑房地产贷款证券化的可能性。盈利能够增强房地产银行抗风险的能力,对于商业性房地产银行来说,追求盈利是经营总目标,也是商业性房地产银行的经营动力;对于政策性房地产银行也要求有一定的盈利。因为只有这样,才能促使其在政策性房地产金融业务中更好地发挥作用,使政策性房地产资金有一个良好的循环。

为了更好地贯彻安全性、流动性和盈利性原则,房地产银行在贷款时,应当对借款人的借款用途、偿还能力、还款方式等情况进行严格审查。这种审查应当实行审贷分离、分级审批制度。房地产银行的贷款,借款人一般应提供担保,担保以房地产抵押为主。房地产银行应当对抵押物的权属和价值以及实现抵押权的可行性进行严格审查。房地产银行决定给予借款人贷款时,双方应订立书面合同。

房地产银行发放贷款应符合商业银行法和中国银行保险监督管理委员会商业银行风险监管核心指标的要求。如商业银行法要求商业银行流动性资产余额与流动性负债余额的比例不得低于25%,对同一借款人的贷款余额与商业银行资本余额的比例不得超过10%,资本充足率不得低于8%等。

房地产银行发放房地产贷款应考虑中国银行保险监督管理委员会房地产贷款风险管理指引,如考虑贷款与价值比率,即房地产银行贷款与抵押的房地产价值的比率,也就是贷款数额占所抵押房地产价值的成数,一般不超过80%;考虑借款人还款能力。另外,还应考虑贷款期限和利率及其他手续费。房地产银行应当按照《商业银行流动性风险管理办法(试行)》建立健全流动性风险管理体系,对法人和集团层面、各附属机构、各分支机构、各业务条线的流动性风险进行有效识别、计量、监测和控制,确保其流动性需求能够及时以合理成本得到满足。

银行业金融机构发放房地产贷款还需要符合房地产贷款集中度管理制度的要求。房地产贷款集中度管理要求[①]见表3-3。

表3-3 房地产贷款集中度管理要求

银行业金融机构分档类型	房地产贷款占比上限	个人住房贷款占比上限
第一档:中资大型银行		
中国工商银行、中国建设银行、中国农业银行、中国银行、国家开发银行、交通银行、中国邮政储蓄银行	40%	32.5%

① 中国人民银行 中国银行保险监督管理委员会《关于建立银行业金融机构房地产贷款集中度管理制度的通知》,2020年12月28日。

(续表)

银行业金融机构分档类型	房地产贷款占比上限	个人住房贷款占比上限
第二档：中资中型银行		
招商银行、农业发展银行、浦发银行、中信银行、兴业银行、中国民生银行、中国光大银行、华夏银行、进出口银行、广发银行、平安银行、北京银行、上海银行、江苏银行、恒丰银行、浙商银行、渤海银行	27.5%	20%
第三档：中资小型银行和非县域农合机构①		
城市商业银行②、民营银行	22.5%	17.5%
大中城市和城区农合机构		
第四档：县域农合机构		
县域农合机构	17.5%	12.5%
第五档：村镇银行		
村镇银行	12.5%	7.5%

① 农合机构包括：农村商业银行、农村合作银行、农村信用合作社。② 不包括第二档中的城市商业银行。

有关房地产银行贷款授信业务的管理，我们还将结合房地产抵押贷款和房地产融资可行性研究，在第四章和第六章作进一步阐述。

本章小结

　　房地产信用是以房地产作为特定对象，产生于房地产再生产过程中的信用，它包括土地、房屋的开发、营建、经营和消费过程中发生的货币借贷和房地产交易中的预付与赊销行为。

　　房地产信用的主要形式有政府信用、商业信用、银行信用和消费信用四种。此外，还有民间个人信用。其中，房地产银行信用是指银行以货币形式向企业或个人提供的与房地产有关的信用。

　　房地产银行信用的特点主要体现在作为银行信用与其他信用尤其是商业信用的不同，以及作为房地产信用与银行的其他信用的不同上。与商业信用相比，房地产银行信用能动员全社会的闲置资金，房地产银行信用所提供的是全社会经济活动参与者都需要的货币资金。房地产银行信用在资金数量、运动方向和银行自身信誉上一般都要优于商业信用。与银行其他信用相比，房地产银行信用具有专门性和长期性，房地产银行信用的授予较多地采用抵押方式，房地产银行信用资金的管理具有较高的集中性。

房地产银行信用业务包括受信业务和授信业务。受信业务主要是银行的负债形成业务，银行通过受信业务来筹集资金，这是银行日常经营的基础。授信业务主要是银行贷款资产的形成业务，银行通过授信业务来运用所筹集的资金，这也是资金筹集的主要目的。

房地产银行受信业务包括存款形式的受信业务和借款形式的受信业务。前者按存款来源可以分为企业存款、储蓄存款、其他存款，按受信期限可以分为活期存款、定期存款和定活两便存款，按存款性质可以分为政策性存款和商业性存款。后者包括向中国人民银行借款、同业借款、发行金融债券、证券回购、国际金融市场借款等。

房地产银行的授信业务可以根据贷款的性质、用途、对象、自主权、期限、有无担保等进行分类。房地产开发贷款、建房贷款、购房贷款、房地产经营贷款等是常见的按贷款用途分类的贷款品种。住房储蓄积数贷款是一种存贷结合、先存后贷的住房储蓄，参加此项住房储蓄的储户存款达到一定的数额和期限，可获得申请住房贷款的资格。

房地产银行信用管理包括受信业务的管理和授信业务的管理。受信业务主要是存款负债的形成业务，对存款负债的管理就成为受信业务管理的重要方面。授信业务主要是贷款资产的形成业务，对贷款资产的管理就成为授信业务管理的重要方面。

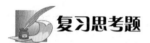
复习思考题

1. 什么是房地产信用？什么是房地产银行信用？
2. 房地产银行信用的特点有哪些？
3. 房地产银行受信业务的意义是什么？
4. 房地产银行常见的存款有哪些？
5. 房地产银行的其他负债受信业务有哪些？
6. 房地产银行授信业务的意义是什么？
7. 房地产银行贷款种类有哪些？
8. 什么是住房储蓄积数贷款？
9. 房地产银行如何进行信用管理？

第四章 房地产抵押贷款

本章首先从房地产抵押贷款的一般原理入手,阐述了房地产抵押贷款的基本特征,分析了房地产抵押贷款的主要作用,概述了房地产抵押贷款的种类,然后就贷款偿还方式等房地产抵押贷款的运作要素和房地产抵押贷款主要品种作了介绍,最后就房地产抵押贷款管理和抵押房地产价格评估作了阐述与介绍。

第一节 房地产抵押贷款的原理与种类

一、抵押与房地产抵押

(一)抵押

抵押是指债务人或者第三人不转移对其所有的财产的占有,将该财产作为债权的担保的行为。债务人不履行债务时,债权人有权依照有关法律的规定,以该财产折价或者以拍卖、变卖该财产的价款优先受偿。这里,债务人或者第三人称为抵押人,债权人称为抵押权人,提供担保的财产称为抵押物。在我国抵押关系中,《中华人民共和国民法典》规定债务人或者第三人有权处分的下列财产可以抵押:

① 建筑物和其他土地附着物;
② 建设用地使用权;
③ 海域使用权;
④ 生产设备、原材料、半成品、产品;
⑤ 正在建造的建筑物、船舶、航空器;

⑥ 交通运输工具；

⑦ 法律、行政法规未禁止抵押的其他财产。

此外，企业、个体工商户、农业生产经营者可以将现有的以及将有的生产设备、原材料、半成品、产品抵押，债务人不履行到期债务或者发生当事人约定的实现抵押权的情形，债权人有权就抵押财产确定时的动产优先受偿。

对于与房地产抵押贷款相关的建设用地使用权抵押，《中华人民共和国民法典》还规定：

以建筑物抵押的，该建筑物占用范围内的建设用地使用权一并抵押。以建设用地使用权抵押的，该土地上的建筑物一并抵押。抵押人未依据一并抵押的，未抵押的财产视为一并抵押。乡镇、村企业的建设用地使用权不得单独抵押。以乡镇、村企业的厂房等建筑物抵押的，其占用范围内的建设用地使用权一并抵押。

在抵押关系中，不能作为抵押物设定抵押权的有：土地所有权；宅基地、自留地、自留山等集体所有的土地使用权，但是法律规定可以抵押的除外；学校、幼儿园、医疗机构等为公益目的成立的非营利法人的教育设施、医疗卫生设施和其他公益设施；法律、行政法规规定不得抵押的其他财产。

随着农村土地制度改革的进行，农村集体经营性建设用地使用权抵押贷款已有探索、与农村承包土地经营权和农民住房财产权相关的抵押贷款已经启动，这对于缓解"三农"领域融资难融资贵问题有着积极的意义。

（二）房地产抵押

房地产抵押是指抵押人以其合法拥有的房地产以不转移占有的方式向抵押权人提供债务按期履行的担保，在债务人不履行债务时，抵押权人有权依法处分作为抵押物的房地产，并优先得到偿还的行为。

可以设定抵押权的房地产主要有：依法获得的出让土地使用权；依法获得所有权的房屋及其占有范围内的土地使用权；依法获得的房屋期权；依法可以抵押的其他房地产。

以出让土地使用权设定抵押权的，抵押权设定前原有的地上房屋及其他附属物应当同时抵押；以出让土地使用权地块上的全部房屋设定抵押权的，该房屋占有范围内的土地使用权随之抵押；以出让土地使用权地块上的部分房屋设定抵押权的，该房屋所占相应比例的土地使用权随之抵押。

房屋期权是指以买卖合同约定将来某一时间取得房屋所有权或者以建筑工程承包合同约定将来某一时间取得建成房屋的权利。房屋期权包括预购商品房期权和房屋建设工程期权。以期权房屋设定抵押权的，必须符合房屋预售和建筑承包管理的有关规定，同时为了保障相关债权人的利益，一般规定以预购商品房期权设定抵押权的，所担保的主债权仅限于购买该商品房的贷款；以房屋建设工程期权设定抵押权的，所担保的主债权仅限于建造该建设工程的贷款，除非预购人已付清该商品房全部购房款或者房地产开发企业和其他建设单位已付清该建设工程全部建造款。

对抵押房地产进行处分所得价款按下列顺序偿还：

① 支付处分抵押房地产之费用；

② 扣缴与抵押房地产有关的应纳法定税费；

③ 按优先受偿权顺序和抵押顺序依次偿还抵押人所欠抵押权人的本息及违约金；

④ 剩余金额退还抵押人。

二、房地产抵押贷款及其种类

房地产抵押贷款是指银行等贷款机构（以下简称银行）以借款人或第三人拥有的房地产作为抵押物发放的贷款。抵押物担保的范围包括银行房地产抵押贷款的本金、利息和实现抵押物抵押权的费用及抵押合同约定的其他内容。

房地产抵押人在抵押期间不得随意处理受押房地产，受押房地产的贷款银行作为抵押权人有权在抵押期间对抵押物进行必要的监督和检查。房地产抵押人的行为足以使抵押的房地产财产价值减少的，房地产抵押权人有权请求抵押人停止其行为；抵押的房地产财产价值减少的，房地产抵押权人有权请求恢复抵押的房地产财产的价值，或者提供与减少的价值相应的担保。房地产抵押人不恢复抵押的房地产财产的价值，也不提供担保的，抵押权人有权请求债务人提前清偿债务。在贷款债务履行期届满，贷款银行未受清偿贷款本金和利息的，贷款银行可以行使房地产抵押权，在理论上房地产抵押权的实现既可以规定只能采取拍卖的方式，也可以规定抵押权人可以与抵押人协议以抵押物折价或者以拍卖、变卖该抵押物所得的价款受偿；协议不成的，抵押权人可以向人民法院提起诉讼。我国《城市房地产管理法》只规定"债务人不履行债务时，抵押权人有权依法以抵押的房地产拍卖所得的价款优先受偿"。不过，从实务上看，更加倾向于可以采取多种选择的方式，即贷款银行可以与借款人协议以抵押的房地产折价、变卖或拍卖该抵押物所得的价款受偿贷款本金和利息；协议不成的，贷款银行可以向法院提起诉讼，通过法律途径清偿贷款银行的债权。而《中华人民共和国民法典》规定债务人不履行到期债务或者发生当事人约定的实现抵押权的情形，抵押权人可以与抵押人协议以抵押财产折价或者以拍卖、变卖该抵押财产所得的价款优先受偿。协议损害其他债权人利益的，其他债权人可以请求人民法院撤销该协议。抵押权人与抵押人未就抵押权实现方式达成协议的，抵押权人可以请求人民法院拍卖、变卖抵押财产。随着《中华人民共和国民法典》的实施，上述实务上的做法也有了法律依据。

设定房地产抵押权的土地使用权是以划拨方式取得的，依法处分该房地产后，应当从处分所得的价款中缴纳相当于应缴纳的土地使用权出让金的款额后，贷款银行方可优先受偿。

抵押的房地产被依法处分后，其可用于清偿的价款超过贷款银行债权数额的部分归借款人所有，不足部分由借款人清偿。

房地产抵押贷款按不同的分类标准可划分成多个种类。

（一）按贷款对象分类

1. 企事业法人房地产抵押贷款

企事业法人房地产抵押贷款是贷款银行向实行独立经济核算并能承担经济责任和民事责任，符合房地产抵押贷款条件的企事业法人发放的房地产抵押贷款。

2. 个人房地产抵押贷款

个人房地产抵押贷款是贷款银行向符合房地产抵押贷款条件规定的个人发放的房地

产抵押贷款。

(二) 按贷款用途分类

1. 房屋开发抵押贷款

房屋开发抵押贷款是指贷款银行以房地产开发经营企业开发的房屋权利作抵押而发放的贷款。

2. 土地开发抵押贷款

土地开发抵押贷款是指贷款银行以房地产开发经营企业拟开发土地的土地使用权作抵押而发放的贷款。

房屋开发抵押贷款和土地开发抵押贷款,统称房地产开发贷款,又称房地产建设贷款。

3. 购房抵押贷款

购房抵押贷款是指贷款银行以上述企事业法人和个人所购房屋作抵押而发放的贷款,包括商业用房抵押贷款、住房抵押贷款等。

4. 其他用途的房地产抵押贷款

其他用途的房地产抵押贷款是指贷款银行所发放的贷款不是用于所抵押房地产的开发建设和购买,而是用于其他生产性或消费性贷款的抵押。

(三) 按贷款利率确定方式和计息方法分类

按贷款利率确定方式和计息方法分类可以有以下三种。

① 固定利率房地产抵押贷款;

② 浮动利率房地产抵押贷款;

③ 可调利率房地产抵押贷款。

上述三种贷款在具体的计息上有复利计息和单利计息之分,偿还本息有按月均还本息和非均还本息之分等。

三、房地产抵押贷款的基本特征

房地产抵押贷款的基本特征是指房地产抵押贷款的本质属性,是其与其他贷款的区别所在。房地产抵押贷款的基本特征有以下三条。

(一) 房地产抵押贷款是以抵押为前提建立的贷款关系

从融通资金的方式来说,抵押贷款是以抵押物的抵押为前提而建立起来的一种贷款关系,其他贷款关系则不以抵押物的抵押作为前提。抵押贷款是按一定的抵押方式,以借款人或第三人的财产作为抵押物发放的贷款,是一种依据贷款项目的风险程度和抵押物价值评估的多少来发放的贷款;信用贷款是主要依据借款人的信誉状况发放的贷款;保证贷款是主要以第三人承诺在借款人不能偿还贷款时,按约定承担一般保证或者连带责任保证为前提而发放的贷款;质押贷款是按一定的质押方式以借款人或第三人的动产或权利作为质物发放的贷款。

在这里,尤其要注意抵押贷款和质押贷款的区别与联系。抵押贷款中用来抵押的财产为不动产或动产,用作质押的则是动产或权利;在抵押的情形下债务人或第三人不转移抵押财产的占有,而质押则是债务人或第三人将其动产、权利移交债权人占有。抵押物与质押物在债务履行期届满前所有权属于抵押人与出质人,在抵押贷款和质押贷款中,应当由抵押人、出质人与贷款银行签订相应的抵押合同、质押合同,并依法办理登记。

(二) 房地产抵押贷款是以房地产抵押为条件的贷款

房地产抵押贷款的借贷双方都不是为了直接取得房地产资产,而是以房地产抵押为条件而发生资金的借与贷的行为。房地产抵押贷款的实质是一种融资关系而不是商品买卖关系。对于房地产抵押贷款的借方而言,其目的是通过借款融资而取得购买房地产等资产的资金,实现对房地产等资产的拥有,而不是为了出售出押的房地产;对于房地产抵押贷款的贷方而言,其取得房地产抵押权的目的并不是要实际占有房地产,而是为了在贷出资金未能按期收回时,作为一种追偿贷款本息的保障。一旦借方不能按期偿还贷款,而贷方只是为了维护自己的权益而被迫依法处分抵押的房地产,此举措并不是房地产抵押贷款贷方的本意。

(三) 房地产抵押贷款的抵押的现实性

房地产抵押贷款的现实性主要体现在它与保证贷款相比较之中,保证贷款方式中保证人所承担的实际责任发生在贷款偿还时,而不是发生在保证贷款时,因此是一种"未来责任",是未来而非现实的责任担保,这种"未来责任"可能是一种虚拟的保证责任。这是因为如果借款人债务到期能够如数归还贷款本息,则保证行为实际上并不发生,只有在借款人债务到期不能如数归还贷款本息时,保证行为才可能实际发生,贷款前在办理保证担保时,保证方并不一定需要提供实实在在的保证财产。而房地产抵押贷款一般是现实的责任担保,房地产抵押贷款的抵押行为是借款方获得贷款时必须发生的现实行为,虽然抵押的房地产是否会实际转移到作为抵押权人的贷款方手中将视贷款能否偿还而定有两种可能,但借款方在获得房地产抵押贷款的同时,抵押人必须提供实实在在的抵押财产;否则,借款方就不能获得贷款。可见抵押责任是现实的,房地产抵押贷款的抵押具有现实性。

□ 四、房地产抵押贷款的作用

近年来,我国房地产抵押贷款正处于恢复和发展中,它在房地产经济和金融领域的作用正不断地表现出来。

(一) 增强工薪阶层的购房能力、促进住房自有化和房地产消费市场的发展

房地产抵押贷款的出现和发展,是以银行业务经营多样化和房屋买卖与房地产市场的发展为基础的。购房可以说是大部分人一生中最重大的投资项目,但是住房消费面临的问题是消费者短期支付能力与昂贵的住房价格之间的矛盾。房地产抵押贷款的推出,可以增强工薪阶层的购房能力,使得那些达到一定收入水平的工薪阶层,只要能交出住房全价20%左右的首期款,将拟购房产作抵押,就可获得贷款银行的融资,提前实现住房需求,促进住房自有化和商品化,扩大房地产消费市场。

(二) 增强房地产开发经营企业的经济实力,发挥自有资金的财务杠杆功能,促进房地产业的发展

房地产抵押贷款的发放,为房地产开发经营企业获得债务资金提供了有利条件。房

地产开发经营企业可以在支付了拟开发地块的地价以后，以拟开发的地块作为抵押物，取得贷款银行的融资，从事该地块的开发。在土地开发完成以后，房地产开发经营企业仍可以将该地块上将建成的房屋与该块土地一起抵押给贷款银行，获得资金融通。房地产开发经营企业以少量的自有资金，吸引大量的外来债务资金投入，增强了房地产开发经营企业的经济实力，在房地产开发建设的投资报酬率大于债务成本率水平的情况下，房地产开发经营企业向银行进行举债筹资，将产生正的财务杠杆作用，从而会导致房地产开发经营企业的获利增加。同时，举债开发，也增强了房地产开发经营企业对借款需求的风险约束，促使房地产开发经营企业搞好开发项目选择，运作好所筹资金，发挥自有资金的财务杠杆效能，增强房地产开发经营企业按期偿还房地产抵押贷款本息的能力和自觉性，以利于按时赎回出押的房地产，促进房地产业的正常运行。

（三）发挥储蓄功能，调节居民消费行为，促进经济的平衡发展

房地产抵押贷款尤其是住房抵押贷款具有储蓄的功能，这种功能的体现有两种情况。一种情况是，居民一旦获得住房抵押贷款，随即实现住房消费，但同时为了以后分期偿还住房抵押贷款本息，需要进行储蓄，积聚资金，以保证按期偿还本息，这是一种先购买了住房而后必须参加储蓄的情况；另一种情况是，居民要想获得住房抵押贷款，首先得参加住房储蓄，在存足一定金额和一定期限后，可以获得数倍的住房抵押贷款，而后还须按期储蓄偿还住房抵押贷款本息。此外，居民为积累购房首付款，通常也需要通过储蓄累积。可见，住房抵押贷款具有较强的储蓄功能，从总体上讲，住房抵押贷款可以节约储蓄时间，把居民长期储蓄的购买能力，通过住房抵押贷款方式变为现实的购买力。

房地产抵押贷款还可以调节居民的消费行为，一定程度上有利于居民建立较为合理的消费结构。一些经济较发达的国家，住房消费是居民家庭生活支出中的一个重要组成部分，推行住房抵押贷款，将吸引部分消费性资金转向住房消费，优化居民的消费结构。而且，通过住房抵押贷款的推广，可促进房地产业及其相关行业的发展，由此也可促进国民经济的全面平衡发展。

（四）确保银行贷款的安全性，保障银行贷款效益，促进房地产金融的发展

房地产抵押贷款的发放，借贷关系人要按照《中华人民共和国民法典》和《贷款通则》等法律、法规的规定先行签订借款合同和房地产抵押合同（实践中两个合同往往已经联合签订，如签订《××房屋担保借款合同》）。通过借款合同和抵押合同，明确规定各项借贷条件和一般作为抵押人和抵押权人的借贷双方的权利和义务，这就从根本上保障了贷款的本息偿还以及作为抵押物的房地产的处分有法可依。银行贷款以房地产作抵押，改变了贷款以信用贷款为主的传统贷款方式，银行发放了房地产抵押贷款，在该贷款本息收回之前，拥有对该抵押房地产的抵押权。无论是居民个人还是企事业单位包括房地产开发经营企业，一旦不能按期归还贷款本息，贷款银行可以依法处置抵押的房地产，以抵偿贷款本息。这样，就可以使房地产抵押贷款的风险降低到最低限度，并且在很大程度上确保了贷款的安全。同时，也给贷款银行本身带来了较为稳定的贷款收益，有利于房地产金融贷款业务的良性循环和相关金融服务的扩大，促进房地产金融业的发展。

此外，房地产抵押贷款还为房产投资者包括居住用房投资者和商业用房投资者提供

资金支持，活跃房地产市场，为房产投资者通过借款购买房产，然后依靠出租或转售房产获利创造条件。当然，由于非自住住房和商业用房的市场需求更容易受到外界经济情况的影响，贷款银行发放此类房地产抵押贷款既要关注借款人自身的经济能力，又要关注借款人所购买房产的市场前景，合理确定此类房地产抵押贷款的成数和贷款期限，保障房地产抵押贷款的安全。

第二节　房地产抵押贷款的运作

一、房地产抵押贷款的运作要素

房地产抵押贷款的运作要素是指房地产抵押贷款业务开展的相关参与者和基本条件。除了贷款资金来源和可以设定抵押权的房地产外，房地产抵押贷款的贷款人、借款人、抵押权人、抵押人、借款合同和抵押合同，根据需要还可以涉及保险与公证等，这些构成房地产抵押贷款运作的组成要素，本节以下所述的房地产抵押贷款主要涉及商业性的房地产抵押贷款，政策性的房地产抵押贷款，如个人住房公积金抵押贷款将在第五章介绍。

（一）房地产抵押贷款的贷款人

房地产抵押贷款的贷款人在我国主要是指经中国银行保险监督管理委员会批准，持有金融许可证，并经市场管理部门核准登记的商业银行和其他从事房地产抵押贷款业务的金融机构。

房地产抵押贷款的贷款人具有的主要权利有：有权要求房地产抵押贷款的借款人提供与借款相关的资料，贷款人有权采取合法措施对借款人提供的信息进行查询，有权将借款人的财务报表或抵押物交贷款人认可的机构进行审计或评估，贷款人有权自主审查和决定贷款的贷与不贷、贷款金额、利率等；贷款人有权要求借款人同意办理抵押物登记；贷款本息到期时依借款合同约定向借款人收取贷款本金和利息；在借款人未能履行借款合同规定的义务，经指出不改正者，可以要求借款人提前归还贷款或停止支付借款人尚未使用的贷款，必要时可依法行使抵押权。主要义务有：公布房地产抵押贷款业务的种类、范围、程序和贷款利率等信息，并向借款人提供咨询；公开房地产抵押贷款审查的资信内容和发放房地产抵押贷款的条件；在收到借款申请后，应当及时给予答复；对借款人的经济情况依法给予保密；贷款人应依照中国人民银行的有关规定，将贷款要素及时录入中国人民银行征信中心，负责建设、运行和维护的全国集中统一的企业征信系统和个人征信系统——金融信用信息基础数据库等。

（二）房地产抵押贷款的借款人

房地产抵押贷款的借款人应当是经市场管理部门核准登记的企业法人、依照《事业单位登记管理暂行条例》的规定已经向事业单位登记管理机关办理了登记或备案的事业法人和具有完全民事行为能力的自然人等。借款人申请房地产抵押贷款应当具有合法稳定的收入或收入来源，有按期还本付息能力，有可以设定抵押的房地产；原应付贷款利息和到期贷款已按期清偿;除自然人外,借款人还应根据《企业信息公示暂行条例》通过企业信用信息公示系统向社会公示年度报告等,在贷款人处开立基本存款账户或一般存款账户,拥有一定的自有资金,如商业银行对申请贷款的房地产开发企业,应要求其开发项目资本金比例不低于规定比例等;借款单位要办理机构信用代码,中国人民银行在2011年就开始建立机构信用代码制度,为每个在商业银行开立基本存款账户的机构派发一个唯一、终生不变的信用代码,且建立与其他常用机构代码之间的对应关系,具备机构身份识别、查询搜索以及信息汇集等多重功能。金融机构可以向人民银行金融信用信息基础数据库查询所有与其有信贷业务关系的客户的有关资信状况,防范银行信贷风险。

具有资格的借款人拥有如下权利:有权向多个独立的贷款人申请贷款并依条件取得贷款;有权按借款合同约定提取和使用全部贷款;有权拒绝借款合同以外的附加条件等。承担的义务有:如实提供贷款人要求的资料(法律规定不能提供的除外),配合贷款人进行的调查、审查和检查,接受贷款人对其使用贷款资金的情况和有关经济活动的监督;按借款合同规定用途使用贷款;按借款合同规定及时清偿贷款本息等。

(三) 房地产抵押贷款的抵押权人和抵押人

房地产抵押贷款的抵押权人是指接受房地产或房地产权利抵押作为借款人履行债务担保的贷款人。

房地产抵押贷款的抵押人是指将房地产提供给抵押权人作为本人或者第三人履行借款清偿担保的法人、其他组织或者公民,通常为借款人本人。

(四) 房地产抵押贷款的借款合同和抵押合同

房地产抵押贷款应当由贷款人与借款人签订借款合同。借款合同应当约定贷款用途、金额、利率、支付方式、还款期限、还本付息方式、违约责任和双方认为需要约定的其他事项,如抵押物情况及所投保的险种等。房地产抵押贷款还应由抵押人与贷款人签订抵押合同,并依法办理登记。抵押合同应当载明被担保的主债权种类、数额;债务人履行债务的期限;抵押物的名称、数量、质量、状况、所在地、所有权权属或者使用权权属;抵押担保的范围;抵押当事人认为需要约定的其他事项。在实务中,借款合同和抵押合同通常已经被合二为一,以房地产担保借款合同的形式出现。

(五) 抵押房地产的估价、保险和抵押合同公证

房地产抵押贷款设定房地产抵押关系时,应当对抵押物价值予以确定。对抵押物价值的确定,除了法律法规另有规定的以外,可以由贷款银行与抵押人(通常也是借款人)协商确定,贷款银行与抵押人协商不成的,也可以经过双方当事人协商委托有资格的独立的房地产估价机构进行评估确认。为保障贷款银行的利益,一般应要求抵押人对抵押物作相应的保险,如投保建筑工程险、房屋财产险等,保险期限不得短于借款合同约定的贷款期限。对于规定要经公证才能生效的抵押合同,应及时办理抵押合同公证。如上海市房地产抵押办法规定,抵押人和抵押权人一方为香港特别行政区、澳门特别行政区、台湾地区和外国的自然人、法人或者其他组织的,抵押合同必须经过当地公证机构公证。此时,如果某借款人为香港特别行政区的自然人,其向当地贷款银行申请发放个人房地产抵押贷款而与之签订的抵押合同,应该办理公证。

(六）贷款比例、贷款期限和贷款利率

房地产抵押贷款的贷款比例是指房地产抵押贷款金额占抵押房地产价值的比例,贷款比例通常又称为贷款成数。规定贷款成数是为了降低贷款银行的贷款风险,我国规定一般情况下最高不得超过80%,即八成。规定贷款成数,一般就要求借款人有相应的付现额,这样就使房地产实际价值与贷款金额之间存在一个差额。贷款成数越大,贷款银行贷放的金额就越多,这个差额就小,贷款银行的风险也就越大;反之,贷款银行贷放的金额就越少,这个差额就大,贷款银行的风险也就小。但不管怎样,有了贷款成数,有了借款人的付现额,一旦借款人违约不按期偿还贷款本息,就会导致其自身的经济损失,这是对借款人违约的一种制约。贷款成数也是银行调节房地产市场需求状况的一个手段。

贷款期限是指贷款从投放到收回贷款本息时的期限,贷款期限的长短与借款人的信用程度、偿还贷款能力、借款金额以及贷款银行的资金实力有关,也受中央银行贷款期限政策的制约。目前,我国房地产抵押贷款的期限最长为30年,一般实务操作中10—20年的为多。贷款期限的长短与借款人每月偿还额一般呈负相关,与借款人利息负担呈正相关。

贷款利率是影响贷款银行或委托贷款人收益的一个重要因素,也是影响借款人借款成本的一个重要因素。一般说来,贷款利率高低与贷款期限呈正相关,与贷款资金来源成本也呈正相关。我国各商业银行根据资金供求状况和市场竞争状况,在风险可控情况下,自主决定非政策性的房地产抵押贷款利率和其他商业性贷款利率。实践上,除了固定利率贷款,在贷款市场报价利率(LPR)机制下,2019年10月8日起,新发放商业性个人住房贷款利率以最近一个月相应期限的贷款市场报价利率为定价基准加点形成,加点数值应符合全国和当地住房信贷政策要求,体现贷款风险状况,合同期限内固定不变。

借款人申请商业性个人住房贷款时,可与银行业金融机构协商约定利率重定价周期。重定价周期最短为1年。利率重定价日,定价基准调整为最近一个月相应期限的贷款市场报价利率。利率重定价周期及调整方式应在贷款合同中明确。

(七）贷款偿还方式

房地产抵押贷款尤其是住房贷款的偿还方式有多种,目前,国内商业性住房贷款的还款方式主要有三种:第一种是到期一次还本付息方式,第二种是等额本息还款方式,第三种是等额本金还款方式。

1. 到期一次还本付息方式

到期一次还本付息方式是借款人在贷款期限内不需要按月偿还本息,而是贷款到期后一次性归还本金和利息的一种还贷方式。一年期以内(包含一年)的个人住房贷款的还款方式就采用这种方式。

2. 等额本息还款方式

等额本息还款方式是借款人在贷款期限内将贷款的本金和利息之和采用按月等额还款的一种还贷方式。一年期以上(不包含一年)的个人住房公积金贷款的还款方式采用这种方式。这种还本付息方式由于每月还款金额相同,比较适用于在整个贷款期限内家庭

收入有稳定来源的借款人,如机关事业单位包括学校的工作人员等。按月等额本息还款的计算公式①为:

$$PMTm = P \times Rm + \frac{P \times Rm}{(1+Rm)^{Nm}-1}$$

$$= P \times \frac{Rm \times (1+Rm)^{Nm}}{(1+Rm)^{Nm}-1}$$

式中:$PMTm$——每月等额偿还贷款本息额;

P——贷款本金;

Rm——月利率;

Nm——贷款总月数。

通常,将贷款本金为1元时所对应计算出来的每月等额偿还贷款本息额称为抵押常数,用 M 表示。

$$M = \frac{Rm \times (1+Rm)^{Nm}}{(1+Rm)^{Nm}-1}$$

M 的含义是在贷款总月数既定的情况下,为回收1元贷款,每月应该收回的数额。M 实际上等于1元贷年金现值的倒数。

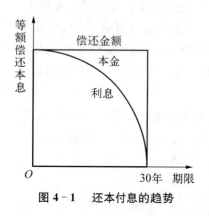

图 4—1 还本付息的趋势

在等额本息还款方式下,对于本金的偿还是逐月进行的,在偿还初期,偿还额中利息占极大部分,随着时间的推延,偿还额中利息逐渐减少,本金逐渐增加,并且在偿还期末,偿还额中本金占极大部分。还本付息的趋势如图 4—1 所示。在还款期间,借款人需要了解还有多少贷款本金没有偿还,或者借款人违约,贷款银行依法行使抵押权,从处分抵押物中获得补偿,也需要了解还有多少贷款本金没有偿还,为此,需要计算贷款余额。有关计算可以参见本书第十二章第二节中的相关内容。

在等额本息还款方式下,如果利率不变,可以将每月等额偿还贷款本息看成是年金,贷款总额就是期末年金现值,因而还款 t 月后的贷款余额就是$(Nm-t)$月的期末年金现值。还款 t 月后的贷款余额的计算公式为:

$$P_b = PMTm \times \frac{(1+Rm)^{Nm-t}-1}{Rm \times (1+Rm)^{Nm-t}}$$

式中:P_b——还款 t 月后的贷款余额;

$PMTm$、Rm、Nm 的含义同前。

---

① 此公式推导见本章末的附录。

采用按月等额本息还款法,借款人每月偿还的贷款本金和利息之和不变,但每月还款额中所还本金逐月增加,所付利息逐月减少。

3. 等额本金还款方式

等额本金还款方式是借款人将贷款金额平均分摊到整个贷款期限内,按期(月)均等归还本金,同时付清上一期以来的贷款利息的一种还款方式。在这种还本付息方式下每期(月)的偿还金额逐期减少,还款趋势如图4-2所示。

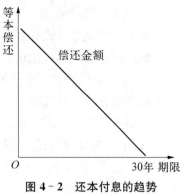

图4-2 还本付息的趋势

这种还本付息方式比较适合于已经有一定的积蓄,但是预期收入可能逐渐减少的借款人,如某些中老年职工,他们一般有一定积蓄,但是随着退休年龄的临近,收入有可能出现递减。按月等额本金还款的计算公式为

$$Pm = \frac{P}{Nm}$$
$$It = [P - Pm(t-1)] \times Rm$$
$$PIt = Pm + It$$

式中:Pm——每月等额偿还本金额;

P——贷款本金;

Rm——月利率;

Nm——贷款总月数;

It——第t月偿还利息额;

PIt——第t月偿还贷款本息额。

采用按月等额偿还本金法,借款人每月偿还的贷款本金固定不变,但所付贷款利息逐月减少。

此外,有的银行也在试点推出不完全等额的分级还款方式。分级还款个人住房贷款的每期(月)还本付息数额按一定的百分比或者一定的数额逐期(月)递增。同时,也可规定当分期还本付息数额达到某一水平后,以后各期还本付息数额就固定在这个水平。或者可以规定按一定期限为一周期,在一个周期的若干期内还本付息数额保持某一固定数额,一个周期过后按一定的百分比或者一定的数额递增。这种还本付息方式比较适合于那些随时间推延,收入能显著增加的借款人,如工作不久的大学毕业生等。

至于住房贷款的其他偿还方式,本书将在第十二章中作一些介绍。

二、房地产抵押贷款的主要贷款品种

(一) 房地产建设贷款

房地产建设贷款是银行等金融机构为房地产开发建设而发放的贷款,也称以土地使用权等作抵押的房地产抵押贷款。这种房地产抵押贷款的主要内容有以下八个方面。

1. 贷款对象和条件

凡实行独立经济核算并能承担经济和民事责任,在当地注册登记的企事业法人(一般以房地产项目公司形式出现),符合以下条件的均可以申请此贷款:

① 开发项目的资本金比例不低于规定比例(如35%)。借款人应该提供指定地块的土地使用权有偿出让合同、开发建设方案、项目可行性报告、偿还贷款本息的途径、批准的建设计划和贷款人要求提供的其他文件,如"四证"(国有土地使用证、建设用地规划许可证、建设工程规划许可证、建筑工程施工许可证)齐全。

② 借款人应以土地使用权及其地上建筑物、其他附着物设定抵押,向贷款人办理抵押和登记公证手续。

③ 借款人必须具有偿还贷款本息的能力。

④ 借款人持有贷款卡,在贷款银行开立贷款户和结算户。

符合贷款条件的借款人在借款前需填写《房地产建设贷款申请表》,并提供贷款条件提及的文件,经贷款银行认定后方可正式办理借款申请并提供房地产抵押登记申请表、抵押当事人身份证明或法人资格证明、抵押地产的使用权证、抵押房产的所有权证、抵押物价值评估报告和房地产抵押合同等。

2. 贷款币种、贷款额度、贷款期限和贷款利率

房地产建设贷款的币种包括人民币和美元。贷款额度由贷款人根据借款人资信程度、经营收益、申请借款金额和借款时间长短确定,但通常最高不超过抵押物现行作价的70%,贷款期限目前一般不超过5年,借款人必须在合同约定的期限内还本付息。房地产建设贷款利率分别按人民币贷款利率和外汇贷款利率执行,贷款银行根据经营策略、房地产市场状况确定。房地产建设贷款的利息一般实行按季结息的办法,利息的收取方法是由贷款人按季直接从借款人的存款账户中收取。

3. 房地产建设贷款的贷款合同、房地产抵押合同

房地产建设贷款应签订贷款合同和房地产抵押合同,房地产抵押合同是贷款合同不可分割的文件。房地产抵押贷款合同、房地产抵押合同签订后,抵押双方必须将房地产抵押合同办妥登记等手续,贷款合同和抵押合同可以经公证机关公证。

4. 抵押物的占管

房地产建设贷款抵押物的占管一般是指借款人对抵押物的占有和管理。在贷款尚未到期之前,借款人要对其所占管的抵押物的安全、完整负责,并随时接受贷款人的检查和验证;在贷款合同履行期间,设定抵押的土地使用权证和房屋产权证等有关文件,一般应由贷款人保管。如果贷款人发现借款人对其所占管的抵押物有减损其价值的行为时,贷款人有权要求其提供其他等价的财产充当抵押物。借款人不予执行时,贷款人可以收回部分直至全部贷款。

5. 抵押物保险

贷款抵押物在抵押期间,抵押人一般需要按照贷款人的要求办理财产投保手续。保险费一般由抵押人支付,保险单正本由贷款人保管,保险单对保险事故发生后的赔偿应明确保障贷款银行收回贷款本息的权利,保险赔偿金如用于偿还贷款本息仍不足的,其不足

偿还贷款本息数额应由借款人清偿。

6. 对抵押物限制的约定

抵押人在抵押期间如将抵押物预售、预租、变卖、馈赠等,应分别办妥如下手续:

① 预售或预租,应征得贷款人书面同意,并明确预售或预租收入全部存入贷款人银行账户,明确预售或预租收入归还贷款比例。

② 变卖或馈赠,应征得贷款人书面同意,并明确偿还抵押贷款本息的责任和方式,方可变更或解除抵押合同。

7. 房地产建设贷款的监督、偿还与违约责任

贷款人在贷款合同履行期间,有权了解、检查、监督借款人的资金使用情况及建设项目计划实施情况,如果发现借款人未按合同执行,贷款人有权责成其采取措施,必要时可以收回全部贷款。如借款人将贷款挪作他用的,贷款人有权加收一定数额的罚息,并提前收回贷款本息;借款人未能按贷款合同规定的分期还款计划归还贷款,贷款合同期满借款人未能还清贷款本息部分,均作为逾期贷款处理,对逾期归还贷款部分要计收逾期利息。贷款人必须按贷款合同约定的贷款支付方式按时提供贷款,如发生违约延误借款人用款的情况,应按罚收逾期贷款的同等利率向借款人赔偿违约金。

8. 抵押物的处分

贷款人有权按照有关法律法规和合同的规定,处分或提前处分抵押人抵押的财产。贷款人行使这种权利的情形有:

① 贷款合同到期,借款人未依约清偿贷款本息的。

② 借款人在贷款合同终止前被宣告解散或破产的。

③ 借款人未按土地出让合同规定的建设要求完成有关建设项目的。

④ 借款人在生产经营、财务或其他事项方面发生重大事件可能影响贷款人利益的。

贷款人处分抵押物收回的价款不足清偿贷款本息的,有权向借款人另行追索。贷款人处分抵押物收回的价款在清偿贷款本息和有关费用之后,所余金额退还给借款人。

抵押人不履行或不完全履行抵押合同的,应当承担违约责任,并赔偿贷款人由此遭受的经济损失,贷款人有权提前收回贷款,并按违约额和日期处以违约金,违约金计算比例可以约定为万分之五等。

作为真正意义上的房地产建设贷款,一般应该具有如下特点:

① 贷款期限不长。一般不超过3年,大多为6个月至2年。

② 贷款分期支付。如按建设工程形象进度分阶段支付,或按工程投资额完成百分比支付等。

③ 借款人取得项目完工后的长期抵押贷款承诺。借款人与长期抵押贷款机构签有长期抵押贷款承诺,此长期抵押贷款将用于清偿房地产建设贷款,并且是一种分期偿还的抵押贷款,借款人预期用已完工的房地产使用中产生的收益来归还长期抵押贷款。此外,房地产建设贷款的贷款人还可以要求借款人提供附加抵押品。如借款人拥有的可以设定抵押的非开发地块上的房地产,或者要求第三者提供贷款抵押担保,甚至还可以用有价证券质押。目前,我国房地产建设贷款(常称作房地产开发贷款,房地产开发贷款是指向借款人发放的用于开发、建造向市场销售、出租等用途的房地产项目的贷款)与真正意义上

的房地产建设贷款尚有差距,需要完善。

(二)商业性商品房抵押贷款

商业性商品房抵押贷款是一种商业性的房屋抵押贷款,是商业银行利用自身的信贷资金发放的购房抵押贷款,俗称购房按揭贷款,简称按揭贷款。此贷款主要适用于当地居民和单位通过向银行借款达到分期还款购买商品房的目的。为搞活房地产市场,此贷款的对象已经向外地居民、境外人士扩展,当然这需要符合因城施策规定。商品房是指由房地产开发企业综合开发,建成后出售的居住用房、商业用房以及其他建筑物。银行为了发展银行基本客户,建立良好的银企关系,在市场资金比较紧张的情况下,用此贷款购买的商品房的开发单位一般必须是银行的客户,其开发项目的配套设施必须落实并经有关部门认可,开发的房产计划和建造质量是较好的。商业性商品房抵押贷款目前较多地用于居住商品房的购买,称为商业性商品住房抵押贷款。其主要内容有六个方面。

1. 贷款对象和条件

申请商业性商品住房抵押贷款的对象一般是年满18周岁具有完全民事行为能力的当地居民和在当地注册登记具有法人资格的企事业单位,目前贷款对象已经以个人为主,并且已经向符合条件的非当地人士开放。贷款申请人一般应具备:

① 稳定合法收入和归还贷款本息的能力。
② 与房地产开发企业签订的房屋预售合同或买卖合同。
③ 已按规定将购房首期款存入房地产开发企业在贷款银行开立的"销售商品房存款户"或者已经向房地产开发企业支付购房首期款。
④ 同意将所购房产抵押,办理房产抵押登记和保险。

2. 贷款期限、贷款额度和贷款利率

商业性商品住房抵押贷款的期限根据借款人的不同而有差别。个人申请贷款的期限一般在20年以内,最长不超过30年;企事业单位申请贷款的期限一般不超过3年。贷款额度根据借款人的资信情况和还款能力确定,个人最高不超过购房合同房款的80%,企事业单位一般最高不超过购房合同房款的50%。在个人购房可贷额度的确定上,有的商业银行采用如下公式:

$$可贷额度 = 借款人家庭月收入 \times (40\% - 50\%) \times 贷款期限(月)$$

对于借款人还款能力考核,应考虑有关收入比指标。应将借款人住房贷款的月房产支出与收入比控制在50%以下(含50%),月所有债务支出与收入比控制在55%以下(含55%)。

$$房产支出与收入比 = \frac{本次贷款的月还款额 + 月物业管理费}{月均收入}$$

$$所有债务与收入比 = \frac{本次贷款的月还款额 + 月物业管理费 + 其他债务月均偿付额}{月均收入}$$

贷款利率按照人民银行利率政策结合贷款期限确定,此贷款利率通常要高于同期的个人住房公积金贷款利率。LPR利率参见表4-1贷款利率表。具体加减点数视贷款合同的约定而定。

表 4-1 贷款利率表

贷款期(年)	年利率(%)	贷款期(年)	LPR基准(%)
五年以下(含五年)	2.75	1年期	3.85
五年以上	3.25	5年期以上	4.65

注：此利率表为某市2020年5月29日的资料，首套商业性个人住房贷款利率不得低于相应期限贷款市场报价利率，二套商业性个人住房贷款利率不得低于相应期限贷款市场报价利率加60个基点。商业用房购房贷款利率不得低于相应期限贷款市场报价利率加60个基点。

至于具体某一房产的购房贷款成数和期限可以由贷款银行与房地产开发企业商定，并根据借款申请人的具体情况确定商品房抵押贷款的实际可贷额度。

3. 贷款申请和发放

借款人向贷款银行领取《商业性商品住房抵押贷款申请表》(见表4-2)，填妥后随附有关证明文件交由银行审查。随附的证明文件包括：居民应提供的身份证、户口簿，企事业单位应提供企业法人营业执照、事业单位法人证明，股份制企业应提供董事会授权的文件；借款人有固定经济收入的证明；符合法律规定的房屋预售合同或买卖合同；贷款银行要求提供的其他证明资料，如房地产开发企业提供的与所售房屋相一致的商品房销(预)售许可证或商品房登记注册证等。贷款银行审查合格后，向借款人出具提供贷款的承诺，银行根据借款人的房屋预售合同或买卖合同与借款人及担保人共同签订商品房抵押贷款合同，办理房地产抵押登记(参见表4-3不动产其他权利证明〔简称他项权证〕)，并根据需要办理合同公证，在规定的期限内将贷款资金划入房地产开发企业在该银行开立的"销售商品房存款户"。

4. 贷款偿还

商业性商品住房抵押贷款的还款方式同前述贷款偿还方式。

借款人经银行同意，可以提前归还某一期或几期的贷款本息，但不计退提前期的利息；借款人经银行同意也可以提前还清全部贷款，银行不计收提前还本部分的利息，是否收取提前还款违约金，视贷款合同约定而定。

5. 房产抵押和保险

商业性商品住房抵押贷款购买的房产应办理抵押，抵押率为贷款额与抵押房产作价现值的比率，抵押房产的作价现值以售房合同的房价为准。抵押率由银行根据借款人的实际情况确定，最高不超过80%。借款人以期房作抵押的，由借款人会同银行持房屋预售合同向房产所在地不动产登记机关进行抵押登记。待该期房竣工交付可以取得不动产权证时，再会同银行至原登记机关办理期房他项权证转现房他项权证，确认银行为抵押房产第一受益人。以现房作抵押的，同期房竣工后的处理一样。借款人按贷款合同约定还清全部贷款本息后，银行将他项权证办理注销手续。随着不动产登记金融协同工作深化，一些地方已推行不动产抵押登记、抵押注销登记网上办理，银行业金融机构不动产抵押登记采用电子登记证明，逐步取消纸质证明。借款人贷款合同签订后，通常应及时按贷款银行规定的期限和指定的险种办理抵押物投保(也有商业银行从竞争等角度考虑，不再强求借款人一定要办理保险)。保险期限应与抵押期限相一致，投保金额不低于购房总价或者贷款额，保险费一般由借款人负担，保险单正本由银行保管，还清全部贷款本息后退还给借款人。

表 4-2　商业性商品住房抵押贷款申请表(参考格式)

贷款银行：　　　　　　　　　　　　　　　　　　　　　　　　　　　编号：

申请人姓名		性　别		年　龄		职　务	
身份证号码		工作单位名称					
工作单位地址		工作单位电话			邮　编		
户口所在地址		现在居住地址			邮　编		
个人公积金账号			月　收　入			家庭电话	
配偶	姓　名		身份证号码		月　收　入		个人公积金账号	
	工作单位		工作单位地址		工作单位电话		邮　编	
	现住房面积			家庭人口				

拟购住房情况	地　址	区(县)　　　路(村)　　　弄　　　号　　　室		
	房屋建筑面积		房价总金额		购房合同编号	
	售房单位名称		房屋开工日期			
	已付购房款		房屋竣工日期			

申请贷款金额		申请贷款期限		贷款占房价比例	%
家庭月平均收入		每月可还款金额		每月还款占家庭收入比例	%

向银行提送资料	购房合同	已送 □　　　　　　　　　未送 □
	住房保险单	已送 □　　　　　　　　　未送 □

贷款申请人	申请人同意以《商品房预售合同》《商品房买卖合同》或《不动产权利证书》之全部权益抵押给抵押权人(银行)，并且保证抵押权人为第一受益人 签字(盖章)：　　　　　　　　　　年　月　日

贷款担保人意见：	贷款银行审批意见：
签字(盖章)： 　　　　年　　月　　日	签字(盖章)： 　　　　年　　月　　日

备注：

表 4-3 不动产其他权利证明

_____（　）_____不动产权第_____号

权利人	
共有情况	
坐落	
不动产单元号	
权利类型	
权利性质	
用途	
面积	
使用期限	
权利其他状况	

附　记

注：此权利证明基于不动产权利证书，抵押登记记载于不动产权利证书附记中。

6. 违约责任

借款人逾期偿还贷款，按逾期应还本息额和逾期天数及规定的逾期利率加收罚息；借款人连续 3 个月没有偿还贷款本息或贷款合同期满没有还清全部贷款本息的，银行有权对抵押房产进行处理，若有担保人的，可由担保人代为归还贷款本息。银行由于其自身的原因而影响借款人使用贷款的，应按贷款数额和规定利率以及延误天数计算并加收罚息。银行遗失或毁损保管的房地产他项权证和抵押物保险单，应负相应的赔偿责任。

除了商业性商品住房抵押贷款外，商业性商品房抵押贷款还包括商业性商业用房抵押贷款，贷款期限一般要比商业性商品住房抵押贷款的贷款期限短，贷款成数一般也要比商业性商品住房抵押贷款的贷款成数低，贷款利率采用期限利率。

(三) 个人住房竞买贷款

一般是指为本地居民购买被拍卖的住宅商品房而提供的一种个人住房贷款，是商业性商品住房抵押贷款的一种细化品种。

近年来各家商业银行都开始清理贷款资产、改进贷款分类工作,与此同时,商业银行加大了化解金融风险,依法催收商业银行不良贷款的工作力度。商业银行(也包括其他债权人)通过法律途径由拍卖行拍卖抵押住房等抵押房地产回收贷款或者其他债权已是一个比较有效的途径。为了增加竞买人的有效需求,提高拍卖住房的成交率,优化商业银行的资产结构,并在一定程度上减少某些商业银行以展期或变相展期的方式掩盖资产质量差的现象,帮助商业银行清理不良贷款资产,化解金融风险,同时,也为了通过增加竞买人的有效需求,促使拍卖成交价格的适当提高,从而减少房地产抵押人的损失,保护房地产贷款债务人的权益,有的商业银行推出了面向个人的住房竞买贷款。

个人的住房竞买贷款的处理可以比照上述商品房抵押贷款运作。但是,为了保障个人的住房竞买贷款的有效运作,必须注意以下四点。

1. 与拍卖行协作,适当延长拍卖公告刊登至实际拍卖的时间

如果拍卖行刊登拍卖公告及规定拍卖价款支付的时间比较短,不利于商业银行对借款申请人的审查,商业银行应寻求法院、拍卖行的配合,适当延长拍卖公告刊登至实际拍卖的时间以及买受人支付价款的时限,以利于商业银行对借款人申请的审查及对竞买成功者办理个人住房竞买贷款的手续。

2. 合理确定个人住房竞买贷款成数

为避免竞买人哄抬拍卖住房成交价格,并与抵押人串通骗取银行贷款,应该合理确定个人住房竞买贷款成数的最高成数,该最高成数可考虑以拍卖标的的保留价为基数来计算,或者以拍卖标的的保留价与拍卖成交价的平均价为基数来计算,以保障商业银行贷款资产的安全。

3. 个人住房竞买贷款的用途应限于购买拍卖的现房

由于个人一般无法承担续建期房工作,对个人而言期房缺乏居住价值,而现房对个人才具有实际使用价值。因此,作为面向个人的个人住房竞买贷款,其用途应该限于购买现房。

4. 对借款人的资格作适当约定

作为一项有一定吸引力的融资活动,商业银行在推出个人住房竞买贷款时,除了对借款人有一般要求外,可考虑融资串卖活动,如规定借款人必须是拥有该商业银行的信用卡、无不良记录,且有一定消费记录的个人,或者要求借款人投保还款保证保险等,以发展商业银行其他金融服务业务。

商业性商品房抵押贷款的细化品种还包括本地农民个人住房贷款、外省市人员个人住房贷款、个人住房储蓄贷款、个人再交易住房(二手房)贷款、个人商业用房贷款、出国人士与港澳台人士及外国国籍人士住房贷款等。这些细化的商业性商品房抵押贷款品种主要是在贷款对象上存在差异,另外有的在贷款成数和贷款期限等方面略有差异。

(四) 个人购房组合贷款

个人购房组合贷款是由个人住房公积金抵押贷款和商业性商品房抵押贷款等两个或两个以上独立的贷款品种组成的贷款,是把商业性的商品房抵押贷款作为政策性个人住房公积金抵押贷款或者政策性个人住房抵押贴息贷款等的补充,在一定程度上弥补了个

人政策性住房贷款借款人实际可贷款额度与需求额之间的差额。此组合贷款的抵押物为同一房屋,但借款人必须同时满足各政策性住房贷款和商业性的商品房抵押贷款的贷款条件,并且需独立签订两种贷款合同,贷款额度分别计算。两项贷款可贷额度的合计数一般最高不得超过购房总价的80%,且贯彻先算个人住房政策性住房贷款的可贷额度,不足部分用商业性商品房抵押贷款补充的原则。此组合贷款的其余处理可比照各单项贷款处理。

(五) 个人住房转按贷款

个人住房转按贷款是指商业银行对受让尚未还清住房抵押贷款住房的购房人发放的住房抵押贷款。

借款人在还款期间由于种种原因需要转让已经抵押给银行的住房、变更原有借款人的,新购房借款人可以申请个人住房转按贷款。这是一般个人住房贷款方式的衍生品种,其满足了某些借款人的实际需求,解决了一般个人住房贷款方式规定的借款人未还清贷款前商业银行不能予以办理变更手续的困难。个人住房转按贷款的服务对象是已经在商业银行办理了个人住房贷款的借款人和符合商业银行个人住房贷款借款条件的第三人如本地居民、外地居民、中国出国人士及港澳台人士和外国国籍人士,这些人士均可向原贷款经办机构申请办理个人住房转按贷款的服务。

申请办理个人住房转按贷款时必须提供申请转按的借款人与第三人签订同意转让个人住房的意向书,期房转让的一般必须由住房开发商盖章同意。借款人出售住房的交易价格必须高于借款人所欠银行全部贷款本息及相关费用之和。个人住房转按贷款的最高贷款额度不超过所购住房价值的80%,通常对于现房按照个人再交易住房(二手房)贷款办理,贷款期限累计相加最长不超过30年,即变更后借款期限(含已借款期限)最长不得超过相对应个人住房抵押贷款品种的最长借款年限限制。

贷款银行在具体受理时要求原借款人向商业银行提出变更借款人申请,同时提交房屋买卖合同、新购房人资料和房价首付款(如房价的20%)收据,与原借款人签订《变更借款人协议书》,与新购房人签订《住房抵押贷款合同》,并在房产交易中心、不动产登记机关办妥原贷款抵押登记注销、房屋买卖合同和新贷款抵押的登记生效手续,获取相关材料。

目前个人住房转按贷款主要是已经在商业银行办理了个人住房抵押贷款的借款人向原贷款银行要求将抵押给该商业银行的个人住房转让给第三人而向该商业银行办理个人住房贷款变更借款人及抵押物抵押人的个人住房贷款。随着我国金融业的改革和开放不断进行,利率将会市场化,外资银行从事房地产金融业务的也会增多,商业银行间竞争会加剧,购房借款人必将根据商业银行的利率和服务对商业银行进行选择,个人住房转按贷款限于原贷款银行的做法将被突破,跨行转按贷款业务将会是适应借款人选择商业银行金融产品和服务质量的一种个人住房贷款产品。有的地方为遏制房价不合理上涨,试图限制个人住房转按贷款的推行,但是实际效果并不理想,单纯限制个人住房转按贷款不是一个好的选择。

个人住房贷款方式的衍生中还包括:借款人不变,但是变更贷款期限、变更还款方式并相应变更每期还款金额的做法;换房抵押贷款;住房二次抵押贷款等。

（六）个人经营用房贷款

个人经营用房贷款是指个人以购买商业、办公、生产等经营用房为目的，以所购房屋作抵押，而向商业银行申请的短期或中长期人民币贷款。个人经营用房贷款的借款人需要具有稳定的职业和收入、信用良好，有偿还贷款本息的能力，有购买房屋的有效合同，具有所购房屋50%以上的购房首付款，同意以所购房屋作抵押；贷款期限最长不超过10年，还本付息方式具有多样性，除了与个人住房贷款相同的一次性还款、按月等额还款和按月等本还款外，一般还可以有按季等额还款、按季等本还款和按季付息、按年分次还本的方式。至于贷款利率，采用浮动利率定价的，定价方式以相应期限LPR（一般使用5年期以上LPR）为定价基准加点形成（加点可为负值），该加点数值在合同剩余期限内固定不变。

第三节　房地产抵押贷款管理

一、房地产抵押贷款存在的风险

银行资产多样化是商业银行业务发展的一种趋势，随着我国商业银行法的颁布实施，除了国家另有规定的外，商业银行不得在中国境内从事信托投资和证券经营业务，不得向非自用不动产投资或者向非银行金融机构和企业投资。商业银行参与房地产金融活动成为其资产多样化的一个方面。商业银行参与房地产金融的融资活动主要就是房地产贷款，政策性银行从事房地产融资也主要以贷款形式出现。由于房地产具有价值大、生产和消费周期长等特点，加上抵押贷款具有优先受偿权，对借款人的约束力较之信用贷款要强，可降低贷款风险，房地产贷款常以抵押贷款形式出现。我国从事房地产金融业务的房地产银行发放的房地产贷款主要以房地产抵押贷款的形式出现，以期望在借款人不能够按期归还贷款本息时，贷款银行可以行使抵押权，依法处分抵押的房地产来清偿未收回的贷款本息。但是，这并不是说商业银行从事房地产抵押贷款就没有风险，房地产抵押贷款也存在一定风险。主要风险有五种。

1. 流动性风险

房地产抵押贷款流动性风险属于商业银行的资产流动性风险，即商业银行房地产抵押贷款资产在迅速变现过程中发生损失的可能性。正常的房地产抵押贷款变现过程一般比较缓慢，若要在较短时间内直接收回贷款本息会存在一定的违约损失。

2. 违约风险

违约风险主要是借款人在财力上无法继续还款，抵押房地产依法处分后不足清偿，而向借款人追偿又颇费周折所产生的损失可能性，此外，违约风险还表现在借款人基于经济利益的考虑而有意的理性违约，这一般发生在房地产市场价格发生较大幅度下跌，使得尚未偿还的贷款本息余额大于按现行市场价格购买相同功能房地产所需的花费时，就可能发生理性违约行为，而向借款人追偿同样又颇费周折而产生损失的可能性。

3. 抵押风险

抵押风险包括抵押物估价不实,高估了抵押物价值,使运用抵押率控制风险失去了意义。此外,抵押风险还包括抵押无效带来的风险,以及不按规定时限办理抵押登记带来的风险。另外,抵押合同内容不规范,也会使抵押权难以落实,产生风险。这些风险都可能会使贷款银行的债权悬空而造成损失。

4. 利率风险和通胀风险

利率风险和通胀风险尤其出现在贷款利率在贷款合同期内不作调整的房地产抵押贷款中,当市场利率上升和通货膨胀加剧时就会给银行带来损失,而在 LPR 利率机制下,假如利率在以后某日有了上升,那么贷款银行将在该日后到下个利率重定价日的期限内遭受利息损失;如果利率在利率重定价日以后某日有了下降,那么贷款银行将可能会面临借款人提前还款带来的利息损失。

5. 其他风险

其他风险如非抵押人过错又不属保险责任范围的抵押物灭失或毁损,都会给贷款银行带来损失的可能。

二、房地产抵押管理

房地产抵押管理包括抵押权设定的管理、抵押合同订立的管理、抵押物占管的管理、抵押登记的管理和抵押物处分的管理等内容。这里仅就与房地产抵押贷款关系较为密切的房地产抵押管理作一些阐述。

1. 房地产抵押要具有超前性

房地产抵押管理要使房地产抵押具有超前性,要使借款人实际取得房地产抵押贷款资金以房地产抵押为前提,为此可在贷款合同中明确借款人提款的先决条件。

2. 房地产抵押具有合规性

要确定抵押房地产是否能进入抵押交易市场,办理抵押的对方当事人是否有资格办理抵押。另外,应注意抵押物的时限性,如有经营期限的企业以其所有的房地产设定抵押权的,其设定的抵押期限不得超过企业的经营期限;以有土地使用年限的房地产设定抵押权的,其设定的抵押期限不得超过土地使用年限。

3. 房地产抵押要具有及时性

房地产抵押贷款的贷款银行作为抵押权人和借款人作为抵押人必须依法签订书面抵押合同,并自抵押合同签订之日起 30 日内,向当地房地产管理部门办理抵押登记,规定要公证的抵押合同必须及时办理公证。抵押房地产进行登记主要是防止同一抵押物的已设定抵押的价值重复抵押,保障抵押权人的合法抵押债权的实现,同时在客观上又可保证抵押合同的合法性,防止不可抵押的房地产作为抵押物。

4. 抵押房地产保险办理需要及时

为了避免已设定抵押权的抵押物在抵押期间遭受意外损失,造成贷款银行的抵押权落空,可以考虑及时办理抵押财产保险或者抵押贷款保险。保险期限应不低于抵押贷款期限;抵押贷款期限变更延长的,还应续办抵押财产保险或者抵押贷款保险;抵押物保险应明确保险事故发生后的赔偿应保障贷款银行收回贷款本息的权利,如果在借款人申请贷款之前抵押人已先行对抵押物办理了财产保险,则抵押人必须要求保险公司出具"批单",明确保险事故发生后的赔偿应保障贷款银行收回贷款本息的权利。

5. 房地产抵押可以对抵押物作出一些限制性约定

贷款银行作为抵押权人可在房地产抵押后限制抵押人出租、出借、转借抵押物或者改变抵押物使用的性质,这种限制应当在抵押合同中约定。

6. 要加强对抵押贷款的还款监管

加强对抵押贷款的还款监管,包括对房地产建设贷款和商业性商品房贷款还款的监管,尤其是对房地产建设贷款的还款监管,注意房地产抵押或者房地产登记办法的调整对银行抵押贷款安全的影响,如有的城市规定房屋建设工程抵押权临时登记转为房地产抵押权登记时,其抵押范围不包括已临时登记的预购商品房。这样,即便银行贷款抵押登记发生在个人购房登记之前,法律还是要首先保护预购人权利,预购人权利优先于房地产建设贷款银行的权利,这就要求银行对房地产开发企业房屋预售款归还房地产建设贷款的情况进行监管,防止银行抵押权的落空。

三、其他管理

房地产抵押贷款的其他管理主要有五个方面。

1. 加强人员培训

由于房地产抵押贷款是一项技术性和法规性较强的贷款方式,信贷管理人员不仅要有金融、经济知识,还要掌握相关的房地产评估方面的知识、房地产法律方面的知识,成为复合型的人才以适应房地产抵押贷款的运作。为此,要加强人员培训,有条件的商业银行还应建立自己的房地产等资产评估机构或者配备商业银行内部对房地产抵押价值进行审核的专业人员,以便使得商业银行有能力比较好地把握抵押物的价值,合理确定贷款的实际成数。即使是在委托拍卖行对抵押资产进行清理、估价并提供拍卖等处置方案时,也能够有能力经商业银行内部评审确认后才进入拍卖或变卖程序,以切实维护商业银行的利益。

2. 建立健全房地产抵押贷款制度

要加强房地产抵押贷款的可行性研究,搞好征信工作,并将贷款成数和贷款期限与借款人的资信结合起来,与商业银行的贷款风险度管理结合起来,规范房地产抵押贷款的操作,做好房地产抵押贷款档案的建立和管理工作。

3. 加强贷款管理

要加强贷款管理,包括对房地产抵押贷款拨付的管理、对贷款用途的检查等。

4. 推行房地产抵押贷款证券化

实施房地产抵押贷款证券化,增强商业银行的流动性,提高商业银行抵御贷款风险的能力,搞活房地产抵押贷款市场,促进房地产业的发展。

5. 寻求其他保险保障

可要求借款人投保房地产抵押贷款偿还保险,使贷款银行及时收回贷款,保障商业银行贷款债权的安全。

第四节　银行对抵押房地产的估价的审核

商业银行在发放房地产抵押贷款前,应当确定房地产抵押价值。房地产抵押价值由抵押当事人协商议定,或者由房地产估价机构进行评估。无论是由抵押当事人协商议定还是由房地产估价机构进行评估,都需要由商业银行内部人员对房地产抵押价值进行把握,乃至进行必要的审核。本节就抵押房地产的估价的相关知识要点作一介绍。

一、抵押房地产价格评估的原则

抵押房地产价格评估的原则是抵押房地产价格评估中的基本经济法则,是规范抵押房地产价格评估工作的指南。在我国抵押房地产价格评估中应遵循的原则主要有以下十个。

(一) 合法原则

抵押房地产价格评估要以有关法律法规为依据,其中包括国家和地方政府颁布的有关法律、法规和规章。如《城市规划法》《城市房地产管理法》《土地管理法》《民法典》《城镇国有土地使用权出让与转让暂行条例》《城市房地产抵押管理办法》《房地产估价规范》《房地产抵押估价指导意见》等。抵押房地产价格的评估就必须在抵押房地产的使用符合这些限制的范围内才行。

(二) 土地、建筑物分离估价,根据需要综合计价原则

土地与建筑物分离估价,其主要原因是土地价格形成与建筑物的价格形成不同。建筑物是劳动产品,建筑物价格是其价值的体现,可采用与其他商品价格相似的计算方法求得,但土地价格要通过一定的估价制度,通过评估来求得。在现实的房地产估价中,存在着为征收土地税或确定补交土地使用权出让金而单独评估土地价格的情况,也存在着为建筑物投保财产险时确定其投保价值而单独评估建筑物价格(具体是确定建筑物的重建费用)的情况。在抵押房地产评估中,也存在着单独评估的情况,如以划拨土地使用权上的房地产作抵押评估其价格时,实际也只单独评估建筑物的价格。

以出让方式取得的国有土地使用权抵押的,应当将抵押时该国有土地上的房屋同时抵押,在考虑抵押物价格时,往往采取综合计价。在一般情况下,抵押地块的土地使用权处分转让时的价格总是要考虑该地块上建造的建筑物的价值和价格的。

(三) 最有效使用原则

最有效使用原则就是在合法前提下的最佳使用,其主要表现是以获利最大的使用方式来衡量。这种获利最大的使用方式包括在合法前提下的改变用途和集约度等。因为最佳使用原则是考虑到了土地和建筑物可具有多样性用途,每一种用途为使用者可能带来的利益都不相同,人们可以从中选择最佳用途,以满足获取最大效用的目的。

遵循最有效使用原则,就是要求房地产评估人员进行抵押房地产的评估时,不应受现实的使用状况所限制,而应对在什么情况下才能最有效地使用、才有最大价值作出正确的

判断。在评估某抵押房地产是否为最有效使用时,应考虑的内容有:抵押房地产的最有效使用是什么;现在的使用方式是否是最有效地使用,如果不是,是否有改变为最有效使用的可能,这种使用方式的改变能持续多久。

(四)替代原则

在抵押房地产估价中,可替代性是指两种或两种以上的房地产在交易、物质的特征等因素方面具有类似性。房地产估价人员可根据替代原则,以该相近房地产作为参照物,推算出抵押房地产的价格。在选择估价参照物时,应选择具有较大替代性参照物为原则,增强评估工作的正确性与可靠性,同时要对抵押房地产与参照房地产之间的差别作一些适当的修正。

(五)供求原则

在房地产市场中,抵押房地产价格同其他商品的价格一样,也受供求关系的影响。若供给不变,需求增加,则价格上涨;若需求不变,供给增加,则会使价格下降。在进行抵押房地产估价时,必须充分考虑到房地产的供求情况及趋势,考虑影响供求关系变化的因素。

(六)预期原则

在抵押房地产的价格评估过程中,抵押房地产的价格可以不是按照过去的开发建设成本或销售价格来决定,而是基于对未来收益的期望值决定,抵押房地产价格的高低,取决于其未来的有用性或获利能力。房地产估价人员应就房地产价格形成因素作客观合理的预期,应严格排除违法及投机的使用,也应排除脱离现实的利用。预期原则要求在进行抵押房地产价格评估时,必须合理预测其未来的获利能力及取得获利能力的有效期限。

(七)时日原则

房地产市场是变化的,房地产的有关资料也会随时间、环境和其他因素的变化而产生变化,房地产价格具有很强的时间性,它是某一时点的价格。评估某一房地产价格时,必须假定在某一时日,以此作为价格分析的时间差异修正的依据,如资料取舍的截止日期。评估时日,也称为评估基准日。评估时日是责任交代的界限和评估房地产时值的界限。政府有关房地产方面的法规、规章包括税收等政策的发布、变更、实施日期等都有可能影响评估的抵押房地产的时值。

当利用替代原则采用市场比较法评估一宗抵押房地产的价格时,选用的是估价时日以前的市场交易情况作为分析比较的依据,由于比较参照实例的成交时间不同,其时值也不同,因此,需把不同时日的比较参照实例的价格修正到某个基准日,这样,这些比较参照实例才能视作等价的替代物。

(八)公平原则

抵押房地产的价格评估必须坚持公正的立场,抵押房地产的价格评估要按照国家规定的技术标准和评估程序进行,抵押房地产价格的评估目标在于求得一个公平合理的价格。若评估的价格不公平,则必然影响抵押当事人的利益。高估抵押房地产价格,则会给贷款银行增加贷款风险,导致在处分抵押房地产时所得不能抵偿贷款本息,不利于有效保障贷款银行的合法权益;而低估抵押房地产价格,则有可能会加大抵押借款者的筹资成本,因为抵押人要另寻抵押财产,这往往会增加开支(要另付费为寻求作抵押的财产)。这些情况都会有损于房地产价格评估工作的社会声誉和权威性,影响注册评估师制度的推行。银行抵押房地产评估工作要杜绝利用房地产评估工作为单位和个人牟取不正当利益。

(九) 适法原则

适法原则是指抵押房地产的估价方法要合理、适当地选用,使得评估结果更为客观、准确,具有科学性。房地产估价人员要掌握各种估价方法及其适用的范围及条件。如对用途一般不宜改变的抵押房屋的评估,就采用重置成本法;对于可改变用途或收益性房地产,如商住楼、办公楼等,一般选用收益还原法等。总之,要根据抵押房地产的用途和抵押房地产及抵押人的其他情况,合理、适当地选用抵押房地产估价方法。

(十) 谨慎原则

谨慎原则是指抵押房地产的估价要充分估计抵押房地产在处置时可能受到的限制、未来可能发生的风险和损失,不高估市场价值,不低估知悉的法定优先受偿款。要对抵押房地产的通用性、独立使用性、可分割转让性等变现能力进行分析。

在运用成本法估价时,不应高估土地取得成本、开发成本、有关费税和利润,不应低估折旧;在运用收益法估价时,不应高估收入或者低估运营费用,选取的报酬率或者资本化率不应偏低;在运用假设开发法估价时,不应高估未来开发完成后的价值,不应低估开发成本、有关费税和利润。

对于房地产估价行业组织已公布报酬率、资本化率、利润率等估价参数值的,应当优先选用;不选用的,应当在估价报告中说明理由。

抵押房地产的各项经济原则是相互联系的。银行房地产估价审核人员在对房地产估价进行审核过程中,应该综合运用这些原则,以确保抵押房地产价格评估工作的有效性和评估结果的准确性。

二、影响抵押房地产评估价格的因素

(一) 抵押房地产价格的含义及其构成

抵押房地产价格通常是指对作为贷款抵押物的房地产评估的价格,这个抵押房地产价格理论上应该是借款人不履行债务、抵押权人依法处分抵押的房地产时,该房地产所能够实现的客观合理价格折算到设定抵押权时的价格,但由于这种预期价格评估难以准确把握,实际评估的抵押房地产价格是房地产设定抵押权时的价格。而房地产抵押贷款是在借款人不能按贷款合同履行偿还贷款本息的义务时,贷款银行作为抵押权人有权依法处分抵押的房地产,所获价款优先受偿贷款本息债权,因而,抵押房地产转让收入在扣除了清偿费用(包括税金,如转让房地产时应缴纳的营业税、城市维护建设税、印花税及视同税金的教育费附加等)以及其他优先受偿款后,才是实际可以用以清偿的价款,也就是房地产最高抵押价款,即房地产抵押价值,也称房地产抵押贷款保证额。在实务中,房地产抵押价值指为假定未设定法定优先受偿权利下的市场价值减去房地产估价师知悉的法定优先受偿款。法定优先受偿款包括发包人拖欠承包人的建筑工程价款、已抵押担保的债款数额,以及其他法定优先受偿款。由于借款人不履行贷款合同的约定而由抵押权人依法处分抵押房地产一般也是在评估时日后进行的,考虑到贷款利息及房地产市场变动因素,为方便起见,在实务中,又常将抵押房地产价格通过房地产抵押率,而调整为房地产抵押价格。其中,房地产抵押率一般为贷款额与抵押房地产作价现值(即抵押房地产价格)的比率。

抵押房地产价格按房地产实物形态可以分为土地价格和建筑物价格两大类。

1. 土地价格的构成

土地价格简称地价,对于一块无地上建筑物的土地,土地的价格即指该块土地的价格;对于一块附有建筑物的土地,土地价格是指该宗房地产中纯土地部分的价格。土地之所以有价格,是因为土地具有稀缺性和使用价值。有使用价值的土地能够带来预期的经济效益,土地所有者和使用者凭借对土地的所有权和使用权,可以获得一定的地租收入。抵押土地有价格是因为抵押土地如果被依法处分,会使受让该土地的使用者在受让合同期内通过开发、建造房屋和其他经营活动,取得盈利。土地使用者必须把盈利的一部分支付给土地使用权转让者。当这种转让金一次性支付时,就构成了抵押土地的价格。土地价格只包括土地的租金,经开发的土地还包括土地开发成本及相应利税。土地的开发成本包括征地、拆迁、安置费用和实际开发费用。

在社会主义市场经济条件下,对土地使用权有偿出让或转让,有利于处理不同利益主体的财产关系。在房地产抵押贷款中,抵押权人在其债权到期不获清偿时,可依法行使抵押权,转让该抵押地块使用权,使抵押债权优先受偿。

2. 建筑物价格的构成

建筑物价格在房地产评估中是指纯建筑物部分的价格,不包含其占用的土地的价格。在社会主义市场经济条件下,建筑物价值与其他商品一样由三部分组成,即建筑物生产建筑过程中消耗的生产资料价值,劳动者为自己劳动所创造的价值和为社会创造的价值。建筑物价格是价值的货币表现,与建筑物价值三个组成部分相对应,建筑物价格包括物质消耗支出、劳动报酬支出和盈利。在经济实务中,其价格的三个组成部分又表现为若干个方面。以商品住宅建筑物价格为例,其价格构成主要包括以下三个。

① 商品住宅建筑成本,包括:勘察设计及前期工程费;商品住宅建筑、安装工程费;住宅小区基础设施建设费和住宅小区级非营业性配套公共建筑费;销售和管理费;财务费用。

② 税金,包括营业税、城市维护建设税、教育费附加,以及国家规定的其他税费。

③ 利润。

人们平常所说的商品房价格,通常是含有该建筑物占用的土地的价格在内,与这里的建筑物价格不尽一致。

建筑物价格连同其占用土地的价格,称为房地价格,也称房地混合价或房地产价格。

房地产价格是关于房地产权益的价格。房地产价格一般可以表示为交换代价的价格,又可表示为使用和收益代价的租金。房地产的现实价格一般随着交易的必要而个别形成,特别是房地产价格决定中交易主体个别因素起着关键作用,而其他因素也是必须考虑的。

(二) 影响抵押房地产价格的因素

抵押房地产价格是由许多影响房地产价格的因素相互作用的结果。影响抵押房地产价格的因素尽管有许多,但归纳起来,大致可以分为普通因素、区位因素和个别因素三大类。

1. 普通因素

影响抵押房地产价格的普通因素通常会对抵押房地产所在地区产生全局性影响,从而成为决定各个抵押房地产具体价格的基础。普通因素主要包括社会经济因素和行政因素。

(1) 社会经济因素

社会经济因素包括人口状态和家庭人口,城市发展状况,储蓄及投资水平,财政金融状况和租、税、费负担状况等。

① 人口状态和家庭人口。人口增加,人与土地的比率增大,从而对土地的需求增加,对整个房地产的需求也增大。当人口集中于某一地区时,则该地区对房地产的需求也会增大,从而使该地区的抵押房地产价格尤其是抵押住宅价格总体上呈上涨趋势。家庭人口,这里是指社会或某一地区家庭平均人口数。即使是人口总数不变,家庭人口数有所变化,也将影响居住单位数的变动,导致对房地产需求的变化,从而影响房地产价格的高低。一般说来,随着每个家庭平均人口数的下降,房地产价格有上涨的趋势。

② 城市发展状况。城市的形成对住宅用地、工业用地和商业用地的需求会增加,供抵押的土地,其价格也会提高,而公共设施的建设,又会使该地区的土地效用提高,促进该地区供抵押的土地价格水平的上升。在抵押房地产估价时,应充分注意公共设施的建设和交通体系状况的影响。城市公共设施的完善程度如何,直接影响抵押土地开发成本的大小,也影响抵押土地纯收益的高低,从而影响该地区土地价格水平的上涨或下降。交通体系状况,对于地区的发展影响极大,从而对抵押房地产价格也会产生影响,新交通线的开辟,必然会促进沿线土地的开发和经济的发展,使当地抵押房地产的效用增加,从而使抵押房地产价格趋于上升。

③ 储蓄及投资水平。它与经济增长同步,在经济增长时期,就业机会增加,国民总支出呈增长态势。由此形成的国民总支出,有的用于耐久消费品的住宅消费,有的用于投向再生产过程的土地和厂房需求等。社会总投资增加,导致对土地的总需求增大,致使土地价格上升。

④ 财政金融状况。财政收支和金融状况是否良好,直接影响房地产价格。在宏观经济调整紧缩时期,财政、货币紧缩,银根抽紧,会导致房地产的需求下降,未来房地产的供应量也会下降,这对抵押房地产的价格会产生影响。为配合宏观经济政策,银行业监管部门有时也会对商业银行房地产抵押贷款的最高成数作出规定,这在一定程度上影响人们对房地产的有效需求,影响房地产的供需状况,从而对房地产价格产生影响。

⑤ 租、税、费的负担情况。租、税、费的负担大小会影响企业和个人的财务状况。租、税、费负担增加,一般会抑制产业活动和个人置业活动,减少房地产需求,导致抵押房地产价格的下降。

影响抵押房地产价格的社会经济因素还有人口素质、心理因素、市场利率水平等。

(2) 行政因素

行政因素主要是指国家对房地产价格水平的干预,行政因素对抵押房地产价格的影响以公益为目的。行政因素包括影响房地产价格的法规、制度、政策和行政措施等多方面。

① 土地制度和土地利用规划。土地制度和土地利用规划对房地产价格有极大的影响。合理的土地制度和政策可以刺激土地利用者投资的积极性，促进和带动土地价格的上涨，供抵押的土地价格也会上涨；反之，则造成地价的下跌。此外，随土地利用规划将土地指定为住宅区、工业区和商业区等不同类型，则供抵押的土地价格也会发生较大的变化。

② 住房政策。国家实行何种住房政策，对房地产价格也有很大影响。在实行福利制、低租金的情况下，会造成房地产价格的低落；而在推行住房商品化的政策下，房地产价格将会有所上升；而在积极建设经济适用住房的政策下，房地产价格就不会上涨很大。对住房租金的政策也会影响房地产价格。对房租进行限制，会减少出租者的收益，抑制房屋的出租欲望，从而也会引起房地产供给减少，进而使房地产的价格产生波动。

③ 税收制度。税收会调节利用房地产的收益。如契税是以商品房受让人为课税对象的，它会在商品房需求方面发生作用；土地增值税是以房地产转让人为课税对象的，它在供给方面发生作用；房产税是以房地产所有人为对象的，会在供求两个方面发生作用。税收政策的变化、税率的高低都会对抵押房地产的价格产生影响。

2. 区位因素

区位因素是指抵押房地产所在地区的自然条件与社会经济、行政等因素相结合所产生的地区特性，对该地区抵押房地产的价格水平产生影响作用。区位因素主要有以下四个。

(1) 行政区划关系的变更

将县改为市，将某城市升格为地级市、省会市、直辖市等，都会促进当地抵押房地产价格的上升。

(2) 交通管制

如某地实行交通管制，禁止某类车辆通行或者实行单向行驶等。交通管制对抵押房地产价格的影响程度，要视交通管制具体内容和抵押房地产的使用性质而定。

(3) 特殊政策

对某地实行特殊的开发、开放政策，往往会提高该地的房地产价格。如我国建立经济特区的政策、建立经济技术开发区的政策等，就使深圳等特区和大连等经济技术开发区的房地产价格随着开发、开放而上升。

(4) 房地产类别划分

对某地房地产用地类别的划分也会对抵押房地产价格产生影响。商业区：影响商业区抵押房地产价格的最大因素是收益状况。工业区：影响工业区抵押房地产价格的因素有运输条件、水源、污染状况等重要因素。住宅区：影响住宅区抵押住宅价格的因素有生活配套设施、物业管理状况、离市中心距离、交通状况和环境状况等。

3. 个别因素

个别因素是指抵押房地产的个别特性对其价格的影响因素。就抵押房地产而言，主要的个别因素有以下六个。

（1）位置

房地产坐落位置不同,价格有较大的差异。房地产位置优劣的形成有的是由于自然地形的限制,有的是由于后天人工的支配。房地产位置优劣还因有不同使用类别而有差异。在一般情况下,凡接近人们相关经济活动中心的抵押房地产价格必然高昂;反之,抵押房地产价格就低。

（2）面积

土地和建筑物的面积,随其用途而使价格发生差异。在商业区内,因需建造各种大厦,所以面积大的各种宗地能发挥较大的效用;而住宅区内,面积大的宗地,其效用有可能比面积适当的宗地要小。建筑物面积(包括建筑面积、使用面积等)的不同,其用途也会有较大差异,相应地,效用也有差异,因而其价格也会有高低。

（3）地质

地质条件决定着土地的承载力。在城市用地中,地质条件对地价的影响较大。地质坚实,承载能力就较大,地质条件就优越,抵押土地的价格较高;反之,则抵押土地的价格较低。

（4）日照、通风和干湿

日照、通风和干湿等是否良好与人们的健康密切相关,它们也会影响房地产价格。一般说来,受到周围高大建筑物遮挡的抵押房地产尤其是抵押住宅的价格必低于无遮挡情况下的同类房地产的价格。

（5）建筑物的朝向、结构、内部格局、设备配置和施工质量

抵押建筑物的朝向、结构、内部格局、设备配置和施工质量都会影响房地产的使用,从而具有不同的效用,影响抵押建筑物的价格,也使得同样建筑面积的建筑物其工程造价构成有很大的差异。

（6）建筑物的外观

建筑物外观包括建筑风格、式样和颜色,对抵押房地产的价格也有影响。凡建筑物外观新颖、吸引人,则该抵押建筑物的价格就较高;反之,外观陈旧,令人讨厌,则该抵押建筑物的价格就较低。

普通因素对社会整体的房地产价格水平作抽象的规定,区位因素是对各地区的房地产价格水平作具体的规定,然后再以区位的房地产价格水平为基础,加上抵押房地产的个别因素的作用,构成了抵押房地产的价格。

三、抵押房地产价格评估的主要方法

房地产价格的评估方法很多,包括成本估价法、市场比较法、收益还原法、假设开发法、长期趋势法、购买年法、路线估价法、残余估价法等。对于抵押房地产的价格评估,主要采用成本估价法、市场比较法和收益还原法。

（一）成本估价法

成本估价法是一种以建造房地产所耗费的各项费用之和为主要依据,再加上适当的利润和应缴纳的税费来确定房地产价格的估价方法。这种方法简称成本法,又称原价法、加法等。

1. 成本估价法的基本原理

成本估价法是基于房地产建造所消耗的各项成本费用,其理论基础是生产价格论。

成本估价法特别适用于房地产市场发展的初期,市场交易实例较少,无法用市场比较法和收益还原法进行评估的情况。在我国,成本估价法过去比较长时间被广泛用于房地产价格评估,包括抵押房地产价格的评估。

2. 成本估价法的应用公式

(1) 新开发的土地价格＝购置待开发土地费用＋开发土地投资＋正常利税

新开发土地可包括填海造地、征用农地后进行"三通一平"或"七通一平",拆除城区旧建筑物整理后出售的土地等。

(2) 新建房地产价格＝购置土地费用＋建造建筑物费用＋正常利税

由于新建房地产由出售单位根据政府有关规定和定价标准进行定价,因此,新建房地产购买价等于抵押房地产的价格,银行一般不再评估。

(3) 旧有房地产价格＝旧有房地产重新建造完全价值－建筑物折旧

旧有房地产的估价采用成本估价法是一种典型的情况。这种情况下的成本估价法通常称之为重置成本法,企业用已有厂房等房地产作抵押取得银行贷款时,银行对企业所抵押的房地产广泛采用这种方法来估价。

利用重置成本法对抵押的旧有房地产进行估价,首先是要求出该房地产在估价基准日重新建造完全价值,然后再扣除建筑物的折旧额。

重新建造完全价值,是假设旧有房地产在评估基准日重新建造时社会必要的适当价格。要计算建筑物及其基地重新建造和取得的完全价值,先要求得土地重新取得的完全价值,再加上建筑物重新建造完全价值。前者可在评估时按评估基准日国家规定的标准重新确定,也可采用市场比较法及收益还原法等其他方法求得。后者,可按如下两种办法求得。

① 定额差价调整法。这是采用建筑物建造时定额标准和评估基准日定额标准,按两者的定额标准差价进行调整测算。建筑物的完全价值是按国家规定的定额标准进行计算的,由于建筑物建造是在评估之前,建造时的定额标准与评估时的定额标准因时间差有可能产生定额标准的价格差异。此外,钢材、木材、水泥的市场差价以及人工费用差额等都需要进行调整。采用定额差价调整法的基本前提是拥有该建筑物的抵押人保存有比较完整的该建筑物工程预决算档案资料。

② 建筑物建造单价测算法。在建筑物价格的评估测算中,有时会遇到被评估的抵押建筑物缺乏竣工决算资料的情况,此时,若要按定额差价调整法测算就有困难。在这种情况下,可以选择建造技术标准相同、结构类似的建筑物在评估基准日的现行单位造价,然后,按有关规定对选用的单位造价中的材料差价和人工费用差额等进行调整,测算抵押建筑物的评估值。

在抵押房地产的土地是属于划拨土地使用权的情况下,可单独评估地上建筑物的重新建造完全价值。

在求出抵押房地产重置完全价值后,再根据房产的使用和维修情况,评定成新率,计算折旧额,进而计算出该抵押房地产的评估价值。

建筑物的折旧,是指建筑物因时间推延所造成的有形损耗和无形损耗。有形损耗是指由于使用和受自然力影响而引起的价值损失;无形损耗是指由于技术进步、消费观念变更等原因而引起的价值损失。这里,估价上的折旧与会计核算中的折旧有着本质的区别。前者注重价值的减损;后者注重原始取得价值的摊销与收回。

在评估实务中,评估价值的基本计算公式可变换为

$$评估价值 = 重置完全价值 \times 成新率$$

在考虑残值时,则公式变为

$$评估价值 = (重置完全价值 - 残值) \times 成新率 + 残值$$

公式中的成新率是指建筑物新旧程度的百分比。评定成新率的方法最常用的有两种。一种方法是年限法。采用此法,首先应根据现场勘察结果及了解到的维修情况,估计出被估建筑物的尚可使用年限;其次根据核实后的已使用年限计算出被估建筑物的寿命年限,即被估建筑物的寿命年限等于已使用年限加上尚可使用年限,然后用下列公式计算出成新率:

$$成新率 = \frac{尚可使用年限}{寿命年限} \times 100\%$$

另一种方法是打分法。采用此法,可以根据房屋新旧程度评定标准(见表4-4),通过实地勘察打分来确定。

表4-4 房屋新旧程度评定标准

质量等级	新旧程度
完好房	十、九、八成新
基本完好房	七、六成新
一般损坏房	五、四成新
严重损坏及危险房	三成以下新

注:各成新具体评定标准可见原城乡建设部《房屋完损等级评定标准》等。

在现实经济生活中,抵押房地产可实现的价格多取决于它的效用,而非花费的成本,即抵押房地产成本的增加等不一定能增加它的使用价值。这是在利用成本估价法评估时应注意的问题,这也是目前抵押房地产评估已经倾向采用市场比较法和收益还原法的一个重要因素。

(二) 市场比较法

市场比较法又称市场资料比较法,是指在估算待估房地产价格时,将待估房地产与在较近时期内已经发生了交易的类似房地产加以比较对照,从已经发生了交易的房地产已知价格,修正得出待估房地产价格的一种估价方法。

1. 基本原理

市场比较法的理论依据是房地产评估的替代原则,具有相同使用价值或效用的房地

产,应该具有相同的价格,在两个以上具有替代关系的房地产同时存在时,房地产的价格是经过彼此间的相互竞争后产生的,其价格会相互影响,并趋于一致。因而,人们在评估一处抵押房地产的价格时,可以用类似房地产的交易价格,比较求得该抵押房地产的价格。

2. 市场比较法的一般公式

市场比较法评估抵押房地产价格的一般公式可以表述为

抵押房地产价格＝比较参照实例房地产价格×交易情况修正系数×交易期日修正系数×区位因素修正系数×个别因素修正系数

3. 市场比较法的估价步骤

(1) 广泛收集交易资料

第一,查阅房地产交易管理部门的房地产交易登记资料、各类房地产行情指数;第二,查阅各种报刊等媒体有关房地产租售广告信息,并以此为线索了解实际交易情况;第三,参与房地产估价师协会的信息交流,了解房地产交易信息;第四,咨询房地产经纪人,掌握、获取房地产交易情况。

(2) 选择适当的比较参照实例

第一,选择与待估的抵押房地产用途相同的实例;第二,选择与待估的抵押房地产所处的地区相同或相近的实例;第三,选择与待估的抵押房地产的建筑结构相同的实例;第四,被选定的交易实例与待估的抵押房地产属相同或相近的交易类型;第五,被选定的交易实例必须为正常交易范畴或可修正为正常交易;第六,应是近期发生或能作期日修正的交易实例。

(3) 进行市场交易情况修正

对于选定的交易实例属需修正的,应将交易过程中个别特殊情况排除,对交易价格作必要的修正。

(4) 进行期日修正

选定的交易实例与待估抵押房地产评估期日之间通常存在时间差异,由于房地产价格会随着经济波动情况等发生涨落,因此需对因时间差异所造成的房地产价格变化进行修正。修正时,可以以相关房地产价格指数将交易实例价格调整为评估期日价格。

$$交易实例价格 \times \frac{估价期日的价格指数}{交易期日的价格指数} = 修正的评估期日的交易实例价格$$

(5) 进行区位因素和个别因素修正

区位因素与个别因素,是构成房地产使用功能、质量好坏的因素。进行区位因素与个别因素修正,是将交易实例房地产相对于待估抵押房地产在使用功能、质量好坏上的差别所产生的交易价格差别排除。具体进行比较修正的方法主要有直接法,即以待估抵押房地产的状况为基准,将交易实例与它逐项比较打分,然后将分数转化为修正价格的比率;也可以用间接法,即设想一个标准房地产,以此标准房地产的状况为基准,将交易实例及待估抵押房地产与其逐项比较打分,然后将分数转化为修正价格的比率。需要注意的是,交易实例的区位因素和个别因素,应是交易实例交易当时的区位因素与个别因素状况。

(6) 确定待估抵押房地产价格

运用市场比较法应选择多个交易实例作为比较实例,选定的各个交易实例按上述各种因素修正和计算后,可得多个比较参照价格,在此基础上一般可采用简单算术平均法、加权算术平均法或中位数法等确定待估抵押房地产价格。

(三) 收益还原法

收益还原法又称收益法,是指在求取待估抵押房地产的价格时,将该抵押房地产未来各期的纯收益按一定的还原利率折算到估价基准日的现值,求其之和来确定待估抵押房地产价格的一种估价方法。此法也称为收益资本化法、投资法等。

1. 基本原理

收益还原法利用了经济学中预期收益原理,由于房地产的耐用年限相当长,因此占用某一宗房地产不仅现在能取得一定的纯收益,而且能期待未来若干年间也可以继续取得这个纯收益。如果将这种未来所获得的纯收益,以某一适当的还原利率贴现成评估期日的现值,并将现值之和与一个货币总额等同起来,那么,这个货币总额就等同于该宗房地产的价格。收益还原法比较适用于可供租赁的抵押房地产的估价。

2. 计算公式

公式 1:房地产纯收益(视作)永续,其他因素不变的形式。

$$P = \frac{e}{r}$$

式中:P——房地产价格;

e——房地产的纯收益;

r——房地产还原利率。

公式成立的前提:e 每年不变,$r>0$ 且每年不变,房地产收益视作无年限。

公式 2:房地产纯收益年期有限,其他因素不变的形式。

$$P = \frac{e}{r}\left[1 - \frac{1}{(1+r)^n}\right]$$

式中:P, e, r 含义同前;n 为有房地产收益的年限。

公式成立的前提:房地产纯收益年期有限为 n,其他因素同公式 1。

公式 3:房地产纯收益在若干年前有变化,年期有限的形式。

$$P = \sum_{i=1}^{t} \frac{e_i}{(1+r)^i} + \frac{e}{r(1+r)^t}\left[1 - \frac{1}{(1+r)^{n-t}}\right]$$

式中:P, e, r, n 含义同前;e_i 代表 $e_1, e_2, \cdots\cdots e_t$,分别为未来有限年度 t 年内(含 t 年)各年房地产纯收益。

公式成立的前提:t 年前(含 t 年)纯收益有变化,t 年后纯收益为 e,$r>0$ 且每年不变,年期有限为 n。

公式4：房地产纯收益在若干年前有变化，年期(视作)无限的形式。

$$P = \sum_{i=1}^{t} \frac{e_i}{(1+r)^i} + \frac{e}{r(1+r)^t}$$

式中：P, e, r, e_i, t 含义同前。

公式成立的前提：年期(视作)无限，其他条件同公式3。

3. 估价步骤

(1) 求取房地产纯收益

根据评估对象的具体情况确定具体计算方式。一般而言，对于出租型房地产，可以根据租赁资料来计算纯收益，纯收益为租赁收入扣除维修费、保险费、管理费、房地产税费。租赁收入包括租金收入和租赁保证金、押金等的利息收入。维修费、保险费、管理费、房地产税费应该根据租赁合同规定的租金含义取舍，如果有关费用由承租方负担，就应该对纯收益计算中的扣除部分作相应调整。第一步求取的总收益减去第二步求取的总成本即可得出总的纯收益。对于商业经营型房地产和生产型房地产，可以根据各自的销售收入扣除有关的成本和税费计算纯收益。对于尚未使用或者自用的房地产，可以先采用市场比较法求取评估对象的租金水平来计算纯收益或者直接比较得出纯收益。评估中采用的收入和支出除了有合同限制的，都应该采用正常客观的数据，对于有限制的，可以采取如合同期内租金水平采用合同所约定的租金水平，合同期外采用正常客观的租金水平的方式来处理。

(2) 确定合适的还原利率

还原利率实质上是一种资本投资的收益率。收益率的大小与投资风险的大小成正比。在抵押房地产评估时，可以选择一年期国债年利率加风险调整值来确定；也可以参考银行房地产贷款利率，加上一定的风险调整值来确定；还可以采用租价比(利用与被估抵押房地产相似特点的房地产租金与房地产价格的比率，为避免房地产受个别因素影响可选取多宗房地产求其平均值)来确定房地产的还原利率。至于风险调整值应该根据评估对象所在地区经济情况和未来发展趋势等确定。

(3) 利用公式计算抵押房地产价格

对于以划拨国有土地使用权的建筑物作抵押的，可按照如下公式计算：

$$抵押建筑物价格 = \frac{建筑物纯收益}{建筑物还原利率}$$

或

$$抵押建筑物价格 = 房地产价格 - 土地现值$$

此外，在银行的抵押房地产评估中，还会遇到在建工程资产，如在建场地和各种在建房屋，包括在建厂房、仓库、宿舍等。

在房地产抵押贷款的抵押物评估中，如果有未完在建工程抵押的，较难采用收益还原法来估价。因为在建工程尚未交付使用，对其中的未完工程的收益预测具有更大的不确定性。因此,在一般情况下,可按在建工程的重置成本来估价。对在建工程的评估,可根据工程进度及工程总预算造价或工程单位造价等资料确定未完在建工程的重估价格。比较实用的评估方法是采用工程进度法。

工程进度法也称构成比法。其基本要点是:首先将待评估的未完在建工程根据其构造划分为若干部位(如土建工程可划分为基础工程、结构工程和装饰工程三个部位),每个部位根据其预算价格占工程总预算价格的比重来确定其在工程总预算造价中的百分比;其次,根据未完在建工程各部位在评估期日的实际完成程度及各部位占工程总预算造价的百分比求出未完在建工程的完成进度;最后,用未完在建工程的完成进度乘上工程总预算造价,就可以求出未完在建工程的重估价格。有关计算公式为

$$未完在建工程重估价格 = 工程总预算造价 \times 未完在建工程完成进度$$

式中:未完在建工程完成进度 $= \sum ($各部位完成进度% $\times$ 各部位占工程造价的%$)$

利用此公式的前提条件是:未完在建工程仍在建设中并将继续建设;未完在建工程完成后能够形成有用资产(具有盈利能力或其他效用)。

由于作为在建工程抵押的抵押物实体尚未完工,没有现实的直接使用价值,抵押权处于浮动状态,因而,相对于现房抵押来说,在建工程抵押风险很大。再加上我国有关法律的司法解释规定,建设工程竣工之日或者建设工程合同约定的竣工之日起 6 个月内,建筑工程的承包人的优先受偿权优于抵押权和其他债权[1]。因此,房地产建设贷款抵押物评估的最终价格应该扣除房地产建设贷款借款人除了本次借款额以外的其他债务额,尤其是应该扣除该抵押物在建设过程中作为建设工程而发生的报酬、材料等实际支出费用所构成的优先受偿的工程价款。同时,从保障贷款银行债权安全的角度出发,对于以未完在建工程作抵押的贷款,其抵押率一般要低于已可使用的房地产作抵押的抵押率。

总之,对于抵押房地产的估价应该在独立、客观、公正的基础上,遵循前述抵押房地产的估价原则。对于抵押房地产的估价的审核,要考虑时间对抵押价值的影响、重视信贷风险的关注点、合理确认抵押房地产价格,定期跟踪房地产抵押价值的变化。

附录:按月等额本息还款计算公式的推导

有关符号同前。利用复利现值公式可以得出下列关系:

$$P = PMTm \times \frac{1}{(1+Rm)} + PMTm \times \frac{1}{(1+Rm)^2} + \cdots\cdots + PMTm \times \frac{1}{(1+Rm)^{Nm}}$$

$$P = PMTm \times \left[\frac{1}{(1+Rm)} + \frac{1}{(1+Rm)^2} + \cdots\cdots + \frac{1}{(1+Rm)^{Nm}}\right] \qquad (1)$$

---

[1] 最高人民法院:《关于建筑工程价款优先受偿权问题的批复》(法释 200216 号),http://www.chinacourt.com.cn/sfjs/,2002 年 6 月 20 日。

两边同时乘以 $\dfrac{1}{1+Rm}$，得：

$$\dfrac{P}{1+Rm}=PMTm\times\left[\dfrac{1}{(1+Rm)^2}+\dfrac{1}{(1+Rm)^3}+\cdots\cdots+\dfrac{1}{(1+Rm)^{Nm+1}}\right]\quad(2)$$

用(2)式减(1)式，得：

$$\dfrac{P}{1+Rm}-P=PMTm\times\left[\dfrac{1}{(1+Rm)^{Nm+1}}-\dfrac{1}{(1+Rm)}\right]$$

即 $\quad P\times\left(\dfrac{-Rm}{1+Rm}\right)=PMTm\times\dfrac{1}{(1+Rm)}\left[\dfrac{1}{(1+Rm)^{Nm}}-1\right]$

$$P\times(-Rm)=PMTm\times\left[\dfrac{1}{(1+Rm)^{Nm}}-1\right]$$

$$P\times(-Rm)=PMTm\times\dfrac{1-(1+Rm)^{Nm}}{(1+Rm)^{Nm}}$$

即 $\quad PMTm=P\times(-Rm)\times\dfrac{(1+Rm)^{Nm}}{1-(1+Rm)^{Nm}}$

亦即 $\quad PMTm=P\times\dfrac{Rm\times(1+Rm)^{Nm}}{(1+Rm)^{Nm}-1}$

本章小结

房地产抵押是指抵押人以其合法拥有的房地产以不转移占有的方式向抵押权人提供债务按期履行的担保，在债务人不履行债务时，抵押权人有权依法处分作为抵押物的房地产，并优先得到偿还的行为。可以设定抵押权的房地产主要有：依法获得的出让土地使用权；依法获得所有权的房屋及其占有范围内的土地使用权；依法获得的房屋期权；依法可以抵押的其他房地产。对抵押房地产进行处分所得价款按下列顺序偿还：① 支付处分抵押房地产之费用；② 扣缴与抵押房地产有关的应纳法定税费；③ 按优先受偿权顺序和抵押顺序依次偿还抵押人所欠抵押权人的本息及违约金；④ 剩余金额退还抵押人。

房地产抵押贷款是指银行以借款人或第三人拥有的房地产作为抵押物发放的贷款。抵押物担保的范围包括银行房地产抵押贷款的本金、利息和实现抵押物抵押权的费用及抵押合同约定的其他内容。

房地产抵押贷款按贷款对象分类，可以分为企事业法人房地产抵押贷款和个人房地产抵押贷款；按贷款用途分类，可以分为房屋开发抵押贷款、土地开发抵押贷款、购房抵押贷款和其他用途的房地产抵押贷款；按贷款利率确定方式和计息方法分类，可以分为固定利率房地产抵押贷款、浮动利率房地产抵押贷款和可调利率房地产抵押贷款等。

房地产抵押贷款的基本特征有以下三条：① 房地产抵押贷款是以抵押为前提建立的贷款关系；② 房地产抵押贷款是以房地产抵押为条件的贷款；③ 房地产抵押贷款具有现实性。

房地产抵押贷款可以增强工薪阶层的购房能力、促进住房自有化和房地产消费市场的发展，增强房地产开发经营企业的经济实力，发挥自有资金的财务杠杆功能，促进房地产业的发展，同时可以发挥储蓄功能，调节居民消费行为，促进经济的平衡发展，并且确保银行贷款的安全性，保障银行贷款效益，促进房地产金融的发展。

房地产抵押贷款的运作要素是指房地产抵押贷款业务开展的相关参与者和基本条件。包括贷款资金来源、可以设定抵押权的房地产、房地产抵押贷款的贷款人、借款人、抵押权人、抵押人、借款合同、抵押合同及保险与公证等。

房地产抵押贷款存在的风险主要有流动性风险、违约风险、抵押风险、利率风险和通胀风险以及非抵押人过错又不属保险责任范围的抵押物灭失或毁损风险。

房地产抵押管理包括抵押权设定的管理、抵押合同订立的管理、抵押物占管的管理、抵押登记的管理和抵押物处分的管理等内容。房地产抵押管理包括：① 要使房地产抵押具有超前性；② 要确定抵押房地产是否能进入抵押交易市场，办理抵押的对方当事人是否有资格办理抵押，并且注意抵押物的时限性；③ 要及时办理房地产抵押；④ 及时办理抵押房地产保险；⑤ 对抵押物可以作出一些限制性约定；⑥ 加强对抵押贷款的还款监管。此外还涉及房地产抵押贷款其他管理如人员培训等方面的管理。

银行对抵押房地产的估价的审核，要注意影响抵押房地产价格的有关因素。对于抵押房地产的价格评估，主要采用成本估价法、市场比较法和收益还原法。

复习思考题

1. 什么是抵押？什么是房地产抵押？
2. 房地产抵押贷款的种类有哪些？
3. 房地产抵押贷款的基本特征有哪些？
4. 房地产抵押贷款有什么作用？
5. 房地产抵押贷款的运作要素有哪些？
6. LPR 机制下的商业性个人住房贷款利率如何确定？
7. 如何对房地产抵押贷款进行管理？
8. 抵押房地产价格评估的原则有哪些？
9. 影响抵押房地产价格的因素有哪些？
10. 抵押房地产价格评估的主要方法有哪些？

第五章 政策性住房金融

本章首先介绍了住房公积金制度,阐述了住房公积金管理的原则,然后介绍了个人住房公积金贷款的要点,分析了个人住房公积金贷款和个人商业性商品住房贷款的主要差异,最后介绍了政策性住房置业担保及其特点和主要内容。

第一节 住房公积金制度

一、住房公积金

住房公积金是在职职工及其单位各自按照规定比例缴存的归职工个人所有的具有保障性和互助性的长期住房储金。

我国的住房公积金制度是城市住房制度改革的产物。城市住房制度改革是一项涉及面很广、政策性很强的重大改革。自 1988 年 2 月国务院发布《关于在全国城镇分期分批推行住房制度改革的实施方案》以来,城市住房制度改革分期分批推进,上海等城市较早借鉴新加坡中央公积金制度的成功经验,推出了住房公积金制度。

住房公积金制度规定实行住房公积金办法的职工个人按月缴交占工资一定比例的住房公积金,职工所在单位也按月提供占职工工资一定比例的住房公积金,两者均归职工个人所有。随着社会经济发展和职工收入的变化,可以分别调整职工和单位的缴交率,调整计算住房公积金的工资基数。住房公积金制度是一项强制性住房储蓄制度,具有长期性、义务性的特点,住房公积金储蓄实行个人存储、单位资助的原则。每个在职职工要按月缴交住房公积金,并且承担长期存储,不能随意支取的义务;单位资助其职工缴存住房公积金是应尽的社会保障义务。

随着社会主义市场经济的发展,国家加大了住房制度改革的力度,1993年11月底召开的第三次全国城镇住房制度改革工作会议提出了"普建公积金制"是城市住房新制度的基本框架内容[①];1996年2月国务院住房制度改革领导小组第十次会议确定1996年房改工作的重点之一是"全面建立住房公积金制度"。住房公积金制度已成为我国归集政策性住房资金、解决职工家庭住房问题的重要政策措施。实行住房公积金制度,可以使职工通过住房公积金的储蓄,逐步提高职工家庭解决自住住房的能力,有效地调整职工的消费结构,促进建立国家、单位和个人三者结合筹资解决住房问题的机制,推动住房商品化和住房保障的发展,达到城镇住房制度改革的目标。

1999年国务院颁布并实施了《住房公积金管理条例》,调整了住房公积金的使用方向,停止利用住房公积金发放新的项目贷款和单位贷款,加大了个人住房贷款的发放力度,《住房公积金管理条例》的实施标志了我国住房公积金制度进入了法制化、规范化发展的新时期。2002年3月,国务院又对《住房公积金管理条例》进行了修订,进一步规范了住房公积金的运行和管理机制,推动了住房公积金制度的发展。2013年,十八届三中全会作出了《关于全面深化改革若干重大问题的决定》,提出"建立公开规范的住房公积金制度,改进住房公积金提取、使用、监管机制",2015年11月,为了落实《关于全面深化改革若干重大问题的决定》,加强对住房公积金的管理,维护住房公积金所有者的合法权益,支持缴存职工解决住房问题,住房和城乡建设部起草了《住房公积金管理条例(修订送审稿)》,继续推进住房公积金制度完善。

实践证明,实行住房公积金制度对加快城镇住房制度改革、完善住房供应体系,改善中低收入家庭居住条件等发挥了重要作用。据住房和城乡建设部统计,截至2019年末,全国住房公积金累计缴存总额169 607.66亿元,缴存余额65 372.43亿元,结余资金[②] 9 461.52亿元,累计发放住房公积金个人住房贷款3 620.88万笔、97 959.46亿元,个人住房贷款余额55 883.11亿元[③]。另据统计,在全国率先建立住房公积金制度的上海,自1991年实施住房公积金制度以来,截至2019年年末,缴存总额11 087.60亿元,全市累计发放个人住房贷款268.24万笔8 727.96亿元,全市住房公积金累计提取总额6 366.47亿元[④],归集、提取、贷款、支持住房消费等各项指标均处全国前列。住房公积金制度实施中,单位为职工缴存的住房公积金,机关在预算中列支;事业单位由财政部门核定收支后,在预算或者费用中列支;企业在成本中列支。另外,企业和个人按照国家和地方政府规定的比例和标准提取并向指定的机构实际缴付的住房公积金,免征个人所得税;个人领取原提存的住房公积金,免征个人所得税;相应的住房公积金利息收入也免征个人所得税。这些会增加部分财政支出或者减少部分税收收入,呈现了国家、单位和个人三者共同负担解决住房问题的良好局面。

---

① 张锦胜:"本世纪末城镇居民住房达小康水平",《解放日报》,1993年12月1日。
② 结余资金指年度末缴存余额扣除个人住房贷款余额、保障性住房建设试点项目贷款余额和国债余额后的金额。
③ 住房和城乡建设部、财政部、人民银行:《全国住房公积金2019年年度报告》,2020年6月12日。
④ 上海市公积金管理中心:《上海市住房公积金2019年年度报告》,2020年4月3日。

二、住房公积金的管理

我国住房公积金管理遵循"住房公积金管理委员会决策,住房公积金管理中心运作,银行专户存储,部门监督"的原则。国务院住房城乡建设主管部门会同国务院财政部门、中国人民银行拟定住房公积金政策,并对法规、政策执行情况进行监督。省、自治区、直辖市人民政府住房城乡建设主管部门会同同级财政部门以及中国人民银行分支机构,负责拟定本行政区域内住房公积金政策,并对法规、政策执行情况进行监督。

(一) 住房公积金管理委员会的决策管理

住房公积金管理委员会由各直辖市、省会城市以及其他设区城市设立,作为住房公积金管理的决策机构。住房公积金管理委员会实行委员制,委员由城市人民政府聘任,委员组成要具有代表性和广泛性。委员由城市人民政府负责人、住房城乡建设、财政、人民银行、审计部门负责人,缴存职工代表,缴存单位代表和有关专家组成。其中缴存职工代表不得低于管理委员会总人数的三分之一。

住房公积金管理委员会决策管理的职责主要有:制定和调整住房公积金的具体管理措施,并监督实施;拟定住房公积金具体缴存比例;确定住房公积金个人住房贷款最高额度和个人住房公积金提取额度;审批住房公积金归集、使用计划及计划执行情况的报告;审议住房公积金增值收益分配方案;审议住房公积金呆坏账核销申请;审议住房公积金年度报告等。

(二) 住房公积金管理中心的运作管理

住房公积金管理中心由每个设区城市设立,负责本行政区域内住房公积金的管理运作,住房公积金管理中心可以根据精简、效能原则,在本行政区域内设立业务经办网点或者分支机构。住房公积金管理中心直接隶属城市人民政府,是非营利性的具有公益性质的事业单位,不得挂靠任何部门和单位,也不得投资、参股或者兴办各类经济实体。

住房公积金管理中心运作管理的职责主要有:承担本行政区域内住房公积金的归集、支付、使用和核算等职能。包括:编制、执行住房公积金的归集、使用计划;负责记载职工住房公积金的缴存、提取、使用等情况;负责住房公积金的核算;审批住房公积金的提取、使用;负责住房公积金的保值和归还;编制住房公积金归集、使用计划执行情况的报告;编制、公布住房公积金年度报告;拟订增值收益分配方案并组织实施等。

有条件的省、自治区人民政府可以实行省级统筹管理。

(三) 受托银行专户存储管理

住房公积金管理中心应当综合考虑利率水平、服务质量、网点分布、风险防控能力等因素,通过招标方式确定受委托商业银行(简称受托银行),由受托银行按照委托合同约定,办理住房公积金贷款、结算等金融业务和住房公积金账户的设立、缴存、归还等手续。住房公积金管理中心应在受托银行设立住房公积金专户。单位在住房公积金管理中心办理住房公积金缴存登记,并经住房公积金管理中心审核后,到受托银行为本单位职工办理住房公积金账户设立手续。每个职工只能有一个住房公积金账户,受托银行对于住房公积金账户进行专户存储管理。

(四) 住房公积金的监督管理

为了维护住房公积金所有者的合法权益,确保公积金使用、管理的安全有效,提高住房公积金的运作效率,应该加强对住房公积金的监督管理。对住房公积金的监督应该由自上而下监督、同级监督、内部监督、受托银行监督和社会监督多方面构成。

国务院住房城乡建设主管部门会同国务院财政部门、中国人民银行建立住房公积金信息披露、人员准入、绩效考核和责任追究等制度。省级以上人民政府住房城乡建设主管部门应当加强对住房公积金归集、提取、使用和管理等情况的监督检查。国务院住房城乡建设部门建立健全住房公积金管理信息系统,实时监控各地住房公积金管理运营状况。

住房公积金管理中心在编制住房公积金归集、使用计划时,应当征求财政部门的意见。住房公积金管理委员会在审批住房公积金归集、使用计划和计划执行情况的报告时,应当有财政部门参加。住房公积金管理中心编制的住房公积金年度预算、决算,应当经财政部门审核后,提交住房公积金管理委员会审议,并报本级人民代表大会常务委员会备案。住房公积金管理中心应当每年定期向财政部门和住房公积金管理委员会报送经审计的财务报告。住房公积金管理中心应当依法接受审计部门的审计监督。

住房公积金管理中心和缴存职工有权督促单位按时履行《住房公积金管理条例》规定的义务:住房公积金的缴存登记或者变更、注销登记;住房公积金账户的设立、转移或者封存;足额缴存住房公积金。并且对单位住房公积金缴存情况实施监督检查,并将检查结果予以公布。住房公积金管理中心还应当督促受托银行及时办理委托合同约定的业务。受托银行应当按照委托合同的约定,定期向住房公积金管理中心提供有关的业务资料。

住房公积金管理中心应当依法公开政策规定、办理流程,并每年公布住房公积金年度报告,接受社会监督。

住房公积金行政监督方式包括现场监督和非现场监督。现场监督是指监督部门对被监督单位实施的实地检查。必要时,监督部门可以聘请会计师事务所等社会中介机构协助检查或者审计。非现场监督是指监督部门对被监督单位报送的住房公积金管理有关文件和数据资料进行的检查、分析。非现场监督分为常规监督和专项监督。常规监督是监督部门对被监督单位按要求上报有关文件和定期报送数据资料实施的监督;专项监督是监督部门对被监督单位就专项问题按要求报送文件和数据资料实施的监督。

受托银行应该加强对住房公积金银行专户的监管,对住房公积金管理中心违规办理委托存贷款业务、挤占和挪用住房公积金等行为要坚决抵制,并及时向住房公积金管理委员会、上级住房城乡建设行政主管部门和人民银行(分支机构)、银保监会(派出机构)反映。

在充分发挥住房公积金管理委员会各类社会委员的作用的同时,要进一步发挥其他形式的社会监督的作用,探索建立多渠道、多形式的社会监督机制。

职工、单位有权查询本人、本单位住房公积金的缴存、提取情况,住房公积金管理中心、受托银行不得拒绝。

职工、单位对住房公积金账户内的存储余额有异议的,可以申请受托银行复核;对复核结果有异议的,可以申请住房公积金管理中心重新复核。

职工有权揭发、检举、控告挪用住房公积金的行为。

三、住房公积金的主要内容

（一）住房公积金储蓄的对象

目前，实行公积金储蓄的对象是在当地工作，具有当地城镇常住户口或者当地居住证的国家机关、国有企业、城镇集体企业、外商投资企业、城镇私营企业及其他城镇企业、事业单位、民办非企业单位、社会团体的在职职工。离休干部、退休职工不实行公积金办法。随着住房公积金制度的完善，住房公积金储蓄的对象还有扩大的趋势，无雇工的个体工商户、非全日制从业人员以及其他灵活就业人员可以缴存住房公积金。

（二）住房公积金的缴存

住房公积金的缴存由职工所在单位工作人员经办，经办人员每月将职工工资中扣除的住房公积金，连同单位缴纳的住房公积金一起向指定办理住房公积金金融业务的受托商业银行办理缴存手续，记入单位名下的职工个人住房公积金账户。住房公积金缴存额等于职工工资乘以住房公积金缴交率，住房公积金缴存额每年核定一次，以职工本人上一年度月平均工资乘以职工和单位住房公积金缴存比例之和；新参加工作的职工从参加工作的第二个月开始缴存住房公积金，月缴存额为职工本人当月工资乘以职工和单位住房公积金缴存比例之和；新调入的职工从调入单位发放工资之日起缴存住房公积金，月缴存额为职工本人当月工资乘以职工和单位住房公积金缴存比例之和。住房公积金缴存率根据经济发展状况和职工生活水平变化，一般在当年上半年公布，并于当年7月份起开始实行，目前，职工和单位住房公积金的缴存比例均不得低于5%，不得高于12%，并且规定住房公积金缴存额上、下限。有的城市如上海还允许符合条件的单位建立补充住房公积金制度，规定足额缴纳税款的企业和自收自支的事业单位及其所属职工可以参加补充住房公积金缴存。住房公积金缴存额确定后1年内不变。对缴存住房公积金确有困难的单位，经本单位职工代表大会或者工会讨论通过，并经住房公积金管理中心审核，报住房公积金管理委员会批准后，可以降低缴存比例或者缓缴；待单位经济效益好转后，再提高缴存比例或者补缴缓缴。上海市2019年度住房公积金缴存比例及月缴存额上下限见表5-1。

表5-1　上海市2019年度住房公积金缴存比例及月缴存额上下限

类　　型	单位和个人缴存比例	月缴存额上限	月缴存额下限
住房公积金	各7%	3 448元	338元
	各6%	2 956元	290元
	各5%	2 464元	242元
补充住房公积金	各5%	2 464元	242元
	各4%	1 970元	194元
	各3%	1 478元	146元
	各2%	986元	96元
	各1%	492元	48元

资料来源：上海市公积金管理中心：《上海市住房公积金2019年年度报告》。

(三) 住房公积金的支取

住房公积金属于个人所有,但其支取有一定的限制。住房公积金只能用于支付职工家庭购买自住住房、自建自住住房、翻建和大修自住住房的费用以及符合条件的自住住房租金支出和偿还购房贷款本息;职工使用本人的住房公积金不足支付上述费用,可经配偶、同户成员或者非同户的直系亲属同意,并经指定的金融机构确认,动用配偶、同户成员或者非同户的直系亲属的住房公积金。住房的内部装修、房屋养护和认购住宅建设债券等费用,一般不得用住房公积金支付,但是,从住房公积金支持个人住房消费的方向来看,住房公积金支付的有些限制也会有所突破,扩大住房公积金使用范围,切实让低收入群体受益是完善住房公积金制度需要考虑的方面。

职工离退休、调离当地、出境定居,其结余的住房公积金本息可以办理支取手续;职工死亡或者被宣告死亡,其结余的住房公积金本息可由继承人或受遗赠人根据《继承法》的有关规定办理支取手续。

(四) 住房公积金的转移、中断和恢复

职工变动工作单位时,其公积金本息转入新单位名下的职工个人住房公积金账户,该职工住房公积金账号也作相应调整。职工因故脱离工作单位,中断工资关系时,其住房公积金缴存随之中断,其结余的住房公积金本息仍保留在原单位名下的职工个人住房公积金账户内,该职工住房公积金账号不变。职工恢复工作时,如在原单位发工资的,则继续在原单位缴存住房公积金;如变动单位的,则应办理住房公积金转移手续。

(五) 住房公积金储蓄的计息、对账和查询

住房公积金的存款利率由人民银行提出,经征求国务院建设行政主管部门的意见后,报国务院批准。通常住房公积金储蓄的利息于每年6月30日按上年7月1日银行挂牌的住房公积金储蓄利率结息,并自结息日起自动转存。利率统一按照一年期定期存款基准利率执行。

住房公积金的对账由经办金融机构于每年6月30日结息后两个月内开具单位、职工住房公积金明细账户对账单,同单位对账,并委托单位与职工对账。

单位和职工如需查询住房公积金账户余额,单位可向经办金融机构查询,职工可向单位查询,也可持单位证明文件至公积金管理中心指定机构查询;受托机构一般只办理本次结息期前1年的查询业务,此外,为了保护缴存住房公积金的职工的合法利益,方便缴存人及时掌握本人缴存住房公积金和使用住房公积金的信息,有的城市住房公积金管理中心推出了利用住房公积金存款受托银行的银行卡查询、住房公积金管理中心网上查询、电话查询、手机短信息查询和社会保障卡指定网点查询等多种查询途径,以方便缴存人。

第二节 住房公积金贷款

住房公积金贷款是为推进城镇住房制度改革而发放的政策性住房贷款,是为职工购

买、建造、大修理自住住房发放的住房抵押贷款。住房公积金贷款一般采取委托发放方式。住房公积金贷款的贷款资金主要来源于职工和单位缴交的住房公积金。

一、住房公积金贷款的主要内容

（一）贷款对象和条件

申请住房公积金贷款的对象，必须是具有当地城镇常住户口或者有当地居住证，并按规定缴交住房公积金的职工（与住房公积金缴存对象一致），为购建自住住房的产权人或翻建、大修私房的产权人或共有产权人，并一般要符合以下条件：

① 满足缴存住房公积金的时间方面的要求，以体现义务和权利的关联。如规定申请住房公积金贷款时已经连续缴存住房公积金的时间不少于六个月，累计缴存住房公积金的时间不少于两年等。

② 借款人拥有相当于购、建（大修）住房费用的一定比例（如20%）或以上的自筹资金（在符合借款申请的前提下，可以用借款人及其同户成员、非同住的配偶和直系亲属已缴交的住房公积金抵充自筹资金，不足部分由借款人补足）。

③ 借款人有稳定的经济收入和按规定偿还贷款本息的能力。

④ 借款人同意办理购、建（大修）住房的抵押登记和担保或者保险，购买期房的，在住房未竣工交付使用，借款人未领得不动产权证书，并将不动产他项权证交给贷款银行收押之前，通常由售房单位提供担保。

⑤ 如果当地规定要办理有关公证，借款人得同意办理抵押合同公证、贷款合同公证。

⑥ 借款人能够分别提供如下材料：购买住房的，应提供借款人与售房单位签订的预售合同或买卖合同，售房单位提供的与所售房屋一致的商品房销（预）售许可证或商品房登记注册证；自建住房的，应提供城建规划部门批准建造的文件和房地产管理部门发给的土地使用证，以及有资格的房地产估价机构按建房图纸编制的建房估价书；翻建、大修住房的，提供不动产产权证书（如共有的，提供他项产权证书）、城建管理部门批准文件以及有资格的房地产估价机构按翻修图纸编制的估价书；另外还应提供借款人的户口簿、身份证以及愿参与还款的同户和直系亲属的身份证，借款人及上述愿参与还款人员的收入证明和住房公积金缴存证明。对于收入证明，目前有的城市已经取消，当事人的收入按照当事人每月住房公积金缴存额和规定的缴存比例倒推，如某人月住房公积金缴存额为360元，规定的缴存比例为12%，则该人的月收入判定为3 000元（360元÷12%＝3 000元）。

（二）贷款额度、贷款期限和贷款利率

住房公积金贷款的额度、期限和利率要根据贷款资金来源及成本、借款职工的还款能力和人民银行的利率政策来确定。

贷款额度及其确定各地不完全一样，有的城市贷款额度在"可贷额度"与"最高额度"内，根据贷款条件的具体情况，确定实际贷款额度。

可贷额度＝（贷款当月借款人和愿参与还款的同户成员、非同住的配偶和直系

亲属计算住房公积金的月工资基数之和)×规定的工资收入中用作
住房消费的比例①×12(月)×贷款期限(年)。

最高额度＝购买、建造或翻建、大修一套住房的房价或费用×规定的最高贷款
成数,且不超过每年具体规定的最高限额。

关于最高贷款成数,有的城市规定对于购买新住房(一手房)为八成,即80%,有的甚至为九成,即90%;对于购买再交易住房(二手房)规定最高贷款成数为七成,即70%。至于最高限额,有的城市为60万元,有的城市为80万元,有的城市还规定要同时符合不高于借款人住房公积金存储余额的20倍,连续存储住房公积金满6个月,等等。

贷款期限根据贷款具体用途分别确定。如用于购买商品房和建造住房的最长不超过30年;用于购买再交易住房(二手房)最长不超过20年、大修具有所有权的自住住房的最长不超过10年;对于将到离退休年龄的借款人,其贷款期限可计算到70岁。随着公积金住房贷款政策的调整,贷款期限也会有所变化。

住房公积金的贷款利率也由人民银行提出,经征求国务院建设行政主管部门的意见后,报国务院批准。住房公积金的贷款利率一般要比商业性住房贷款利率低。贷款利率参见第四章表4-1。目前,住房公积金的贷款的利率品种比较少,个人住房公积金贷款的期限在一年以内(含一年)的,实行合同利率,遇法定利率调整,不分段计息;贷款期限在一年以上的,遇法定利率调整,于下年初开始,按相应利率档次执行新的利率规定。随着住房公积金贷款制度的完善,住房公积金的贷款的利率品种会增加。

(三) 贷款手续

借款人向住房公积金受托银行提出贷款申请,领取《支付住房公积金借款申请书》(见表5-2);向受托银行递交填妥的借款申请书及前述有关证明文件;受托银行审查合格后,向借款人承诺贷款,随后受托银行与借款人签订住房公积金贷款合同和抵押合同,根据需要办理贷款合同公证、抵押合同公证和登记。

表5-2 住房公积金借款申请书(参考格式)　　　　编号:

借款人姓名		性　别		出生年月		职务	
身份证号码		现住址		邮编		电话	
工作单位		地　址		邮编		电话	
个人公积金账号				月收入			
配偶	姓名		身份证号码		月收入		电话
	工作单位		地　址		邮　编		

---

① 此比例可以根据当地职工生活水平和经济状况作出具体规定,如40%,并且可以适时调整。

(续表)

购房、建房、翻修后住房基本情况						
住房地址				建筑面积		住房类型	
购房	购房价款			层次室号		交房日期	
	售房单位					售房合同编号	
	售房单位地址			电话		账　号	
自建住房	主管部门批准文号				计划建造费用		
	建造层数		计划开工日期			计划竣工日期	
翻建大修住房	主管部门批准文号				计划翻修费用		
	翻修后层数		计划开工日期			计划竣工日期	
	原建筑面积				原房屋价值		

已有自筹资金数　　　　元。其中：动用本人、同户成员、非同住配偶、直系亲属已存公积金　　　　元。

借款金额人民币(大写)

借款期限：　　年。从　　年　　月　　日至　　年　　月　　日

还款计划	家庭月收入	元	每月还款数	元
抵押担保	本人保证以购买、自建、翻修的住房作抵押，并且办理担保(或保险)。			

借款人(签字盖章)　　年　月　日	担保单位(公章)法定代表人盖章　　年　月　日	受托银行审批意见受托银行盖章　　年　月　日

愿参与还款的同户成员、非同住的配偶和直系亲属简况

姓名	称谓	工作单位和部门/单位公积金账号/个人公积金账号	月工资数	联系电话	本人签名盖章
	借款人本人				

(续表)

姓名	称谓	工作单位和部门/单位公积金账号/个人公积金账号	月工资数	联系电话	本人签名盖章

说明：① 购买、建造、翻建、大修住房基本情况中的建筑面积如属翻建私房的按新增面积加原有面积填写。
② 住房类型：分别按公寓、独立式住宅、新里住宅、高层新工房、多层新工房、旧里住宅等填写。
③ 已有自筹资金数应达到购买住房价款和自建住房造价以及翻建、大修私房费用的20%以上。
④ 月工资数指计算住房公积金缴交的工资基数。
⑤ 愿参与还款的同户成员、非同住的配偶、直系亲属在此的签名盖章，具有与借款合同上签字相同的法律责任。上述人员的签名必须是本人亲自签名，他人不代签。
⑥ 本申请书一式四份，经批准后，贷款银行留存二份，借款人和担保单位各执一份。

（四）贷款支付

用于购房的贷款，按借贷双方约定的时间，由贷款银行用转账方式划入售房单位在银行开立的售房存款户；用于建房、翻建大修私房的贷款，实行先使用自筹资金后使用贷款资金的原则。借款人在用款时，必须提供有关工程进度的凭证或书面申述理由，以保证贷款用于修建住房。

（五）贷款偿还

与国内商业性商品住房贷款的还款方式一样，住房公积金贷款本息的偿还方式主要有三种：第一种是到期一次还本付息方式，第二种是等额本息还款方式，第三种是等额本金还款方式。有关计算公式参见第四章相关内容。

此外，有的城市还曾经采用过非复利计息的按月等额偿还本息法，这种方法的计算公式为

$$月还本金息额 = \frac{贷款本金}{贷款总月数} + \frac{月还本金(贷款月数+1) \times 月利率}{2}$$

借款人可用现金、自筹资金账户存款和公积金存款还贷款本息。对提前将未到期贷款本息全部还清者，对提前还款部分在提前期内的利息，一般由受托银行退还给借款人。

（六）住房抵押

借款人购、建、修的住房一般应作为贷款的抵押物，以共有房产设定为贷款抵押物的，须征得其他共有人的书面同意，借款额以抵押人所有的份额为限。抵押物在抵押期间，借款人无权出租、变卖、馈赠或再抵押，以共有产权的房产设定抵押物的，其他共有人需处理其所有份额的房产，应事先征得贷款银行的同意。借款人以购买的住房作抵押，在未取得不动产权证之前，应以借款人与售房单位签订的购房合同所拥有的全部权益设定抵押并办理抵押手续，在此期间，贷款银行应为该购房合同全部权益的第一受益人，贷款银行负

责保管抵押不动产的他项权证。

（七）抵押物保险

借款人将购、建、修的住房作为贷款抵押物的，在与受托贷款银行签订贷款合同、抵押合同后，一般应该向保险公司投保抵押住房保险，建、修房的，应先投保建、修房保险（在实行政策性住房置业担保的地方，可以由政策性住房置业担保替代抵押物保险）。抵押物的保险期限应与贷款期限一致，由借款人支付保险费，借款人不得以任何理由中断或撤销保险，借款人如中断保险，受托贷款银行有权代为保险。抵押物的保险单正本由受托银行保管，抵押物的保险赔偿金，应当作为抵押财产，受托银行具有优先受偿权。受托银行作为抵押权人或者代理抵押权人可以请求人民法院对保险金采取保全措施。

（八）抵押物的处分

借款人不能履行贷款合同，出现下列情形之一，受托银行有权按法律和合同的规定处分抵押物：

① 借款人无正当理由，一般在6个月以上不按计划偿还贷款本息或借款合同期满借款人未依约偿还贷款本息。

② 借款人死亡而无继承人或受赠人。

③ 借款人死亡，继承人或受赠人拒绝履行代借款人偿还贷款本息义务。

受托银行依法处分抵押物后所得价款扣除有关费用，如有共有产权人，按照共有产权人的份额还给共有产权人，余款用于清偿贷款本息及滞纳金，再有多余退还抵押人，不足部分可向抵押人追索。

对于借款人按期还清贷款本息的，受托银行将注销不动产他项权证，住房保险单正本也退还借款人。

如果借款人采取支付住房置业担保费的方式申请住房公积金担保贷款，则借款人通常就不必再支付有关住房的保险费，随着住房公积金贷款政策的改革，是否缴纳住房置业担保费或者抵押住房的保险费存在着多样性。详细请见本章第三节。

有的城市已经推出住房公积金装修贷款，公积金装修贷款按房屋面积计算，每平方米可申请一定金额（如1 000元）的装修贷款。购房贷款和装修贷款两者相加，公积金贷款总额不得超过房屋总价的一定比例（如70%）。

二、个人住房公积金贷款和个人商业性商品住房贷款的差异

个人住房公积金贷款与个人商业性商品住房贷款的区别主要有：

（一）贷款管理有差异

个人住房公积金贷款是商业银行接受住房公积金管理机构（中心）的委托发放的贷款，有关贷款规则主要由住房公积金管理机构制定，商业银行作为委托业务管理，政策性较强；个人商业性商品住房贷款是银行的自营贷款业务，有关贷款规则由商业银行根据中央银行有关贷款办法如《个人住房贷款管理办法》制定，商业性较强。

（二）贷款对象有差异

个人住房公积金贷款的对象是住房公积金的缴存人，其贷款的对象是特定的；个人商

业性商品住房贷款的对象是具有完全民事行为能力的自然人,它不限于住房公积金的缴存人。

(三) 贷款额度有差异

个人住房公积金贷款的最高贷款额度一般低于个人住房商业性贷款的最高贷款额度。如 2009 年上海市对第一次购买自住住房,且有两个人及以上参与贷款的借款家庭,每户家庭最高贷款限额为 60 万元;若有补充住房公积金的,每户家庭最高贷款限额为 80 万元。而个人商业性商品住房贷款的最高贷款额度为房价的 80%。

(四) 贷款利率有差异

个人住房公积金贷款的利率一般低于个人商业性商品住房贷款的利率。有关贷款利率可以参见第四章表 4-1。

第三节 政策性住房置业担保

一、政策性住房置业担保的概念

为了支持城镇个人住房消费,发展个人住房贷款业务,丰富个人住房贷款担保形式,一些地方推出了住房贷款的保证担保来保障贷款人债权的实现。政策性住房置业担保就是其中的一种保证担保形式。政策性住房置业担保是指政策性住房置业担保机构为借款人申请政策性住房贷款而与贷款人签订保证合同,提供连带责任保证担保的行为。政策性住房置业担保主要就是为个人申请住房公积金贷款提供担保,是个人住房公积金贷款抵押担保的一种补充或替代形式。

二、政策性住房置业担保的特点

政策性住房置业担保的特点主要表现在三个方面:第一方面是由专业性个人住房置业担保机构为申请个人住房公积金贷款的借款人提供保证担保,并且是连带责任保证;第二方面是借款人将所购住房抵押给个人住房置业担保机构,作为个人住房置业担保机构承担连带责任保证的反担保;第三方面是相对于商业保险公司提供的个人住房贷款方面的保险而言,尽管保障内容会存在差异,但借款人可以花费相对比较少的支出通过政策性住房置业担保获得个人住房公积金贷款,节省支出,降低借款成本。

当出现购房借款人偿还贷款的时间逾期时,由个人住房置业担保机构履行连带责任保证,偿还应还贷款本息。个人住房置业担保机构同时可以与住房公积金管理中心、受托银行以及借款人进行协商,帮助借款人进行债务重组,就借款人的违约债务的归还进行重新安排,减轻借款人当期还款压力,并且与当事人就有关事宜达成债务重组的协议。在债务重组协议未达成一致意见之前,借款人与个人住房置业担保机构仍应按原个人住房公积金贷款合同承担还款义务和连带责任保证,个人住房置业担保机构并可按照保证担保合同的约定,依法行使抵押权,落实还款责任。

三、政策性住房置业担保的机构

从实践来看,从事政策性住房置业担保的机构主要有两种,一种是住房置业担保公司,是为借款人办理个人住房贷款提供专业担保,收取服务费用,具有法人地位的房地产中介服务企业,组织形式为有限责任公司或者股份有限公司。另一种是住房置业担保中心,也收取服务费用,但是是专门为借款人办理个人住房公积金贷款提供专业担保的不以营利为目的的事业单位。

四、政策性住房置业担保的主要内容

（一）政策性住房置业担保的对象

政策性住房置业担保的对象应该与前述个人住房公积金贷款的对象一致,只不过现在是住房置业担保机构承担了个人住房公积金贷款还款的连带责任保证,从保障住房置业担保机构担保安全、减少依法行使抵押权的麻烦考虑,住房置业担保机构会适当增加一些对担保的对象的考察要求,如明确担保的对象没有尚未还清的数额比较大并且可能影响贷款偿还能力的债务等。部分地方的住房置业担保机构不但承担个人住房公积金贷款的担保,还尝试为商业性住房贷款提供担保,但是引起了住房置业担保机构是不是政策性机构的争议。

（二）设立保证担保和反担保

住房置业担保机构作为保证人与符合条件的住房置业担保对象签订住房公积金购房担保借款合同,为借款人向住房公积金管理中心申请个人住房公积金贷款提供连带责任保证,保证责任的范围,包括贷款本金及利息、违约金、损害赔偿金和实现债权的费用；住房置业担保机构同时要求借款人将用住房公积金贷款资金所购买的住房及其相应的土地使用权,抵押给住房置业担保机构作为住房置业担保机构提供连带责任保证的反担保。保证担保的期限从借款合同生效之日起至住房公积金贷款债务全部清偿时止,反担保的期限与贷款保证担保期限一致。

（三）追偿权和反担保权的行使

住房置业担保机构按公积金购房担保借款合同约定履行承担保证责任后,应向借款人进行追偿,追偿的金额为住房置业担保机构承担连带责任的金额及利息。住房置业担保机构承担借款人违约连带责任保证连续六个月的,并且与借款人就债务重组补充协议达成一致意见之前,住房置业担保机构可以行使抵押权,对抵押物采取拍卖、变卖、协议作价等方式进行处置。住房置业担保机构行使抵押权期间,仍按原公积金购房担保借款合同按月履行保证还款责任。住房置业担保机构处分抵押物所得价款,先向住房公积金管理中心结清借款人剩余贷款本息债务,后再偿还住房置业担保机构履行保证责任期间的债务的总额和实现抵押权费用,包括诉讼费、律师费和处分抵押物费用,剩余部分归还借款人。如有不足,住房置业担保机构可再向借款人追偿。

（四）债务免除的规定

为了体现政策性住房置业担保的优势,住房置业担保机构可以提供一些社会性保障

待遇,规定一些债务免除的条件。如规定享有意外事故债务免除待遇：在还款期间,主借款人因意外事故造成死亡或因意外事故致残完全丧失劳动能力的,由其继承人、受遗赠人提出书面申请,经住房置业担保机构查证情况属实的,由住房置业担保机构承担连带保证责任。对于生活特困的借款人给予罚息减免待遇：在还款期内,主借款人因生活来源发生重大变更而造成生活特困,并且配偶、其他参与借款人均无生活来源的,由借款人向住房置业担保机构提出书面申请,并提供有关证明,经住房置业担保机构查证属实的,住房置业担保公司可以酌情减免或缓收应收取的逾期罚息。对于抵押物灭失给予借款人债务免除待遇：借款人由于下列情形之一造成抵押物灭失,经住房置业担保机构查证属实的,免除尚欠借款债务,由住房置业担保机构代为偿还。这些情形有：火灾、爆炸；暴风、暴雨、雷击、冰雹、地面突然塌陷、龙卷风等公积金购房担保借款合同列明的自然灾害；空中运行物体坠落,以及外界建筑物和其他固定物体的倒塌。

也有的住房置业担保机构对于借款人履行债务期间因见义勇为致残且完全丧失劳动能力的,规定借款人可以向住房置业担保机构书面提出免除申请,经查证属实的,住房置业担保机构承担借款人剩余贷款本息的偿还义务,并不向借款人追偿。对于就业困难影响正常还款的借款人,住房置业担保机构帮助提供就业培训等,以提高借款人的还款能力或者在处置抵押物时,帮助提供周转安置住房等。

办理个人住房公积金贷款担保的收费标准为

$$担保费 = \sum 年度贷款本息余额 \times 规定比例(如1‰)$$

担保费的收取方式通常为逐缴,如果被担保人一次性提前偿还贷款,一般可以凭提前偿还债务的凭证,向住房置业担保机构申请退还部分担保费。

基于政策性住房置业担保的作用,尤其是有债务免除的规定,使得从减轻借款人住房公积金贷款成本的角度提出取消政策性住房置业担保的做法存在着争议。

政策性住房金融除了住房公积金贷款等住房公积金制度和政策性住房置业担保外,还会涉及其他方面的内容,如国际金融组织为地方政府提供的住房贷款资金的管理,地方政府政策性住房建设债券资金的筹集,地方政府或者住房公积金管理机构对于个人商业性住房贷款提供贴息,对于一定收入以下家庭的住房公积金贷款提供减免息,商业性保险公司不愿意承做或者无力承做的某些政策性保险,如政策性住房地震保险等方面的内容。

本章小结

住房公积金是在职职工及其单位各自按照规定比例缴存的归职工个人所有的长期住房储金。住房公积金制度规定实行住房公积金办法的职工个人按月缴交占工资一定比例的住房公积金,职工所在单位也按月提供占职工工资一定比例的住房公积金,两者均归职工个人所有。住房公积金制度是一项强制性住房储蓄制度,具有长期性、义务性的特点,住房公积金储蓄实行个人存储、单位资助的原则。

我国住房公积金管理遵循"住房公积金管理委员会决策,住房公积金管理中心运作,银行专户存储,财政监督"的原则。

住房公积金制度涉及住房公积金储蓄的对象,住房公积金的缴存,住房公积金的支取,住房公积金的转移、中断与恢复,以及住房公积金储蓄的计息、对账与查询等内容。

住房公积金贷款是为推进城镇住房制度改革而发放的政策性住房贷款,是为职工购买、建造、大修理自住住房发放的住房抵押贷款。个人住房公积金贷款与个人商业性商品住房贷款在贷款管理、贷款对象、贷款额度和贷款利率上存在差异。

政策性住房置业担保是政策性住房置业担保机构为借款人申请政策性住房贷款而与贷款人签订保证合同,提供连带责任保证担保的行为。政策性住房置业担保的特点主要表现在三个方面:① 由专业性个人住房置业担保机构为申请个人住房公积金贷款的借款人提供连带责任保证担保;② 借款人将所购住房抵押给个人住房置业担保机构,作为个人住房置业担保机构承担连带责任保证的反担保;③ 相对于商业保险公司提供的个人住房贷款方面的保险而言,尽管保障内容会存在差异,但借款人可以花费比较少的支出通过政策性住房置业担保获得个人住房公积金贷款,节省支出,降低借款成本。政策性住房置业担保的存废存在争议。

复习思考题

1. 什么是住房公积金?
2. 住房公积金管理的原则是什么?
3. 个人住房公积金贷款和个人商业性商品住房贷款的差异主要有哪些?
4. 什么是政策性住房置业担保,其有什么特点?政策性住房置业担保是否有存在的必要?
5. 如何进一步发展政策性住房金融?

案例分析

案例 　　　　住房公积金管理中心的定位之争①

《住房公积金管理条例》规定,住房公积金管理中心是直属城市人民政府的不以营利

---

① 资料来源:杜宇、刘羊旸:"住房公积金制度:要走的路还很长",新华网,2005年3月31日;谢晓冬:"五千亿公积金监管缺位　管理中心成赢利单位",《新京报》,2005年10月14日;杜晓:"谁为两万亿元住房公积金当'保镖'",《法制日报》,2009年2月5日;《住房公积金管理条例》。

为目的的独立的事业单位。但在实践中,许多地方的公积金管理中心正扮演着一个"金融机构"的角色。尽管《住房公积金管理条例》规定"住房公积金管理中心只负责编制、执行住房公积金的归集、使用计划;负责记载职工住房公积金的缴存、提取、使用等情况;负责住房公积金的核算;审批住房公积金的提取、使用;负责住房公积金的保值和归还;编制住房公积金归集、使用计划执行情况的报告",至于住房公积金贷款、结算等金融业务和住房公积金账户的设立、缴存、归还等手续应该委托商业银行办理,但在不少地方,住房公积金的汇交和贷款发放,实际上均由住房公积金管理中心负责办理。这样,"住房公积金管理中心"就成了一个准金融机构,而受托商业银行则变成了"住房公积金管理中心"的出纳。

认可住房公积金管理中心这样做的人认为,住房公积金管理中心的做法也可以理解,因为根据现行法律法规,由于住房公积金贷款采用的是"委托贷款"的模式,而《贷款通则》规定,商业银行作为受托人"只收取手续费,不承担贷款风险"。住房公积金管理中心对住房公积金贷款进行最终审定,住房公积金贷款的风险,事实上只能由住房公积金管理中心承担下来。2003年,有专家在全国进行调研时,一些住房公积金管理中心负责人就认为他们跟商业银行没什么区别。

而不认可住房公积金管理中心现行做法的人认为,问题的关键在于如果是金融机构,就应该有资本金要求,并按照金融机构的标准建立有效的监督管理机制,以及规范的会计审计、信息披露制度和相应的风险防范机制。目前,按照《住房公积金管理条例》,住房公积金的管理实行住房公积金管理委员会决策、住房公积金管理中心运作、银行专户存储、财政监督的运作机制。其中,对住房公积金管理中心的监管,则由建设行政主管部门会同财政部门、人民银行拟定住房公积金政策,并监督执行。但是,这种多头监管的实际后果就是没有监管。住房公积金形成一个封闭的运行系统,如果内控机制进一步失控的话,则很容易发生问题。近年来,河北保定、广东佛山、湖南郴州和衡阳等地相继发生数亿元住房公积金被挪用的案件,以及国务院机关事务管理局所属住房资金管理中心(北京住房公积金管理中心中央国家机关分中心)由于违规使用专项住房资金被审计署点名的事件发生,都与监管缺失有关,而监管缺失很大程度上是由于住房公积金管理中心的错误定位造成的。

分析:

住房问题是事关人民群众安居乐业的重大问题,而住房公积金已经成为职工住房分配货币化的一种重要形式,并且逐步成为住房保障的重要方面。住房公积金缴存人的利益能否有效得到保护,住房公积金的管理是否有效,是关系到众多住房公积金缴存人利益的重大问题,也是影响社会稳定的重要因素。

目前的住房公积金管理中心的定位及其运作存在的问题必须得到重视,而要解决好住房公积金管理中心的定位问题,首先需要对于住房公积金缴存人的地位有个明确的认识,正确处理住房公积金缴存人与住房公积金管理中心乃至住房公积金管理委员会的关系,厘清住房公积金缴存人和住房公积金管理机构之间的法律关系,增加住房公积金所有人对住房公积金使用的话语权,这样才能够对住房公积金管理中心有一个合理的定位,住房公积金制度才能够进一步完善。

第六章

房地产融资征信调查和项目融资分析

本章从征信调查的概念入手,阐述征信调查的原则,介绍房地产融资征信调查的主要内容和途径,概述房地产融资征信调查的主要财务指标和非财务指标及其分析,并且就房地产开发融资项目财务效益分析的方法和要点作一介绍。

第一节 房地产融资征信调查概述

一、征信调查的概念

征信调查又称资信调查或信用调查,它是指通过一定的方式对往来客户资金与信用等方面的情况进行调查了解。商业银行等信用受授机构以本身的信用,也即社会公众对商业银行等信用机构的信任来吸收存款或者归集资金,而以评定客户信用程度来办理贷款等授信业务。为使贷款业务能符合合法性、安全性、流动性和盈利性等要求,银行信贷部门或者其他授信机构对客户的申贷事宜,不论借款人申贷金额多少、期限长短,都应由征信调查人员按照一定的征信调查程序,办理征信调查分析及担保品的核实工作,测定贷款的风险度,然后拟就征信报告,供贷款发放部门决策参考。

征信调查以拟授信的对象为目标,将直接或间接的资料,配合经济环境、房地产业政策等要素对有关企业或个人的经营(工作)、财务状况进行评估,以期反映最接近事实的真相,据以判定该企业或个人目前的信用状况,加以了解往后该企业或个人未来经营(工作)动向、财务状况和偿债意愿、偿债能力,以便获得接近完整的信用评估,以利贷款发放。

征信调查的直接目的在于降低疏漏风险,确保商业银行等授信机构贷款债权的安全;间接目的在于可以利用调查结果向客户提出改进意见,提供管理咨询服务,也可作为选择优良客户的依据,提供给业务部门,作为发展商业银行等授信机构与企业和个人关系的重点对象。以下主要从商业银行的角度介绍房地产融资征信。

二、征信调查的内容

(一) 征信调查中的原则

贷款是商业银行的主要资产业务,也是商业银行最基本的业务之一,商业银行在贷款中所遵循的基本原则也是商业银行经营的一般原则,又是征信调查的原则内容。对征信调查的原则内容的确定存在着不同的观点和学说,较有代表性的有"五C"原则说、"五P"原则说和"MFE"原则说。

1. 五C原则

(1) 品行(character)

品行主要评价借款人是否有清偿债务的意愿。这反映在借款人过去的偿债记录上。商业银行对往来客户,一般都建有关于客户这方面的档案,在进行信用分析时,可随时查询。还可以通过专门调查个人和企业信用状况的征信机构,如个人/企业信用征信系统,了解有关情况。这些征信机构利用各种途径,或向原债权人了解情况,或向企业索取财务报表,为个人或企业建立信用档案,对个人和企业作出信用评级,以备调查之用。

(2) 能力(capacity)

能力主要评价借款人是否有法律上和经济上的能力。从法律意义上讲,是指借款人能否承担借款的法律义务,如要确认该借款人是否具有房地产开发企业资质,有资质的是否与拟开发的房地产项目的规模相适应;或者借款人是否有资格购买有关房地产,借款人是否有资格签订房地产借款合同,等等。从经济意义上讲,借款人的能力是指借款人按期清偿债务的能力,分析借款人广泛利用其才能获取正当收入并偿还借款的能力。偿还能力可通过借款人的预期现金流量来测定,这种预期现金流量可以由书面的财务报告、工资记录和税单及征信机构报告等资料获取。

(3) 资本(capital)

资本主要指借款人资财的价值、性质和数量。资财价值通常用净值来衡量。资本反映了借款者的财富积累,在某种程度上反映了借款者的成就,是体现借款人信用状况的重要因素,资本越雄厚,就越能承受风险损失。对房地产开发企业可从审查其财务报表了解其注册资本和净资产状况等入手。

(4) 担保品(collateral)

担保品是证明借款人信用情况的又一重要因素。对贷款进行担保,可以避免或减少贷款的风险。在一些情况下,只要求第三人作出承诺在借款人不能偿还贷款时,按约定承担一般保证责任或连带责任保证。而在有些情况下,必须要有一定的担保品作担保,特别是期限长的房地产贷款。因为是长期贷款,包含的风险就越大,因而往往采用以房地产抵押的方式发放房地产贷款。对房地产作担保品要正确估价,同时也要注意担保品丧失担保作用的情况。如房地产开发企业以其拥有地块的土地使用权作抵押获得房地产贷款,但由于种种原因该房地产开发企业没有按照出让合同规定的时间开发利用土地,土地管理部门就会按规定作出收回土地使用权的处罚。此时贷款银行就不能以抵押权对抗行政处罚权。当然,贷款银行同该房地产开发企业之间的债权债务关系依然存在,仍可要求该房地产开发企业再提供其他担保或归还贷款等。要求担保主要为了使贷款风险最小化,其主要目的是给银行提供一种保护,而不是偿还贷款的主要来源。担保并不能使一笔坏的贷款变好,但可以使贷款银行少担风险,保障贷款资金的安全。

(5) 状况(condition)

状况是分析借款人信用要考虑的另外一个因素,是指借款人所处行业的状况,包括房地产市场环境状况、借款人所在行业的现状与前景、房地产开发企业的竞争力状况、个人借款人职业的稳定性等。

2. 五P原则

(1) 借款人因素(people factor)

征信调查时应充分了解该借款客户(或者其主要负责人)的教育、健康、社会背景等,这可向业务往来厂商查询,以评定借款人的品格及偿债意愿,同时对借款人的经营能力及敬业精神加以了解,借此评判可预期的盈利能力;了解该借款人过去与商业银行往来的情况,包括过去对商业银行的承诺及其履行情况,重大经营情况是否及时报告银行等。

(2) 目的因素(purpose factor)

征信调查要重点搞清楚借款人借款的用途和目的。在一般情况下,商业银行对于用于资金周转性或生产性方面的借款都比较愿意满足,而对于投机性借款,商业银行则控制较严。特别是以炒买炒卖房地产为目的的投机性借款,风险大,商业银行征信部门在审查这种贷款申请时,要格外谨慎。

(3) 还款因素(payment factor)

征信调查要掌握借款人是否有正当而充分的还款来源,以供按时清偿债务之用,这是债权确保与否的前提。对借款人提出的还款来源和还款时间,要重点审查,要分析借款人的资产负债情况和损益情况,以往还款信誉以及盈利的可能性。

(4) 保障因素(protection factor)

征信调查要了解贷款项目发生还款困难时,有无其他还款来源(如足够的担保品等),会不会引起借款人资产负债情况的恶化。贷款债权的保障是消极性的,但也是必要的。贷款债权保障可以在借款人不履行还款义务时,作为追偿的手段。贷款债权保障可分为保证保障、抵押保障和质押保障。房地产贷款主要采用抵押保障的形式,同时要注意保障的实在价值。

(5) 前景展望因素(perspective factor)

征信调查要对借款人所处行业的前途及其自身将来发展进行预估。有的房地产贷款项目效益不很高,但是,在一定时期效益比较稳定并且符合政策导向,如普通住宅的开发项目,却代表着某种发展方向和市场未来需求,一旦看准就可考虑给予扶持。

3. MFE 原则

在上述五 C 原则中,"品行"和"能力"是关于人的要素,属于管理要素;"资本"和"担保"是关于财务的要素;"状况"是关于经济的要素。商业银行贷款审查实际上是对管理、财务及经济三个要素的审查。征信调查也就是围绕这三个要素而展开,即管理要素(management factor);财务要素(financial factor);经济要素(economic factor)。

征信调查的内容总是围绕着与被调查对象直接相关的因素而展开的。从实质上来讲,以上三种征信原则说差别并不是很大。

(二) 征信调查的主要内容

1. 对个人的征信调查

个人贷款中大部分为个人购置房屋的贷款,对个人的征信调查可以从以下三个方面进行。

(1) 个人品行

个人品行主要是指个人的还款意愿。商业银行可以通过借款人的历史记录或借助专业征信机构来掌握其信用情况。判断个人品行的三个重点是经历、个性和平常的行为。

(2) 偿债能力

贷款银行可以借助以下四方面资料判断借款人的偿债能力。

① 职业。个人贷款基本上是靠借款人未来收入偿还的,因此商业银行需要了解借款人是否有工作。如果有工作,着眼点应放在借款人服务的工作单位的安定性和借款人本身的职业、服务年限及收入状况等方面;没有职业或职业不稳,如果没有数额比较大的存款或者其他资产,收入来源就缺乏保证,其偿债能力就差。

② 其他收入。个人拥有的资产如有价证券和存款等是个人经济实力的表现,能体现其偿债能力。这些职业外的资产收入越多,其偿债能力就越强。必要时,借款人可以通过处理其个人的这些资产来取得资金偿还债务。

③ 其他债务。商业银行必须知道借款人的债务数额、偿还期限,因为这些债务及其状况会削弱借款人的偿债能力。借款人的各种收入扣除其他债务的偿还额以后的余额才是对银行有意义的实际偿债能力。随着融资渠道的多样化、互联网金融的发展,一些借款申请人在无力支付购房首付款的情况下,通过其他渠道申请并获得部分或者全部首付款贷款(首付贷),这势必加大了商业银行个人住房贷款的风险,降低了商业银行贷款资金的安全性,借款人超过监管部门规定的贷款成数获得额外借款,是不能被接受的。商业银行需要核实借款人的其他债务,尤其是否存在首付贷情况。

④ 担保品。个人贷款一般需要担保。个人房地产贷款的担保通常以抵押担保品的形式来实现。通常是以个人贷款购置的房地产来充当担保品,当然,也有以权利(如债券、存款单等)质押的。

2. 对企业的征信调查

对企业的征信调查可分为对房地产开发经营企业的征信调查和对其他工商企业的征信调查。对前者的征信调查主要是为了对其从事房地产开发经营提供融资作信用分析;而对后者的征信调查主要是为了对其房产购置提供融资作信用分析。但两者仍具有共性,对企业进行征信调查,主要应注意和考虑以下一些内容。

(1) 企业决策管理层的情况

分析一个企业的信用,首先,必须了解该企业的管理组织结构是有限责任公司还是股份有限公司或是其他形式,了解企业所有者、经营者承担企业亏损责任的方式。其次,对企业负责人员的经历、学历和能力及社会关系分析也是必不可少的,因为这些都会对企业的经营有着重大的影响。一个具有丰富商业经验的人,往往能使企业在不利的形势下摆脱困境。学历可以反映企业负责人的理论水平和知识面,在一定程度上反映接受新事物的能力,经营能力又与企业负责人的经历、学历等因素的影响有关。企业负责人员的社会关系也是要了解的因素,社会关系好的企业在采购和营销、筹资等方面往往会享有很多便利。企业负责人之间的亲疏关系和协调程度、企业负责人对员工是否有号召力、对房地产等相关市场的反应是否灵敏,都是需要考虑的因素。再次,了解企业负责人员的年龄和健康状况也很重要。这能使银行借以评价其重要负责人员由于疾病或死亡所产生的企业风险。最后,房地产企业管理层的从业经验、对各种业务的熟悉程度及认识深度都是了解管理层综合能力的重要方面,而这些可以通过与管理层的交谈、了解管理层会议内容等把握,当然也要关注管理层的风险倾向,一个有着明显风险偏好的管理层往往会给企业带来很大的不确定性,甚至造成房地产企业经营的失败。

(2) 企业的竞争力、业务现状和展望情况

企业竞争力中企业背景实力至关重要,企业属于综合开发企业或是单一项目的开发企业,股东背景如何,在这个基础上才对其资金实力和开发资质级别等客观条件进行进一步考察。房地产开发经营企业是资金密集企业,资金实力是其竞争力的重要的因素。而对于单一项目的开发企业,考虑到其经营的临时性和单一性质,无论从经营风险或财务风险各方面看都有相当的风险性。

企业的品牌及经营策略也是企业竞争力的重要方面,对企业业务现状的分析包括企业的市场和企业的信誉等方面的分析。企业在项目开发中是否有明确的目标市场,楼盘的设计包装是怎么样根据其目标市场进行相应调整的,企业品牌是否能够得到受众群的认同,企业品牌在市场中的认同度往往是项目能否成功的重要环节。企业的市场定位及经营策略也是必须加以详细了解的。企业的这些情况表明它未来的成功能力。商业银行应该注意了解企业的这些情况,了解开发的房地产等产品的质量和售后服务是怎样的,房地产等产品的销售前景又是怎样的。

(3) 企业偿债及担保能力

主要分析企业借款的数额、用途、还款程序、还款来源以及企业担保品情况。房地产贷款一般以房地产作抵押。要求分析所抵押地块的土地使用权状况,区别各类房地产(如住宅、商业用房等)有不同的价值和变现能力。

(4) 行业的特点和企业经营环境

为了恰当地评价一个企业的销售情况,商业银行还必须了解该企业所处的行业特点。有些从事房地产开发经营的企业属于综合性企业,涉及的行业较多,商业银行就要对该企业主要有关行业的特点进行了解,并且还要了解相关行业的发展趋势对企业生产经营活

动的影响,以达到正确评价一个企业的经营情况的目的。房地产开发行业是一个存在巨大风险的行业,行业的总体波动性也比较强,在对房地产开发企业信用进行分析时,必须对其行业的总体状况作一个分析,这些分析主要包括以下几个方面:① 政策方面。由于房地产行业对于国民经济的影响比较重大,因此国家经常通过法律、法规等形式对于房地产行业进行规范、引导和干预。一些政策的出台就能左右整个市场的兴衰,因此,需要关注政策的影响因素,尤其是关注房地产金融政策、土地供应政策、房地产销售政策、保障性住房政策等方面,目前,房地产相关政策已经体现一定的地域性,需要考虑不同地域的政策差异。政策方面的因素对于房地产开发企业的信用等级将有着极大的影响。② 周期方面。房地产开发行业是一个受国民经济波动影响大的行业,整个房地产产业的波动周期与宏观环境的波动情况往往呈现一致性。在进行房地产开发企业的信用分析中,必须考虑整体国民经济的发展情况,根据货币供应量(M2)、通货膨胀率等指标,结合房地产行业具体销售情况等,对于总体行业所处的阶段作出基本的判断。

房地产开发企业的经营环境主要与其所经营的地域有关,如地域的总体经济形势、人口及消费能力以及未来可能影响该地区发展的因素。经营地域的存量房状况及城市规划也是需要重点关注的。在存在大量空置存量房地区,房地产行业的发展往往就会受到很大的限制;而城市规划的成熟和规范性也会决定在该地域发展房地产的风险情况,城市规划变动会造成的房地产项目用途与周边环境不配套,进而易导致开发项目的失败。

(5) 企业财务分析

对企业的有关情况的分析侧重于非财务方面,而对企业征信调查还要通过对企业财务的分析得出有关重要的信息。关于企业财务方面的分析主要包括往来银行的账户分析、财务报表分析和财务比率分析等。

(6) 国际信用分析

如果房地产贷款涉及外汇贷款或者借款人为境外机构或个人,则这种贷款除了具有一般信用风险外,还有汇率风险和主权风险。汇率风险是指由于货币价值变化引起货币比价变化而给作为债权人的贷款银行带来的风险;主权风险是指由于借款人所在国的政治、经济形势发生变化而使借款人不能按期偿还债务的风险。

现在,征信部门为了使对借款申请者的评估标准化,多采用评分制的办法。这一办法通过选择适当的评估指标和制定合理的评估标准,将涉及借款人的品行、能力、资本、担保和经营状况等方面的评估内容分成若干项目,每一项目再作适当的细分,确定每一项目及细项的标准分值,将评分内容数量化。通过加总所有的项目分值,给借款申请者综合评分,使这一综合分值能较为公正、客观、准确地反映借款申请者的信用程度。不过,评分制虽然简单可行,但是也要避免过于机械,使评分制难以充分体现贷款银行与影响其风险状况各要素之间的有机联系。当然,在征信中,评分制仍难以完全摆脱评分时的某些主观性因素,关键是要使主观判断更加符合客观现实。著名征信评级公司美国穆迪投资者服务公司反对单纯利用数学模型和财务指标进行征信评估,反对仅利用固定的公式去限制征信调查人员的分析和判断,主张定性和定量相互结合,注重征信调查人员经验积累和专家的综合评判,这是值得我们在征信工作中借鉴的。

三、征信调查的途径

征信分析必须依赖于一定资料。评价借款人的品行、能力、资本、担保及经营情况,都必须通过调查利用相应的资料。所需资料一般通过自行调查方式或通过委托方式取得,也可通过自行调查和委托调查相结合的方式取得。

(一)自行调查

自行调查是由商业银行本身安排征信调查人员,负责调查借款人的信用。常见的做法有以下两种。

1. 直接调查

直接调查是通过会见借款人、实地查看、向借款人索取资料等方式进行的调查。通过会见借款人可获得借款客户的一些背景情况,使商业银行对借款人的诚实及能力有一个初步的了解,并取得进一步调查的线索,有选择地采用其他方式作进一步的调查。实地查看,如去供抵押的房产、土地(使用权)现场进行查看,验证房产、土地使用权的价值并确认权属。索取资料主要是指获取借款人的财务报表、税单等资料。商业银行征信调查人员要审查财务报表上每一个重要项目,对借款人的财务情况进行财务报表分析与比率分析,这是取得信用分析资料的最重要来源。

商业银行征信调查人员还要获得借款人实物工作量及工作质量方面的信息,对借款人经营管理能力作数量化的分析。

2. 间接调查

间接调查是征信调查人员从侧面去调查借款人的信用。征信调查人员通过利用商业银行的信用档案、外界来源来获得借款人的有关资料;商业银行征信部门要为每个借款人建立一个比较详细的信用档案,对于非第一次借款的借款人,征信调查人员可以通过研究借款人档案,了解借款人的借款及履约情况。商业银行征信调查人员还可以通过一些外界来源,如从与借款人素有往来的其他商业银行、企业,从报刊上与借款人有关的经济资料中获得信用资料,商业银行征信调查人员还可以依规向征信机构索取借款人的有关信用资料。在征信系统比较完善的地方,商业银行征信调查比较多地依靠征信系统。在我国,目前有全国性的中国人民银行征信中心(http://www.pbccrc.org.cn)、国家市场监督管理总局的国家企业信用信息公示系统(http://www.gsxt.gov.cn)提供信用查询等服务。此外信用中国(https://www.creditchina.gov.cn)、最高人民法院的中国裁判文书网(https://wenshu.court.gov.cn)、中国执行信息公开网(内有失信被执行人名单信息公布与查询)(http://zxgk.court.gov.cn)也能帮助开展信用调查等服务。

商业银行对客户调查和客户资料的验证应该以直接调查和间接调查相结合的方式进行。必要时,可通过外部征信机构对客户资料的真实性进行核实。在数字征信发展的情况下,商业银行可以借助于科技手段,利用企业工商、税务、社保、水电、法院、人民银行及征信体系综合评分等一系列的数据,通过构建测算模型加快征信工作。

（二）委托调查

委托调查就是商业银行把被调查的借款人及须调查的事项详加列明，委托专业的征信调查机构代为调查。征信调查机构是一种调查企业和个人信用、资力和商业信誉等情况，分别核定其信用等级，向委托的客户提供所得到的信用资料，并收取一定的征信服务费用的专门咨询机构。

把以上来源获得的信用分析资料加以整理，形成商业银行的征信调查报告。它是商业银行贷款及有效经营的重要工具。对征信报告的审读是商业银行贷款决策部门进行贷款决策的前提。

四、征信管理

征信管理十分必要，这也是与商业银行适应银监会制定的《中国银行业实施新资本协议指导意见》的要求相一致的，2004年6月，巴塞尔银行监管委员会发布了《统一资本计量和资本标准的国际协议：修订框架》（简称新资本协议），实施新资本协议为商业银行改进风险管理提供了动力和工具，根据新资本协议的要求，实施新资本协议的商业银行要建立内部评级体系。内部评级的要点包括违约概率（probability of default，简称PD）和给定违约损失率（loss given default，LGD）的确定，而PD是借款人信用等级内涵的重要构成部分。搞好征信调查有助于商业银行合理进行贷款定价，也有助于商业银行更好地参与国际竞争。搞好征信调查工作可以从商业银行内部和商业银行外部两方面入手。具体来讲，主要包括如下六点。

（一）加强征信管理

商业银行应该加强对征信调查部门的领导，充实征信调查人员，增强征信调查部门的工作权威。

（二）改进征信标准

征信标准的分类设置与各具体征信标准的分值分配要更加合理化。如根据实际情况，可以考虑增强对借款个人或者借款企业经营管理人员个人素质的评价，增加相应分值。就房地产开发经营企业的借款而言，对借款企业经营管理人员的评价不仅包括对法定代表人及企业领导层的评价，还应该包括对主要业务部门领导的评价，主要业务部门包括财务部门和销售部门。

（三）实施禁入制度

应该建立房地产开发经营企业主要业务岗位从业禁入制度，对于那些以假材料、虚假陈述、搞虚假抵押和其他违规行为，骗取商业银行贷款的房地产开发经营企业主要经营管理人员，一经发现，应该明确规定不得再在相应岗位上从业，或者列为不受商业银行欢迎的人，不能代表企业与商业银行交往。

（四）建立征信通报制度

商业银行内部各级征信部门和各商业银行征信部门乃至社会征信部门之间，应该对征信调查中发现的危害或者可能危害商业银行融资安全的重大事项予以通报，以引起征信各方的重视和警惕。

(五) 建立金融机构征信同业公会

金融监管部门应该帮助建立金融机构征信同业公会,以更好地开展征信调查工作,保障包括房地产金融体系在内的整个金融体系的安全。

(六) 营造诚实守信重要的舆论氛围

银行不仅要将信用等级高的借款人(企业)向社会公告,更应该对那些信誉差、信用等级低的借款人进行公开披露,以起到惩戒作用,增加不诚实守信者的信用成本。为了开展好这些工作,商业银行应该在贷款合同或其附件中作出明确规定。

第二节 房地产融资征信调查的主要指标

征信调查的主要指标既涉及财务方面的指标,又涉及非财务方面的指标。这些指标在对借款人信用评分中具有重要的作用,它可以帮助实现信用评级的数量化,有利于金融机构信贷人员更全面地了解借款人,确保信贷资金的安全,同时又可以让社会了解借款人的信用状况。

一、征信调查中的主要财务指标

征信调查需要对借款人的财务情况作出分析,这里介绍对借款企业财务分析中的主要指标。

(一) 短期偿债能力指标

由于房地产开发企业的日常运营资金需求量较大,通常需要保有一定规模的现金存量。这样虽然会对企业的资金使用效率产生一定的影响,但在抵御周期性风险方面是相当必要的。衡量企业的流动性时主要考虑企业现金及现金等价物和流动资产对短期债务的覆盖水平。

1. 流动比率

流动比率是用以衡量企业短期偿债能力的一个重要指标。其计算公式为

$$流动比率 = \frac{流动资产}{流动负债} \times 100\%$$

企业的流动资产包括货币资金、短期投资、应收票据、应收账款和存货等,但待摊费用这种已经付出的款项不能用来偿债。流动负债包括应付账款、应付票据、短期内到期的长期债务、应缴税金或其他应付费用等。

流动比率表明企业流动资产在短期债务到期前可以变为现金用于偿还流动负债的能力。这一比率越高,以流动资产抵偿流动负债的能力就越强,借款申请人的偿债能力也就越强。一般认为,流动比率在 2∶1 左右是比较好的。

2. 速动比率

速动比率是衡量企业近期支付能力的一个指标。其计算公式为

$$速动比率 = \frac{速动资产}{流动负债} \times 100\%$$

式中：速动资产＝流动资产－存货。

速动比率表明企业流动资产中可以立即用于偿付流动负债的能力。速动比率比流动比率更足以表明企业的短期偿债能力。一般情况下，企业的速动比率至少要等于100%，即每1元流动负债至少要有1元以上能迅速变现的流动资产作担保。

3. 现金比率

为了进一步测试企业即期的偿付能力，金融机构还要对企业的现金比率进行考察。现金比率的计算公式为

$$现金比率 = \frac{现金 + 短期证券}{流动负债} \times 100\%$$

式中：现金是指库存现金和金融机构存款，短期证券主要指短期国库券。

现金比率越高，说明变现能力越强，此比率也称为变现比率。

此外，还可以用存货周转率、应收账款周转率等作为补充反映企业短期偿债能力的指标。

(二) 长期偿债能力指标

1. 资产负债率

资产负债率是衡量企业利用债权人提供的资金进行经营活动的能力，是一个长期偿债能力指标。其计算公式为

$$资产负债率 = \frac{负债总额}{资产总额} \times 100\%$$

资产负债率是表明企业债务占资产的比重，即有多少资产是靠负债来支持的。对金融机构来说，资产负债率反映债权人发放贷款的安全程度，企业资产负债率越低对金融机构越好，资产负债率过高则说明企业过多地依靠借入资金来经营，其偿债能力就低。一个企业理想指标通常应该不超过60%。

2. 产权比率

产权比率也是衡量长期偿债能力的指标。其计算公式为

$$产权比率 = \frac{负债总额}{所有者权益总额} \times 100\%$$

产权比率表明债权人投入的资金受到所有者权益保障的程度，反映企业清偿时对债权人利益的保护程度。从金融机构角度来讲，产权比率越低越好，因为此时债权人贷款的安全保障程度越高。

3. 有息债务率

房地产开发企业负债主要集中于有息债务和预收账款，其中大量预收账款并无偿还压力，有息债务通常具有刚性，是需要重点关注的负债。

有息债务包括金融机构借款、发行债券等。

$$有息债务率 = \frac{有息债务}{所有者权益 + 有息债务} \times 100\%$$

一般来说,有息债务率越小,企业无力偿债的可能性就越小,贷款金融机构的融资风险就越小。

4. 已获利息倍数

已获利息倍数是衡量企业是否有充足的收益支付利息费用的能力,这也是一个长期偿债能力指标。其计算公式为

$$已获利息倍数 = \frac{税前利润 + 利息费用}{利息费用}$$

一般来说,已获利息倍数越大,企业无力偿债的可能性就越小,贷款金融机构的融资风险就越小。由于利息费用是用现金来支付的,因此使用这一比率进行分析时,应该注意现金流量与利息费用之间的数量关系。

此外,反映企业偿债能力的指标还有很多。如有形净值债务率、固定资产与长期负债比率、固定资产与股本比率等。

在对企业债务偿还能力进行比率分析时,还应结合有关财务项目的绝对额,并注意企业是否有不包括在长期负债内的长期经营租赁;企业是否存在担保义务,注意担保责任带来的潜在负债问题等。

(三) 盈利能力指标

分析借款企业的信用,不仅要审查企业的资金流动程度和负债程度,还要审查企业的盈利程度,审查资金的盈利能力。盈利是企业经营的主要目标,盈利能力就是企业赚取利润的能力。盈利能力是企业现金流的来源,是企业偿债能力的根本保障。在分析盈利性时,对于贷款金融机构来说,借款企业盈利能力强,其还贷的能力就强,金融机构融资的安全性就大;反之,金融机构融资的风险就大。反映企业盈利能力的指标主要有如下三个方面。

1. 毛利率

毛利率是衡量企业盈利能力的基础指标,为销售毛利与销售收入之比。

$$毛利率 = \frac{销售毛利}{销售收入} \times 100\%$$

毛利率越高则说明企业的盈利能力越高,控制成本的能力越强。采用毛利率这一指标可以对房地产行业内企业的盈利情况进行考察。

2. 资产总额收益率

资产总额收益率是衡量企业利用资产获取利润的能力。其计算公式为

$$资产总额收益率 = \frac{净利润}{平均资产总额} \times 100\%$$

式中: $$平均资产总额 = \frac{资产总额年初数 + 资产总额年末数}{2}$$

资产总额收益率是表明企业总资产利用效果的指标,反映企业总资产在一定时期内的盈利能力。这一指标大,表示企业盈利能力也大。

3. 所有者权益利润率

所有者权益利润率是衡量企业所有者权益获利能力的指标。其计算公式为

$$所有者权益利润率 = \frac{净利润}{平均所有者权益} \times 100\%$$

式中： $平均所有者权益 = \frac{所有者权益年初数 + 所有者权益年末数}{2}$

所有者权益利润率指标越大,表明给投资者带来的收益也较大。

此外,反映企业盈利水平的指标还有销售利润率、资本金利润率等。

二、征信调查中的主要非财务指标

(一) 资质等级

资质等级是指房地产开发经营企业获得的由房地产资质等级审批、认证机关确定的资质级别。

(二) 开发建设工作量

开发建设工作量是指房地产开发企业考核期完成的房地产开发投资额。此指标反映房地产开发经营企业完成开发投资的能力。

(三) 开发产品合格率

开发产品合格率是指房地产开发经营企业考核期评为合格的产品数量与考核期验收的竣工产品数量的比值。此指标是反映房地产开发经营企业生产管理水平高低的综合性指标。有资质的房地产开发经营企业开发产品的合格率应达到100%。开发产品数量常以房屋建筑面积表示。

(四) 开发产品优良率

开发产品优良率是指房地产开发经营企业考核期评为优良品的房屋建筑面积总和与考核期验收鉴定的房屋建筑面积总和的比值。质量优良的开发产品需获得有关质量监督部门的证书。

(五) 开发产品销售率

开发产品销售率是指房地产开发经营企业考核期实现销售的房屋建筑面积与同期竣工的房屋建筑面积的比值。此指标反映了房地产开发经营企业市场销售情况的好坏和市场销售能力的强弱。

(六) 合同履约率

合同履约率是指房地产开发经营企业考核期已履约合同份数与考核期应履约合同份数的比值。

(七) 贷款按期偿还率

贷款按期偿还率是指房地产开发经营企业考核期归还金融机构贷款的数额与同期到

期应归还贷款数额的比值。此指标反映了企业归还金融机构贷款的能力。

(八) 贷款利息按期支付率

贷款利息按期支付率是指房地产开发经营企业考核期付给金融机构贷款利息数额与同期应付给金融机构贷款利息数额的比值。此指标反映企业支付金融机构贷款利息的能力。

此外,尚有财经纪律执行情况、企业领导人情况等指标。

征信调查的有关指标数值一般可先由借款申请人按照指标计算规定自行计算填报,然后由征信调查人员审查核定,并由征信调查人员列表评分(见表6-1、表6-2)。

表6-1 借款个人征信调查评分(参考格式)

姓名: 　　　　　　　　　　　　　　　身份证或护照号码:
联系地址: 　　　　　联系电话: 　　　　E-mail:

指标类别	指标名称	说　　明	指标分项及分值	得分
个人素质	年龄		不超过25岁	
			25—35岁(含)	
			25—50岁(含)	
			50岁—退休	
	婚姻状况		未婚	
			已婚	
			其他	
	文化程度	个人接受国家学历或者学位教育的程度	研究生	
			大学本科	
			大学专科	
			其他	
	职业地位		单位主管或高级职称	
			部门主管或中级职称	
			一般员工	
	工作年限		10年以上	
			5—10年(含)	
			不超过5年	
	职业稳定性	在本岗位年限	3年以上	
			1—3年(含)	
			不超过1年	
			失业	

(续表)

指标类别	指标名称	说 明	指标分项及分值	得分
个人素质	行为表现	过去5年信用状况	无不良信用史	
			有不良信用史	
	月收入		10 000元以上	
			8 000—10 000元(含)	
			6 000—8 000元(含)	
			3 000—6 000元(含)	
			不超过3 000元	
还贷能力	家庭人均月收入		8 000元以上	
			5 000—8 000元(含)	
			不超过5 000元	
	容易变现资产	不包括不动产	100万元以上	
			50万—100万元(含)	
			30万—50万元(含)	
			不超过30万元	
	不动产	无产权瑕疵无他项权利	是	
			不是	
	债务和或有债务		优先偿还	
			非优先偿还	
其他		调节项目		
资信评定				
授信情况				

说明：① 其他栏中可考虑借款人目前居住情况及此次购房的首付支出判断其对于所购房产的目的及拥有意愿等因素；② 对自雇人士（即自行成立法人机构或其他经济组织，或在上述机构内持有超过10％股份，或其个人收入的主要来源为上述机构的经营收入者）申请个人住房贷款进行审核时，不能仅凭个人开具的收入证明来判断其还款能力，应通过要求其提供有关资产证明、银行对账单、财务报表、税单证明和实地调查等方式，了解其经营情况和真实财务状况，全面分析其还贷能力；③ 分值略。

表6-2 房地产开发经营企业征信调查评分(参考格式)

企业名称：　　　　　　法定代表人：　　　　　　联系人：
联系地址：　　　　　　联系电话：　　　　　　　E-mail：

指标类别	指标名称	说 明	指标分项及分值	得分
经营者素质	经历	主要经营者从事本行业的工作年限	5年以上	
			3—5年(含)	
			不超过3年	

(续表)

指标类别	指标名称	说明	指标分项及分值	得分
经营者素质	品德	主要经营者遵纪守法、诚实守信情况	良好	
			一般	
			差	
	学历	主要经营者中本科及以上学历的比例	70%以上	
			50%—70%(含)	
			不超过50%	
资质和实物量业绩	资质		一级	
			二级	
			二级以下	
	开发建设工作量	近3年累计开发建设的房屋建筑面积	40万平方米	
			20万—40万(含)平方米	
			不超过20万平方米	
	开发产品合格率		100%	
			非100%	
	开发产品优良率		30%以上	
			20%—30%(含)	
			不超过10%	
	开发产品销售率		超过50%	
			不超过50%	
经济实力和盈利能力	实有净资产	实有净资产＝资产总额－负债总额	超过10 000万元	
			5 000万—10 000万元(含)	
			不超过5 000万元	
	最近1年经营收入		超过10 000万元	
			5 000万—10 000万元(含)	
			不超过5 000万元	
	利润总额	近3年平均利润总额	5 000万元以上	
			3 000万—5 000万元(含)	
			0—3 000万元(含)	
			亏损	
	最近1年毛利率		50%以上	
			30%—50%(含)	
			不超过30%	
	资产总额收益率	近3年平均	10%以上	
			5%—10%(含)	
			不超过5%	

(续表)

指标类别	指标名称	说　　明	指标分项及分值	得分
还贷能力	速动比率		超过90%	
			40%—90%(含)	
			不超过40%	
	资产负债率		不超过60%	
			60%—75%(含)	
			75%—95%(含)	
			超过95%	
	已获利息倍数		2以上	
			1—2(含)	
			不超过1	
	债务和或有债务		优先偿还	
			非优先偿还	
其　　他		调节项目		
资信评定				
授信情况				

说明：① 其他栏可考虑股东构成、股东实力等；② 分值略。

第三节　房地产开发项目的融资分析

金融机构对房地产开发项目的融资除用于自用房地产项目外，一般有两种情况：一种是金融机构贷款给专业从事房地产开发经营的企业，由该房地产开发经营企业将所借资金投入到所开发的房地产项目；另一种是金融机构贷款给专门为房地产开发项目而成立的项目公司。对前一种贷款，因为是房地产开发经营企业开发项目的贷款，影响贷款清偿能力的因素除了该房地产开发项目的收入外，还包括房地产开发经营企业其他收入；而对于后一种贷款，影响贷款清偿能力的因素主要就是房地产开发项目。在这两种贷款类型中，房地产开发项目的效益必然是为金融机构所关注的。

对房地产开发项目的效益评价可以由财务效益评价和国民经济效益评价两个方面的若干具体内容所组成。财务效益评价应该根据现行财税制度和价格体系，计算房地产开发项目的财务收入和财务支出，分析房地产开发项目的财务盈利能力、清偿能力以及资金平衡状况，判断房地产开发项目的财务可行性。国民经济效益评价应从区域社会经济发展的角度，分析房地产开发项目对区域社会经济发展的影响，计算对区域社会经济的效益和费用，考察房地产开发项目对区域社会经济的净贡献，判断房地产开发项目的社会经济合理性。国民经济效益评价主要适用于对区域社会经济发展有比较大影响的成片开发项目和经济开发区项目等。这里我们仅通过房地产开发项目的财务效益评价,对房地产开发项目的融资作一些分析。

一、房地产开发项目财务基础数据的评估

房地产开发项目财务基础数据包括房地产开发项目的投资支出、销售收入、管理费用、销售费用和税金,涉及出租房地产的开发项目其财务基础数据还包括租金收入和经营成本等。财务基础数据是分析房地产开发项目财务效益的基础资料,它的准确程度直接关系到房地产开发项目财务效益分析的准确性,进而影响房地产开发项目的融资分析。因此,准确评估房地产开发项目财务基础数据是房地产开发项目财务分析的基础,是保证金融机构贷款决策正确性的前提。有关财务基础数据的评估要点叙述如下。

(一)房地产开发项目投资支出评估

房地产开发项目的投资支出主要有:

① 土地费用;
② 前期工程费用;
③ 基础设施建设费用;
④ 建筑安装工程费用;
⑤ 公共配套设施建设费用;
⑥ 开发间接费用;
⑦ 开发期税费;
⑧ 不可预见费。

房地产开发项目投资支出评估一般是在房地产开发项目可行性研究报告的基础上进行的,主要是评估分析房地产开发项目可行性研究报告中投资支出估算的依据是否符合有关规定。例如,是否采取概算编制法,参照各项概算定额和各项取费标准,评定上述房地产开发项目的各项投资支出有无高估冒算的现象,尤其是有无漏算、少算各分项,压低概算定额和取费标准等情况,要注意分析通货膨胀、物价上涨、汇率浮动和税收变化对房地产开发项目实际投资支出的影响,并在房地产开发项目的不可预见费中作恰当的反映。至于贷款利息或债券利息应按资金的相应来源渠道、各自的利率,计算出在开发期间的贷款或债券利息。仅作估算实际支出之用,不纳入计算净现值、内部收益率的房地产开发项目效益分析的现金流量之中。

(二)开发项目的销售收入评估

房地产开发项目的销售收入包括已开发土地的转让收入、商品房销售收入和经租房屋收入。贷款金融机构应分析房地产的市场销售前景、房地产开发的质量,确定房地产的可销量(或可经租或可转让的量等),并应该根据借款申请者的不同情况,分别进行评估。

在评估土地转让收入时,应审核单位土地价格确定的可用性。如果按熟地楼面价估算,应结合该块转让土地规划规定的用途所拟定的建筑面积和熟地楼面单价一起考虑。因为土地转让收入是该块已开发土地规划规定建造房屋建筑物的建筑面积与熟地楼面单

价的乘积。

在评估商品房销售收入时,应审定该地块可供建造的商品房建筑面积是否如可行性报告所列示的,采用的每平方米房屋价格是否具有可信性。对商品房预售收入,从现金流量角度视同商品房销售收入纳入销售收入估算的内容,但不应该重复,并且要注意确定商品房预售收入实现的时间与房地产开发进度是否相符,是否能达到规定的已完成投资数比例等房地产预售的必备条件,还要注意房地产预售的价格与房地产开发完毕后销售价格的差异性。一般来说,预售的价格应该比现售的价格要低。由于对于是否取消房地产(尤其是商品住房)预售制度存在争议,可以考虑就取消商品住房预售因素作为敏感性因素来分析。

房地产开发经营企业开发的房地产,有的并不是完全用于出售的,而是专门用来经租的。在这种情况下,就要估算供经租房地产的租金收入。为此要按年估算出出租房地产的年租金收入。出租房地产的年租金收入取决于房地产的租金,而房地产的租金高低除了房地产经租市场的供求状况外,主要取决于房地产的价格以及修缮费、管理费、税金、利润等因素。在评估时可以按照市场情况进行测算。

有的房地产开发经营企业还有配套设施销售收入和自营收入,也需进行测算。

(三) 房地产开发项目的销售支出评估

房地产开发项目的销售支出包括经租房地产的经营成本、房地产开发项目的管理费用、销售费用等。

经租房地产的经营成本是指与出租房地产经营销售有关的各项支出,一般包括业务人员工资、职工福利费、办公费、差旅交通费、修缮费、广告费和其他费用等。在房地产开发项目的效益分析的现金流量中不包含出租房地产的折旧费用。因为这笔折旧费用已包括在营建开发的该房地产项目的投资支出中,因而在房地产开发项目效益分析的现金流量中不应再列入;否则,会产生重复。在估算评定经租房地产的经营成本时,根据经租房地产业务经营人员的数量、工资奖金标准、各项税费标准等逐项测算加总,也可按经租面积计算的租金的一定百分比评估测算。

房地产开发项目的管理费用是房地产开发经营企业行政管理部门为管理和组织经营活动而发生的各项费用,一般包括公司经费、工会经费、职工教育经费和其他管理费等。房地产销售费用是房地产开发经营企业的房地产销售部门为营销企业所开发的房地产而发生的各项费用,一般包括修理费、差旅交通费、广告费、代销手续费、改造修复费和其他销售费用。有关房地产开发项目的管理费用可比照销售收入、人员定额以及经租房地产的经营成本等进行评估测算。已在开发间接费用中列支的管理费用不应重复列入。

对于有配套设施销售收入和自营收入的,也需分摊相应的支出。

(四) 房地产开发项目销售税金及附加评估

房地产开发项目的增值税及附加是以房地产开发项目的销售收入为基础,按既定增值税率计算的增值税和增值税一定附加率计算的城市维护建设税和教育费附加等。在评估房地产开发项目增值税及附加时,关键是所采用的税率和附加率及其计算方法是否正确。

房地产开发企业中的一般纳税人(以下简称一般纳税人)销售自行开发的房地产项目,适用一般计税方法计税,按照取得的全部价款和价外费用,扣除当期销售房地产项目

对应的土地价款后的余额计算销售额。销售额的计算公式为

销售额＝(全部价款和价外费用－当期允许扣除的土地价款)÷(1＋9％)

上述各个项目数据都应分年评估测算以适应房地产开发项目财务效益评估的需要。

二、房地产开发项目财务效益的分析

房地产开发项目财务效益分析包括静态分析和动态分析。从房地产开发项目融资分析的角度看,主要采用动态分析方法,结合若干静态分析方法予以考察。

动态分析相对于静态分析,更需要考虑房地产开发项目的生命周期和资金的时间价值,通过现值和利息计算比较完整地反映项目在整个项目生命周期的效益状况,其分析指标主要有净现值指标、净现值率指标、内部收益率指标和贷款偿还期指标等。而这些指标的计算大多要借助于项目现金流量表来计算。下面就有关指标的计算作一介绍。

(一) 项目现金流量表

项目现金流量表是房地产开发项目效益分析的基本报表,是分析房地产开发项目投资效益的主要依据。

房地产开发项目现金流量是以被开发的房地产项目作为一个独立的系统,反映该房地产开发项目在整个生命周期内现金流入和现金流出。其计算要点是只计算现金收支,不计算非现金收支(如固定资产折旧等)。现金收支按发生的时间列入相应的年份。

房地产开发项目的生命周期视不同的开发内容而有不同。商品房的生命周期以商品房开发期加商品房的销售期作为现金流量的计算期;经租房的生命周期以经租房的开发期加经租房的出租期作为现金流量的计算期;自用房的生命周期以自用房的开发期加自用房的自用期作为现金流量的计算期。在确定经租房地产的出租期时,要按经租房地产获得预期租金收入的经济寿命期来计算,如果土地使用权的使用年限短于经租房地产经济年限,一般应按土地使用权的使用年限计算,自用房的现金流量计算期不能超过有经营期限的房地产开发经营企业的经营期。并且,按照项目评估惯例,除开发期应根据实际需要估算确定外,销售、经租期或自用期最长按 20 年估算。

项目现金流量表简化格式见表 6-3。

表 6-3 项目现金流量表

内容＼年份	1	2	3	4	…
现金流入量					
售金					
租金					
其他					
小　计					

(续表)

内容 \ 年份	1	2	3	4	…
现金流出量 　投资支出 　销售支出 　销售税金及附加 　其他					
小　计					
净现金流量					

(二) 净现值(NPV)指标

净现值是指房地产开发项目按投资者最低可以接受的收益率或者行业基准收益率或者设定的折现率将计算期内的各年的净现金流量折现到基准年的现值之和。其表达式为

$$NPV = \sum_{t=1}^{n}(CI-CO)_t(1+ic)^{-t}$$

式中：NPV——净现值；

　　　CI——现金流入量；

　　　CO——现金流出量；

　　　$(CI-CO)_t$——第 t 年的净现金流量；

　　　i_c——基准收益率或设定的折现率；

　　　n——计算期；

　　　$\sum_{t=1}^{n}$——从开始开发第 1 个年份到第 n 个年份该房地产开发项目生命周期的年限总和；

　　　$(1+i_c)^{-t}$——对应于第 t 年的折现率 i_c 的折现系数。

净现值是反映房地产开发项目盈利能力的绝对指标。当财务净现值大于或等于零时，房地产开发项目是可以接受的。净现值越大，房地产开发项目的获利能力越强；反之，当净现值在计算期内小于零，则说明该房地产开发项目的获利还没有达到筹资成本，项目有风险。

此指标中计算期的确定如前所述。至于折现率的选择，应采用房地产开发部门基准投资的收益率或房地产开发部门平均资金利润率来确定。对于金融机构贷款决策部门来说，一般可按贷款年利率加上 1%—3% 来计算。如果折现率选择不合适，那么净现值不仅毫无意义，而且还会导致错误的贷款决策。

(三) 净现值率(NPVR)指标

净现值率是净现值与全部投资现值的比值，表示项目单位投资现值所产生的净现值。其表达式为

$$NPVR = \frac{NPV}{I_p}$$

式中：$NPVR$——净现值率；

NPV——净现值；

I_p——项目投资现值。

净现值率是反映项目在计算期内单位投资效益的动态指标。在多个方案选优时，由于各个方案的投资额及效益不同，净现值法不足以准确说明哪个方案更佳，所以需进一步用净现值率法来评价，净现值率越高，说明项目获利能力越好。此指标用于投资额不同方案间的比较、排队，同样可以作为金融机构贷款选择的一个指标。

（四）内部收益率（IRR）指标

内部收益率是指项目在计算期内各年现金流入的现值总额与现金流出的现值总额相等，各年净现金流量现值等于零时的折现率。其表达式为

$$NPV = \sum_{t=1}^{n}(CI-CO)_t(1+IRR)^{-t} = 0$$

式中：NPV——净现值；

CI——现金流入量；

CO——现金流出量；

$(CI-CO)_t$——第 t 年的净现金流量；

i_c——基准收益率或设定的折现率；

n——计算期；

$\sum_{t=1}^{n}$——从开始开发第 1 个年份到第 n 个年份该房地产开发项目生命周期的年限总和；

IRR——内部收益率。

内部收益率在不借助计算工具的情况下，通常采用插值试算法求出，并先按实际贷款利率求得项目的净现值，如为正，则采用更高的利率使净现值为接近于零的负值，最后利用下述公式算出内部收益率。

$$IRR = I_1 + \frac{NPV_1}{NPV_1 + |NPV_2|}(I_2 - I_1)$$

式中：IRR——内部收益率；

I_1——偏低的折现率，此折现率是使项目收益净现值为正数的折现率；

I_2——偏高的折现率，此折现率是使项目收益净现值为负数的折现率；

NPV_1——按偏低折现率计算的收益净现值；

NPV_2——按偏高折现率计算的收益净现值。

为保证内部收益率计算的精确度，在采用插值试算法计算内部收益率时，所选择的使收益净现值等于正值和负值时的两个折现率之差，一般不超过 5%。

内部收益率也可以借助有关计算机软件如 Excel 等计算。

利用内部收益率指标能克服利用净现值、净现值率指标其结果受所选用的折现率高

低影响大的弊端。采用内部收益率指标在于能够把项目的收益与投资总额联系起来，用以判断项目可以承受的最高利率和预期收益率。判断项目是否可行的内部收益率标准是内部收益率应不低于该房地产开发企业的基准投资收益率，对贷款金融机构来说，该项目用借款进行开发所可以接受的借款利率的高限就是所计算出的内部收益率。

(五) 贷款偿还期指标

贷款偿还期是指在国家财税经济法规和项目具体财务条件下考虑项目投资后可以用作还款的利润及其他还款来源偿还贷款本金和利息所需要的时间。其表达式为

$$A = \sum_{t=1}^{n} R_t$$

式中：A——贷款的本金与利息之和；

R_t——项目第 t 年用于还款的资金来源数额；

n——贷款的偿还期。

在项目融资分析中，贷款偿还期分析的关键是准确分析项目生命周期内贷款利息和偿还贷款的资金来源，而贷款利息通常按复利计算（有特殊偿还要求的除外），有关计算公式为

每年应计贷款利息＝(年初贷款及利息累计数＋本年贷款支出/2
－本年还本付息/2)×年利率

还清贷款年份应计利息＝年初贷款及利息累计/2×年利率

在实务上，贷款偿还期通过列表法来进行计算。当利息在还款期有其他来源偿还，更宜用列表法来进行计算。贷款偿还期估算表见表6-4。贷款偿还期也可以借助有关计算机软件如 Excel 等计算。

表6-4 贷款偿还期估算

项目＼年份	1	2	3	…
年初贷款累计				
本年贷款支出				
本年应计利息				
本年还款金额				
用于还款的资金来源 1. 2. …				
小结				
偿还贷款本息后年末余额				

贷款偿还期＝（贷款偿还后开始出现盈余的年份数）－1＋
$$\frac{当年应还贷款额}{项目当年可用于还款的资金}$$

贷款偿还期是评估房地产开发贷款项目清偿能力的一个主要指标，贷款金融机构通过计算此指标，与贷款金融机构的贷款期限目标相比较，贷款偿还期应该不超过贷款金融机构规定的贷款期限的贷款项目才是可以考虑发放贷款的项目。

当贷款采用按年、按季或按月均还本金或者均还本息，共还若干期时，可以将每期还本付息额与借款人同期可用于还款的资金能力比较。若前者不超过后者，则贷款是可以考虑的。至于每期均还本金或者均还本息的还本付息额的计算可以按照如下两种方式计算：

1. 等额偿还本息总额

其计算方式为

$$B = I_c \frac{i(1+i)^n}{(1+i)^n - 1}$$

式中：B——每期还本付息额；

　　　I_c——宽限期末开发建设借款本金或者本息与初始经营资金借款本金之和；

　　　i——期利率；

　　　n——贷款金融机构要求的借款偿还期（由还款期开始计算）。

等额偿还本息总额中各期偿还的本金和利息不等，偿还的本金部分将逐期增多，支付的利息部分将逐期减少，其计算方式为

$$每期支付的利息 = 期初本金累计 \times i$$
$$每期偿还的本金 = B - 每期支付的利息$$
$$期初本金累计 = I_c - 本期以前各期偿还的本金累计$$

2. 等额偿还本金，利息另付

其计算方式为

$$B'_t = \frac{I_c}{n} + I_c \left(1 - \frac{t-1}{n}\right) i$$

式中：B'_t——第 t 期还本付息额，其他同上。

等额偿还本金，利息另付方式各期偿还的本金及利息之和不等的，偿还期内每期偿还的本金是相等的，利息将逐期减少。其计算方式为

$$每期支付的利息 = 期初本金累计 \times i$$
$$每期偿还的本金 = \frac{I_c}{n}$$

如果有关利息计算中涉及承诺费等财务费用，为了简化起见，可以采用适当提高利率

的方法进行处理。可还款的资金能力除了可以借助于贷款偿还期估算表测定外,还可比照现金流量表编制原理来测定。

(六) 敏感性分析

由于房地产在开发经营过程中涉及众多的因素,这些因素的变化会对房地产投资效益产生影响,而这些影响房地产投资效益因素的变化又具有不确定性,从而会影响到房地产开发项目的融资可行性分析,因此,在进行房地产开发项目融资可行性分析中,也需对主要的不确定性因素进行敏感性分析。敏感性分析是指通过分析、预测房地产开发融资项目主要因素发生变化时,对房地产开发项目融资可行性研究评价指标的影响,从中找出敏感性因素,并确定其影响程度。

一般说来,对房地产开发融资项目进行敏感性分析,主要考虑以下因素对房地产开发融资项目效益的作用和影响。

1. 投资支出因素

由于投资估算时与项目正式完工要经历前期准备和实际建造这样一段不算短的时间,这段时间内的人工费用、材料价格和取费标准等的变化都有可能造成估算时的投资支出与实际的投资支出不一定相符的情况。投资支出因素分析也可取其中主要的因素(如建筑安装工程费等)来分析。

2. 时间因素

主要是房地产的开发期、出租或出售期的变化。

3. 面积因素

主要是实际总建筑面积与评估时总建筑面积的差异,以及实际可供出租、出售或自用的面积与评估时估算的可供出租或出售面积的差异。

4. 租金和售价因素

租金和售价的升降会影响房地产开发融资项目效益的变化。

5. 销售成本因素

对于出租的房地产开发融资项目还涉及项目竣工出租销售的成本,其变化也会影响房地产开发融资项目的效益。

房地产开发融资项目的敏感性分析通常是分析这些因素单独变化或多个因素同时变化对净现值、净现值率和内部收益率的影响,也可以分析对贷款偿还期等的影响。其中,主要是对内部收益率和对贷款偿还期的影响。

房地产开发融资项目对某种因素的敏感程度可以表示为该因素按一定比例变化时引起房地产开发融资项目可行性研究评价指标的变动幅度,通常以敏感性分析表来表示(见表6-5),并且可以根据敏感性分析结果作出敏感性分析图(见图6-1)。

表6-5 敏感性分析表

项　　目	内 部 收 益 率
基本方案 投资支出增加(%)	

(续表)

项　　目	内 部 收 益 率
投资支出减少(%) 租金提高(%) 租金降低(%) 售价提高(%) 售价降低(%) …	

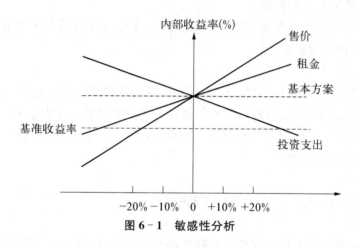

图 6-1　敏感性分析

综合以上各项分析，金融机构可以此作为房地产融资决策的根据。房地产融资征信调查和项目融资分析构成了房地产融资尽职调查的主要方面。在实践中，对于房地产开发项目还应该关注借款人是否符合项目资本金制度的要求。项目资本金是指在投资项目总投资中，由投资者认缴的出资额。项目总投资是指投资项目的固定资产投资与铺底流动资金之和，项目资本金比例需要符合监管要求，此外还需要关注项目"四证"是否齐全，关注项目概况和建设(安排)情况等。

本章小结

征信调查又称资信调查或信用调查，它是指通过一定的方式对往来客户资金与信用等方面的情况进行调查了解。征信调查的原则主要有"五C"原则说、"五P"原则说和"MFE"原则说。"五C"原则说涉及品行(character)、能力(capacity)、资本(capital)、担保品(collateral)和状况(condition)；"五P"原则说涉及借款人因素(people factor)、目的因素(purpose factor)、还款因素(payment factor)、保障因素(protection factor)和前景展望因素(perspective factor)；MFE原则说涉及管理要素(management factor)、财务要素

(financial factor)和经济要素(economic factor)。

征信调查包括对个人的征信调查和对企业的征信调查,征信调查的途径有自行调查和委托调查。为搞好征信调查工作。需要加强征信管理,改进征信标准,实施禁入制度,建立征信通报制度,建立金融机构征信同业公会和营造诚实守信重要的舆论氛围。

房地产融资征信调查的主要指标既涉及财务方面的指标,又涉及非财务方面的指标。房地产融资征信调查中的主要财务指标包括借款人短期偿债能力指标、长期偿债能力指标、盈利能力指标;主要非财务指标包括资质等级、开发建设工作量、开发产品合格率、开发产品优良率、开发产品销售率、合同履约率、贷款按期偿还率、贷款利息按期支付率等。征信调查的有关指标数值一般可先由借款申请人按照指标计算规定自行计算填报,然后由征信调查人员审查核定,并由征信调查人员列表评分。

金融机构对房地产开发项目的融资必须关注房地产开发项目的效益。对房地产开发项目财务效益评价必须进行房地产开发项目财务基础数据的评估,在此基础上对房地产开发项目财务效益进行分析。

房地产融资征信调查和项目融资分析构成了房地产融资尽职调查的主要方面。

复习思考题

1. 什么是征信调查？征信调查原则的主要内容是什么？
2. 房地产融资征信调查的主要内容有哪些？
3. 房地产融资征信调查的途径有哪些？
4. 如何做好征信管理工作？
5. 房地产融资征信调查的主要财务指标有哪些？如何进行分析？
6. 房地产融资征信调查的主要非财务指标有哪些？如何进行分析？
7. 如何对房地产开发融资项目进行财务效益分析？

第七章

房 地 产 信 托

本章首先简述信托的产生及其发展,介绍信托的基本原理;其次定义房地产信托,分析房地产信托的作用;最后从广义的角度具体介绍房地产信托的主要业务。内容涉及房地产资金信托、房地产其他受托业务和房地产代理以及征信、咨询和担保业务。

第一节 房地产信托概述

一、信托的产生及其发展

信托是指资财的所有人(自然人或法人)按照自己的目的或利益,将其所拥有的资财委托给他人或信托机构代为管理或处理的一种经济行为。这是一种财产经济管理制度,它以财产为核心,以信任为基础,以他人受托管理为方式。也就是委托人基于对受托人的信任,将其财产权委托给受托人,由受托人按照委托人的意愿,以自己的名义为受益人的利益或者特定目的,进行财产管理或者处分的行为。

信托起源于古代对遗嘱的执行和对私有财产的管理。遗嘱信托可以追溯到大约四千年以前的古埃及,但真正具有财产管理制度性质的信托则发端于英国。13 世纪英国的尤斯(USE)制,就是第三者受托为委托者管理土地的制度,是信托的雏形。封建时代的英国,宗教信仰浓厚,虔诚的教徒们常常在临终前把土地等财产捐赠给教会,从而使教会占有的土地财产增多。在英国的封建制度下,封建君主可因臣民的死亡而获得包括土地在内的财产,教会获得捐赠,且教会占有土地不缴税,影响了封建君主的收入。教会拥有的土地越多,对封建君主的利益侵害就越大。为了维护封建君主的利益,英王亨利三世

(1216—1272年)制定颁布了《没收法》。该法规定凡以土地捐赠给教会的,将予以没收。这个法规的颁行,影响了教会的利益,教徒们为了规避《没收法》的规定,往往采取把土地委托给第三者使用,然后由第三者把使用土地所得的收益转交给教会。通过这种做法,教会仍为受益者,其实质与教会直接接受捐赠的利益相同,也达到了教徒向教会多作贡献的目的。在这种做法中出现了委托者、受托者和受益者三者之间的关系,产生了"尤斯",即代为使用。这种以信任为前提的受托,也就是信托(trust)的词源。

"尤斯制"不仅流行于教会接受教徒们的变相捐赠土地上,而且还运用于一般人的土地捐赠上,这些人想把土地送给家属,也采用这种方式,他们委托第三者代为管理土地,将土地使用收益交给委托者家属,以防土地被没收和缴纳继承税。英国早期的信托是以宗教为目的而产生的。后来又扩展到为社会公益、为个人理财等方面。信托对象也从土地发展到商品、货币等财产,信托关系也随着19世纪末英国政府颁布《受托人法》和《官方选任受托人法》而开始有了法律保护。这两个法律明确了受托人的义务,法院有权任命和监督受托人。随着经济的发展,社会经济关系日趋复杂,人们为了有效地处理某些自己无暇顾及或者无力顾及的经济事务,以达到自己预期的目的和经济利益,便需要将自己拥有的资金或者财产委托给可信赖和有能力的部门去处理。这样,信托就从以个人承办发展到由专门的信托机构承担,由不以营利为目的的无偿信托发展到追求营利的有偿信托。

最早的专业信托机构出现在美国。美国自英国引入信托后,信托关系突破了个人之间的信任关系,发展成为一种以公司组织的契约形式。1822年美国"农民火灾保险与放款公司"开始兼营以动产和不动产为对象的信托业务,后改名为"农民放款信托公司",成为最早出现的一家专业信托公司。此后,信托也由个人信托发展到社团信托;信托经营的内容也不限于一般的动产和不动产,还包括了有价证券。这种发展尤其是以1865年南北战争结束后,因经济建设高潮的兴起,许多公司都以发行股票和债券来筹集资金从事建设而带来的有价证券热为标志。从此,信托公司开始具有了金融机构的性质,它通过开展信托业务,将民众零星的闲散资金汇集成铁路建设和矿山开发所需的巨额资金,发挥了融资信托的作用,使信托业成为金融业的一个重要组成部分。

到了20世纪初,英美的信托制度传入日本;出现了大银行设立的信托部和专业化经营的信托公司。1922年起日本政府颁布了《信托法》等法规,不断规范信托业的运作。

中国的第一家专业信托公司成立于1921年8月,名为中国通商信托公司,由民族资本家经营。此后,一些信托公司相继成立,一些银行也成立了信托部,另外还有官办的信托社(局)。1949年,中华人民共和国成立以后,人民政府接管了旧中国官办的信托机构,私营信托业中一部分信托公司停业,一部分继续营业。至1952年12月公私合营银行成立,信托业务被停止办理。1978年中国改革开放后,金融信托业务重新恢复。

1979年10月中国国际信托投资公司正式成立,地方性的国际信托投资公司也相继组建,银行也于1980年起开办了信托业务。之后,各专业银行均先后设立了独立的信托投资类公司,承担了各专业银行原先的信托业务,行业主管部门也纷纷办起各种形式的信托投资公司,到1988年最高峰时共有1 000多家信托投资公司。

改革开放以来,中国的信托业已经有了40多年的发展历史,但由于缺乏明确的定位和基本业务规范、监管法律滞后,信托业的运作一直存在主业不明、界限不清的问题。一些信托投资公司经营混乱,资不抵债。经过多次整顿,在1999年中国人民银行对信托业进行的又一次整顿前,仅剩下239家信托投资公司。经过这次整顿,一些信托投资公司获准重新登记,重新获准登记的信托投资公司达到数十家。通过信托业的整顿和重新登记,进一步确立了信托业与银行业、证券业以及保险业的分业经营的框架。

2001年以来,多部与信托业直接相关的法律、法规出台和实施,包括2001年10月开始实施的《信托法》,2002年6月修订实施的《信托投资公司管理办法》和2002年7月实施的《信托投资公司资金信托管理暂行办法》等,2007年3月在《信托投资公司管理办法》《信托投资公司资金信托管理暂行办法》和其他相关规定的基础上,出台实施了《信托公司管理办法》和《信托公司集合资金信托计划管理办法》,2010年又出台了《信托公司净资本管理办法》,从而以法律、法规的形式进一步明确了信托业的地位,强调了信托的本源业务。随着信托业规范的进程加快,信托业作为继银行业、证券业、保险业之后的现代金融重要支柱的现实性在不断增强,中国的信托业包括房地产信托又迎来了新的健康发展的机遇。

与美国的信托运作以银行兼营信托业务为主不同,也与世界信托业发源地的英国以个人受托为主不同,我国信托运作目前以信托机构运作为主,并且是实行专业的信托公司运作模式。

二、信托原理和信托种类

(一)信托原理

信托体现多边的经济关系,这种多边的经济关系即为信托关系,是一种包括委托人、受托人和受益人在内的多边经济关系。一项信托行为的产生、信托关系的设立,需要有三个方面的关系人。

1. 委托人

委托人应当是具备完全民事行为能力的自然人、法人或者依法设立的其他组织,在信托业务中又可称为信托人,他既是信托财产的所有者或者是有权独立支配信托财产的人,又是最初提出信托要求的人,在整个信托关系中处于主动的地位。委托人提出信托要求是整个信托行为的起点。

2. 受托人

受托人通常应当是具有完全民事行为能力的自然人、法人,是受让信托财产并允诺代为管理处分的人。他是讲信誉、有经营管理能力、为委托人所信赖的人,他接受并承办委托人的信托要求,根据委托人的要求对信托财产进行管理或处理。受托人对信托财产管理或处理的结果直接决定着是否能够达到委托人预期的目的或利益,也影响着这种信托关系能否继续维持。因而,信托关系中受托人的行为是关键,受托人在整个信托行为中处于关键环节。

3. 受益人

受益人是享受信托利益的人,受益人可以是自然人、法人或者依法成立的其他组织。在信托业务中,如果没有受益人,信托行为就无效。受益人可以是委托人本人,也可以是委托人指定的第三者。但在任何情况下，受托人不得是同一信托的唯一受益人；另外，在我国信托公司集合资金信托业务中，参与信托计划的委托人为唯一受益人。在信托关系中，受益人享受到应有的收益或信托财产，这是信托行为的终点。

设立信托必须有合法的信托目的、确定的信托财产以及符合规定要求的书面表现形式。

让受益人获得收益或信托财产是设立信托关系的目的。在信托关系中，委托人提出委托行为，要求受托人代为管理或处理其财产，并将由此产生的利益移转给受益人。受托人接受委托人的委托，代为管理或处理财产，并且按照委托人的要求将财产利益移转给受益人。受益人享受财产利益。

信托关系是围绕信托财产而存在的。信托财产就是委托人托付给受托人管理或处理的财产，也就是受托人承诺信托而取得的财产。信托财产有多种形式，如有形财产，包括房屋、现金等；无形财产，如专利权、土地使用权等。在信托关系中，财产权是信托成立的前提，委托人必须享有对信托财产合法的所有权或支配权。信托关系实质上也是一种财产关系，它包含了各方关系人对信托财产应有的权利和责任。信托财产不属于受托人的固有财产，也不属于受托人对受益人的负债。受托人死亡或者依法解散、被依法撤销、被宣告破产而终止时，信托财产不属于其遗产或者清算财产。

信托关系中，受托人首先是为受益人的利益管理或处理信托财产，而不是首先为自己的利益去管理或处理信托财产的，受托人必须恪尽职守，履行诚实、信用、谨慎、有效管理的职责和义务，为受益人的最大利益来管理、处分信托财产，依照信托文件的约定取得报酬。受托人因处理信托事务而支出的费用、负担的债务，以信托财产承担，但应在书面信托文件中列明或明确告知委托人。受托人以其固有财产先行支付的，对信托财产享有优先受偿的权利。但是，受托人不得利用信托财产为自己谋取约定报酬以外的利益，受托人也不承担管理或处理信托财产所发生的亏损。这就是信托财产核算的他主性。当然，为了保护受益人的正当利益，应该事先规定信托财产的运用范围，受托人违背管理职责或者超出限定范围不负责任地运用信托财产而发生的亏损应该由其承担赔偿责任。

(二) 信托种类

信托是一种金融行为，它具有融通资金以及融资与融物、融资与财产管理相结合的特点，是一种金融信托。它不同于贸易机构接受客户的委托从事商品代买、代卖的贸易信托。信托业务的种类按照不同的角度可以有多种分类。如按信托关系建立的方式不同，分为任意信托和法定信托；按委托人或受托人的性质不同，分为法人信托和个人信托；按受益对象的不同，分为自益信托和他益信托；按信托的目的不同，分为公益信托和私益信托；按信托事项的性质不同，分为商事信托和民事信托；按信托资产的不同，分为资金信托、动产信托、不动产信托和其他财产信托。此外，信托从广义上来说，还包括了代理。从理论上讲，代理与狭义信托的区别就在于财产权的转移与否，代理不涉及财产权转移，而狭义的信托则涉及财产权的转移。

我国专业信托机构的信托业务一般可以分为四大类。

① 受托业务。这是指财产的所有人或有支配权的人为了自己或其指定的他人的利

益,将资财委托给信托机构,要求按照一定的目的进行营运或处置的业务。

② 代理业务。这是指信托机构根据单位和个人的授权,代办收付、代理催收欠款和客户其他委托代理事项的业务。

③ 征信、咨询和担保业务。这是指信托机构为客户进行资信调查、提供各种经济信息咨询和经济担保的业务。

④ 中介业务。这是指信托机构经营企业资产的重组、购并及项目融资、公司理财、财务顾问等中介业务。

此外,信托机构可以将其所有者权益项下依照规定可以运用的资金,存放于银行或者用于同业拆放、贷款、融资租赁和投资。其中融资租赁也可以视作是一种融资与融物相结合的、用以解决企业对施工机械、模板等财产的长期性或临时性需要的信托兼营业务。

三、房地产信托的内容与作用

房地产信托是指房地产信托机构受委托人的委托,为了受益人的利益,代为管理、营运或处理委托人托管的房地产及相关资财的一种信托行为。房地产信托是一种灵活的金融业务形式,房地产信托财产的管理、营运或处理的方式可以根据委托人的意愿,根据市场需要,适应客观情况变化而采取灵活多样的形式,设置房地产信托业务品种。房地产信托业务涉及的房地产,包括房地产及其经营权、物业管理权、租赁权、受益权和担保权等相关权利。

房地产信托的主要内容有房地产资金信托、房地产财产信托、房地产代理以及房地产咨询等内容。

随着我国城市土地使用制度改革和城镇住房制度改革的深化,房地产市场开始形成,而金融体制改革的纵深发展,又使包括房地产信托在内的信托业成为整个金融业不可或缺的组成部分。房地产业与金融业的结合,当然也应该包括房地产业与信托业的结合。信托业特有的"受人之托、履人之嘱、代人理财"功能的发挥,会对房地产业的发展起到积极的促进作用。这些作用主要表现在以下几个方面:

(一)利用房地产信托的社会理财的职能,促进房地产业的发展

房地产信托机构通过开办各种与房地产业有关的信托业务,为资财所有者提供广泛的理财服务。如向房地产投融资的资财所有者提供有效的途径,通过专业理财业务,提高其资金使用的有效性和安全性;利用房地产信托机构信息渠道多和客户面广的优势,为委托人办理房地产经租和物业管理等业务,促进房地产业的发展。

(二)利用房地产信托的金融职能,促进房地产资金的融通

在房地产信托机构为委托人办理涉及房地产资金信托的业务中,客观上起到了融通房地产资金的作用。房地产信托机构利用其良好的信誉和金融职能,把分散的资金通过资金信托手段集聚起来或者作为投资基金或者基金管理公司的发起人从事房地产投资基金业务,将有关资金运用于房地产的开发经营活动,用于房地产的收购经租活动,促进房地产业的发展。同时,在信托文件有效期限内,利用房地产信托创造房地产受益权证书,通过受益权证书的转让,使持有者(受益人)也获得了资金融通,以有利于房地产资金的良性循环。

(三) 利用房地产信托的金融服务职能，为房地产业提供相关服务

信托机构素有"金融百货公司"之称，房地产信托机构也不例外。房地产信托机构可以利用其拥有的多种专业的专门人才、手段与资格，为房地产业提供多种相关服务，如资信调查、经济担保、房屋造价审价，房地产会计辅导与代理和代办房屋的各种登记、过户、纳税等手续以及房地产市场信息与房地产交易知识咨询、居间介绍等，方便委托人。

四、房地产信托的设立和生效

房地产信托的设立，应当采取书面形式。书面形式一般包括房地产信托合同、遗嘱或者法律法规规定的其他书面文件等。书面文件中应当载明下列事项：

① 信托目的；
② 委托人、受托人的姓名或者名称、住所；
③ 受益人或者受益人范围；
④ 信托财产的范围、种类及状况；
⑤ 受益人取得信托利益的形式、方法。

此外，一般还应该载明信托期限、信托财产的管理方法、受托人的报酬、新受托人的选任方式、信托终止事由等事项。

房地产信托采取信托合同形式设立的，房地产信托合同签订时，房地产信托成立；房地产信托采取其他书面形式设立的，房地产信托受托人承诺信托时，房地产信托成立。房地产信托受托人因承诺信托而取得房地产信托财产，并且根据有关法律法规规定应当办理登记手续的，应当依法办理该房地产信托财产信托登记，房地产信托才生效。除了房地产信托文件另有规定的外，房地产信托受益人自信托生效之日起享有信托利益。房地产信托书面文件签订时，受托人尤其是房地产信托机构一般应该与委托人签订房地产信托管理、运用、处分的风险申明书。

第二节 房地产资金信托和其他受托业务

一、房地产资金信托

资金信托是基于信托关系的资产管理产品，在国民经济循环中长期扮演着以市场化方式汇聚社会资金投入实体经济领域的角色。资金信托是卖者尽责、买者自负的私募资管业务。

房地产资金信托是指委托人基于对房地产信托机构的信任，将自己合法拥有的资金委托给房地产信托机构，由房地产信托机构按照委托人的意愿以自己的名义，为受益人的利益或者特定目的在房地产领域管理、运用和处分的行为。房地产资金信托应当为自益型信托，委托人和受益人为同一人，统称为投资者。房地产信托机构办理房地产资金信托业务可以根据信托文件的约定，按照委托人的意愿，单独或者集合管理、运用、处分信托资

金。单独管理、运用、处分信托资金是指房地产信托机构接受单个委托人委托、依据委托人确定的管理方式单独管理和运用信托资金的行为。集合管理、运用、处分信托资金是指房地产信托机构接受两个或两个以上委托人委托、按照委托人确定的管理方式或由房地产信托机构代为确定的管理方式管理和运用信托资金的行为。

作为私募产品,房地产资金信托投资范围由信托合同约定,可以投资债权类房地产资产、上市或挂牌交易的房地产股票、未上市房地产企业股权(含债转股)和受(收)益权以及符合法律法规规定的其他资产,并严格遵守投资者适当性管理要求。房地产资金信托的投资比例由信托文件约定并且符合监管规定。

房地产信托机构单独或者集合管理、运用、处分房地产信托资金可以采取房地产贷款、房地产投资等方式进行。房地产资金信托尤其是房地产集合资金信托能够利用信托制度聚集资金功能将资金运用于需要大量资金的房地产开发项目,以期获得较高的收益。房地产信托机构应该发挥在房地产贷款、房地产投资等领域的专业优势,对贷款或者投资等项目运营状况实行严格的事前审核和事中监控,及时发现其运营中可能对信托财产造成损失的问题,并且在发现贷款或者投资等项目可能影响房地产信托资金安全的情况下,及时采取措施。房地产资金信托产生的贷款利息收入、投资收益等在规定的房地产资金信托收益分配前可以进行同业拆放、国债回购、银行存款和国债投资,所产生的收益构成房地产资金信托收益。信托期满,房地产信托机构将信托财产(通常以资金的形式)分配给受益人或者按照委托人认购房地产资金信托产品的信托资金比例将信托财产分配给受益人。

房地产信托机构房地产集合资金信托业务的示意图见图7-1。

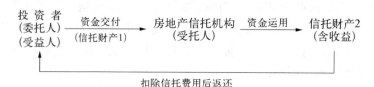

图7-1 房地产集合资金信托业务的示意

图注:信托财产1为委托人投入的资金(现金),信托财产2为受托人运用信托财产1后形成的信托财产,包括增值收益,通常需要转换为资金(现金)。信托费用一般包括信托报酬;银行手续费、服务费、证券交易手续费、审计费用和律师费用等;文件或账册制作、印刷费用;信息披露费用和按照国家有关规定可以列入的其他费用。

房地产资金信托业务包括房地产开发类资金信托业务、房地产受益权资金信托业务等。

房地产资金信托运作方式除了贷款信托和投资信托外,房地产信托机构管理、运用信托财产时还可以依照信托文件的约定,采取存放同业、买入返售、租赁及其他可行方式运用信托资金以获取收益。

二、房地产其他受托业务

(一) 房地产实物财产信托

房地产实物财产信托是指房地产信托机构以信托方式接受委托人委托的房地产实物,按照委托人的意愿以自己的名义,为受益人的利益或者特定目的管理、运用和处分的行为。委托人因为种种原因,在不能亲自经营或者管理自己的房地产,又找不到合适的个人代为照料的情况下,房地产信托机构可以接受委托代为管理、运用和处分。这一代为管理、运用和处分包括受托代理保管、修理房地产、出租房地产并代收租金、按期缴纳税款、支付物业管理等费用以及用多种形式帮助出售房地产。可以代为管理、运用和处分的房地产包括办公用房、商铺、酒店宾馆、厂房等商业用房和住房。如房地产购买者因为经济能力无法一次性付款,房地产销售者作为委托人将房地产权利移交给房地产信托机构,并且委托房地产信托机构代为收取房地产价款,等到房地产购买者付清房地产价款,交易了结,房地产权利才过户到房地产购买者名下。在这里,房地产信托机构可以凭借自己的信誉和实力接受房地产销售者的委托,并且利用对房地产购买者资信的了解能力促成交易的完成,这样可以有效地维护买卖双方的利益,从而促进房地产交易。随着房地产市场的发展和细分、房地产信托机构经营管理能力的提高,房地产实物财产信托将有较大的发展前景。

(二) 房地产债权信托

房地产债权信托是指房地产债权人将其所拥有的房地产债权委托给房地产信托机构,由房地产信托机构以受托人的身份发给受益权证书,然后由委托人通过将受益权证书转让给第三者等方式收回资金,从而使原已固定的债权转为流动化的资金的行为。取得受益权证书的受让人就成为受益人,有权向房地产信托机构索取有关收益。这种房地产债权信托,常用于个人住房贷款债权信托、商业房地产贷款债权信托等。

在这类业务中,房地产金融贷款机构为委托人将其持有的各种房贷债权委托给房地产信托机构,由房地产信托机构以受托人的身份发行受益权证书(证券),获得资金交给房地产金融贷款机构,提供资金购买受益权证书者(证券投资者)作为受益人,以后由房地产金融贷款机构作为最初房贷的发放人代为收取贷款本息,然后转给房地产信托机构,再由房地产信托机构按规定交付给购买受益权证书的受益者(证券投资者)。

在这里,房地产信托机构其实就是充当了资产证券化(房贷证券化)过程中的特殊目的机构(SPV),通过信托制度,房地产金融贷款机构转移给房地产信托机构的被证券化的房贷债权资产成为有独立法律地位的信托财产,在名义上归房地产信托机构所有,脱离了房地产金融贷款机构的完全控制,即使房地产金融贷款机构出现经营风险也不会殃及此信托财产。同时,信托财产不同于房地产信托机构的固有财产,即使房地产信托机构遇到不测,如依法解散、被依法撤销,或被宣告破产而终止时,此信托财产不属于房地产信托机构清算财产,可以保障受益权证书的受益者(证券投资者)的受益权。房地产债权信托尤其是个人住房贷款债权信托有利于房地产金融贷款机构的资金周转,对搞活个人住房贷款市场,满足购房者的贷款需求有着重要的意义。

(三) 动拆迁信托

在城市旧区开发建设时,房地产信托机构可以受托承担旧区原有单位、居民动迁和原有房屋拆除工作,方便房地产施工单位施工。

房屋动拆迁工作一般包括逐户走访,调查核实,确定拆迁方案和安置方案,拟订费用计划,申请拆迁,签订拆迁安置协议,实施单位、居民搬迁和房屋设施拆除等工作。

房地产信托机构与委托人(如相关地方政府或者房地产开发经营企业等)签订动拆迁

信托合同,在合同规定的期限内完成动拆迁工作。房地产信托机构根据动拆迁量、动拆迁难度和动拆迁费用等与委托人商定信托报酬。

(四)委托代建信托

这是建房人(委托人,包括单位甚至包括个人)委托房地产信托机构代理建房。建房资金由委托人在委托时一次全部付给房地产信托机构。委托代建的产生是由于建房人因无力组织施工,将基建计划与资金等交给房地产信托机构,委托房地产信托机构按照委托人的要求代为办理设计、组织施工管理。房屋建成后,房地产信托机构将房屋交给委托人,并向委托人收取一定的委托代建费作为信托报酬。

(五)房地产开发经营企业托管

房地产开发经营企业托管是指房地产开发经营企业的资产所有者将房地产开发经营企业全部或部分资产的法人财产权以契约形式委托给房地产信托机构,由房地产信托机构在一定条件和期限内,对所委托的资产实现保值与增值的一种信托形式。这是一种权利信托,在信托期内,房地产信托机构对托管的房地产开发经营企业拥有按照信托契约规定的财产经营权。

房地产信托机构对房地产开发经营企业进行托管,首先应对该企业进行诊断分析,然后双方签订托管协议,规定托管期限。至于信托报酬,可以商定在托管期满若所托管的资产保值,房地产信托机构收取一定的资产保值费;若所托管的资产增值,则收取增值额一定比例的增值费;若出现经营亏损,则不收取信托报酬。

房地产信托机构应利用其管理、技术、资金和市场信息的优势,开展房地产开发经营企业托管工作。被托管的房地产开发经营企业可以是亏损企业,也可以是效益不错但发展已至"极限"的企业。

房地产开发经营企业托管工作的展开,主要靠房地产信托机构的高水平管理、高技术手段和较准确的市场分析及适量的资金注入来进行。

(六)房地产投资基金业务

房地产信托机构可以作为投资基金或者基金管理公司的发起人从事房地产投资基金业务。房地产信托机构利用其专业理财能力,管理和运用投资基金于房地产领域,包括房地产证券市场和房地产实业市场,甚至可以考虑进入基金持有人无法或者无力直接进入的市场寻求投资增值机会。如房地产信托机构受符合一定资金量条件的私人投资者委托,有选择地将资金投资于目前私人尚无法直接投资且限制流通的房地产上市公司法人股拍卖市场,或者投资于境外房地产市场,为私人投资者寻找资金保值、增值的新途径。房地产投资基金也可以在仓储物流、产业园区等基础设施证券化上发力。

第三节 房地产代理、征信、咨询和担保

一、房地产代理

房地产代理是指房地产信托机构受托代为客户办理有关房地产事项的广义信托业

务。它是在委托人(即被代理人)和受托人(即代理人)之间产生的一种法律行为和契约关系。委托人本着一定的目的,与作为代理人的房地产信托机构商订契约,授予房地产信托机构以一定的权限,由房地产信托机构代表委托人办理有关房地产事项。房地产信托机构应在委托人授权范围内尽职尽责,履行代理义务,收取代理报酬。理论上,房地产代理业务与狭义的房地产信托业务的一个主要区别,通常在于房地产代理业务的代理人并不因为代理而取得财产权。

房地产代理业务的内容主要有三个。

(一) 代理房地产证券业务

房地产信托机构代理房地产证券业务主要包括代理发行经批准的政策性银行房地产金融债券、房地产企业债券等。房地产信托机构还可以代理有关证券的持有者出席股东大会或者持有者大会,行使有关表决权等。

(二) 代理仓库业务

房地产信托机构设置仓库,承办房地产开发经营企业等存放建筑材料和其他有关货物的业务。房地产信托机构代理仓库业务收取一定的栈租和手续费。房地产信托机构开办此代理业务,有利于房地产信托机构房地产资金信托业务中发放房地产开发经营企业流动资金质押贷款等。

(三) 房地产业权代理

房地产业权代理是指房地产信托机构受房地产业主的委托,对涉及房地产产业权利的各个方面进行管理。如产权证件的保管与管理、户籍资料的管理和其他涉及房地产产业权利变动情况的管理。

二、征信、咨询和担保

(一) 征信

房地产信托机构可以接受委托,对委托人拟进行经济交往的对方(自然人、法人或者其他组织)资信情况进行调查,如对房产开发者、房产销售者、房产出租者和房产中介者的资信情况进行调查,以减少或者避免在投融资、购房或者租房中的瑕疵。

(二) 咨询

房地产信托机构可以利用其专业人才优势和信息优势为自然人、法人或者依法成立的其他组织进行房地产经济咨询,如房地产开发项目可行性研究咨询、房地产市场咨询等。

(三) 担保

房地产信托机构可以利用个人和企业信用征信系统,对符合一定要求的个人和房地产开发经营企业等的信用行为提供担保,提高个人和房地产开发经营企业等在经济交往中的信用水平,尤其是可以对一些处于信托期内的、已经委托其从事房地产资金信托业务的受益人提供一定金额、一定时期的信用担保。在我国,信托公司开展对外担保业务时,其对外担保余额不得超过其净资产的50%。

此外,房地产信托机构还可以经营房地产开发经营企业资产的重组、购并及项目融资、公司理财、财务顾问等中介业务,受托从事为救济贫困户、救助灾民、扶助残疾人、发展社会公益事业等公益目的而设立的房地产公益信托,如涉及廉租房、救灾房和社会公益用房的信托业务等。

房地产信托作为房地产金融的一种灵活的金融业务方式,可以适时根据需要和可能发展和创设新的形式。

本章小结

信托是指资财的所有人(自然人或法人)按照自己的目的或利益,将其所拥有的资财委托给他人或信托机构代为管理或处理的一种经济行为,也是一种财产经济管理制度。信托体现多边的经济关系,是一种包括委托人、受托人和受益人在内的多边经济关系。这种多边的经济关系即为信托关系。一项信托行为的产生、信托关系的设立,需要有三个方面的关系人:委托人、受托人、受益人。委托人提出信托要求是整个信托行为的起点,受托人在整个信托行为中处于关键环节,受益人享受到应有的收益或信托财产,这是信托行为的终点。

设立信托必须有合法的信托目的、确定的信托财产以及符合规定要求的书面表现形式。让受益人获得收益或信托财产是设立信托关系的目的,信托关系是围绕信托财产而存在的。信托财产就是委托人托付给受托人管理或处理的财产,也就是受托人承诺信托而取得的财产。信托关系中,受托人首先是为受益人的利益管理或处理信托财产,而不是首先为自己的利益去管理或处理信托财产的。

信托是一种金融行为,它具有融通资金以及融资与融物、融资与财产管理相结合的特点,是一种金融信托。信托业务的种类按照不同的角度可以有多种分类。我国专业信托机构的信托业务可以分为四大类:一是受托业务;二是代理业务;三是征信、咨询和担保业务;四是中介业务。此外,信托机构可以将其所有者权益项下依照规定可以运用的资金,存放于银行或者用于同业拆放、贷款、融资租赁和投资。

房地产信托是指房地产信托机构受委托人的委托,为了受益人的利益,代为管理、营运或处理委托人托管的房地产及相关资财的一种信托行为。房地产信托业务涉及的房地产,包括房地产及其经营权、物业管理权、租赁权、受益权和担保权等相关权利。房地产信托的主要内容有房地产资金信托、房地产财产信托、房地产代理以及房地产咨询等。

房地产信托的作用主要表现在:利用房地产信托的社会理财的职能,促进房地产业的发展;利用房地产信托的金融职能,促进房地产资金的融通;利用房地产信托的金融服务职能,为房地产业提供相关服务。

房地产信托的设立应当采取书面形式。房地产信托受托人承诺信托时,房地产信托成立。房地产信托受托人因承诺信托而取得房地产信托财产,并且根据有关法律法规规定应当办理登记手续的,应当依法办理该房地产信托财产信托登记,房地产信托才生效。

房地产资金信托是指委托人基于对房地产信托机构的信任,将自己合法拥有的资金委托给房地产信托机构,由房地产信托机构按照委托人的意愿以自己的名义,为受益人的利益或者特定目的在房地产领域管理、运用和处分信托资金的行为。房地产信托机构单独或者集合管理、运用、处分房地产信托资金可以采取房地产贷款、房地产投资等方式进行。房地产资金信托应当为自益型信托,是卖者尽责、买者自负的私募资管业务。

房地产其他受托业务包括房地产实物财产信托、房地产债权信托、动拆迁信托、委托代建信托、房地产开发经营企业托管和房地产投资基金业务等。

房地产信托广义上还包括房地产代理。房地产代理业务的内容主要有:代理房地产证券业务、代理仓库业务和房地产业权代理。

房地产信托机构还可以接受委托,从事与房地产有关的征信、咨询和担保业务,并且可以经营房地产开发经营企业资产的重组、购并及项目融资、公司理财、财务顾问等中介业务,以及受托从事房地产公益信托。

房地产信托可以根据需要和可能适时发展和创设新的形式。

复习思考题

1. 什么是信托?其原理有哪些?
2. 什么是房地产信托?其作用有哪些?
3. 什么是房地产资金信托?其形式主要有哪些?
4. 房地产其他受托业务主要有哪些?
5. 什么是房地产代理?其主要内容有哪些?
6. 房地产信托如何促进房地产业的发展?
7. 寻找房地产信托实例,了解其规模、资金运用方式、期限。

第八章 房地产典当和其他非金融机构房地产融资

本章首先对典当进行了概述,然后在此基础上阐述了房地产典当,分析了房地产典权,比较了房地产典当与房地产抵押贷款、房地产租赁的关系,最后介绍了住房合作社和商品住房基金会融资的房地产融资。

第一节 典当概述

一、典当与典当行

典当曾被说成是借款人用实物作质押而向特殊的贷款机构取得借款的行为。在这里,借款人术语称为出典人、典押人,也称交当人或当户,可以是个人也可以是机构。作质押的实物术语称为典当物或当物。特殊的贷款机构亦即贷款人,术语称为承典人,也称收当人,又称典当行或当铺。典当行和典当的某些表述在发展中得到拓展,现在,在我国,典当行被定义为依照《典当管理办法》设立的专门从事典当活动的企业法人,其组织形式与组织机构适用《公司法》的有关规定。并把典当解释成当户将其动产、财产权利作为当物质押或者将其房地产作为当物抵押给典当行,交付一定比例费用,取得当金,并在约定期限内支付当金利息、偿还当金、赎回当物的行为。

从典当行来说,典当是典当行根据出典人提供的典当物的价值,按规定的折扣率确定典当金(典价或典金、当本、当金),按典当金数额贷放现款,定期收回典当金现款和典当金利息的融资经营行为。

典当行的运作过程,涉及收当、赎当和死当及拍卖、变卖或者折价过程。这个过程如图8-1所示。

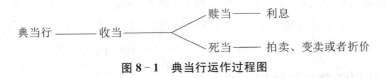

图8-1 典当行运作过程图

典当行是典当运作的主体。典当行作为一个独立的经营机构,需要有一定的注册资本。典当行经营典当物的范围一般可以是家电商品、古玩字画、首饰珠宝、高档日用品、机器设备、批量服装、汽车、摩托车和房产等生活资料和生产资料。典当行被纳入特殊的工商企业,是具有金融性的商业企业,又被视作一种非银行的金融机构,根据其经营典当物范围,拥有相应规模的资本是其顺利开展经营活动的基础。典当行需要资本一方面是其正常运作需要有固定的经营场所和安全可靠存放物品的设施;另一方面是其经营贷款业务也需要有一定的自有资金的缘故。资本是典当行存在的前提和基础。一般说来,资本的数量视其经营典当物的不同而有差异,日常消费品作为典当物经营的,资本数量可少一些;以房产、汽车等作为典当物的,资本数量应雄厚。随着经济的发展,典当行最低资本的数额也会发生变化。在房地产典当中,房地产抵押典当单笔数额以及房地产抵押典当余额往往都还受制于典当行注册资本规模。

收取典当物是典当行营运的起点。典当行按典当章程或典当办法收取出典人提供的典当物,查验典当物质量,估定价格,确定典当金,支付现款。

赎当是出典人在约定的典当期内偿还典当金和典当金利息后,从典当行取回其原先交付的当物的行为,这也是典当行融资经营活动的重要一环。典当行不同于一般商行,收取典当物不同于收买。在正常情况下,不是以收买进商品,然后再销售,靠差价为获取盈利的主要手段,而是以收取典当物为手段,通过资金贷放,靠利息来盈利。

死当及其处理是典当行一项融资经营活动的最后环节。死当也称绝当,是逾期不赎取又不续当的典当物。当典当物成为死当后,传统上,典当行就取得了对该典当物的所有权。典当行对死当物品,有权通过拍卖、变卖等方式获得收入,用以抵偿典当行支付给出典人的典当金,以及典当利息和其他相关的费用如拍卖费等。典当行对死当的处理又称绝卖。

对拍卖、变卖所得,有两种处理方法。一种处理方法是将超过典当金部分的拍卖、变卖所得,扣除典当金利息以及典当行支出的其他各种费用后,将多余的金额退还给出典人;另一种处理方法是典当行将超过典当金部分的拍卖、变卖所得,扣除典当金利息以及典当行支出的其他各种费用后,将多余的金额由典当行作为自己的营业收入。在实务上,在绝当物处理问题上,我国不再区分死当物估价金额大小要求,统一要求典当行对死当物采取协议折价或协议拍卖、变卖的处理方式,并就拍卖、变卖所得价款优先受偿,"多退少补"。即拍卖、变卖收入在扣除拍卖、变卖费用及当金本息后,剩余部分应当退还当户,不足部分应当继续向当户追偿。

在典当行利息和综合费用收取方面,为适应贷款市场报价利率(LPR)改革,典当金利率按贷款市场报价利率(LPR)及浮动范围执行,典当金利息不得预扣;在综合费用方面,典当行可以根据实际提供的服务向当户收取综合费用,且不得超过现行《典当管理办法》规定的费率上限,房地产抵押典当的月综合费率不得超过当金的27‰。

二、典当的产生与发展

典当行是人类古老的行业之一,有着悠久的历史。在中国,典当行是最早出现的民间金融机构之一。典当行最早称"质库",或"质肆""质舍",开始于南北朝,起源于南齐时代(479—502年)。南朝时已有寺院开办质库,经营以衣物等动产质押的放款业务。据《南史·甄法崇传》记载,江陵令甄法崇孙甄彬,"尝以一束苎,就州长沙寺库质钱,还赎苎还,于苎束中得五两金,以手巾裹之,彬得,送还寺库。"文中提到的寺库,就是寺院经营的质库。质为抵押之意,库即贮藏物品的房舍,"束苎""质钱"即为抵押借款,"还赎苎还"就是还款取赎。随着社会经济的发展,唐宋朝时质库更发达,成为在市场上占有重要地位的行业。宋朝时"兼并之家,照例都开质铺"。寺院经营工商业,也开质库谋利;元朝称解典库等,有的已同时经营信用放款。明朝除旧称外,又有典当、当铺等名称。以后典当或当铺成为通称;规模较小而取利重者,则称"小押当"。明朝中期至清朝初叶,我国典当行曾逾2万家。在旧中国,典当行也非常盛行。

典当行在经营时,大多采取典当金低,典当金利率高和典当期短的策略。典当金低于典当物本身的价值,通常为五成,有时甚至压得更低。典当利率有的可达月息8分。典当期短使得典当行投放的资金因周转速度快,发挥资本作用的次数多,而与获利程度呈正向关系。典当期短,有助于典当行利用时间差制造"死当",从而可对过期不赎的质押品进行没收转卖,可望赚取典当物处理后的额外收益。因而,旧中国的典当行实际上成了一种放高利贷的机构,名声很坏,典当几乎是剥削和罪恶的代名词。

新中国成立后,随着社会主义改造的进行,在消灭"剥削"和"高利贷"的进程中,通过典当业的全行业公私合营,在一些城市,典当业成为中国人民银行分支机构中专门办理小额抵押贷款的职能部门,从而典当业被人民政府取缔。自1987年底四川省成都市成立新中国第一家典当商行——成都市华茂典当服务商行以来,典当业在我国大地上又悄然兴起。据不完全统计,我国典当行最多时曾达到三千余家,各类主管部门也曾多达20多个,典当业的行业类型和典当行的机构属性,长期以来存在争论,由于典当行数量的增加,一些地方发生了非法集资事件,为了整顿金融秩序,打击非法金融活动,1993年8月后开始由人民银行主管,2000年7月,典当业的监管部门也由人民银行变更为国家经济贸易委员会,典当行也从金融机构变更为非金融机构,国家经济贸易委员会于2001年8出台了新的《典当行管理办法》,在政府机构改革后,国家商务部和公安部于2005年2月联合公布了自2005年4月1日起施行的《典当管理办法》。随后,在对典当行进行规范的同时,批准设立了若干家典当行,包括注册资本数千万元的典当行,并且允许符合条件的典当行在本省、自治区、直辖市内开设分支机构。为了进一步完善典当业监管制度,提升典当业监管水平,切实保证典当业规范经营,防范行业风险,促进典当业健康有序发展,根据《典当管理办法》及有关法律法规,商务部制定了《典当行业监管规定》。2018年,典当行转隶银保监会监管,银保监会指导地方金融监管部门完善准入管理,加强日常监管,要求典当行依法合规经营、严守行为底线。2019年末,全国共有典当企业8 397家,注册资本1 722.6亿元,资产总额1 602.7亿元,典当余额992.86亿元。2019年1—12月,全行业实现典当总额2 860.48亿元,累计开展业务179.2万笔,平均单笔业务金额16.6万元,平均当期33天,最短当期1天。[1]

三、中国典当业恢复发展及其现实作用

典当业之所以能在中国内地销声匿迹30多年后再次兴起,主要在于典当行的自然属性即质押融资和其与社会主义经济发展结合在一起的社会属性相结合的需要。在从传统的计划经济体制向社会主义市场经济转变的过程中,许多不同的资金需求应运而生。典当行在一定程度上克服银行和其他金融机构的贷款难以及时、足量、灵活地满足社会对资金的需要的弊端,弥补银行和其他金融机构信用的不足,这是典当业恢复的基本原因。典当业的恢复和发展,首先表现在典当业经营范围的扩大。从质押品范围来说,从传统的动产质押扩大到权利质押如各种有价证券,以及各种不动产如房地产等;从出典人范围来讲,从只对个人、个体经营者扩展到私营企业和国有及集体单位。

典当作为一项金融业务,其主要作用是:

(一) 融资的作用

在从传统的计划经济体制向社会主义市场经济转轨发展的过程中,资金不足严重制约了经济的发展。典当业开辟了新的融资渠道,是对银行和其他金融机构融资渠道的有益补充,起到了拾遗补阙、调剂余缺、融通资金的作用。

(二) 支持生产,活跃流通,解危救难,方便群众

向个体经营者及各类企业质押放款,支持生产与流通已逐渐成为我国典当业的一项主要日常业务;向城乡居民质押放款是我国典当业的传统业务。这些业务起到了支持商品生产和流通,扩大承典人的经营规模,扶危救难,雪中送炭的作用。

(三) 稳定社会经济、金融秩序

急需资金的个人、个体经营户和企业可以用自己的财物作典当物取得贷款,避免社会经济生活中的不法行为。同时,典当业的经营受银保监会、市场管理机关和公安机关等的管理,有利于抑制民间高利贷行为。

(四) 房地产典当的运作,有利于置业投资的发展

由于扩大了典当行的经营范围,拥有自有房产者将房产作典当物融通资金已成为可能。这在一定程度上有利于住房自有化和住房制度的改革,扩大人们的投资领域。

---

[1] 中国银保监会:中国银保监会有关部门负责人就《关于加强典当行监督管理的通知》答记者问,2020年5月29日。http://www.cbirc.gov.cn/cn/view/pages/ItemDetail.html?docId=907194&itemId=915。

第二节 房地产典当和房地产典权

一、房地产典当

房地产典当是指房地产权利人在一定期限内,将其所有的房地产,在不放弃所有权的情况下,以一定典价将房地产其他权利让渡给他人承典的行为。房地产典当包括两个方面的内容:一是与房产无关的地的典当,二是房(包括与房有关的地)的典当。

我国古代就有地的典当,以农地为代表。有"典地"或"典田"一说,地的典当就是将使用权与收益权典给别人,承典人交付一定的典当金,在典当期间也可转典给别人,典当金一般比绝卖价格低得多。在旧中国,拥有少量土地的自耕农为应付急需,不愿轻易放弃对土地的所有权,又想保持回赎权时,往往采用典地方式。典地到期无力回赎,即成为绝卖。地主、富农常利用典地压低地价,兼并农民土地。中农、贫农之间因融通资金,也常发生典地关系。农户把土地出典后继续耕种出典土地而向承典人缴纳的地租,称为"典租"。

理论上,房产典当又称"典房",是指房屋所有人因急切需要资金,又不愿轻易放弃房屋所有权的情况下,有期限有条件地将房屋出典。典当人(承典人)支付典当金,在典当期内,典当行对该房屋具有房地产典权,即对该房屋的占有权、使用权和收益权。典当期满,只要出典人向典当行付清典当金,就可赎回房屋,典权也随之取消。因而,典当也称活卖。如果出典人典当期届满未能赎回,且续典后仍无经济实力赎回则为绝卖,承典人则拥有房屋产权。

从严格意义上讲,房地产的典与房地产的当是有区别的。这两者的区别主要在于:第一,在典的关系中,典当行在承担妥善保管当物的义务的同时,有权使用和收益;在当的关系中,典当行只承担妥善保管当物的义务,不得使用该当物,也不得将该当物出租等以获得收益。第二,在典的关系中,借款人无须向典当行支付利息和保管费,典当行也不必支付使用费;在当的关系中,借款人必须向典当行支付相应的利息和保管费。也就是说,"典"中的典权人,在典期内对典物既享有占有权,又享有使用权;而"当"中的典当行,在当期内对当物享有占有权,却不享有使用权。

从法律关系来看,典以用益物权为条件,当以质押为条件,两者的基础都是资金借贷。房地产典当通常以典为主。房屋的典,在典期内,典当行所付出的典价不计收利息,房屋产权所有人典出的房屋也不收租金。但在约定的典期内,典当行可以使用该房屋,也可出租、收取租金;而房屋的出典人继续使用自己已典出的房屋,出典人要向典当行缴纳一定的租金,这种租金称之为"典租"。

房屋出典时典当行所付的房屋典价是房屋在典期内的损耗价值的货币表现,相当于房屋在典期内的折旧费。因而,房屋典价等于房屋估算价格、年折旧率、相应典期三者的乘积。房屋价格估算时要考虑房屋本身的结构、质量、使用年限、装潢和房屋所处的环境与位置、房产市场行情等。

至于房屋的当,其典当金及典当利息等的计算则可比照一般当物的典当来处理。在实务中,目前,由于没有专门对典权作出描述,并且,房地产典当是按照抵押处理的,由此房地产抵押典当业务办理时就不涉及出典人(当户)对房地产的占有权、使用权和收益权的转移。不过本章将对房地产典权作一阐述,至于房地产典当的一般程序可以参见图8-2。

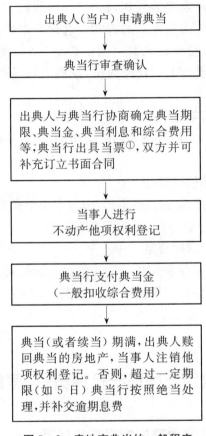

图8-2 房地产典当的一般程序

二、房地产典权

房地产典权是指典权人(典当行)支付典金,占有出典人的房地产,而取得一定时期内的使用和收益的权利。也就是房地产所有人将其所有的房地产交与承典人在一定时期内使用和收益,而取得典金的权利义务关系。房地产典权的特性主要有以下五个方面。

---

① 当票是典当行与出典人(当户)之间的借贷契约,是确定双方权利义务关系的主要依据。

（一）典权属于担保物权[①]

从出典人的角度看，其所有的房地产出典，目的是为了换回具有借贷性质的典价，一旦典期到期，出典人有权支付原典价赎回房地产典物，这又具备了债务清偿的性质。可见，出典人典出房地产是为了取得一定数量的资金，最初的典权关系是为了担保债的履行的目的而建立的，房地产典权属于担保物权。

（二）典权属于用益物权[②]

从典权人的角度看，房地产典权属于物权，但它是一种不完全的物权，它是在他人所有物上所享有的某些有限度的权利，是一种有限的用益物权，即对他人的房地产在不损害其本质的条件下使用和收益的权利。这种有限性体现在典当的期限上。房地产出典人在进行典当时，与承典人共同商定典期，当典期到期时，房地产出典人就可行使赎回权。出典人向承典人交付原典价，承典人将受典房地产交回出典人，典权也随之消失。

（三）典权行使主体的可变性

典权人对房地产典物有权使用和收益，不付租金，还有权将房地产出租，还可将房地产典权转让。

（四）典权赎回行使主体的可变性

房地产出典人是行使典物赎回权的主体，也可以由出典人的继承人来行使典物赎回权，还可以由所典房地产所有权的受让人来行使赎回权。

（五）典权赎回有明确的时限规定

典权赎回时间是由典期及续典期构成的。典期由出典人与承典人商定，续典期由法律规定。当出典人在法律规定的时期内不行使赎回权，房地产出典人就完全丧失所有权，承典人便成了该房地产的所有人。

第三节　房地产典当与房地产抵押贷款、房地产租赁的关系

一、房地产典当与房地产抵押贷款的关系

（一）房地产典当与房地产抵押贷款的相同点

房地产典当与房地产抵押贷款过程中形成的房地产典权和房地产抵押权都属于有限制的物权，两者都是以物借款，都是起源于借贷关系。无论是房地产典当还是房地产抵押贷款，都要有债权人支付款项，债务人得到借款的内容，而且主要是为债务人摆脱缺钱的困境。两者都有担保的含义，都在提交房地产的一定权利之后取得款项。房地产所有权

[①] 担保物权是为了确保债务履行而设立的物权，包括抵押权、质权和留置权；当债务人不履行债务时，债权人就担保财产依法享有优先受偿的权利。

[②] 用益物权是指权利人依法对他人的不动产或者动产享有占有、使用和收益的权利，如土地承包经营权、建设用地使用权、宅基地使用权。

仍为出典人和抵押人所有,但房地产所有权人在房地产出典和抵押期对房地产的处置权受到限制。两者都不能事先转移房地产的所有权,但在一定期限后,在一定条件下,房地产的所有权存在转移给承典人或承押人的可能性。

(二) 房地产典当与房地产抵押贷款的相异点

理论上,房地产出典人虽然拥有房地产所有权,但不能以出典房地产去取得收益,出典人失去使用权与收益权,出典期间,出典人转移对房地产的占有,房地产由承典人占有、使用和收益;而房地产抵押贷款是以房地产的价值作担保而取得借款,抵押期间,抵押人不转移对房地产的占有,房地产的使用权和收益权属抵押人所有。

在房地产典当关系中,承典人得到的是房地产的使用权和收益权,房地产典当期到期,承典人交回房地产收回典金,没有利息;在房地产抵押贷款关系中,抵押权人(承典人)得到的是确保债务清偿的权利,不能支配抵押的房地产,但具有追及权利,当抵押人擅自处分抵押的房地产,抵押权人可以追及抵押的房地产而行使权利。房地产抵押贷款期满,抵押权人收回贷款本金及利息。

在房地产典当关系中,出典人逾期不赎的,可作绝卖处理,由承典人取得典当房地产的所有权;而在房地产抵押贷款关系中,当抵押人(借款人)到期无力还本付息时,抵押权人享有抵押房地产依法处分后的价款的优先受偿权。

不过,房地产典当在按照抵押处理的情况下,两者的差异则主要表现在通过房地产典当获得的融资单位成本比较高、贷款规模相对比较小、融资期限比较短,但手续相对简便且灵活;而通过房地产抵押贷款获得的融资单位成本比较低、贷款规模相对比较大、融资期限可以比较长,贷款审批手续一般比较严格。

二、房地产典当与房地产租赁的关系

(一) 房地产典当与房地产租赁的相同点

房地产典当与房地产租赁都要发生房地产所有权中的占有、使用和收益权的转移,但房地产所有权仍在原所有人手中。

(二) 房地产典当与房地产租赁的相异点

在房地产典当关系中,典期到期时,出典人要收回其房地产所有权中的占有、使用和收益权,必须返还原典价于承典人;在房地产租赁关系中,租期到期时,房地产所有权中的占有、使用和收益权自然回归出租人,出租人无须返还已收取的租金给承租人。

在房地产典当关系中,出典人可以较为快捷和集中地使用一笔款项;而租赁关系要求双方按一定的期限和房屋的状况,确定租金数额和收取租金的方式、时间,且租金一般分期分批给付,使得出租人成为变相食利者。

在房地产典当关系中,出典人在回赎期满不回赎,活卖的房地产会变为绝卖,出典人则丧失所典房地产的所有权或者被依法处分;在房地产租赁关系中,不会发生房地产所有权的转移。

第四节　其他非金融机构的房地产融资

一、住房合作社融资

住房合作社是一种城镇居民自愿参加、自筹资金、自有产权、自己使用、自行管理的群众性建房互助协作的合作组织。国际建房与储蓄组织联盟把住宅合作社解释为"是一种互相帮助、共同建房的非营利性团体。属集体合作性质。它是以建房资金融通和储蓄、建设及管理一体化解决住房问题的合作社"。

城镇居民集资创办住房合作社的目的是为了满足自身的住房需求,住房合作社从事与住房有关的一切活动是非营利性的,住房合作社通过从事住房的生产、维修和其他服务,满足入社成员的居住需要。将社员投入的资金和劳务转化为归其所有的住房或住房服务。住房合作社可调动社会各方面建房的积极性,尤其是职工个人建房的积极性。建立住房合作社是解决住房问题的一个有效途径。

随着我国城镇住房制度的改革和住房商品化的推进,全国不少城市相继出现了住房合作社组织。上海玩具进出口公司于1986年创办了全国第一家住房合作社——新欣住宅合作社。上海市于1991年底成立了上海市职工住宅合作社,由上海市总工会直接领导,面向全市职工,专门从事优惠廉价住房建设。据不完全统计,截至2000年底,我国各类住房合作社达到5 000多个,遍及全国20多个省市,大约150万个中低收入职工家庭通过合作建房的方式,改善了居住条件[①]。

住房合作社在发展过程中主要有以下三种类型:

① 单位自办住房合作社。其特点是由单位组织职工按个人、单位共同集资的方式建造住房,社员均为单位职工。

② 系统住房合作社。它一般是由无力独立建立住房合作社的单位所在系统联合下属无力建立住房合作社的单位组建的住房合作社,用以帮助解决本系统职工的住房问题。

③ 社会性住房合作社。这是一种面向社会、面向中小企业和面向"三困"户(住房困难、单位建房困难、个人经济困难),不分地区、部门、系统的住房合作社。

住房合作社的资金来源是以社员入社储蓄资金为主体形成的股金,以政府提供优惠政策和单位向建房职工进行扶助为条件,以住房合作社代表社员办理银行房地产贷款为补充而构成的。住房合作社在运作时,单位给予一定的资金帮助,政府对建房基地和其他建房条件给予政策上的优惠,银行给予贷款优惠,社员购买住房合作社开发的房产,有的地方规定可以享受契税和房产税的政策优惠。但是,由于有的住房合作社以合作建房为名,享受政府在土地、配套设施建设等方面的优惠政策,但运作机制和房屋价格确定却类

---

① 刘志峰:"在规范和创新中发展中国的住宅合作事业",2001年6月8日,网址:http://www.cin.gov.cn/indus/speech/2001070301.htm。

似于商品房开发；有的住房合作社在住宅建造价格、管理成本和管理费用确定中，加大社员负担，社员意见较大；有的住房合作社由政府部门或单位某些部门操作，社员只有交钱的责任和义务，没有管理和监督的权利，不能真正体现合作社经济组织的机制优势；等等，加上住房合作社的法律地位没有真正确定以及其后由于住房分配货币化的实施，单位和职工在住房问题上的关系，已经开始逐步成为住房货币分配关系，单位乃至系统住房合作社已趋于萎缩，又由于土地供应制度的变化，社会性住房合作社也已经处在停顿、萎缩甚至消亡的状态。

住房合作社在运作中曾经倡导贯彻"个人出资、单位帮助、政府扶持、民主管理、自我服务"的基本原则，在自愿平等、互惠互利的前提下，采取入社自愿、退社自由的做法。住房合作社的社员为住房困难的中低收入者。住房合作社的基本任务是动员社员尽可能多地筹集建房资金，组织社员直接参加建造经济适用住房，努力降低住房造价，发扬民主，平等互利，将社员按入社资金多少和入社时间长短综合排序，依次获得住房，使社员间的资金获得融通，并搞好住房管理。

住房合作社在内部管理上采取民主管理，并相应建立自我管理机构。住房合作社的管理机构由社员或社员代表大会、管理委员会和监事委员会组成。

社员大会或社员代表大会是住房合作社民主管理的组织，社员代表由社员民主选举产生。社员大会或社员代表大会的职责是制定和修改住房合作社章程，审议、决定住房合作社的重要议题，选举管理委员会和监事委员会，审查管理委员会、监事委员会的工作。

管理委员会是社员大会或社员代表大会的常设机构，是住房合作社的管理办事机构，根据社员大会或社员代表大会的决议，讨论决定住房合作社的工作计划，负责筹资、建房、分配和管理住房等。

监事委员会是住房合作社的监督检查机构，负责监督检查管理委员会执行社员大会或社员代表大会决议的情况，审查管理委员会的财务活动，向管理委员会提出改进意见。

目前由于受制于土地供应，住房合作社融资推行存在困难，但是，利用住房合作社组织形态在解决中低收入家庭住房问题上的理念，对于多渠道解决和改善住房问题有积极的借鉴意义，对于个人（集资）合作建房问题的深入探讨也是有一定参考意义的。

二、商品住房基金会融资

商品住房基金会是经政府批准成立的负责筹集和运用商品住房基地开发、建设、流通周转资金的事业法人机构。其宗旨是以筹集运用房地产资金，补充基金会房地产开发经营企业会员商品住房基地开发、建设和流通周转性资金的需要，补充基金会其他中小企事业会员建设职工住房资金的需要，为加快住房商品化，促进房地产市场的发展服务。

商品住房基金会的资金来源主要有：商品住房基金会会员交存的基金款，商品住房基金会各项收入的积累，社会各界的捐赠款，商品住房基金会向银行的借款及其向企事业单位、职工发放住房建设债券所筹的资金等。

商品住房基金会的资金运用除了满足会员的资金需要外，还包括直接投资建造商品住房、住房建设债券的还本付息、商品住房基金会的各项开支等。

凡是实行独立核算，具有法人资格的当地房地产开发经营企业和其他各类有单位住房基金提存的企事业单位，承认、遵守商品住房基金会章程的均可申请加入经过批准设立的商品住房基金会。加入商品住房基金会的会员有向基金会申请委托贷款的权利，有委托基金会向银行申请商品房专项贷款，并享受基金会贴息优惠的权利等。加入商品住房基金会的会员有义务遵守基金会的章程，有义务按基金会规定的办法交存一定比例的基金。

商品住房基金会实行理事会领导下的主任负责制，理事会由基金会的倡导者、发起单位和主要赞助单位组成。基金会实行独立核算，主任对资金的筹集、运用和执行财经纪律负责。商品住房基金会不以营利为主要目的，以提高城市住房建设的宏观社会经济效益为目标，是商品住房购建上的一种非金融机构的融资载体。

商品住房基金会融资曾经在住房商品化进程中，起到了推进作用，其运作理念在推动保障性住房建设中有借鉴意义。

随着互联网的发展，互联网金融也会成为非金融机构房地产融资的重要途径。

本章小结

典当是指当户将其动产、财产权利作为当物质押或者将其房地产作为当物抵押给典当行，交付一定比例费用，取得当金，并在约定期限内支付当金利息、偿还当金、赎回当物的行为。

典当行是依法设立的专门从事典当活动的企业法人，典当行的运作过程，涉及收当、赎当和死当及拍卖过程。典当作为一项金融业务，其主要作用是：① 融资的作用；② 支持生产，活跃流通，解危救难，方便群众；③ 稳定社会经济、金融秩序；④ 房地产典当的运作，有利于置业投资的发展。

房地产典当是指房地产权利人在一定期限内，将其所有的房地产，在不放弃所有权的情况下，以一定典价将房地产其他权利让渡给他人承典的行为。

理论上，房地产的典与房地产的当是有区别的。这两者的区别主要在于：① 在典的关系中，典当行在承担妥善保管当物的义务的同时，有权使用和收益；在当的关系中，典当行只承担妥善保管当物的义务，不得使用该当物，也不得将该当物出租等以获得收益。② 在典的关系中，借款人无须向典当行支付利息和保管费，典当行也不必支付使用费；在当的关系中，借款人必须向典当行支付相应的利息和保管费。

在实务上，目前房地产典当是按照抵押处理的，由此房地产抵押典当业务办理时就不涉及出典人（当户）对房地产的占有权、使用权和收益权的转移。

至于房地产典权是指典权人（典当行）支付典金，占有出典人的房地产，而取得一定时期内的使用和收益的权利。房地产典权的特性主要有：① 典权属于担保物权；② 典权属于用益物权；③ 典权行使主体具有可变性；④ 典权赎回行使主体具有可变性；⑤ 典权赎回有明确的时限规定。

房地产典当与房地产抵押贷款中的房地产典权和房地产抵押权都属于有限制的物权,两者都是以物借款,都是起源于借贷关系。

理论上,房地产出典人转移对房地产的占有,房地产由承典人占有、使用和收益;而房地产抵押贷款是以房地产的价值作担保而取得借款、抵押期间,抵押人不转移对房地产的占有,房地产的使用权和收益权属抵押人所有。但在房地产典当按照抵押处理的情况下,两者的差异则主要表现在前者融资单位成本比较高、贷款规模相对比较小,融资期限比较短,但手续相对简便且灵活;而后者融资单位成本比较低、贷款规模相对比较大、融资期限可以比较长、贷款审批手续一般比较严格。

房地产典当与房地产租赁都要发生房地产所有权中的占有、使用和收益权的转移,但房地产所有权仍在原所有人手中。前者在典期到期时,出典人要收回其房地产所有权中的占有、使用和收益权,必须返还原典价于承典人;后者在租期到期时,房地产所有权中的占有、使用和收益权自然回归出租人,出租人无须返还已收取的租金给承租人。

住房合作社是一种城镇居民自愿参加、自筹资金、自有产权、自己使用、自行管理的群众性建房互助协作的合作组织。商品住房基金会是经政府批准成立的负责筹集和运用商品住房基地开发、建设、流通周转资金的事业法人机构。它们都具有一定的房地产融资功能。

复习思考题

1. 什么是典当?什么是房地产典当,我国现行房地产典当有什么特点?
2. 什么是房地产典权,它有什么特性?
3. 房地产典当与房地产抵押贷款的异同有哪些?
4. 房地产典当与房地产租赁的异同有哪些?
5. 非金融机构的房地产融资主要有哪些?

案例分析

案例   **房产典当应对短期融资**[①]

北京宝瑞通典当行与北京金诚信房地产经纪公司达成战略协议,双方就房产典当的相关业务展开了全面的合作。房屋只要经过经纪公司专业人士的评估,典当行就可以支

---

① 资料来源:陈静:"房产典当轻松应对短期融资",《京华时报》,2006年4月14日。

付相应的当金。在典当期间典当人可以与"金诚信"签订《委托售房协议》，中介公司通过市场寻找客户，以实际成交价格将售房款项全部交给典当人，以方便其向典当行还款，剩余部分还可以做其他投资。

某工地包工头李先生就通过"典当＋售房"的方式完成了一次短期融资，并实现了三方盈利。一天，李先生找到了该房地产经纪公司中关村店，要求把某一套住房低价卖掉，售价比市场价格低一些也能接受，条件是要快。

原来，李先生在北京接了几个项目的施工，由于甲方的工程款总是拖延，资金周转出现了困难。听了他的介绍，经纪公司的工作人员建议他，先把房子抵押给典当行。李先生的房子价值在55万左右，典当行可以支付给他的当金为评估价格的80%，大约40万左右。这样一来，李先生可以迅速得到一笔资金解决燃眉之急，而他的房子经纪公司也会替他寻找买家，争取卖个满意的价格，避免价格损失。

李先生听后觉得办法不错，就到宝瑞通典当行，向典当行介绍了自己的房屋所在地址、面积及相关事项。典当行立刻请经纪公司的专业评估人员对房子进行市场评估。

两天后，李先生和典当行完成了对该房屋的公证与抵押手续，顺利拿到了他所需要的资金，解决了周转问题。而半个月后，经纪公司替他的房子找到了买家，出价比他此前想卖的价格整整高了 55 000 元。

李先生非常高兴，他卖掉房子，除还掉典当款，只支付了 13 800 元的利息、评估等综合费用，比原想的还盈余了 4 万多元。

分析：

典当行无论是作为金融机构管理还是作为非金融机构管理，典当能够提供融资是不争的事实，典当的融资作用被越来越多的人所知晓。

房地产典当成为一些典当行典当业务的重要组成部分，一些典当行房地产典当额已经占整个典当业务的 50%，甚至在 80% 左右。如何更好地开展房地产典当业务，案例中的典当行寻求与房地产中介公司的合作，不失为一种拓展房地产典当业务的好方法。

房地产典当业务的开展，还可以考虑进一步缩短办理房地产典当融资的时间，避免类似商业银行那样贷款申请时间长、资金拨付慢的不足。

当然，房地产典当业务的开展，也要注意控制风险，注意房地产市场走势，尤其是二手房市场状况，合理确定房地产典当融资的当金成数。

第九章 房地产保险

本章首先介绍了房地产保险的含义,分析了与房地产有关的风险,阐述了房地产保险的作用,然后介绍了房地产保险的运行要素及其主要内容,阐述了房地产保险运行应该遵循的基本原则,最后对于房地产保险的主要险种作了介绍,内容涉及房屋财产保险、房屋建筑工程保险、房地产责任保险、房地产人身保险和房地产融资保险。

第一节 房地产保险概述

一、房地产保险的含义

房屋在设计、营建、销售、消费和服务等过程中,面临着各种风险,因自然灾害和意外事故造成房屋的毁损或者产生某种责任的可能性时刻存在,一旦这种可能成为现实,必将给房屋的有关当事人带来财产损失、责任损失和人身损失,导致经营困难或生活困难或人身伤亡。为了消除或减少这些可能的意外损失的不利影响,房屋的有关当事人参加投保,以获得一定的经济补偿或资金给付就显得十分必要。房地产保险就是指在房屋设计、营建、销售、消费和服务等环节中以房屋及其相关利益与责任为保险标的的保险。

房地产保险按风险潜在损失所涉及的客体即保险的对象可以分为房地产财产保险、房地产责任保险和房地产人身保险。由于房地产责任损失危及的对象主要是财产与人身两大类,因而,从严格意义上来说,房地产保险按保险对象划分为房地产财产保险和房地产人身保险,且以房地产财产保险为主。

房地产保险承保的都是具有潜在损失的风险,但不是所有具有潜在损失的风险都由保险人来承保。保险人承保的是纯粹风险,并且要符合如下条件:风险必须具有偶然性;风险必须具有意外性;风险必须具有可测定性;风险必须会导致较大的经济损失。房地产保险只保符合条件的可保风险。

二、与房地产有关的风险

房地产包括房与地两方面,由于土地一般不存在灭失的风险,因而,房地产风险一般是指房的风险,这里统称房地产风险只是习惯而已。房屋从设计、营建到销售、服务等环节都面临着损失的可能。就与房地产有关的风险的潜在损失所涉及的客体来说,可分为财产损失、责任损失和人身损失。

(一) 房地产财产损失

房地产财产损失是指由于房屋财产毁损、灭失和贬值而使房屋财产的所有者遭受的损失。如房屋遭受火灾、水灾、地震与爆炸等所造成的损失等。房屋财产的损失按产生的原因分类有自然原因、行为原因、政治原因、经济原因和技术原因。

自然原因是指由于自然因素、物理现象所造成的房屋财产损失,如台风、洪水、地震、火山爆发、冰雹等自然灾害的发生而引致的房屋财产损失。

行为原因造成的房屋财产损失是指由于个人行为的反常或不可预料的团体行为所造成的房屋财产损失,如盗窃房屋设施和玩忽职守引致的房屋财产损失。

政治原因造成的房屋财产损失是指政局和政策的变化、投资环境的恶化,使房地产投资者蒙受的种种损失。

经济原因造成的房屋财产损失是指在房屋开发经营过程中,由于经营不善、市场预测失误、价格波动,市场需求变化以及通货膨胀、汇率波动、利率升降等导致的房屋财产的经济损失。

技术原因造成的房屋财产损失是指由于科学技术发展的负效应而带来的房屋财产的种种损失,如某些新型材料的应用中的缺陷引致的房屋财产损失。

房地产财产损失除了按自然原因、行为原因、政治原因、经济原因和技术原因分类外,还可以按损失原因的不同分为直接损失和间接损失。

直接损失,指的是房地产财产因自然风险或行为风险等的作用造成房地产财产本身直接损坏或灭失,导致房地产财产价值减少的部分。如房屋被大火烧毁,就属于直接损失。

间接损失,指的是房地产财产价值因其他财产的直接损失而降低的部分以及因财产直接损失使未来营业收入的减少及支出增加的部分。

(二) 房地产责任损失

房地产责任损失是指由于人们的过失或者侵权行为使他人房屋财产损毁或者人身伤亡,在法律上负有经济赔偿责任的责任损失。这是与房地产相关的责任损失,它涉及房屋的设计、营建、销售、消费和服务等环节。由于这些环节的相关人员(单位)的责任,而发生房屋设计不当、营建质量低劣和管理不善等造成的对第三者人身伤害或财产损失,相关人员(单位)就负有赔偿责任。

房地产责任损失还包括房屋的所有人或使用人因妨碍他人利益而产生的责任损失。如房屋所有人或使用人擅自移动、改变房屋承重结构而影响邻居,导致他人人身伤害或财产损失,房屋所有人或使用人对此应负有赔偿责任。

(三) 房地产人身损失

房地产人身损失是与房地产相关的个人疾病、意外伤害、死亡而导致的损失。这会给个人、家庭和经济组织带来很大的损失,造成额外费用增加或者收入减少。如个人房地产抵押借款的借款人或个人房地产分期付款的付款人在一定时间内(通常是债务偿还期内)死亡,会给债权人或者其家人带来的损失;房地产人身损失它还包括房地产行业的职工人身伤亡损失。

三、房地产保险的作用

房地产保险是整个社会保险不可缺少的一个重要组成部分,房地产保险通过对房地产领域因自然灾害和意外事故造成的保险责任范围的损失提供经济补偿或资金给付,对房地产业的发展起积极的作用。这种作用主要体现在以下六个方面。

(一) 抵御意外不幸,实现经济补偿

房地产保险可以使人们在房屋及其相关利益遭受自然灾害和意外事故而发生损失以后,可以获得一定的经济补偿,帮助受灾单位迅速恢复生产经营,帮助受灾家庭迅速重建家园,为单位的经营活动和人们的日常生活提供安全保障,有利于社会安定。

(二) 推进住房制度改革,解除居民后顾之忧

随着住房制度的改革,居民住房自有化的比例上升,自有住房已成为不少居民家庭的重要个人资产,而且是一项高价值的资产,重置不易。住房安全与否对一个家庭来说极其重要,对住房的质量要求也十分迫切。开展住房的相关保险能够解除人们后顾之忧,从而推进住房制度的改革。

(三) 增强投保人的信用,促进资金融通

通过商业银行等融资机构房屋抵押贷款获得资金融通,缩短购房资金积累时间,早日拥有房屋已成为不少个人和单位的理想选择。商业银行等融资机构为了保障贷款资金的安全,要求借款购房者投保房屋财产险,以保障贷款抵押物的安全或者要求购房者投保房屋抵押贷款还款保证保险,可以成为增强借款人的信用,安全贷放资金的一项条件。房地产保险可以增强有关当事人的信用,促进房地产资金的融通。

(四) 保障社会财富安全,增强社会防灾救灾力量

房地产保险的承保人可以对被保险的房屋财产等的安全情况进行检查,运用日常业务活动中积累的防灾防损经验,向被保险人提出消除不安全因素的合理建议和措施,并运用保险费率高低这一经济手段,督促被保险人实行防灾防损,从而起到促进保障社会财富安全的作用。同时,承保人一般设有专门的防灾部门和人员,又有必要的物力和财力从事防灾工作,增强了社会防灾救灾力量。

(五) 搞活房地产市场,促进房地产业的发展

在生产、流通与消费这三个经济运行环节中,流通环节作为纽带,联结着生产与消费

两个环节。在市场经济条件下,房地产市场是房地产生产和消费的纽带,对房地产业的发展具有举足轻重的作用,搞活房地产市场是促进我国房地产业发展的重要手段。要搞活房地产市场,必须推动符合资格的单位和个人积极参与市场竞争。但由于房地产一般经济价值较大,物质体积较大,投资也相应较大,资金周转较慢,参加市场竞争的单位和个人所冒的风险就相对大一些,而通过开展房地产保险业务,如提供房地产工程保险、房地产开发经营单位团体人身意外伤害保险等就可以使房地产开发经营单位和有关个人最大限度地降低参与房地产市场的风险,同时增强其承受市场竞争风险的能力;而这都有利于促进房地产业发展。

(六)促进对外开放,改善投资环境

随着中国正式加入世界贸易组织(WTO),中国的对外开放程度不断提高,外商在华投资房地产开发、从事置业投资将会进一步增加,是否有适当的房地产保险等保险配套服务是涉及外商投资环境的重要方面,如果没有良好的房地产保险等保险配套服务,许多外国大公司在进入中国市场从事房地产等投资就会疑虑重重,同时,中国的保险业如果不能适应日益国际化的市场,将不能应对外资保险公司的挑战,而办好了房地产等保险,就可以促进对外开放的进一步发展、投资环境的进一步改善。

第二节　房地产保险的运行要素

房地产保险的运行需要有具备相关的运行要素,房地产保险的运行要素包括房地产保险业务开展的相关参与者和基本条件。

一、房地产保险的参与者

(一)房地产保险人

1. 房地产保险人的含义

房地产保险人是指与房地产投保人订立保险合同,收取保险费,并且承担保险合同约定的赔偿责任或者给付责任的保险公司或者相互保险社。在实行保险业分业经营的经营体制下,同一保险人不得同时兼营财产保险业务和人身保险业务,那么承担前述房地产保险业务的保险公司主要就分为财产保险公司(含房屋保险公司)和人身(寿)保险公司。我国目前就实行这种体制,另外有专门的健康保险公司、汽车保险公司、责任保险公司和相互保险社等。

2. 房地产保险人的主要权利和义务

房地产保险人的主要权利和义务有:

① 收取保险费的权利。房地产保险人需向房地产投保人收取保险费。

② 告知义务。订立保险合同时,房地产保险人应当向房地产投保人说明保险合同的条款内容,对于保险合同中规定有房地产保险人责任免除条款的,房地产保险人在订立保

险合同时应当向房地产投保人明确说明。

③ 及时签发保险单证的义务。保险合同条款达成协议,房地产保险人应当及时向房地产投保人签发保险单或者其他保险凭证。

④ 积极进行防灾防损管理的义务。房地产保险人根据保险合同的约定,对房屋等保险标的的安全状况进行检查,及时向房地产投保人、被保险人提出消除不安全因素和隐患的书面意见,经过被保险人同意,可以对保险标的采取安全预防措施。

⑤ 赔付保险金的义务。房地产保险人在收到被保险人或者受益人的赔偿或者给付保险金的请求后,应当及时作出核定。对属于保险责任的,应该与被保险人或者受益人达成赔偿或者给付保险金的协议,并且按照法律或者保险合同约定的期限,履行赔偿或者给付保险金的义务。

(二) 房地产投保人、被保险人和受益人

1. 房地产投保人、被保险人和受益人的含义

房地产投保人是指对于房地产保险标的具有可保利益,并且与房地产保险人订立保险合同,按保险合同负有支付保险费义务的人。自然人和法人都可以成为房地产投保人,只要其具有相应的民事权利能力和行为能力、对房地产保险标的具有可保利益。

房地产被保险人是指其房屋等财产或者人身受保险合同保障,享有保险金请求权的人,房地产投保人可以为房地产被保险人。

房地产受益人是指房地产人身保险合同中由房地产被保险人或者房地产投保人指定的享有保险金请求权的人。房地产投保人、房地产被保险人可以为房地产保险受益人。投保人指定受益人时必须经被保险人同意,如果被保险人是无民事行为能力或限制民事行为能力人,则受益人可以由被保险人的监护人指定;如果没有指定受益人,则在被保险人死亡时,由继承人领取保险金。实践中,被保险人或者投保人可以变更受益人,但是应当书面通知保险人。投保人变更受益人必须经被保险人同意。

2. 房地产投保人、被保险人和受益人的主要权利和义务

房地产投保人、被保险人和受益人的主要权利和义务有:

① 交付保险金的义务。房地产投保人要按期如数缴纳保险费。

② 如实告知的义务。就房地产保险人对保险标的或者被保险人的有关情况提出的询问,房地产投保人应当如实告知。

③ 危险增加的通知义务。当保险合同签约时预料的保险标的的危险在保险合同有效期内其程度增加,被保险人应当按照约定及时通知保险人,保险人获悉后有权要求增加保险费或解除保险合同;被保险人未及时通知的,因危险增加而发生的保险事故,保险人不承担赔偿责任。

④ 保险事故通知义务。房地产投保人、被保险人或者受益人在保险事故发生后,应当及时通知房地产保险人,并向房地产保险人提供其所能提供的与确认保险事故的性质、原因、损失程度等有关的证明资料。

⑤ 防灾防损和施救义务。房地产投保人或被保险人应按保险合同约定履行其对房屋等保险标的的安全应尽的责任,并能接受房地产保险人对保险标的安全的合理化建议,

搞好保险标的的安全维护工作。在保险事故发生时,被保险人有义务尽力采取必要的措施,防止或者减少保险标的的损失。

⑥ 重复保险的通知义务。重复保险的投保人应当将重复保险的有关情况通知各保险人。

⑦ 保险标的转让后的通知义务。保险单并不随保险标的所有权的转让而自动转让。保险标的的转让,被保险人应当通知房地产保险人,经房地产保险人同意并办理批改手续,保险合同才能继续有效。

⑧ 获得保险金的权利。房地产被保险人或者受益人有获得保险合同规定的赔偿或所给付的保险金的权利。

(三)房地产保险中介人

1. 房地产保险中介人的含义

房地产保险中介人是指介于各保险人或保险人与投保人之间,专门从事房地产保险业务咨询与招揽、风险管理与安排、价值衡量与评估、损失鉴定与理算等中介服务活动,并从中获取佣金、手续费或咨询费的单位或个人。

保险中介是随着保险市场的不断发展而产生并逐步被人们所接受的产物,它是保险市场细分化带来的结果。保险中介是连接保险公司和投保人的桥梁和纽带,是保险业服务社会的窗口。房地产保险中介人的产生使房地产保险供需双方能够更加迅速、合理地沟通,方便投保人的投保,满足被保险人的需求,降低保险公司的经营成本,使保险公司提高工作效率和工作质量,有精力进行保险品种开发和业务创新,有效运用保险资金,进而推动保险业的发展。总之,保险中介人的出现,扩大了保险供给和需求的途径,保险中介的规范运作,越来越受到保险交易双方的认可,保险中介本身也得到了进一步的发展。

房地产保险中介人的主体形式主要有房地产保险代理人、房地产保险经纪人和房地产保险公估人。

(1)房地产保险代理人

房地产保险代理人是指根据房地产保险人的委托,在房地产保险人授权的范围内代为办理房地产保险业务的单位或者个人。通常其可以分为专业代理人、兼业代理人和个人代理人。

专业保险代理人是指专门从事保险代理业务的保险代理有限责任公司,其可以代理保险公司推销房地产保险产品和与房地产有关的人身保险产品,代理保险公司收取保险费,协助保险公司进行损失的勘查和理赔等。

兼业保险代理人是指接受房地产保险人的委托,在从事自身业务的同时,指定专人为房地产保险人代办房地产保险业务,其可以代理保险公司推销房地产保险产品和与房地产有关的人身保险,代理保险公司收取保险费。兼业代理的形式主要有金融机构兼业代理,如商业银行代理保险公司销售贷款抵押住房保险;行业兼业代理,如住房装修行业代理住房装修保险;单位兼业代理,如职工单位代理房屋等家庭财产保险;团体兼业代理,如个体劳动者协会代理有关房屋财产保险等。

个人代理人是指根据保险人的委托,向保险人收取代理手续费,并在保险人授权的范围内代为办理保险业务的个人。在房地产保险领域,个人代理人主要承担与房地产有关的人身保险产品的代理推销和房屋等家庭财产保险产品的代理推销以及相关保险的保险费的收取。

(2) 房地产保险经纪人

房地产保险经纪人是指基于投保人的利益,为投保人与保险人订立房地产保险合同或与房地产有关的人身保险合同提供中介服务,并依法收取佣金的单位或个人。此外,广义上还包括房地产再保险经纪人,其是指基于原保险人和再保险接受人的利益,为保险分出和分入业务提供中介服务,并且收取佣金的单位或个人。在我国保险经纪人的组织形式限于合伙单位、有限责任公司和股份有限公司。

房地产保险经纪人以订立房地产保险合同为目的,为投保人提供防灾、防损或风险评估以及风险管理咨询,为投保人拟订投保方案,选择房地产保险人,办理投保手续,监督房地产保险合同的执行情况,为被保险人或受益人代为办理检验以及向房地产保险人提出索赔等。

房地产保险经纪人可以根据房地产保险标的的具体情况以及相关房地产保险人的承保情况,为房地产投保人拟定最佳的投保方案,代为办理投保手续,减少投保人或被保险人的保险费支出,减轻投保人投保选择的工作难度,提高投保效率。

(3) 房地产保险公估人

房地产保险公估人是指接受房地产保险人、投保人或被保险人委托办理房地产保险标的的勘查、鉴定、估损以及赔款的理算,并向委托人收取佣金的单位或个人,在我国保险公估人是指合伙企业、有限责任公司或股份有限公司形式的保险公估公司。

房地产保险公估人的存在及其业务运作,有助于房地产保险的赔付趋于公平、合理,有利于调停房地产保险当事人之间关于房地产保险理赔方面的矛盾,避免房地产保险人既是承保人又是理赔人,且直接负责对房地产保险标的进行检验和定损可能带来的不公正、不公平的情况的出现,体现房地产保险公估工作所具有的公平、公正、公开和合理的特性,促进房地产保险业的健康发展。

二、房地产保险基金

(一) 房地产保险基金的含义

保险基金是社会后备基金的一种形式,它实质是由社会总产品分配形成的,是以保险经济形式建立并具有专门用途的货币资金。房地产保险基金是房地产保险人为了补偿保险事故所造成的财产损失或人身伤亡所引起的经济需要,向房地产投保人收取保险费而集中起来的一种社会后备基金。它是用于房地产保险赔偿或给付的专用基金,是房地产保险正常运行的基本条件。

(二) 房地产保险基金的构成

房地产保险基金作为保险基金的重要构成部分,其具体构成如保险基金的构成一样,除了保险公司的资本金外,就是保险费收入。保险费收入按用途可以分为用于赔偿或给付的准备,用于经营管理的费用和作为保险公司的盈利。其中用于赔偿或给付的准备金是保险费收入的主要部分,构成了房地产保险基金的主体。

（三）房地产保险金额和保险费率

保险公司运作期间，房地产保险基金主要来源于房地产保险费，而缴纳保险费数额的多少取决于房地产保险金额和保险费率。

1. 房地产保险金额

房地产保险金额是指房地产保险人承担赔偿或给付保险金责任的最高限额。在房屋财产保险中，房屋保险金额不得超过投保房屋的保险价值（指投保房屋的实际价格），如果超过保险价值的，超过的部分无效。房屋保险金额低于保险价值的，除保险合同另有约定外，房地产保险人按照房屋保险金额与房屋的保险价值的比例承担赔偿责任。

房地产保险人在订立保险合同时，通常可以规定不同的赔偿方式，赔偿方式基本上有三种：第一危险赔偿方式、比例赔偿方式和限额赔偿方式。

第一危险赔偿方式是在确定赔偿金额时，不考虑保险金额与财产实际价值的比例，只要损失在保险金额限度内，都按实际损失金额赔偿，如果损失金额超过保险金额，超过部分房地产保险人不予赔偿。

比例赔偿方式是按照保险金额和出险时保险标的的实际价值的比例来计算赔偿款。如果保险金额与财产实际价值相等时，被保险人就可以得到全部赔偿。如果保险金额低于财产实际价值时，房地产保险人只负责按比例承担保险责任。比例赔偿方式的计算公式为

$$房地产保险人赔偿金额 = 实际损失金额 \times \frac{保险金额}{财产实际价值}$$

当保险金额高于财产实际价值时，赔偿款只能等于损失金额。

限额赔偿方式是指房地产保险人仅在损失超过一定限度时才负赔偿责任。

2. 房地产保险费率

房地产保险费率是按保险金额收取保险费的比率，房屋保险费率根据所承保的房屋保险危险的大小，以及房屋保险额损失率资料和房地产保险人的业务费用的多少等来合理制订。也就是说，房地产保险费率由纯费率和附加费率两部分组成。纯费率是每单位房屋保险金额的可能损失额；附加费率是房地产保险人每单位房屋保险金额的经营费用（含合理的利税以及职工工资、办公费、宣传广告费、代理人与经纪人的佣金和培训费等）。保险费率是决定保险基金数额的重要因素。

房屋等财产保险的纯费率与保险标的的损失频率和损失金额有紧密的联系，一般损失频率和损失金额越高，纯费率越高。它们之间的关系可以通过下列关系式反映：

$$\begin{aligned}房屋等财产保险的纯费率 &= 损失频率 \times 损失金额 \\ &= \frac{损失次数}{保险单位数} \times \frac{损失总额}{损失次数} \\ &= \frac{损失总额}{保险单位数}\end{aligned}$$

式中，损失次数是指符合理赔条件的损失次数，保险单位数是指承保的标的数量，损失金额包括补偿金额与理赔费用。

房屋等财产保险的附加费率与保险公司业务开支的具体情况与费用管理水平有紧密的联系。除某些刚性的支出如保险税金、监管费等以外，其他费用支出较少，相应附加费就越低。附加费率与业务开支的关系可以通过下列关系式反映：

$$附加费率 = \frac{业务开支总额}{保险单位数}$$

房屋等财产保险费率的最终厘定，在实践上还必须根据保险标的的风险情况对上述思路计算的保险费率（纯费率与附加费率之和）进行必要的调整。如对于房屋的风险可以考虑建筑结构情况（见表9-1 建筑结构分类表），对于附加或者特约地震保险的房屋，房屋的风险还应该考虑是否按抗震设计规范要求进行设计建造或抗震加固、房屋所在地区地震影响的强弱、场地的软硬等因素。

表9-1 建筑结构分类（参考分类）

类 别	内 容
Ⅰ	多层和高层钢筋混凝土房屋，包括框架结构、框架剪力墙结构、剪力墙结构和框架筒体结构房屋等
Ⅱ	砖混结构房屋
Ⅲ	单层钢筋混凝土柱厂房
Ⅳ	单层砖柱厂房
Ⅴ	未经过正规设计的房屋，包括砖房、砖柱土坯房、土坯房、土窑洞、石砌房屋和以砖、土坯、毛石等做维护墙的木结构房屋

至于与房地产有关的人身保险尤其是人寿保险的保险费率，仍然由纯费率和附加费率两部分构成，只不过纯费率的确定主要考虑人及群体的生存率和死亡率，以及保险费率的现金价值因素。现金价值因素是指年缴保费收入的利息因素，借此实现保险人收取的纯保险费加上利息应该等于保险人今后支付的保险金这一人寿保险的计算原则。

厘定保险费率须符合客观实际，如果保险费过低或过高，就会直接影响到保险公司的自身经济利益或者影响到投保人或被保险人的切身利益，不被投保人或被保险人接受，从而也不利于保险公司的业务发展。

房地产保险金额乘以房地产保险费率即为保险费，构成保险基金。

保险期限也影响保险基金的大小。保险期限是保险合同从生效之日起到终止之日的时间，即保险合同的有效期限。房屋的保险期限，一般以1年为限，来年续保，再收保费，在实践中，有的房地产保险人曾对此规定无赔款费率折扣优惠。如规定保险财产在保险期间安全无赔款，第二年起续保时按当年应交保险费给予一定比例（如10%）无赔款费率折扣优惠。

三、房地产保险合同和房地产保险标的

房地产保险合同是房地产投保人与房地产保险人约定保险权利义务关系的协议。

(一) 房地产保险合同的形式

房地产保险合同以书面形式表示,合同要载明当事人双方约定的内容。在投保人提出投保要求,保险人审核并与投保人就合同条款达成协议时,保险合同成立。保险人应该及时向投保人签发保险单或者其他保险凭证。保险合同的体现形式主要有保险单、保险凭证、暂保单、投保单和批单等。

1. 保险单

保险单是房地产保险人与投保人之间签订的正式的保险合同。由于保险的专业性,保险单由房地产保险人制定,一般还须有保险主管部门核准或备案,由房地产保险人签发给房地产投保人。

保险单是最完整的保险合同形式,在保险单中将房地产保险合同的全部内容详尽列明,包括合同各方当事人的权利义务及房地产保险人承担的保险责任。它是房地产保险合同各方履约的依据,不过保险单只是房地产保险合同形式要件,如果当事人各方就房地产保险达成协议,即使保险事故发生在正式保险单签发之前,房地产保险合同仍然有效,房地产保险人应该承担赔付责任。

保险单的内容主要涉及保险项目、保险责任、除外责任及条件事项等。具体包括房地产投保人和被保险人及(或)受益人,房地产保险人和被保险人及(或)受益人的权利和义务,保险责任范围,责任免除,保险期限,保险金额,保险费与退保费,索赔与理赔,争议处理等。抵押住房保险的保险单格式参见表9-2。

表9-2 ××财产保险公司
抵押住房保险保险单
(参考格式)

正本   保险单号码   号

被保险人   保险地址   借款合同编号:

保 险 项 目	保 额 标 准	保 险 金 额

保险金额:人民币(大写)

备 注:
1. 建筑面积: 平方米
2. 住房面积: 平方米(室   厅)
3. 房屋结构:钢砼( )、砖混( )、砖木( )、木( )
4. 附属设备:

保险期限:共   年,自   年   月   日零时起至   年   月   日二十四时止。
保险年费率: ‰
保险费(按年计收)每年人民币(大写)_____¥_____
共   年,保险费合计人民币(大写)_____¥_____
本公司自收到保险费后,按抵押住房保险条款规定负保险责任。
投保人签章   复核: 签单:××财产保险公司(签章)
                              年   月   日立于

(续表)

批注事项：

2. 保险凭证

保险凭证又称小保单，它是保险人签发给投保人的证明房地产保险人已经承保的书面证明。保险凭证是一种简化的保险单，它一般不记载房地产保险合同的全部内容和条款，但就房地产保险合同的重要事项予以列示，并声明以某种保险单所载明的条款为准。它与保险单有冲突或保险凭证另有特约条款时，应该以保险凭证的记载为准，也即保险凭证的法律效力优于保险单的效力。

3. 暂保单

暂保单又称临时保险单，它是在保险单或保险凭证未出具之前，房地产保险人或保险代理人向房地产投保人签发的证明房地产保险人已经承保的书面证明。

暂保单一般载明与房地产保险人已商定的重要事项，如保险标的、承保险种、保险金额及保险费率、房地产被保险人名称、缔约双方当事人的权利义务及保险单以外的特别保险条件等。

4. 投保单

投保单又称要保单，它是房地产投保人向房地产保险人申请订立房地产保险合同的书面要约。

由于保险的专业性，投保单一般由房地产保险人事先制定，由房地产投保人如实填写。

投保单中列明订立保险合同所必需的事项，供房地产保险人鉴别保险标的的风险状况，作出承保决策的依据。房地产保险人一般根据房地产投保人填写的投保单决定是否承保和以什么条件承保，如果房地产投保人填写不实，将影响房地产保险合同的效力，房地产投保人或被保险人的索赔请求就有可能得不到满足。

投保单本身并不具有约束力，但一经房地产保险人承诺承保，房地产投保人不可反悔，投保单将成为房地产保险合同的一部分，它是房地产投保人履行告知义务的书面证明。如果经房地产保险人承诺的承保，房地产投保人想取消，则被看作是退保行为。

投保单的主要内容涉及房地产投保人和被保险人的名称（姓名）、地址、保险标的、投保险种、保险期限等，此外投保单上还往往标明提醒房地产投保人如实履行告知义务的字样，以及对不如实告知所引致后果的警告。

5. 批单

批单是房地产保险人应房地产投保人或被保险人的要求出具的修订、补充或增减房地产保险合同内容的书面凭证。

批单一般在如下情况下使用，一是对已印刷的标准房地产保险合同所作的部分修订，这种修订不改变房地产保险合同的基本保险条件,只是缩小或扩大保险责任范围;二是在房地产保险合同签订后的有效期内,对某些保险项目进行更改和调整。房地产保险合同订立后在有效期内双方当事人都有权利通过协商更改或修订房地产保险合同的内容。如房地产被保险人的地址发生变更、保险标的发生变化而改变保险金额等。如果房地产投保人或被保险人需修订房地产保险合同内容,必须向房地产保险人提出申请,经房地产保险人审核同意后出具批单。在保险实践中,批单可在原保险单或保险凭证上批注,也可以出具一张变更房地产保险合同内容的便条黏附于原保险单或保险凭证上。

批单是房地产保险合同的重要组成部分,凡是经过批单更改过的内容,应以批单为准;多次经过批单更改过的内容,应以最后签发的批单为准,也即后签发批单法律效力优于先签发的批单。

(二)房地产保险合同的要点

1. 当事人和关系人的名称和住所

房屋财产保险合同的当事人是指签订房屋财产保险合同的人,有房地产保险人和投保人。房地产保险合同的关系人是指被保险合同保障的人,有房地产被保险人和受益人。

2. 房地产保险标的

房地产保险标的是指作为保险对象的房屋财产及其有关利益或者人的寿命和身体。其中,房屋财产及其有关利益是房屋财产保险的保险标的,人的寿命和身体是与房地产有关的人身保险的保险标的。房地产保险标的是确定保险金额的重要依据。

3. 房地产保险责任和责任免除

房地产保险责任又称房地产保险风险,是指在房地产保险合同中列明的承担赔偿或给付责任的风险项目。房地产保险责任的范围通常由房地产保险人根据法律和实际需要(在我国还需要向中国银保监会或者其下属银保监局备案)印制在保险合同中作为房地产保险合同的一部分内容。如在房屋财产保险中把火灾、爆炸、雷击、暴风、暴雨、地面突然塌陷等列入房地产保险责任中。

责任免除又称除外责任或除外风险,是指房地产保险人不承担赔偿或给付保险金责任的风险项目。这也是房地产保险合同必须具备的内容。这是因为责任免除涉及房地产被保险人或受益人的切身利益,需要明示。作为责任免除的风险一般包括道德风险和某些损失巨大并且较难计算的风险项目,前者如房地产被保险人的故意行为引致保险标的的损失,后者如战争等。

4. 房地产保险期间和保险责任开始时间

房地产保险期间又称房地产保险期限,是房地产保险人和投保人约定的保险责任的有效期限,它是计算保险费的依据和房地产保险人和投保人或被保险人享有权利和承担义务的时限界定依据。保险期间的起讫时间是保险人承担保险责任的开始和终止时间。在保险期间内发生的保险事故,房地产保险人承担经济补偿或给付保险金的责任。由于保险事故的发生具有非确定性,明确保险期间很重要。确定保险期间一般有两种方式,一种按自然时间期间确定,另一种按行为时间期间确定。前者如房屋财产保险,它通常以年为计算单位;后者如房屋建筑工程保险,它通常以房屋工程时间作为保险期间。保险期间必须在房地产保险合同中予以明确。

房地产保险责任开始时间是保险人开始承担赔偿或给付保险金责任的时间,一般为房地产保险期间起始日的零时或者12时开始。

5. 房地产保险价值和保险金额

房地产保险价值是房地产投保人与房地产保险人订立保险合同时作为约定保险金额基础的保险标的的价值。一般保险标的保险价值应该相当于保险标的的实际价值。保险金额是指房地产保险人承担赔偿或者给付保险金责任的最高限额,它是计算保险费的依据,是房地产保险合同双方享有权利和承担义务的重要依据。保险金额与保险价值的关系根据承保方式的不同而有不同。在定值保险情况下,保险金额由当事人双方协商确定,如果保险标的发生事故后,如为全损,不需要重新估计保险标的的价值而直接按保险金额全额补偿。它适用于古建筑等具有文物类价值的房屋建筑物的保险。在不定值保险情况下,对保险标的的价值在签订房地产保险合同时不予以确定,只在房地产保险合同中约定保险金额,在保险事故发生后,再根据发生风险时的市场价格确定保险标的的价值,并以此为依据在保险金额的范围内进行赔付。不定值保险适用于一般房屋财产的保险。当保险金额等于保险价值时为足额保险,当保险金额大于保险价值时,该房地产保险则为超额保险。

6. 房地产保险费及其支付方式

房地产保险费是投保人为获得保险人承担其保险标的的风险责任而付出的代价,它是保险金额与保险费率的乘积。保险费是投保人向保险人支付费用,作为保险人根据房地产保险合同的内容承担赔付责任的对价。保险费及保险费率一般由保险人预先计算并载明于房地产保险合同中,其中保险费率通常用百分比或千分比来表示。保险费的支付方式由当事人双方约定。

7. 房地产保险金赔偿或者给付办法

在房地产保险合同中,还应载明保险金赔偿或者给付的办法,包括保险金赔偿或给付的标准和方式。保险人可选择采用现金方式、实物补偿方式或恢复原状方式实施赔付,其中以现金方式进行赔付为主。在赔付办法中,可以规定免赔额或免赔率,确定相对免赔或绝对免赔标准,以减少小额赔付手续或控制保险人的赔付责任。

8. 违约责任和争议处理

违约责任是房地产保险合同的当事人未履行房地产保险合同的义务造成对方损失所应该承担的法律责任。除在房地产保险合同中载明按照法律的有关规定处理外,当事人之间也可以约定违约责任的内容。

争议处理是发生房地产保险合同争议时采用的处理方式,对于房地产保险合同争议,当事人可以约定解决的方式,包括约定通过法律诉讼或仲裁来解决房地产保险合同的争议。

9. 订立房地产保险合同的年、月、日

作为书面合同的要件,房地产保险合同的订立需要列明订立房地产保险合同的年、月、日。

(三)房地产保险合同的条款

房地产保险合同的条款主要包括基本条款、附加条款、保证条款、特约条款、法定条款等。

1. 房地产保险合同的基本条款

房地产保险合同的基本条款是房地产保险合同应当载明的不可缺少的条款,如同房地产保险合同要点所述,这些条款是房地产保险合同法定记载事项,通常印刷在标准保险单上,以明示保险人和被保险人的基本权利和义务,以及保险行为成立所必需的各种事项和要求。基本条款所列的保险内容通常称为基本险。

2. 附加条款

附加条款是对基本条款的补充,是就某些特别事项达成一致的条款,通常是对基本险责任范围内不予承保的风险给予承保的扩张性条款。附加条款所列的保险内容,通常称为附加险。

附加条款一般是保险人应投保人的要求而增加的,保险人通常愿意以附加条款的形式来满足特殊的保险需求。

附加条款的推出,增加了房地产保险合同的灵活性,可以起到变更或补充原保险单内容的作用。

3. 特约条款

与反映房地产保险合同主要内容的基本险和附加险不同,对于房地产保险合同的某些内容,投保人或被保险人可以与保险人协商,自由约定,而不必像基本险和附加险那样采用格式条款,这些房地产保险内容称为房地产保险合同的特约条款,其具体内容构成特约险。

4. 保证条款

保证条款是保险人要求被保险人必须履行某项义务的内容。如要求被保险人应当遵守国家有关消防安全、生产操作规范等方面的规定;不得擅自将房屋改变用途,特别是增加房屋危险程度的用途;维护保险标的的安全;不得制造保险事故;不得在未发生保险事故的情况下,谎称发生了保险事故;也不得变造或伪造保险证据。

5. 法定条款

法定条款是指其权利义务内容为法律法规直接规定的房地产保险合同条款。如《保险法》(2015年修订)第60条第1款规定:"因第三者对保险标的的损害而造成保险事故的,保险人自向被保险人赔偿保险金之日起,在赔偿金额范围内代位行使被保险人对第三者请求赔偿的权利。"该内容如果在房地产保险合同明确列示的,就称为法定条款。

在房地产保险险种的设计中,保险责任和责任免除(除外责任)等的确定是十分重要的。保险责任是房地产保险人根据保险合同的规定承担房地产被保险人经济损失补偿或人身保险金给付的责任。房地产保险人的赔偿或给付的责任范围:① 损害发生在保险单条款已明确规定的保险责任内;② 保险责任发生在保险有效期内;③ 以保险金额为限度。

保险责任包括损害赔偿、责任赔偿、保险金给付和费用负担等。损害赔偿、责任赔偿或保险金给付可以称为直接的赔偿或给付责任；费用负担是间接的赔偿责任，如承担为减少损失的扩大而支付的施救费用。保险责任可以分为基本责任和特约责任。特约责任是既定的除外责任中不保的责任另经房地产投保人和房地产保险人双方协议同意后在保险单上特别注明承保负责的一种责任。

除外责任是房地产保险合同中规定的不在保险责任范围内的责任。由此责任引起的财产损失或人身伤害，房地产保险人不承担赔偿或给付责任。有关保险责任和除外责任在房地产保险中的运用，将在有关房地产险种中介绍。

第三节 房地产保险的运行原理

一、房地产保险的运行原则

房地产保险是一种合同行为，为了确保合同双方权益的实现，在履行房地产保险合同时，必须遵循以下基本原则。

（一）最大诚信原则

诚信，就是诚实和守信用。诚实信用原则是民事法律关系的基本原则之一，鉴于保险关系的特殊性，保险合同对于诚实和信用的程度的要求远大于其他一般民事合同，也就是说，在保险法律关系中对当事人的诚信程度要求比一般民事活动更严格，必须遵循最大诚信原则。最大诚信原则要求参加保险的单位、个人对保险公司（保险人）所需要了解的与保险有关的事项，必须如实告知，这是保险合同成立的前提。投保人是否如实陈述和陈述是否完全，对保险人承担的义务关系甚大，为了保护保险人的利益，必须要求投保人、被保险人恪守信用，不隐瞒、不欺骗。同时，最大诚信原则要求保险人应将相关保险事项如实告知投保人，对保险条款的介绍，不得含糊，也不得有欺骗。

已经生效的保险合同，如果发现投保人或被保险人陈述的情况不实，也可导致保险合同无效。

此外，索赔时也应遵循最大诚信原则。如果索赔时提供假证明，中途改变危险情况而未经保险人认可，如将投保时作一般使用的房屋中途擅自改为存放危险品的房屋等，都是违反最大诚信原则的。对于违反最大诚信原则的行为，保险人有权解除合同或拒绝赔偿。

（二）公平互利原则

公平互利原则是指投保人和保险人订立保险合同和遇损理赔都应从双方应得的利益出发，协商一致，自愿订立，公平互利。

保险人厘定保险费率，既要保证保险人具有相应的赔偿或给付保险金的能力，取得合理的预期利润，又要考虑使投保人负担的保险费能与保险标的的危险程度相适应。过高的保险费率会加重投保人的经济负担；过低的保险费率影响保险人的偿付能力。保险费率的厘定，要考虑到保险收费标准的相对稳定性，以有利于投保人和保险人的财务预算和核算工作的开展。

遇损理赔时,合同当事人应严格执行合同,被保险人合理索赔,保险人合理赔付,以体现整个保险行为的公平互利。

(三) 可保利益原则

可保利益是指投保人或被保险人对保险标的所具有的法律上认可的经济利益。通常又称保险利益。可保利益发生于被保险人对各类保险标的所具有的经济利害关系,这种关系必须是法律上承认的,是可以据以订立各类保险合同的一种法定权利。具有可保利益的保险标的因没有发生保险事故而使投保人或被保险人受益,如果发生保险事故,投保人或被保险人会因此受到损失。

可保利益原则要求投保人或被保险人对向保险人要求投保的房屋财产等标的具有法律上承认的经济利益;否则,所订的有关保险合同是无效的。

在房地产保险中,具有可保利益的人主要有以下七种。

1. 房屋的所有人对自己所有的房屋具有可保利益

无论房屋是个人独有,还是与别人共有;无论房屋已出租还是处在抵押中,房屋所有人仍然具有可保利益。对属于公有的房屋,行使房屋财产独立支配权的单位有可保利益。

2. 租赁房屋的承租人对承租房屋也可有可保利益

房屋虽非承租人所有,但由他保管和使用,如果租约中规定房屋的安全承租人负有责任,承租人也有可保利益。

3. 房屋的受益人,也可以有可保利益

房屋的受益人虽非房屋的所有人,也非由其保管,然而房屋的安全与否同其能否受益有关,则其也可以有可保利益。

4. 对房屋财产有可保利益的人,对借助房屋财产带来的预期利润也有可保利益

可保利益包括非物质的、预期的利益。如旅馆所有人不但对旅馆房屋本身具有可保利益,对预期利润也可有可保利益。因为一旦旅馆房屋遭损,不但旅馆房屋本身毁损,而且由于旅馆房屋受损不能营业,营业收入、预期利润也会受到影响。因而,对房屋财产有可保利益的人,对借助房屋带来的预期收入、预期利润也可有可保利益。

5. 对房地产责任事故后果负有损害赔偿责任的人,有可保利益

在房地产责任保险中,对责任事故后果负有损害赔偿责任的人,有可保利益。例如,承担房屋设计的人,因设计失误有可能造成他人财产损失或人身伤亡,其就可投保相关责任保险。

6. 房地产抵押贷款的借款个人,可以具有房地产人身保险的可保利益

房地产抵押贷款的借款个人,可以具有房地产人身保险的可保利益。该借款人可以投保相关人身险,将受益人指定为房地产抵押贷款人,以增强借款人的信用。房地产抵押贷款的贷款人作为抵押权人也可以自身作为投保人,投保相关的房地产抵押贷款还款保证保险,对抵押的房地产具有相当于未偿贷款额的可保利益。

7. 房地产工程相关各方有可保利益

在房地产工程保险中,房地产工程承包方、工程所有人及雇佣的建筑师、工程师对建筑或安装的房地产工程有着各自的可保利益。

(四) 损失赔偿原则

损失赔偿原则是指房地产财产保险仅限于被保险人的实际损失,保险人仅对房地产保险合同中规定的房地产财产发生保险责任范围内损失在保险金额范围内予以经济补偿。

1. 损失赔偿原则的要求

(1) 只赔偿保险有效期内保险责任范围内的损失

根据房地产财产保险合同的规定,保险人仅对被保险人在保险有效期内因遭遇保险责任范围内的风险而产生的损失进行补偿,而对除外责任引起的损失以及保险有效期外发生的损失不承担补偿责任。

(2) 赔偿限制在损失限度内

① 以实际损失为限,当被保险人的房屋财产遭受损失后,保险人应根据实际查损后确定的实际损失给予赔偿,被保险人不能得到超过其实际损失的赔偿;② 以保险金额为限,保险金额为投保人和保险人在保险合同中约定的保险人赔偿金额的最高限度,赔偿金额不能高于保险金额,只能低于或等于保险金额;③ 以被保险人对保险标的具有的可保利益为限。被保险人在索赔时,对遭受损失的房屋财产要具有保险利益,保险人支付的赔偿金额以被保险人对该房屋财产具有的可保利益为限。

2. 损失补偿原则的变形

损失补偿原则是保险尤指财产保险理赔的基本原则。损失的补偿方法除了上述的以外,还有一些变形的方法,由此,也使保险损失补偿原则有了变形,这种变形不是对损失补偿原则的否定,而是对补偿原则的补充。

(1) 定值保险方法

定值保险方法是指保险关系当事双方约定保险金额,在风险事故发生后,保险人按照合同预定的保险金额补偿的一种保险损失赔偿方法。在定值保险情况下,保险损失补偿不考虑保险标的现金价值,也就是不以出险时的实际价值为补偿依据,但定值保险方法仍以可保利益为基础,以财产的市场价值确定保险金额,并以保险金额作为补偿的唯一依据。定值保险方法一般适用于较难确定财产市场价值的财产保险,如某些古建筑等。

(2) 自保额

自保额又称自负额,是指保险人在保险合同中规定的,在保险事故发生后,由被保险人自己承担的损失份额。自保额可以采取比例方式,也可以采取绝对额方式。在保险合同中规定自保额,可以防止保险人过度承担责任,排除某些情况下保险标的正常损耗损失,同时,可以提高被保险人的责任心,促使被保险人不要因为有了保险而忽视对财产的正常风险管理。

(3) 免赔额

免赔额是保险人在保险合同中规定的,保险人不承担损失补偿责任的份额。免赔额可以采取比例方式,也可以采取绝对额方式。免赔通常可以进一步细分为绝对免赔率(额)和相对免赔率(额),绝对免赔率(额)指保险标的损失达到规定的免赔率(额)时,扣除绝对免赔后的部分,保险人才给予赔偿。相对免赔率(额)是保险标的损失达到规定免赔率(额)时,不作免赔扣除,包括免赔率(额)在内,全额赔偿。例如,某房屋财产实际价值为2 000 000元,在发生保险事故责任范围内的损失时的实际损失是1 000 000元,即损失率为50%,如果绝对免赔率为10%,则保险赔偿为800 000元〔(50%—10%)×2 000 000＝800 000(元)〕。在相对免赔情况下,则为1 000 000元。

3. 补偿原则的派生规定

在房产保险领域,补偿原则还有权益转让规定和重复保险规定。

因为保险赔偿是对意外损失的补偿,不是额外的经济援助,被保险人不能通过赔付而获得额外的利益,如果被保险人能从损失中获利,就有可能出现被保险人为取得保险补偿而故意制造损失的情况,增加道德危险。对于这一点,补偿原则还派生了有关规定:

(1) 权益转让规定

权益转让是指当事人依法或根据保险合同将特定权益让渡他人的法律行为。如果被保险人的损失是由第三方的责任所引起的,第三方对此就负有赔偿责任。那么,被保险人从第三方取得了补偿,就不能再向保险人索赔;如果被保险人先从保险人那里取得赔偿,那么,被保险人应将向第三方索赔的权益转让给保险人,由保险人取代被保险人的地位向第三方追偿,即保险人取得代位求偿权。这一规定又称代位求偿原则。代位求偿是由于第三者的疏忽、过失或者故意行为引致保险事故,在保险人赔偿被保险人的损失之后,被保险人将向负有责任的第三者的赔偿请求权转移给保险人的行为。这样,可以防止被保险人在同一次损失中取得重复补偿,获得额外收益。

权益转让还包括以下的含义:被保险人因该意外损失而从任何方面得到的赔款和收益都必须转让,但慈善性的捐赠除外。保险人在获得权益转让后,仅享有被保险人可以享有的权益,并且不能超出保险人就此意外损失赔付的金额。保险人在行使代位求偿权时追偿到的金额,若小于或等于赔付的金额,则全归保险人,若追回的金额大于赔付金额,则超出保险人赔付金额的部分应交给被保险人。我国《保险法》(2015年修订)第60条规定:"因第三者对保险标的的损害而造成保险事故的,保险人自向被保险人赔偿保险金之日起,在赔偿金额范围内代位行使被保险人对第三者请求赔偿的权利。"代位求偿是保险人的一项基本权利,被保险人及其他任何人不得采取任何形式和手段干预、妨碍和损害保险人行使代位求偿权利。

如果保险事故发生后,保险人未赔偿保险金之前,被保险人放弃对第三者的赔偿请求权利的,保险人就不承担赔偿保险金的责任。而当保险人在保险事故发生后向被保险人作了赔偿,被保险人未经保险人同意无权放弃对第三者请求赔偿的权利。保险人在行使代位求偿权时,被保险人有义务予以协助。

在保险事故发生后,保险人已支付了全部保险金额,并且保险金额等于保险价值的,受损保险标的的全部权利归保险人所有;保险金额低于保险价值的,保险人按照保险金额与保险价值的比例取得受损保险标的的部分权利。这是代位求偿权实现中的物上代位。也即保险人在赔偿损失后,便相应取得代行保险标的物上的权利。

权益转让规定在房产保险中,仅适用于房屋财产类保险,对房产人身保险不适用。因为人的生命或身体不能用价值来衡量,房产人身保险不存在权益转让。

(2) 重复保险规定

重复保险是指被保险人对同一保险标的,同一可保利益,同一保险事故责任分别向两家或两家以上的保险公司投保的行为。在重复保险的情况下,保险金额的总和往往超过保险标的实际价值。例如,某间房屋价值200万元,房主向甲保险人投保该房屋的火灾保险,保险金额是180万元,同日,房主又向乙保险人投保该房屋的火灾保险,保险金额是120万元。该房主的投保行为就构成了重复保险。根据补偿原则,为了避免被保险人因保险事故获得超额赔偿,应采取一定的方式,使被保险人从多个保险人那里获得的赔偿总额不能超过该保险标的的实际价值。

重复保险的损失赔偿通常是采用分摊方式,具体的分摊方式主要有比例分摊、责任分摊和顺序分摊三种方法。

① 保险金额比例分摊。以各个保险人承保金额即保险金额为分摊依据。计算方式为

$$某保险人赔偿额 = 损失金额 \times \frac{某保险人的保险金额}{各个保险人保险金额之和}$$

如上例中的房屋被一场大火烧毁,损失200万元,则各保险人分摊赔款如下。

$$甲保险人:200 万元 \times \frac{180 万元}{180 万元 + 120 万元} = 120 万元$$

$$乙保险人:200 万元 \times \frac{120 万元}{180 万元 + 120 万元} = 80 万元$$

两个保险人赔款合计:120万元 + 80万元 = 200万元

② 赔偿金额责任分摊。以各保险人在没有重复保险的情况下单独应付的赔偿金额作权数来分摊。计算方式为

$$某保险人赔偿额 = 损失金额 \times \frac{某保险人的独立责任限额}{各个保险人的独立责任限额之和}$$

如上例中的房屋因火灾,损失130万元,则各保险人分摊赔款如下。

$$甲保险人:130 万元 \times \frac{130 万元}{130 万元 + 120 万元} = 67.60 万元$$

$$乙保险人:130 万元 \times \frac{120 万元}{130 万元 + 120 万元} = 62.40 万元$$

两个保险人赔款合计:67.60万元 + 62.40万元 = 130万元

③ 出单顺序分摊。以出单先后为依据,先出单的保险人先在其保险金额限度内首先赔偿,后出单的保险人仅在前一保险人赔偿的金额还不足以弥补被保险人的实际损失时,才依次承担超过的部分。如上例中的房屋因火灾损失190万元,而房主投保房屋火灾险时,甲保险人先出单,乙保险人后出单,则各保险人分摊赔款如下。

甲保险人：180万元

乙保险人：10万元

两个保险人赔款合计：180万元+10万元=190万元

除保险合同另有约定外，各保险人应采用第一种方式。对此，我国《保险法》（2015年修订）第56条有明确规定："重复保险的各保险人赔偿保险金的总和不得超过保险价值。除合同另有约定外，各保险人按照其保险金额与保险金额总和的比例承担赔偿保险金的责任"。当然，重复保险的投保人可以就保险金额总和超过保险价值的部分，请求各保险人按比例返还保险费。

同权益转让规定一样，房地产人身保险也不存在重复保险问题。

保险的目的是在于使被保险人恢复其受灾前的经济原状。保险人对补偿方式可以选择，就房屋财产保险来说，保险人可以采取修复房屋至原状，支付现金或重置的方法来补偿被保险人的损失。这种规定既减少了保险双方对保险赔款的争议，又方便了投保人或者被保险人。

（五）近因原则

近因是指直接造成保险事故的原因，是引起保险标的损失的最直接、最有效并且起决定作用的因素。也就是与风险损失有直接因果关系的原因。

近因并非仅指时间上与导致损失最接近的原因，而是指真正的原因、主要的原因，即对造成损失的最直接、最有效的起主导作用或支配性作用的原因。一起事故的发生造成保险标的损失的原因可以是多方面的，并且是错综复杂的。但在这些原因中必有一个是造成损失的直接原因，即近因。

近因原则就是指保险人只对保险合同约定风险为损失近因的风险损失才予以补偿的原则。近因是保险人确定损失是否由保险责任范围内的事故所引起的主要根据。只有当保险标的的损失是保险责任范围内的近因造成的，保险人才会对损失进行赔偿。如果不是近因，而是其他原因造成的损失，保险人不负赔偿责任。例如，战争时期，敌机投弹燃烧到某房屋，房屋起火受损，其近因并不是火灾，而是战争，投保房屋火灾险的房主就得不到保险人的赔偿。遵循近因原则可以公平合理地确定风险责任的归属，依此明确保险人的赔偿责任，维护保险当事人的合法权益。

二、房地产保险的投保与承保

房地产保险的投保与承保是房地产保险运行的起始，投保与承保的过程就是房地产投保人与房地产保险人订立保险合同的过程。具体程序如下：

（一）填写投保单

房地产投保人向房地产保险人申请保险时，先填写一份投保单，作为房地产保险人接受投保并签出保险单的依据。投保单的主要内容有：投保人的名称、投保日期、被保险人的名称或者受益人名称（在房地产人身保险中）、保险标的的名称和数量、保险责任的起讫时间、保险价值和保险金额等。

（二）签发保险单

房地产保险人在收到投保单后，要逐项审核，现场查勘，当认为一切符合保险条件时，就可向房地产投保人签发保险单,表示对投保事项的承保。

(三) 收取保险费

房地产保险人根据保险标的的保险金额、保险期限和保险费率计收保险费,房地产投保人按保险合同的约定支付保险费。

房地产投保和承保,也可以通过保险经纪人和保险代理人来办理。

三、房地产保险的危险管理

房地产保险的危险管理是指在房地产保险经济活动中,对各种危险加以识别和衡量,找出避免危险发生的办法,争取以最小的代价,有效地控制和避免危险的发生,以减少社会物质财富的损失的行为。

在危险管理工作中,很重要的一项工作是加强防灾防损工作,拟订科学合理的保险条款,开展对保险标的的安全检查,做好防护、救护和救灾工作。

房地产保险的危险管理可以结合房地产保险展业工作一起进行,搞好房地产保险的宣传工作。

四、房地产保险的索赔与理赔

房地产保险的索赔与理赔是体现房地产被保险人权益,实现房地产保险补偿或给付职能的行为。

(一) 房地产保险的索赔

房地产保险的索赔是指房地产被保险人或受益人在保险标的遭受损失后,按保险单有关条款的规定向房地产保险人要求赔偿损失或给付保险金的行为。房屋财产保险的索赔程序是:

1. 发出出险通知

在损失发生时,被保险人要及时通知房地产保险人。

2. 被保险人应尽力施救

保险事故发生时,被保险人有责任尽力采取必要的措施,防止或者减少损失,并保护好现场。

3. 提供索赔文件

保险事故发生后,被保险人应当向房地产保险人提供其所能提供的与确认保险事故的性质、原因、损失程度等有关的证明和资料。主要有:保险单、房地产权证、出险证明书、损失鉴定书、受损财产清单等。如果该损失是由第三方责任造成的,被保险人还须出具权益转让书。

4. 领取赔偿金

保险赔偿金额经双方确认,被保险人按保险合同规定期限领取赔偿金。

(二) 房地产保险的理赔

房地产保险的理赔是指房地产保险人处理房地产被保险人提出的索赔要求,处理有关保险赔偿责任的工作。房屋财产保险的理赔程序如下。

1. 立案编号,现场查勘

受理索赔要求时,要立案编号,并进行现场查勘。

2. 审核单证

审核的内容主要有:保险单是否有效,损失原因是否属于保险责任,受损财产是否在保险财产范围内,有关损失、费用的单据是否真实有效,施救费用开支是否合理等。对不属保险责任的,应当向被保险人发出拒绝赔偿通知书。

3. 损失核赔

即确定保险标的的实际损失,计算赔偿金额。

4. 给付赔偿金

保险赔偿金额经双方确认,房地产保险人按保险合同规定期限支付赔偿金。

5. 代位求偿权取得

当保险财产发生保险责任范围内的损失是由第三方责任造成的,房地产保险人在向被保险人作出赔偿后,应向被保险人取得相关权益转让书,取得代位求偿权。

房地产人身保险的被保险人生存到保险期满或在保险期内发生保险责任事故时,由被保险人或受益人凭保险单及必要证件向保险人申请保险金给付。经保险人核实后,即按规定付给保险金。如涉及第三方责任问题,保险人不享有向第三方追偿的权利。

最后,房地产保险索赔还有时效问题,按照《中华人民共和国保险法》(2015年修订)第26条的规定,人寿保险以外的其他保险的被保险人或者受益人,向保险人请求赔偿或者给付保险金的诉讼时效期间为2年,自其知道或者应当知道保险事故发生之日起计算。人寿保险的被保险人或者受益人向保险人请求给付保险金的诉讼时效期间为5年,自其知道或者应当知道保险事故发生之日起计算。此外,被保险人领取赔款也有时效,一般由保险人规定。

第四节 房地产保险的主要险种

一、房屋财产保险

房屋财产保险属于财产保险的一种。房屋财产保险的分类标准有多种,如按投保人的类型划分可以分为单位团体房屋保险和居民房屋保险;按房屋性质划分可以分为商业用房保险和居住用房保险,其中居住用房保险又可以分为商品住房保险、自购公有住房保险等。

房屋财产保险是以房屋财产为标的的保险。保险标的的不同是房屋财产保险区别于其他财产保险和人身保险的根本所在。房屋财产保险的可保财产不仅包括有形的房屋本身,而且包括无形的财产,也即与房屋有形财产有关的经济利益及有关的损害赔偿责任。

房屋财产保险是对房屋财产因意外事件造成的损失进行赔偿的保险,是由投保人或被保险人与保险人签订房屋财产保险合同,以一定的保险费支出来应对可能遭受的不确定性的损失发生,以实现风险转移的一种经济补偿制度。

(一) 单位房屋保险

1. 适用范围

单位房屋保险是单位财产保险的构成部分,其适用范围是指可以向保险人投保该保险种类的单位。这些单位包括:国有企业、集体企业、股份制企业、私营企业以及国家机关、事业单位和群众团体等。

2. 保险财产

投保人对所投保房屋有可保利益。具体包括:

① 房屋属于被保险人所有或与他人共有而由被保险人负责管理的房屋;

② 房屋是属于由被保险人经营管理或替其他人保管的房屋;

③ 具有其他有关法律承认的与被保险人有经济利害关系的房屋财产等,如具有承租利益的房屋。

上述房屋是否可以用于投保,主要是看保险标的与被保险人之间是否具有可保利益,即被保险人与保险标的之间是否存在某种利害关系。只有对保险标的存在可保利益,才可以投保。否则,即使投保,保险人也不会承担保险责任。

3. 不保财产

不保财产是指承保后会与有关法律、法规相抵触的房屋财产,如违章房屋、危险房屋、非法占有的房屋、限期拆除或限期改建的房屋等。

4. 保险责任

(1) 单位房屋财产保险基本险的责任

单位房屋财产保险基本险的责任包括由于火灾、爆炸、雷击、飞行物体及其他空中运行物体坠落以及为抢救保险标的和防止灾害蔓延,采取合理的必要的措施而造成的保险标的的损失。也包括当房屋发生保险事故时,为减少保险房屋损失,被保险人对保险房屋采取施救、保护和整理措施而支付的必要的、合理的费用。

(2) 单位房屋财产保险综合险的责任范围

单位房屋财产综合险的责任范围是在基本险基础上的扩展,除基本险的责任范围外,还包括:暴雨、洪水、台风、暴风、龙卷风、雪灾、雹灾、冰凌、泥石流、崖崩、突发性滑坡和地面突然塌陷。

自然灾害和意外事故的内容有明确的规定,如地面突然塌陷仅指地壳因自然变异、地层收缩而发生的突然塌陷,因为地基不牢或未按施工要求所导致的保险房屋下沉、倒塌等损失,不属此保险责任。建筑物倒塌、倾倒造成保险房屋的损失,如果涉及第三方责任,被保险人可以从保险人那里取得赔偿,保险人从被保险人处获得权益转让,并向负有责任的第三方追偿。但对建筑物本身的损失,即使属于保险房屋,保险人也不负责赔偿。

5. 责任免除

单位房屋财产保险基本险和综合险对于下列原因造成的房屋保险标的的损失,保险人都不承担保险责任。

① 战争行为、军事行动、武装冲突、罢工、暴乱、暴动。

② 地震、核反应、核子辐射和放射性污染。

③ 被保险人及其代表的故意行为或违法行为以及被保险人及其代表的纵容所致。

④ 房屋财产保险标的遭受保险事故引起的各种间接损失。如旅馆的房租收入、被保险人与其他人签订的合同,因保险事故发生造成不能履行后需要承担的经济赔偿责任等。

⑤ 房屋保险财产本身的缺陷、自然损坏。

⑥ 执法行为和行政行为所致损失。执法机关和政府机关因为其行为而使房屋保险标的受损,属于非常性措施,采取这些措施的目的是为了维护整个国家和社会的整体利益,或者是为了维护更大的利益以及为了避免更大的损失,因此,不属于保险人承保的意外、偶然的灾害事故的风险范围,所以,此类损失,保险人不承担补偿责任。

6. 保险金额与赔款计算

保险金额是最高赔偿限额。企业房屋保险的保险金额由被保险人自行确定,被保险人既可根据原始价值、原始价值加成数和重置价值确定,也可根据估价的方式或其他方式确定。至于单位的代保管房屋财产,一般应由被保险人自行估价或按照重置价值确定保险金额,并在保险单上特别列明。其保险价值按照出险时的重置价值或账面余额确定。

房屋保险标的在遭受保险事故后,在保险责任范围内的损失,保险人根据补偿原则的要求,结合受损财产的实际情况,依照投保方式相应按照出险时的重置价值或账面余额确定。

(1) 全部损失

受损房屋财产的保险金额高于或等于出险时的重置价值的,其补偿金额以不超过出险时的重置价值为限;受损房屋财产的保险金额低于出险时的重置价值,其补偿金额不得超过该项房屋财产的保险金额。

(2) 部分损失

受损房屋财产的保险金额等于或者超过出险时的保险价值的,其补偿金额按照实际损失金额计算;受损房屋财产的保险金额低于出险时的重置价值的,除了单位房屋保险合同条款另有约定,应该根据实际损失或受损房屋财产恢复原状所需要的修复费用乘以保险金额与出险时的重置价值的比例计算。

$$赔款金额 = \frac{实际损失或受损房屋财产}{恢复原状所需要的修复费用} \times \frac{保险金额}{出险时的重置价值}$$

至于单位的代保管房屋财产的补偿,全部损失,受损房屋财产的保险金额高于或等于出险时的重置价值或账面余额的,其补偿金额,以不超过出险时的重置价值或账面余额为限;受损房屋财产的保险金额低于出险时的重置价值或账面余额的,其补偿金额不得超过该项房屋财产的保险金额。部分损失,受损房屋财产的保险金额等于或者超过出险时的重置价值或账面余额的,其补偿金额按照实际损失金额计算;受损房屋财产的保险金额低于出险时的重置价值的,除了单位房屋保险合同条款另有约定,应该根据实际损失或受损房屋财产恢复原状所需要的修复费用乘以保险金额与出险时的重置价值或账面余额的比例计算。即：

$$\text{赔款金额} = \frac{\text{实际损失或受损房屋财产}}{\text{恢复原状所需要的修复费用}} \times \frac{\text{保险金额}}{\text{出险时的重置价值或账面余额}}$$

在保险事故发生时，被保险人为减少损失而采取必要的施救、保护、整理措施所产生的必要和合理的施救费用，由保险人赔偿，但最高赔偿金额以不超过保险金额为限。施救费用应该与房屋保险标的的损失分别计算。如果受损房屋财产保险标的按比例赔偿时，施救费用也应该按照比例赔偿。

7. 保险期限和保险费率

保险期限是保险合同的有效期。单位房屋保险的保险期限一般不超过一年，保险责任一般以双方约定的起保日零点开始到期满日 24 时为止。对保险的单位房屋财产在保险期限发生保险责任范围内的损失，保险人负责赔偿。

单位房屋财产保险费率主要受房屋的建筑结构和房屋的占用性质的影响。建筑结构不同，危险的频率和损失程度也不一样。如水泥结构的房屋一般要比砖木结构的房屋抗御灾害的能力强。房屋占用性质不同，危险的频率和损失程度也不一样。如用作仓库的房屋一般要比用作办公室的房屋危险性大。此外，保险房屋周围的环境、防灾设施的情况也影响保险费率的高低。

（二）商品住房保险

商品住房保险是一种为商品住房购买者提供配套服务，使商品住房购买者所购买的住房在遇到自然灾害或意外事故的损失时能够及时得到经济补偿的险种。

1. 被保险人

经保险人认可的通过市场公开销售并作为住房使用的商品房屋的所有人。

2. 保险财产和不保财产

（1）保险财产

保险财产限于被保险人合法拥有产权的住房，包括被保险人购买的商品住房中计入房屋销售价格、在销售合同中列明的房屋附属设施和室内装修材料。

（2）不保财产

保险房屋所在的建筑物的公用部位及公用设施、正处于翻修和建造中的房屋，不属于保险财产范围，也即属于不保财产。

3. 保险责任

由于下列原因造成保险财产损失和费用支出，保险人负赔偿责任：

① 火灾、爆炸、水管爆裂；

② 暴风、台风、龙卷风、雷击、暴雨、雪灾、雹灾、洪水、冰凌、泥石流、海啸、崖崩、突发性滑坡、地面突然下陷；

③ 空中运行物体的坠落，以及外界建筑物和其他固定物体的倒塌；

④ 合理的保险财产的损失和施救费用。合理的保险财产的损失和施救费用是指在发生上述灾害或事故时，为防止其蔓延，采取合理的、必要的施救措施而造成保险财产的

损失,以及为减少损失对保险财产采取施救、保护、整理措施而支出的合理费用。

4. 责任免除

商品住房保险财产由于下列原因造成的损失,保险人不负赔偿责任:

① 战争、军事行动或暴力行为;

② 核子辐射或各种污染;

③ 地震及其次生灾害;

④ 被保险人或其家庭成员的、寄居人的故意行为;

⑤ 保险房屋被改作住宿以外的用途;

⑥ 被保险人在投保后擅自改变房屋结构;

⑦ 保险财产因设计错误、原材料缺陷、工艺不善等内在原因以及自然磨损,正常维修造成的损失或引起的费用;

⑧ 其他不属于保险责任范围内的损失和费用。

5. 保险期限和保险金额

(1) 保险期限

商品住房保险期限为一年,保险期限可以规定为自投保次日 12 时起至保单约定的终止之日 12 时止。期满续保需要另办手续。

(2) 保险金额

保险金额按下列情况分别确定:

① 购置期在一年以内的商品住房,按"商品房销售合同"载明的价格确定;

② 实务上,有的保险人规定以房屋购置价乘以房屋增值系数再加上最近一次装修费用作为商品住房保险财产的实际价值,房屋增值系数由保险人提供;

③ 保险金额由保险人和被保险人协商确定。

6. 保险费

保险费为保险金额乘以保费费率,依费率规章所列的公式计收。在实务中,有的保险人有最低保险费规定,同时有无赔款保险费率折扣优惠,如商品住房保险财产在保险期间安全无赔款,第 2 年起续保时按当年应交保险费给予 10% 无赔款保险费率折扣优惠。此规定当然应当在符合有关保险管理法规的前提下采用。

7. 被保险人的义务

被保险人在保险有效期限内应履行下列义务:

① 被保险人应按保险条款的规定在投保时一次付清应付的保险费。

② 被保险人应当采取必要的、合理的措施保护保险财产的安全,并按照公安、消防等有关部门的要求和规定,切实做好各项防灾、防范工作。

③ 保险单所载明的保险房屋的使用性质和建筑状况等内容如发生变更,被保险人应及时(通常一个月内)向保险人申请办理批改手续。

④ 保险房屋连续 6 个月以上无人居住,应征得保险人同意并签发批单。

⑤ 被保险人如同时或先后向除了本保险合同的保险人外的其他保险人为同一保险财产投保同一保险责任时,应事先或及时将其他保险人的名称和保险金额通知本保险合

同的保险人。

⑥ 保险财产遭受保险责任范围内的灾害或事故时,被保险人应当尽力救护并保护现场,同时立即向公安或消防部门报案,并及时通知保险人。

⑦ 被保险人不履行规定的义务,保险人有权拒绝赔偿或自书面通知之日起终止保险责任。

8. 损失赔偿

在保险有效期限内发生保险责任范围内的事故,被保险人向保险人提出索赔时,应提供保险单、房地产权证、赔偿申请书、损失清单以及其他必要的单证和有关部门的证明,保险人接受索赔后,应根据保险责任范围迅速调查审核,在与被保险人达成赔偿协议后10日内,按商品住房保险条款的有关规定赔付。

通常以"商品房销售合同"确定的价格作为保险金额的,保险财产遭受保险责任范围内的损失时,按下列规定赔偿:

① 实际损失等于或高于保险金额,按保险金额赔偿。

② 实际损失小于保险金额,保险人只赔偿用于使实际损失恢复到原来状态的修理或重置费用,该项费用不得超过保险金额。

由保险人和被保险人协商确定保险金额的,保险财产遭受保险责任范围内的损失时,按下列规定赔偿:

① 全部损失。受损财产的保险金额等于或高于出险时重置价值的,其赔偿金额以不超过出险时的重置价值为限,受损财产的保险金额低于出险时的重置价值时,其赔款不得超过该项财产的保险金额。

② 部分损失。受损财产的保险金额等于或高于出险时的重置价值,按实际损失计算赔偿金额。受损财产的保险金额低于出险时重置价值,按受损财产的保险金额与出险时重置价值的比例计算赔偿金额。即:

$$损失赔款 = \frac{实际损失或受损财产}{恢复原状所需修复费用} \times (保险金额/出险时重置价值)$$

对于合理的施救、保护费用的最高赔偿金额以不超过保险金额为限。

在实务中,有的保险人规定赔偿金额的绝对免赔额,以促使被保险人注意商品住房保险财产的安全。

在保险有效期限内,由于保险事故的发生致保险财产遭受部分损失,经赔偿后,应自出险日扣减有效保险金额。由于保险事故的发生致保险财产遭受损失,经修复后应由保险人与被保险人协商重新确定保险金额,并相应加收保险费或另行办理保险手续。如果一次事故损失,赔偿金额达到保险金额时,本年度的保险责任即行终止。

如果同一保险财产另向本保险人以外的其他保险人投保,则按本保险人承保保险金额占总保险金额的比例计算赔偿。

9. 索赔时效

被保险人自其知道保险事故发生之日起2年内,不向保险人提出赔偿要求的,即作为自愿放弃权益。

　　10. 代位求偿权

　　保险财产因发生保险责任范围内的事故而遭受损失,是由第三者责任造成的,被保险人应向第三者索赔,第三者拒绝赔偿的,被保险人应提起诉讼。如果被保险人要求保险人先予赔偿的,保险人可按商品住房保险条款的规定先予赔偿,保险人在先予赔偿的同时即获得被保险人向第三者追偿的权利,被保险人应积极协助保险人向第三者追偿。

　　最后,被保险人与保险人就保险事宜发生争议应协商解决,协商不成,可以向仲裁机构申请仲裁或向人民法院提起诉讼。

　　此外,随着城镇住房制度的改革,居民租住的公有成套住房较多已被居民买下,这些原公有住房现在便成了居民资产的一部分。为了保障这部分居民对该自有房产的经济权益,同时也为了扩大房地产保险的险种,促进房地产保险业的发展,繁荣保险市场,出现了自购公有住房保险。自购公有住房的保险金额由被保险人根据保险财产的实际价值确定,并按保险单上规定的保险财产项目分列,其中自购公有住房的房屋实际价值,在实践中有的保险人规定按当年房屋管理部门公布的公有住房出售成本价(不包含增减系数和折旧率)计算,也有的保险人规定享受政府房改政策购置的住房,根据当地房产交易市场参考平均交易价格(包括当地房屋管理部门的评估价格、房地产估价机构的评估价格)的基础上,保险金额由保险人和被保险人协商确定。此保险险种的其他方面,诸如保险责任等与商品住房保险基本一致。

(三) 住房综合保险

　　住房综合保险通常以家庭财产综合保险的形式出现,其主要内容如下。

　　1. 保险财产

　　凡是被保险人自有的,坐落或存放于被保险人户口所在地或经特别约定并在保险单上载明地址的下列财产,为保险财产:

　　① 被保险人所有、与他人共有用于居住的房屋;

　　② 房屋装潢;

　　③ 被保险人房屋内的家具;

　　④ 床上用品和服装;

　　⑤ 家用电器。

　　2. 特约财产

　　经过被保险人与保险人特别约定,并在保险单上载明,被保险人代保管或租赁的用于居住的房屋以及经保险人同意的其他财产也可以作为保险财产投保。

　　3. 不保财产

　　上述未列明的其他财产,属于不保财产,通常保险人会明确规定下列财产不能作为保险财产:

　　① 金银、珠宝、钻石、首饰、玉器、古币、古玩、字画、邮票、艺术品、稀有金属等珍贵财物。

　　② 电脑软件、技术资料、文件、书籍、图表、账册。

③ 货币、有价证券。
④ 手提电脑、无线通信工具、笔、打火机、手表。
⑤ 各种磁带、磁盘、光盘、唱片。
⑥ 日用消费品、各种交通工具。
⑦ 各种养殖物及种植物。
⑧ 违章房屋、危险房屋、政府部门征用或占用的房屋。

4. 保险责任

(1) 在保险期限内由于下列原因造成保险财产的损失,保险人负责赔偿以下内容
① 火灾、爆炸、水管爆裂;
② 雷击、台风、暴风、龙卷风、暴雨、洪水、雪灾、雹灾、冰凌、地面突然塌陷、突发性滑坡;
③ 空中运行物体的坠落;
④ 外来不属于被保险人所有和建筑物和其他固定物体发生倒塌事故。

(2) 在保险期限内由于下列损失和费用,保险人也负责赔偿以下内容
① 在发生保险事故时,为抢救保险标的和防止灾害蔓延,而采取合理的、必要的措施而造成保险标的的损失;
② 在保险事故发生后,被保险人为防止或者减少保险财产的损失所支付的必要的合理的费用。

5. 责任免除

(1) 下列原因造成的保险财产损失,保险人不负责赔偿以下内容
① 战争、军事行动、武装冲突、暴动、罢工;
② 核爆炸、核辐射、放射性污染;
③ 被保险人及其家庭成员的违法行为、故意行为或家庭暴力;
④ 地震及其次生灾害;
⑤ 违章搭建的建筑或设施装置、危险建筑以及非法占有、持有的财产。

(2) 下列损失和费用,保险人不负责赔偿以下内容
① 保险财产遭受保险事故引起的各种间接损失;
② 家用电器由于使用不当、超电压、短路、电弧花、漏电、自身发热、烘烤或本身内在缺陷造成的本身损毁;
③ 保险财产工艺不善、原材料缺陷、设计错误引起的任何损失;
④ 保险财产变质、霉烂、受潮、虫咬、自燃、自然损耗;
⑤ 行政、执法行为引起的损失和费用;
⑥ 因保险事故引起的任何精神索赔以及其他不属于保险责任范围内的损失和费用。

6. 保险金额和保险价值

保险金额与保险价值的确定,在实务中,有的保险人规定房屋及房屋装潢的保险金额由被保险人根据购置价或者市场价自行确定;房屋及房屋装潢的保险价值为出险时的重置价值;室内财产的保险金额由被保险人根据当时实际价值自行确定;特约财产的保险金

额由被保险人和保险人双方约定。也有的保险人对于保险金额的确定采取定额保险的方式,采取两种或多种保险单,每份保险单的最高赔偿限额不同,同时规定每户家庭可以同时拥有多份上述保险单。

7. 保险期限和保险费

（1）保险期限

保险期限为保险单上载明的保险起始日开始后的一年,通常为保险期限自起始日零时起至保单约定的期满之日 24 时止。期满续保另办手续。

（2）保险费

保险费根据保险金额与保险费率的乘积计算,年度保险费率采用分项目年度保险费率或者年度综合保险费率,年度保险费率一般为 0.2‰—2‰。

8. 被保险人义务

① 投保人或被保险人应当在保险合同生效前一次性交清保险费,保险合同在投保人一次性缴清保险费后生效。

② 在保险合同有效期内,保险地址如有变更,或者保险财产的所有权发生转移,被保险人应当及时书面向保险人申请办理批改手续。

③ 被保险人应当遵守国家有关消防、安全方面的规定,维护保险财产安全。

④ 发生保险责任范围内的事故时,被保险人应当积极抢救,尽可能使损失减少至最低限度,同时及时地向公安、消防等有关部门报案并立即通知保险人。

⑤ 被保险人提供给保险人的各种单证、证明必须真实、可靠,履行如实告知义务。

⑥ 被保险人如果不履行上述各项义务,保险人有权拒绝赔偿或者从书面通知之日起终止住房综合保险合同。

9. 赔偿处理

① 保险财产发生保险事故时,保险人根据实际损失赔偿,以不超过保险金额或分项保险金额为限。

② 在保险事故发生后所支付的必要的、合理的施救费用,可以按照实际支出另行计算,最高不超过分项的保险金额为限；施救财产中,含有住房综合保险合同未保险的财产,应按住房保险合同保险财产的实际价值比例分摊施救费用。

③ 发生保险事故时,依法应由其他责任方赔偿的,被保险人应当先向责任方索赔。如被保险人向保险人提出赔偿请求,保险人可以按照本条款的有关规定,先予赔偿,但被保险人必须将向责任方追偿的权利转让给保险人,并协助保险人向责任方追偿。由于被保险人放弃对责任方的请求赔偿权利,致使保险人丧失代位追偿权利,保险人不承担赔偿责任或相应扣减保险赔偿金。

④ 被保险人在向保险人申请赔偿时,应当提供损失清单、必要的发票、单据和有关部门的证明。

⑤ 发生保险责任范围内的损失时,被保险人应当尽可能修复。修复前,被保险人须会同保险人检修,确定修理项目、方式或费用。否则,保险人有权重新核定或拒绝赔偿；保险财产遭受损失后的残余部分,有的保险人规定可以协议折价折归被保险人,并在赔款中

扣除。

住房综合保险通常还规定有重复保险时,即住房综合保险负责赔偿的损失、费用或者责任另有其他保障相同的保险存在,不论是否由被保险人或他人以其名义投保,也不论该保险赔偿与否,保险人仅负有按比例分摊赔偿的责任。同时规定保险财产遭受全部或部分损失经保险人赔偿以后,其保险金额应当相应减少,如需恢复保险金额,应补缴相应的保险费。如被保险人要求退保,保险人对已承担责任的期限按照日平均费率收取保险费。

住房综合保险同样有时效规定,被保险人从知道或应该知道发生保险事故的2年内不向保险人提出索赔,即作为自愿放弃权益。对于住房综合保险合同有争议,可以由当事人协商解决,协商不成的,由双方当事人约定选择以下两种方式中的一种解决:① 提交有关仲裁委员会仲裁;② 依法向人民法院起诉。

(四) 投资连接房屋财产保险

投资连接房屋财产保险是一种理财类型的财产险投资型保险产品,此保险的特点是集保险与投资于一身,从更好地为客户理财的角度,实现房屋财产保险与投资的有效结合,该投资连接房屋财产保险以交纳保险保障金的方式通过投资收益支付保险费。投资连接房屋财产保险的要点如下。

1. 保险财产

投资连接房屋财产保险得保险财产通常可以包括房屋家具、房屋装潢、服装和床上用品、家用电器、金银珠宝、现金首饰等家庭财产。

2. 保险责任

投资连接房屋财产保险的保险责任通常可以分为意外事故风险、自然灾害风险、盗窃损失风险,有的附加第三者责任风险。意外事故风险包括火灾、爆炸等。自然灾害风险包括暴雨、暴风、雷击、地面突然塌陷等。盗窃损失风险包括有明显痕迹的撬窃和入室抢劫。第三者责任风险是被保险人因保险房屋财产对其他人造成的损失需承担的赔偿责任。

3. 保险金额

投资连接房屋财产保险的保险金额一般应包括房屋在内的全部家庭财产的价值。

4. 保险费

投资连接房屋财产保险的保险费是根据选择投保金额确定的,一般投保金额越高,保险费越低,并且并不需要单独交纳保险费,保险费是从交纳的保险保障金的附属权益中产生。

5. 附属权益

附属权益包括保险风险的保险费和投资收益两部分,它是根据保险人向投保人或被保险人承诺的保险保障金的收益率,此收益率又称为附属权益率,附属权益率一般可以按期限分为一至若干年多个档次,期限越长,附属权益率越高。附属权益率是固定的,在保险期限内不随银行利率的调整而变动。

6. 收益保障

投资连接房屋财产保险的保险合同期限届满后,无论在保险责任期间是否发生保险赔偿,投保人或者被保险人不仅可全额收回保险保障金,还可获得附属权益中去掉保险风险的保险费用后的投资收益。

例如，拥有一套价值400万元的产权住房及100万元的家庭其他财产的张先生投保了意外事故和自然灾害损失险400万元、盗窃险50万元、第三者责任险50万元。假定按照费率标准计算每年的保险费合计为6 000元，根据他本人的经济条件，选择交纳80万元保险保障金，保险期限为一年。再假定附属权益率为3%，那么他应该得到的附属权益为24 000元（80万元×3%＝24 000元），其中保险费6 000元，投资收益18 000元。保险期满，他应得的返还金额为818 000元（800 000元＋18 000元＝818 000元）。如果在保险期间，张先生家发生了火灾，保险人经过现场查勘，确认属于保险责任，核定损失为90万元，保险人足额赔偿损失，而这90万元的赔偿不影响他获得的818 000元的返还金额。

（五）房屋利益保险

房屋利益保险是房屋财产保险的附加险，它扩大了房屋财产保险的责任范围，所承保的保险事故与房屋财产保险所承保的保险事故是一致的。房屋利益保险承保的内容是房屋财产因遭受保险责任范围内的事故而带来利益的损失，包括费用的增加和收入的减少。例如，上述商品住房保险中可以附加因保险灾害事故造成保险财产受损而引起的被保险人临时住宿费用，或者被保险人已出租房屋的租金损失。作为附加险，被保险人必须首先将该房屋投保房屋财产保险，然后才能投保房屋利益保险。

房屋利益保险的保险期限与房屋财产的保险期限一致，保险赔付金额常有一个限额，并规定一个赔偿期。赔偿期是指在保险有效期内发生了灾害事故后到恢复正常的一段时期。该时期一般不超过半年，每一事故累计赔付天数不超过该时期；超出赔偿期的利益损失，保险人不予赔付。

以上是以保障房屋财产利益人的经济补偿利益为主要目的的房屋财产保险。在实践中，有的保险条款尚欠完善，房屋实际价值、房屋损失价值的确定也有欠妥之处，这都有待于改进。随着全面深化改革政策的推进，巨灾对房屋财产损害日益得到关注，完善保险经济补偿机制，建立巨灾保险制度已经成为全面深化改革的重要方面。巨灾保险已经在有的地方试点，保险责任范围包含暴风、暴雨、崖崩、雷击、洪水、龙卷风、飑线、台风（热带风暴）、海啸、泥石流、突发性滑坡、冰雹、内涝、地震和地震次生灾害等各种自然灾害，以及由自然灾害引发的核事故，突破了以往保险中不保的地震和地震次生灾害等情况，基本上涵盖了一般性巨灾及特殊核风险。巨灾保险制度的建立和完善，有助于促进房屋财产保险的发展。

二、房屋工程保险

房屋工程保险是承包房屋建筑工程和安装工程因为一切不可预料的意外事故或安装不善所造成的损失、费用和责任的保险。由于对于一般的房屋安装工程，如果其保险金额占整个房屋工程项目的比重不超过50%，则通常将此房屋安装工程的保险纳入房屋建筑工程的保险一并投保。这里仅介绍房屋工程保险中的主要险种房屋建筑工程保险。

（一）被保险人

房屋建筑工程险的被保险人是指在房屋工程进行期间，对这项房屋工程承担一定风险、具有保险利益的有关各方。有关各方包括业主、主承包人或分承包人、雇用的建筑师、设计师、工程监理师和其他专业顾问等。由于每个被保险人各有其本身的权益和责任须向保险人投保,为了避免有关各方相互之间由此引起的追偿责任,保险单一般都加贴共保交叉责任条款。如果各个被保险人之间发生相互的责任事故,每一个负有责任的被保险人都可以在保险单规定的项下得到保障。

（二）保险财产

房屋建筑工程险是对房屋建筑工程合同提供的直接保障,承保的财产以房屋建筑工程合同的内容为依据。其内容有:房屋建筑工程及在工地的物料;房屋建筑用机械、工具、设备和临时工房及其屋内存放物件;业主或者承包人在工地的原有财产;工地内的现成建筑物和业主或者承包人在工地的其他财产。

（三）保险责任

房屋建筑工程险承保各种自然灾害、盗窃、单位员工缺乏经验、疏忽、过失等造成的事故;除外责任外的其他不可预料的事故和清理现场的费用。

自然灾害通常包括海啸、雷击、飓风、台风、龙卷风、风暴、暴雨、地震、洪水、水灾、冻灾、冰雹、地崩、山崩、雪崩、火山爆发、地面下陷下沉及其他人力不可抗拒的破坏力强大的自然现象。

意外事故通常指不可预料的以及被保险人无法控制并造成物质损失或人身伤亡的突发性事件,包括火灾和爆炸。

（四）责任免除

除了战争、类似战争行为、敌对行为、武装冲突、恐怖活动、谋反、政变引起的任何损失、费用和责任;政府命令或政府部门的没收、征用、销毁或毁坏;罢工、暴动、民众骚乱引起的任何损失、费用和责任;被保险人及其代表的故意行为或重大过失引起的任何损失、费用和责任;核裂变、核聚变、核武器、核材料、核辐射及放射性污染引起的任何损失、费用和责任;大气、土地、水污染及其他各种污染引起的任何损失、费用和责任;房屋工程部分停工或全部停工引起的任何损失、费用和责任;罚金、耽误损失及其他后果损失作为除外不保外,按照房屋建筑工程保险的特点,房屋建筑工程险的保险人对下列各项不负责赔偿:

① 设计错误引起的损失和费用;

② 自然磨损、内在或潜在缺陷、物质本身变化、自燃、自热、氧化、锈蚀、渗漏、鼠咬、虫蛀、大气（气候或气温）变化、正常水位变化或其他渐变原因造成的保险财产自身的损失和费用;

③ 因原材料缺陷或工艺不善引起的保险财产本身损失以及为换置、修理或矫正这些缺点错误所支付的费用;

④ 非外力引起的机械或装置的本身损失,或施工用机具、设备、机械、装置失灵造成的本身损失;

⑤ 维修保养或正常检修的费用;

⑥ 档案、文件、账簿、票据、现金、各种有价证券、图表资料及包装物料的损失;

⑦ 盘点时发现的短缺或免赔额内的损失；

⑧ 领有公共运输行驶执照的，或已由其他保险予以保障的车辆、船舶和飞机的损失；

⑨ 除非另有约定，在保险期限终止以前，保险财产中已由业主签发完工验收证书或验收合格或实际占有或使用或接收的部分。

（五）保险金额

房屋建筑工程险的保险金额包括房屋建筑工程本身的保险金额和其他保险财产的保险金额。房屋建筑工程本身的保险金额以被保险工程建筑完成时的总价值，包括原材料费用、设备费用、建造费、安装费、运输费和保险费、关税、其他税项和费用以及由业主提供的原材料和设备的费用；施工用机器、装置和机械设备以重置同型号、同负载的新机器、装置和机械设备所需的费用；其他保险项目，由被保险人与保险人商定保险金额。

对于房屋建筑工程保险本身，为使被保险人获得足够的补偿，被保险人可以先按预算的房屋建筑工程合同价格投保，完工后再按工程最后的实际价格调整整个房屋建筑工程的保险金额，保险费也按调整后的保险金额重新结算。

有的保险人规定，被保险人是以保险工程合同规定的工程概算总造价投保，被保险人必须在保险工程的造价中包括的各项费用因涨价或升值原因而超出原保险工程造价时，尽快以书面通知保险人，保险人据此调整保险金额；在保险期限内被保险人必须对相应的工程细节作出精确记录，并允许保险人在合理的时候对该项记录进行查验；如果保险工程的建造期超过3年，必须从保险单生效日起每隔12个月向保险人申报当时的工程实际投入金额及调整后的工程总造价，保险人将据此调整保险费；在保险单列明的保险期限届满后3个月内向保险人申报最终的工程总价值，保险人据此以多退少补的方式对预收保险费进行调整。否则，一旦发生保险责任范围内的损失时，保险人将对各种损失按比例赔偿。

（六）保险费率

房屋建筑工程险的保险费用一般由保险人根据承保范围大小、承保房屋建筑工程本身的危险程度、承包人及其他承办人的资信状况、保险人本身承保同类业务的以往损失记录等情况来确定。

（七）保险期限

房屋建筑工程险的保险期限自保险工程在工地动工或用于被保险工程的材料、设备运抵工地之时起始，终止日按以下规定中先发生者为准：房屋工程完毕，移交房屋工程业主或者房屋工程业主对部分或全部工程签发完工验收证书或验收合格，或房屋工程业主实际占有或使用或接收该部分或全部工程之时终止，倘若部分使用，则使用部分保险责任终止。

在任何情况下，建筑期保险期限的起始或终止不得超出房屋建筑工程一切险合同中列明的建筑期保险生效日或终止日。房屋工程延期，保险期限可以扩展，但必须事先获得保险人的书面同意。

此外，房屋交给房屋工程业主使用后，还有一个保证期，在此期间，房屋发生质量问题，甚至造成损失事故的、承包人根据房屋工程合同的规定须负赔偿责任的，可以加保保证期间的保险责任。保证期的保险期限与房屋工程合同中规定的保证期一致,从房屋工程业主对部分或全部工程签发完工验收证书或验收合格,或房屋工程业主实际占有或使用或接收该部分或全部工程时起算,以先发生者为准。但在任何情况下,保证期的保险期限不得超出房屋建筑工程险合同中列明的保证期。

(八) 被保险人的义务

在投保时,被保险人应对投保申请书中列明的事项以及保险人提出的其他事项作出真实、详尽的说明或描述,并根据保险单和批单中的规定按期缴付保险费,采取一切合理的预防措施,包括认真考虑并付诸实施保险人提出的合理的防损建议,谨慎选用施工人员,遵守一切与施工有关的法规和安全操作规程,在保险财产遭受盗窃或恶意破坏时,立即向公安部门报案,在预知可能引起诉讼时,立即以书面形式通知保险人,并在接到法院传票或其他法律文件后,立即将其送交保险人。

(九) 索赔和理赔

房屋建筑工程险的保险事故发生以后,被保险人以书面报告提供事故发生的经过、原因和损失程度,采取一切必要措施防止损失的进一步扩大并将损失减少到最低程度;在保险人进行查勘之前,保留事故现场及有关实物证据;根据保险人的要求提供作为索赔依据的所有证明文件、资料和单据。

房屋建筑工程的理赔,以恢复保险项目受损失前的状态为限,可以重置重建受损失项目和原地修复,也可以支付现金。保险金额若低于建筑工程总价值、重置重建金额,其差额作为被保险人的自保。发生保险损失后,被保险人为减少损失而采取必要措施所产生的合理费用,保险人可予以赔偿,但本项费用以保险财产的保险金额为限。

保险人赔偿损失后,由保险人出具批单将保险金额从损失发生之日起相应减少,并且不退还保险金额减少部分的保险费。如被保险人要求恢复至原保险金额,应按约定的保险费率加缴恢复部分从损失发生之日起至保险期限终止之日止按日比例计算的保险费。

被保险人的索赔期限,从损失发生之日起,不得超过 2 年。

三、房地产责任保险

(一) 房地产公众责任保险

房地产公众责任保险是以被保险人在固定场所从事房屋生产或者经营的以及利用房屋进行生产或者经营活动因意外事故而给他人的人身或者财产造成损害,按照法律被保险人应当承担的赔偿责任为保险标的的责任保险。

房地产公众责任保险的适用范围比较广泛,其业务复杂,险种种类较多。概括起来,房产公众责任保险的种类主要有五种。

1. 场所责任保险

场所责任保险承保商店、饭店、办公楼、旅馆、展览馆、公共娱乐场所以及工厂等固定场所(包括建筑物及其机器设备、装备等),因为存在结构上的缺陷或者管理不善等原因,或者被保险人在场所内进行生产经营时的疏忽造成意外事故,引起的对第三者人身伤害和财产损失的赔偿责任。场所责任保险是房产公众责任保险中业务量最大的一个险别，它是房产公众责任保险的主要业务来源。根据场所的不同，场所责任保险又可以进一步分为商店责任保险、办公楼责任保险、学校责任保险、工厂责任保险、旅馆责任保险、车库责任保险、展览会责任保险、娱乐场所责任保险、机场责任保险等若干具体险种。

2. 电梯责任保险

电梯责任保险承保因为使用被保险电梯发生意外事故，致使搭乘或者出入电梯的人死亡或受伤，或者所携带的财物受到损害，依照法律法规应该由被保险人承担的责任。此险种通常包括在场所责任保险中，但是，如果客户要求单独承保，可以根据客户要求单独承保。

3. 会展责任保险

承保被保险人及其工作人员或其雇请人员在会展场所进行展出工作、装卸展品、运转机器以及疏忽行为所引起的损害赔偿责任，而应由被保险人赔付的金额，保险人负责赔偿，保险人负责赔偿的责任包括：

① 被保险人所租用会展场所的建筑物、各种固定设备及地面、地基的损失。

② 被保险人在展览期间因疏忽或过失造成第三者的人身伤亡，所引起的抚恤金、医疗费和其他有关费用。

有的保险人还承保被保险人雇请的工作人员的人身伤亡所引起的抚恤金、医疗费和其他有关费用；此保险不承保展品和设备的损失以及被保险人及其工作人员或其雇请人员的故意或违法行为所引起的财物损失和人身伤亡。此险种通常也包括在场所责任保险中，但是，如果客户要求单独承保，可以根据客户要求单独承保。随着会展经济的发展，会展责任保险单独承保的需求在增大。

4. 承包人责任保险

承包人责任保险承保被保险人进行合同项下的各种房屋建筑工程、房屋安装工程、房屋装修工程和其他作业时对第三者造成的损害赔偿责任。此险种通常也可在房屋建筑工程保险等险种内附加承保。

5. 个人责任保险

个人责任保险承保被保险人所有、使用和支配的住房内发生意外事故引起的对第三者的损害赔偿责任，以及被保险人在承包范围内的日常生活中对第三者的损害赔偿责任。

(二) 房地产职业责任保险

房地产职业责任保险是指承保各种房地产专业技术人员由于工作上的疏忽或过失所造成合同一方或他人人身伤害和财产损失的经济赔偿责任的保险。

房屋建筑工程勘察设计责任保险可以归入此类保险中。房屋建筑工程勘察设计责任保险的保险对象是经建设行政主管部门批准，取得相应资质证书并经工商行政部门注册登记依法成立的房屋建筑工程勘察设计单位。

房屋建筑工程勘察设计责任保险的保险责任为在保险期限（有的还加上追溯期）因勘察设计而造成房屋建筑工程重大质量事故应负的赔偿责任。具体包括由于设计的疏忽或过失而引发的房屋建筑工程质量事故造成下列损失或费用，依法应由被保险人承担经济赔偿责任的，在本保险期限内，由受害人首次向被保险人提出赔偿要求并经被保险人向保险人提出索赔申请时,保险人负责赔偿:① 房屋建筑工程本身的物质损失;② 第三者人身伤亡或财产损失。另外,事先经保险人书面同意的诉讼费用,保险人也负责赔偿。但这些赔偿一般有赔偿限额。发生保险责任事故后,被保险人为缩小或减少对受害人的经济赔偿责任所支付的必要的、合理的费用,保险人也负责赔偿。

此险种的责任免除主要有:被保险人故意不按现行标准进行的勘察设计、冒用持证单位名义进行的勘察设计、转让给其他单位或个人进行的勘察设计、不按国家规定的建设程序进行的勘察设计和不按规定越级承担的勘察设计以及工期拖延等所带来的损失。

此项责任保险的保险期限从被保险人接受勘察设计项目、签订合同时开始,民用项目至竣工验收合格时终止,工业项目至正式投产时终止。如项目竣工后未按规定验收或试产,直接交委托方使用的,终止日在委托方使用日起至半年为止。在保险期限内,由于被保险人勘察设计上的错误而造成工程质量事故导致赔偿责任,赔偿超过其免收的勘察设计费的50%者,超过部分由保险人负责,但保险人最高赔偿金额以不超过受损部分勘察设计费的150%为限。

此保险的保险金额为被保险人应收取的勘察设计费,费率一般规定为保险金额的2‰。

责任保险在我国房地产领域是个有待拓展、创新的险种。

四、房地产人身保险

(一)人身保险概述

人身保险是以人的生命和身体机能(健康和劳动能力)为保险标的的保险。当被保险人遭受不幸事故、意外灾害、疾病、衰老等事故,以致死亡、伤残或年老退休时,保险人根据保险合同的规定,给予被保险人或者受益人保险金额或年金。

人身保险按保险的危险来分类,可以分为三种:一是人身意外伤害保险;二是健康保险,也称疾病保险;三是人寿保险。

人身保险与房地产领域的从业人员都有一定的关系,符合人身保险合同规定条件的房地产从业人员都可以成为被保险人,但从房地产行业尤其是包括开发营建职能的房地产开发经营单位的某些工种来说有一定的危险性,房地产人身保险在一定程度上能解除员工的后顾之忧,这里介绍房地产人身意外伤害保险。

(二)房地产人身意外伤害保险

房地产人身意外伤害保险是指房地产从业人员作为被保险人因遭受意外伤害事故造成死亡或永久致残,按照保险合同约定由保险人给付保险金额的全部或一部分的一种人身保险。意外伤害包括外来的、突然的、剧烈的、非本意的和明显的使被保险人受到伤害的事件。房产人身意外伤害保险不承担被保险人因为患病死亡而给付保险金的义务。房地产人身意外伤害保险的内容主要涉及:保险对象、保险期限、保险金额、保险责任、责任免除以及保险金的申请和给付等。

1. 保险对象

年满16周岁至65周岁,身体健康能正常工作或者正常劳动的房产业从业人员都可以作为被保险人参加投保,投保人也可以是被保险人从业的单位。

2. 保险期限和保险金额

保险期限通常为1年,也有3至5年的,从起保日零时起至期满日24时止。此保险可按份计算,并规定每份保险金额,但对投保份数有限制。被保险人在投保时可以指定受益人,如未指定受益人,则按有关法规办理。意外伤害的保险费率的厘定通常不考虑被保险人的年龄和性别等因素,因为被保险人所面临的主要风险并不因为被保险人的年龄和性别不同而有比较大的差异,被保险人遭受意外伤害事故的可能性大多取决于其职业、工种或者所从事的活动,保险危险的大小直接影响保险费率的高低,保险费按保险金额和保险危险的风险性大小设定。

3. 保险责任

意外伤害保险的保险责任主要由三个条件构成,即被保险人在保险期限内遭受了意外伤害事故;被保险人死亡或者残疾;意外伤害事故是死亡或者残疾的直接原因或者近因。

被保险人在保险有效期内因意外事故以致死亡的,或双目永久完全失明,或四肢永久完全残疾,或一目永久完全失明且同时一肢永久完全残疾的给付保险金额全数;一目永久失明或一肢永久完全残疾的给付保险金额半数;身体其他部位伤残的,以致永久完全丧失全部或部分劳动能力及身体机能的,按照丧失程度给付全部或部分保险金额。

保险有效期又称为保险责任期间,它是指自被保险人遭受意外伤害之日起的一定期间(通常为90天或者180天),只要被保险人遭受意外伤害的事故发生在保险期限内,而且在保险有效期内造成死亡或者残疾的后果,保险人必须承担保险责任,给付保险金。即使被保险人死亡或者被确定为残疾时保险期限已经到期,保险人仍然必须给付保险金。如果被保险人在保险有效期结束时仍然不能确定最终是否造成残疾以及造成什么程度残疾,则通常推定保险有效期结束时这一时点上被保险人状况为被保险人的残疾程度,并且按照这一程度给付保险金。即使被保险人在此以后经过治疗痊愈或者残疾程度减轻,保险人也不追回保险金;反之,如果被保险人残疾程度加重或者死亡,保险人也不追加保险金给付。

被保险人在保险有效期间,不论由于一次或多次发生意外伤害事故,保险人均按规定给付,但给付的累计总数不能超过保险金额全数,给付金额累计达到保险金额全数时,保险责任即行终止。

4. 责任免除

被保险人的自杀或犯罪行为,被保险人或其受益人的故意或诈骗行为,战争或军事行为所致被保险人的死亡或伤残,被保险人因疾病死亡或伤残,被保险人因意外伤害所支出的医疗或医药等费用(也有保险人将此纳入保险责任)。

5. 保险金的申请和给付

被保险人在保险单有效期间,发生保险责任范围内的死亡或伤残时,被保险人或其受益人可申请给付保险金,并提供保险单、死亡证明书或区县级以上医疗机构(通常需要经过保险人认同的医疗机构)出具的残疾程度证明。从意外事故发生之日起经过规定年限不提出申请,即作为自动放弃权益。

人身意外伤害保险还可以附加意外伤害医疗费用保险和意外伤害住院补贴保险。

五、房地产融资保险

房地产融资保险是指为了保障房地产融资人房地产融资安全,提高房地产融资债务人的信用而由相关当事人(如借款人)投保的一种房地产保险。其包括的具体险种有:贷款抵押房屋保险、贷款建(修)房保险、商品房抵押贷款还款保证保险等。

(一)贷款抵押房屋保险

贷款抵押房屋保险通常是指房屋抵押贷款的贷款人为了保障房屋抵押贷款的安全,而要求借款者将作为抵押的房屋向保险人投保的房产保险。此贷款抵押房屋保险从直接的保障范围来说,属于房屋财产保险,它是为抵押房屋因自然灾害或意外事故遭受损毁的风险提供保障,但从最终的保障来说,是一种保证保险,其承保贷款人拥有抵押权的房屋的保险危险,对贷款的安全具有保障作用,能够促进抵押贷款购房业务的开展。此贷款抵押房屋保险的主要内容有七个方面。

1. 保险对象

通常为办理房屋抵押贷款的房屋所有人(借款购房者)。

2. 保险财产和不保财产

借款者用抵押贷款购买及建造、翻建、大修竣工后的房屋属于保险财产,包括房屋的购买合同中一并载明的套内装修及套内其他配置设备进行了合理的保险金额分割后特别记载于投保单和保险单的财产;借款者购房后,因装修、改造或其他原因购置的附属于房屋的有关财产和购房合同中未载明的附属于房屋的财产以及购房合同中载明的公共分摊的建筑部分属于不保财产。

3. 保险责任和责任免除

(1)保险责任

因为下列原因造成保险单中载明的保险财产本身的直接物质损失,保险人按照此保险合同条款的规定负责赔偿:

① 火灾、爆炸;

② 暴风、暴雨、雷击、冰雹、洪水、泥石流、地面突然下沉、下陷、山体突然滑坡;

③ 空中运行物体坠落,以及外来的建筑物和其他固定物体的倒塌。

在发生上述灾害或事故时,被保险人为防止事故蔓延或减少损失所采取的必要施救措施造成投保房屋的损失以及由此支付的合理费用,保险人按照此保险条款的规定负责赔偿。

(2)责任免除

由于下列原因造成保险单中载明的保险财产本身的直接物质损失,保险人不负责赔偿:

① 房屋用于规定用途(保险合同约定)以外的各种用途;

② 投保人、被保险人的故意行为或重大过失行为;

③ 战争、类似战争行为、敌对行为、武装冲突、恐怖活动、谋反、政变、罢工、暴动、民众骚乱;

④ 核裂变、核聚变、核武器、核材料、核辐射及放射性污染；

⑤ 政府命令或任何公共当局没收、征用、销毁或毁坏；

⑥ 保险财产因设计错误、原材料缺陷、工艺不善等内在缺陷以及自然磨损产生的损失和费用；

⑦ 在保险财产实际交付使用之前发生的损失和费用；

⑧ 地震引起的一切损失和费用；

⑨ 保险事故发生后引起的各种间接损失和费用以及对第三方承担的责任。如果规定应由被保险人自行承担的一定的免赔额，该免赔额也属于责任免除的内容。

4. 保险期限

贷款抵押房屋保险的保险期限应从贷款购房者取得房屋使用权之日起至贷款到期日止。对于建房、翻建、大修房屋的从竣工之日起至借款本息还清之日止。房屋抵押期间，如果借款人中断保险，贷款人通常有权代保，一切费用由借款者负担。理论上，由于购房者对期房没有合法所有权，不具有保险利益，所以购房者不宜对期房投保，应在获取房屋的合法所有权后投保。保险合同生效及计收保险费的开始时间应在发展商与购房者签订交房合同后。

5. 保险金额及保险费

采用足额投保原则，贷款房屋保险的保险金额应以贷款金额为最高限额。也可以经与贷款购房者协商并获得其同意，采用凡购、建的房屋以购建房屋的价值确定保险金额的做法，如保险金额按投保人或被保险人与房地产开发商签订的购房合同中载明的房屋总价款确定。翻修的旧房以旧房价值和翻修的费用确定保险金额。如果贷款抵押房屋保险同时承保房屋装修及其附属设备，该部分保险金额一般不得超过房屋总价款的10%；保险费按保险单约定计收，投保人在办理投保手续时，一般规定应一次缴清保险费，也有的规定分期交付。保险单正本由贷款人保管。从理论上说，房屋的保险价值一般应该是房价扣除地价、利润、公共配套设施等附加成本后的价值。这部分附加成本占房价总额的比例不尽相同，通常一般扣减额在30%—40%之间比较合理，即投保金额一般可以按房价的60%—70%计算，而按照房价投保是不合理的。

6. 投保人、被保险人的义务

投保人和被保险人对于保险人就投保事宜提出的询问应当如实告知，并且按规定按时交付保险费，还应采取必要的、合理的措施保护保险房屋的安全，切实做好各项防灾、防范工作；保险单所载明的内容发生变更，应及时向保险人申请办理批改手续；保险房屋遭受保险责任范围内的损失时，被保险人应尽力救护并保护现场，同时立即向公安或消防部门报案。并及时通知贷款人和保险人，在保险期限内，保险财产改变用途、转让或赠与他人的，投保人或被保险人应在一定日期（如7日）内通知保险人，并办理保险单批改手续，被保险人不履行规定义务的，保险人有权拒绝赔偿或从书面通知之日起终止保险责任。

7. 损失赔偿

被保险人申请赔偿应通过贷款人向保险人提出，并提供保险单、损失清单、赔偿申请单等必要单证和有关部门的证明。保险房屋遭受保险范围内的实际损失超过或相当于保险金额,按保险金额赔付;实际损失小于保险金额,保险人只负责受损房屋基本恢复到合理程度的修理费,且不得超过保险金额,保险金额低于出险时的实际价值,按保险金额与出险时的实际价值的比例乘以修复费用计算赔偿金;如果投保人或被保险人要求在保险标的修复、重置时对损失部分作变更、改进和增加性能,由此产生的费用,由投保人或被保险人自行承担。对于合理的施救、保护费用的最高赔偿金额以不超过房屋实际损失部分的保险金额为限,也有的保险人规定不得超过保险金额的50%;如果保险金额小于出险时的实际价值,施救费用的赔偿按保险金额与出险时的实际价值的比例计算赔付。

被保险人向保险人索赔时,应根据保险人的要求提供作为索赔依据的保险单正本、购房合同、房产证及与此有关的一切权属证明、抵押贷款合同、被保险人和贷款银行之间关于保险赔款受领问题达成的书面协议、有关保险财产损失及其数额的证明以及保险人认为必要的其他证明、资料或证据。

在抵押贷款保险合同终止前发生保险责任范围内的损失,保险人根据被保险人和贷款银行之间关于保险赔款受领方式和数额达成的书面协议进行赔偿,通常贷款银行(抵押权人)有权优先受领保险赔款,余额由被保险人受领。

保险房屋发生保险责任范围内的损失是由第三方责任造成,保险人可应被保险人的书面要求先予赔付,但要获得被保险人权益转让书,并要求被保险人协助其向第三方追偿。

房屋抵押贷款的期限一般可达10年、20年甚至30年。与此相应,贷款抵押房屋的保险期限也较长。分期收取保险费时也产生了在保险费计算、保险事项批改等方面的相应规定。如规定将整个保险期限分为若干期来计算保险费,第一期保险费统一自起保日起至第一个10月31日止,由被保险人在办妥投保手续后,即行支付;从第二期开始,每期保险费计算期从当年11月1日起至次年10月31日止,直至保险期满,由贷款人每年10月份从保户的账户内扣交。如果第一期或最后一期保险费计收时不足年,有的保险人规定均按月计收,不足一个月的按一个月计收。不过期交和趸交金额应该有所不同。

当保险财产在保险有效期内发生保险责任范围内的损失并得到保险人的经济补偿后,当年的有效金额相应减少。为了使贷款抵押房屋继续得到足额的保障,在出险赔偿后,被保险人必须通过贷款人申请办理恢复保额的批改手续。由此也带来了相应的保险费计算,这种计算分为两种情况:第一种是部分损失赔偿后恢复原保险金额的,自出险之日起至当年计算期限止,按保险人赔款金额收取保险费(按月计收,不足1个月的按1个月计收),以后每期保险费按恢复后保险金额计算。第二种是全部损失按保险金额赔偿的,原保险单终止责任,需重新办理保险手续,按相应金额计收保险费。有的保险人规定保险人赔偿损失后,由保险人出具批单将保险金额从损失之日起相应减少,并且不退还保险金额减少部分的保险费,如被保险人要求恢复原保险金额,应按约定的保险费率加缴恢复部分从损失发生之日起至该保险年度终止之日止按月比例计算的保险费,其他保险年度的保险金额不受影响。

保险事项的批改还可能有以下几种情况:

① 贷款期限的变化。如借款者在约定期限内不能按时还贷,要求展期或者借款者提前还贷而相应缩短期限的,都要通过贷款人办理批改保险期限的手续,相应增收或退还保险费。

② 借款的偿还由借款者(被保险人)的继承人来承担时,贷款抵押房屋保险合同也将由继承人来履行。为此要通过贷款人申请办理更改被保险人的批改手续。

③ 期房转现房。借款人购买的房屋如果是期房,自投保日起至实际取得房屋止。保险人已收取此段时间保险费,借款者可在实际取得房屋后在抵押贷款到期前收取最后一期保险费时,或者在保险合同终止前到保险人处办理期房转为现房期间的退费手续。

此外,借款人可为已投保房屋的增值部分投保。增值额可由有资格的估价部门估价。投保时,由借款人主动通过贷款人申请办理增加保险金额的批改手续,并支付保险费。

在保险期限内,有的保险人规定,如果被保险人经贷款银行的书面同意后向保险人提出书面申请解除贷款抵押房屋保险合同,经保险人同意后,贷款抵押房屋保险合同方可解除,并按未到期保费的75%退还给投保人。

(二) 贷款建(修)房保险

此保险常以综合保险的形式出现。凡借款人用抵押贷款自行组织施工力量建造、翻建、大修自有房屋的,应当在签订建(修)房抵押贷款合同的同时,投保此险,直至建(修)房全部竣工为止。保险期限从借款合同生效之日起至建(修)房屋竣工之日止,以外墙面粉刷好(拆除脚手架)为标准,最长一般以六个月为期限。在保险有效期中,由于保险责任范围内的自然灾害或意外事故导致在建房屋、建筑材料的损失、人身伤害及第三者的财产损失和人身伤害,保险人负经济赔偿责任。保险期满后,若贷款未到期或未能归还贷款,应将此保险转为贷款抵押房屋保险。如果建(修)房未能如期竣工或竣工后被保险人未向贷款人及时办理贷款抵押房屋保险手续,则由贷款人展延保险期限,并加收保险费。

此保险还可附加拆房责任保险,使借款人(被保险人)在拆房过程中发生的意外事故损失,也能获得一定的补偿。

(三) 商品房抵押贷款保证保险

商品房抵押贷款保证保险是保险人承保商品房抵押贷款的贷款人因借款人拒绝或不能按期偿付债务而造成该贷款人损失的保险。此保险的主要内容有以下六个方面。

1. 投保人和被保险人

投保人是经保险人认可的为购买商品房而向贷款人举借商品房抵押贷款的借款人(包括法人和自然人);被保险人为向借款人提供商品房抵押贷款的贷款人。

2. 保险责任

因借款人无力履行商品房抵押贷款合同、借款人死亡而无继承人或受赠人、借款人的继承人或受赠人拒绝履行该贷款合同和借款人解散、破产、被兼并或依法撤销,且无该贷款合同受让人的,从而导致借款人连续三个月未履行或未完全履行与被保险人签订的贷款合同约定的偿还贷款的责任,由保险人向被保险人赔偿。

3. 责任免除

造成借款者未履行或未完全履行商品房抵押贷款合同是由于被保险人没有按贷款审核的标准对借款者进行审核,由此可撤销此保险并按退保费率退还未到期保险费,如果造成借款者未履行或未完全履行商品房抵押贷款合同是由于被保险人的故意行为或被保险人与借款者的共同故意行为,并不退还未到期保险费。另外,如果有已发生的赔款,保险人有权向被保险人索回。

4. 保险金额、保险期限和保险费

保险金额为商品房抵押贷款合同项下贷款本金及利息总和,有的保险人规定保险金额为商品房抵押贷款合同项下贷款本金及利息之和的75%;保险期限从商品房抵押贷款合同生效之日起至借款者按照商品房抵押贷款合同规定偿清全部贷款本息及有关费用时终止;年保险费根据期初(年初)本息余额计算,保险费率根据首期付款、保险期限和保险金额而定,并一次性收取总保险费。

5. 损失赔偿

当发生保险责任范围内的事故,被保险人应向保险人提出书面索赔申请。经保险人核实后,在收到索赔申请的1个月内予以赔偿。赔偿金额为贷款合同项下所拖欠的本息(含逾期息和罚息)及其他有关费用,在此以后按贷款合同规定按期偿还债务,直至借款人恢复履行贷款合同或保险人还清借款人的全部债务为止。

6. 权益保护

在支付赔款后,保险人有权向借款人追偿代还的债务及其利息(一般按同期贷款利率计算),直至处置抵押物。行使抵押物处置权一般要在借款人未履行或未完全履行贷款合同达6个月;或者借款人在恢复履行贷款合同之月起6个月内未偿清保险人已支付的赔款及利息;或者未经保险人同意,借款人改变抵押物结构造成损失,或出售、转让及再抵押抵押物时,依法从被保险人处取得该抵押物的全部权益,并在保险人向被保险人付清借款人的全部债务后行使。

保险人依法处置抵押物所得价款在扣除了相应的税费和保险人已支付的赔款及利息后,若有余款,则归借款人所有,不足部分保险人对借款人具有追索权。对抵押物的这种处理是因为保证保险是保险人经营的一种担保业务。保险费实质是一种手续费,作为保险人从事担保业务的一种报酬。

商品房抵押贷款保证保险有利于保障贷款人的资金安全,但这一险种一般要与贷款利息的降低或贷款期限的延长乃至首期付款的降低结合起来,或者与借款人多项商品房抵押贷款结合起来,才具有较强的生命力,才有助于增加房地产市场的有效需求。

上述房地产融资保险的险种还可以进行适当的组合,形成房地产融资保险的综合保险。另外,也可以将人寿保险与住房抵押贷款相结合,构成抵押贷款人寿保险等。

六、居民住宅地震巨灾保险

我国于2016年7月正式推出城乡居民住宅地震巨灾保险,采用政府负责制度设计、立法保障和政策支持,通过成立中国城乡居民住宅地震巨灾保险共同体,整合行业承保能力,共同参与损失分担,并负责地震巨灾保险具体运作。由投保人、保险公司、再保险公司、地震巨灾保险专项准备金、财政支持及其他紧急资金安排逐层承担损失,体现"风险共担、分层负担"的原则。

1. 保险财产

达到国家建筑质量要求(包括抗震设防标准)的住宅本身及室内附属设施。

2. 保险责任

发生 4.7 级（含）以上且最大烈度达到Ⅵ度以上的地震，及其引起的海啸、火灾、火山爆发、爆炸、地陷、地裂、泥石流、滑坡、堰塞湖及大坝决堤造成的水淹等次生灾害，造成城乡居民住宅一定程度损失的，可以得到赔偿。

3. 保险金额

结合我国居民住宅的总体结构情况、平均再建成本、灾后补偿救助水平等情况，根据城乡有别确定保险金额，城镇居民住宅基本保额每户 5 万元，农村居民住宅基本保额每户 2 万元。每户可参考房屋市场价值，根据需要与保险公司协商确定保险金额。在城乡居民住宅地震巨灾保险运行初期，保险金额最高不超过 100 万元，以后根据运行情况逐步提高，100 万元以上部分可由保险公司提供商业保险补充。家庭拥有多处住房的，以住房地址为依据视为每户，可投保多户。

4. 保险费

保险费率主要结合地区地震风险高低、建筑结构不同等因素确定，并适时调整。

5. 损失赔偿

根据破坏等级分档理赔，在运行初期，参照国家地震局、民政部制定的国家标准，当破坏等级在Ⅰ—Ⅱ级时，标的基本完好，不予赔偿；当破坏等级为Ⅲ级（中等破坏）时，按照保险金额的 50% 确定损失；当破坏等级为Ⅳ级（严重破坏）及Ⅴ级（毁坏）时，按照保险金额的 100% 确定损失。

七、房地产其他保险

房地产其他保险是指除上述各种房地产险种之外的其他与房地产有关的险种。这些险种有的有待开发，有的需在已有的险种上得到进一步的发展等。主要包括以下险种：

① 房屋当值保险，它是与房屋典当有关的保险。
② 投资增值保险，它是与房地产投资有关的保险。
③ 房地产产权保险，它是与房地产产权有关的保险。
④ 房屋质量责任保险，它是与房屋交付后一定期限内的质量责任有关的保险。
⑤ 房地产分期付款保证保险，它是与房地产销售有关的保险。
⑥ 物业管理保险，它是与物业管理责任有关的保险。

此外，根据需要与可能可将有的保险从房屋扩大到非房屋的建筑物。

本章小结

房地产保险就是指在房屋设计、营建、销售、消费和服务等环节中以房屋及其相关利益与责任为保险标的的保险。房地产保险按风险潜在损失所涉及的客体即保险的对象可以分为房地产财产保险、房地产责任保险和房地产人身保险。

房地产保险的作用主要体现在：① 抵御意外不幸，实现经济补偿；② 推进住房制度改革，解除居民后顾之忧；③ 增强投保人的信用，促进资金融通；④ 保障社会财富安全，增强社会防灾救灾力量；⑤ 搞活房地产市场，促进房地产业的发展和促进对外开放，改善投资环境。

房地产保险的运行要素包括房地产保险业务开展的相关参与者和基本条件。房地产保险的参与者包括房地产保险人、房地产投保人、被保险人、受益人和房地产保险中介人。房地产保险中介人主要有房地产保险代理人、房地产保险经纪人和房地产保险公估人。

房地产保险基金是房地产保险人为了补偿保险事故所造成的财产损失或人身伤亡所引起的经济需要，向房地产投保人收取保险费而集中起来的一种社会后备基金。房地产保险基金作为保险基金的重要构成部分，其具体构成除了保险公司的资本金外，就是房地产保险费收入。房地产保险费的多少取决于房地产保险金额和保险费率。房地产保险金额是指房地产保险人承担赔偿或给付保险金责任的最高限额。房地产保险费率是按保险金额收取保险费的比率，房屋保险费率根据所承保的房屋保险危险的大小，以及房屋保险额损失率资料和房地产保险人的业务费用的多少等来制定的。

房地产保险合同是房地产投保人与房地产保险人约定保险权利义务关系的协议。房地产保险合同的体现形式主要有保险单、保险凭证、暂保单、投保单和批单等。房地产保险合同的条款主要包括基本条款、附加条款、法定条款、保证条款、特约条款等。

在房地产保险险种的设计中，保险责任和责任免除（除外责任）等的确定是十分重要的。保险责任是房地产保险人根据保险合同的规定承担房地产被保险人经济损失补偿或人身保险金给付的责任。除外责任是房地产保险合同中规定的不在保险责任范围内的责任。

房地产保险合同履行时，必须遵循以下基本原则：最大诚信原则、公平互利原则、可保利益原则、损失赔偿原则和近因原则。在实际上，损失赔偿原则还有其变形和派生规定，涉及定值保险方法、自保额和免赔额以及权益转让规定和重复保险规定。

房地产保险投保与承保的过程就是房地产投保人与房地产保险人订立保险合同的过程。房地产保险的危险管理是指在房地产保险经济活动中，对各种危险加以识别和衡量，找出避免危险发生的办法，争取以最小的代价，有效地控制和避免危险的发生，以减少社会物质财富的损失的行为。房地产保险的索赔与理赔是体现房地产被保险人权益，实现房地产保险补偿或给付职能的行为。

房屋财产保险是以房屋财产为标的的保险，包括单位房屋保险、商品住房保险、住房综合保险、投资连接房屋财产保险和房屋利益保险。

房屋工程保险是承包房屋建筑工程和安装工程因为一切不可预料的意外事故或安装不善所造成的损失、费用和责任的保险。

房地产公众责任保险是以被保险人在固定场所从事房屋生产或者经营的以及利用房屋进行生产或者经营活动因意外事故而给他人的人身或者财产造成损害，按照法律被保险人应当承担的赔偿责任为保险标的的责任保险。房地产职业责任保险是指承保各种房地产专业技术人员由于工作上的疏忽或过失所造成合同一方或他人人身伤害和财产损失的经济赔偿责任的保险。

房地产人身意外伤害保险是指房地产从业人员作为被保险人因遭受意外伤害事故造成死亡或永久致残，按照保险合同约定由保险人给付保险金额的全部或一部分的一种人身保险。

房地产融资保险是指为了保障房产融资人房产融资安全，提高房地产融资债务人的信用而由相关当事人（如借款人）投保的一种房产保险，其包括的具体险种有：贷款抵押房屋保险、贷款建（修）房保险、商品房抵押贷款还款保证保险等。

房地产保险的险种有的还需要进一步开发，有的还需要在已有的险种上得到进一步的完善。

复习思考题

1. 什么是房地产保险？
2. 与房地产有关的风险有哪些？
3. 房地产保险的作用有哪些？
4. 房地产保险运行要素有哪些？其主要内容是什么？
5. 房地产保险运行的基本原则有哪些？
6. 房屋保险费率的厘定应该考虑哪些因素？
7. 房屋财产保险常见险种的主要内容有哪些？
8. 什么是房屋建筑工程保险，其主要内容有哪些？
9. 房地产责任保险主要有什么险种？
10. 房地产人身保险主要有哪些险种？
11. 什么是房地产融资保险，其险种主要有哪些？
12. 房地产保险还可以开设哪些险种？
13. 寻找房地产巨灾保险实例，并请具体分析。

案例分析

案例1 汶川大地震房屋倒塌 按揭贷款引出巨灾保险话题[①]

2008年5月12日，汶川发生大地震，此次地震能量巨大、烈度超强、发震方式特殊、

[①] 资料来源：中国网："四川举行汶川大地震周年新闻发布会"，网址：http://www.china.com.cn/photo/txt/2009-05/07/content_17738629_3.htm；崔烨："汶川地震造成大量房屋倒塌 按揭贷款引出巨灾保险话题"，《新闻晚报》，2008年5月19日；陈昕晔、曹卫国、刘浩远："汶川地震引发保险关注'巨灾保险'的多国样本"，http://news.enorth.com.cn/system/2008/06/18/003414679.shtml。

震动持续时间长,地震震源深度浅、破裂长度大、震害范围广。"5·12"汶川特大地震造成大量房屋严重破坏甚至倒塌。已经痛失亲人和家园的借款人是否仍然要担负还贷责任? 这给金融服务业出了个难题。房贷银行相关工作人员均表示已经关注到这个问题,而经营房贷险业务的保险业内人士则呼吁尽快推动巨灾保险制度。记者就震毁房屋的房贷是否需要照常偿还采访,一些银行的工作人员普遍表示银行并不承担地震风险,按照正常程序银行有权追回贷款,但考虑到此次地震危害巨大性,如果央行有新决定出台,银行一定会按照政策操作。

银行业人士认为,对于自然灾害带来的风险,借款人可以通过投保房贷险转移。但由于风险较大,目前贷款抵押房屋保险或者住房贷款还贷保证保险或者其他类似保险普遍未将地震列为保险责任,房贷相关保险一般不保地震,主要保火灾、爆炸、暴雨、台风等条款列明的自然灾害,但有的保单会将地震险列为拓展条款。

随着贷款买房人数的日益增多,房贷险的问题也越来越突出,尤其是在个人贷款抵押房屋保险合同的签订中,其中一大争议便是发生"地震或地震次生灾害"时或"地震所造成的一切损失"时是否免责的问题。

受灾民众是否要继续归还住房按揭贷款这个问题也凸显了巨灾保险制度的重要性。因为针对这类意外的巨大灾难,无论是家庭还是一家保险公司或一个银行都很难独立承担损失。在国际上,通行的做法是建立政府支持下的巨灾保险制度,以再保险方式通过国际保险公司寻求风险的分摊。

由于房屋对于普通人来说,往往意味着全部身家,这次地震后,房屋保险特别引人关注,人们最关心的问题主要集中在房屋险为什么要将地震除外,以后会不会有改变?房贷险强制购买停止后,房屋贷款如何得到保障?

分析:

此次大地震经修订后为8.0级,地震发生时大半个中国都有震感,地震的破坏性强于30多年前的唐山大地震。30多年前,我国住房还实行福利分房制,从理论上说单位房屋的产权属于国家,唐山大地震造成的房屋财产损失直接由政府埋单。而现在的商品住宅都是由个人购买,更多的是通过个人住房抵押贷款分期付款购买。而随着地震的发生,房屋已损坏或基本摧毁,房地产作为一种不动产已部分损失或完全损失。而与房地产相关的个人可能已在地震中丧生或已成残疾,不再具有偿还银行贷款的能力。银行的房地产抵押贷款也追不回来了,从而形成银行的呆账、坏账,风险完全转嫁到了商业银行等贷款机构,影响到了金融业和房地产业的健康发展。

从"5·12"汶川特大地震剖析我国房地产保险存在的问题。一方面,目前,我国房地产险种覆盖面还有缺陷,还没有开发因地震而赔付的专门险种,而且在很多险种中,例如房地产抵押贷款保险,地震都被作为除外责任。因此,因为地震受到的巨大的损失就不能得到一定的补偿。另一方面,我国现在的保险产品设计上不太合理,缺乏公平性。就拿我国的住房抵押贷款保险来说,银行、保险公司与购房者三方对风险未能进行合理的分配。购房者缴纳保证保险的保费,保险公司承担了应属信用保险和保证保险两个险种的风险,银行在签订借款合同时往往设置相应的住房抵押条款,同时还要求购房者投保保证保险。这样银行无需成本就获得了房地产抵押和信用保险的双重保障,完全规避了贷款风险,违背了权利义务对等的公平性原则,这种局面使得购房者投保的积极性不高。同时保险公司在收取一份保费的同时,还要承担包括购房者的道德风险、行为风险(应属于银行缴费的信用风险的保险责任)在内的其他的一切风险。保险产品的设计还存在诸如保费过高等问题,没有考虑到广大消费者的承受能力。

设计合理的有多方分担的包括地震保险在内的巨灾保险,已经成为我们社会和房地产金融保险业关注的重要方面。

案例2　深圳市探索巨灾保险

2013年,中国保监会正式批复同意深圳市开展巨灾保险试点。2014年根据市政府常务会议审议通过《深圳市巨灾保险方案》,于2014年6月份起正式实施。2015年深圳市决定采取政府公开招标采购的方式确定2016年度巨灾保险承保保险机构,保险承保机构服务期限为2016年1月1日0:00起至2016年12月31日24:00止。

根据深圳市政府采购中心2016年深圳市巨灾保险招标公告及相应招标文件,深圳市2016年度巨灾保险的主要内容如下:

(1) 承保对象

当保险责任事故发生时处于深圳市行政区域范围内的所有自然人,包括常住人口以及临时来深圳出差、旅游、务工等人员。

(2) 保险灾种

暴风(扩展到狂风、烈风、大风)、暴雨、崖崩、雷击、洪水、龙卷风、飑线、台风、海啸、泥石流、滑坡、地陷、冰雹、内涝、主震震级4.5级及以上的地震及以上15种灾害引发的次生灾害和核事故风险。

(3) 保障责任

① 人身伤亡救助。对于保险范围内的15种灾害造成人身伤亡的医疗费用、残疾救助金、身故救助金及其他相关费用,每人每次灾害人身伤亡救助最高额度为10万元,每次灾害总限额为20亿元。具体明细包括普通伤害救助(含医疗费、监护人误工费、护理费、交通费、住宿费、住院伙食补贴费、营养费、后续医疗费)、伤害致残救助(含残疾救助金、残疾辅助用具费、残疾鉴定费、残疾康复护理、继续治疗费)和死亡救助(即身故救助金)。对于在上述灾害中的抢险救灾和见义勇为行为所造成的人员伤亡,同样包括在救助范围内。② 核应急救助。由于发生保险范围内的15种自然灾害引发核电站严重事故,影响或可能影响深圳市行政区域范围内居民的健康和安全以及周围环境时,按照风险等级政府启动核应急程序,组织开展隐蔽、撤离和安置人员所需的相关费用,由保险机构予以承担,每人每次核应急救助费用最高额度为2 500元,每次总限额为5亿元。③ 住房损失补偿。在保险期间内,发生基本责任列明的自然灾害,导致承保区域内的住房全部或部分倒塌,或出现危及正常使用的房屋建筑或构建物结构安全隐患的,保险人负责赔偿。每户每次事故责任限额人民币2万元(以实际发生的损失金额为准),每次总限额为2亿元。

除了政府统保,还有商业保险提供巨灾保险。如在地震灾害的住房保险方面,中国人民财产保险股份有限公司在深圳市等 34 个地区推出的家庭财产综合保险[①],可以附加地震造成房屋及附属设施损失险,承保因破坏性地震或由此引起的海啸、火灾、爆炸、滑坡、地陷所造成的房屋及室内附属设备直接财产损失。其中,破坏性地震是指由国家地震部门公布的震级 M5 级且烈度达到Ⅵ度以上的地震。每次事故房屋及附属设施、室内财产免赔率为 20%。不过这一附加险的保险金额为 0—80 万元。

分析:
  深圳市巨灾保险方案在制度模式上大胆创新,设计出"政府统保+商业保险"的"分层保障"制度。第一层次是深圳市政府为在深圳的人员统一向保险公司购买政府巨灾救助和补偿的保险服务,用于巨灾发生后对伤亡居民的补偿保障及灾后居民安置和住房损失补偿。第二层次为商业巨灾保险,是在政府巨灾救助保险基础上,通过商业性巨灾保险产品满足居民更高程度的风险保障需求。

  深圳市推行巨灾保险制度在维护社会稳定、促进社会和谐等方面能够发挥积极的作用。但是应该看到无论是政府统保还是商业保险,保险金额还是比较小的,特别是在房屋财产的保险金额上,相对于高企的房价,保险保障程度还是不高的,这有待于进一步完善。

---

① 中国人民财产保险股份有限公司家庭财产综合保险,网址:http://www.epicc.com.cn/jiatingbaoxian/jiatingcaichanzonghebaoxian/? cmpid=3se36301RC9S06&utm_source=360&utm_medium=search_cpc&utm_term=%e5%9c%b0%e9%9c%87%e5%b7%a8%e7%81%be%e4%bf%9d%e9%99%a9&utm_campaign=%e4%ba%a7%e5%93%81-%e5%9c%b0%e9%9c%87%e9%99%a9&utm_adgroup=%e5%9c%b0%e9%9c%87%e9%99%a9&utm_account=picc_jiacaixia&utm_channel=search_wangxiao_picc_jiacaixia&utm_content=search_cpc。

第十章

结算与房地产结算融资

本章首先介绍了结算与房地产金融的结算的含义,然后简述了结算的原则、常见的结算方式、银行结算的纪律和银行账户及其管理原则,又对常见的结算方式的主要内容作了概括,最后,就房地产结算融资的意义和房地产结算融资的主要方式作了介绍。

第一节 结算概述

一、结算的含义

结算泛指结账、算账等行为。从经济角度看,结算是指交易各方由于商品交易、劳务供应、证券买卖和资金划拨等经济活动引起的债权债务和股权变动,通过货币收付等形式来进行了结和清算的行为。房地产金融的结算是指房地产金融机构以中介者身份清结房地产经济活动领域各项资金往来的行为。这种资金清算中介尤以银行[①]为代表,银行能够提供适应不同交易特点的结算方式,运用其金融服务职能,以其广泛的服务网点以及技术力量,为社会提供结算服务。在我国银行是支付结算和资金清算的中介机构。

银行结算是房地产商品交换的媒介,是实现有关经济主体利益的重要手段。在我国房地产经济市场化发展的情况下,银行结算体系对于加速资金周转,促进房地产商品流通,保障房地产资金和交易的安全,提高房地产资金的使用效益,巩固经济合同制度,维护

---

① 这里所称的银行是指在中国境内经中国人民银行批准经营支付结算业务的政策性银行、商业银行(含外资独资银行、中外合资银行、外国银行分行)、城市信用合作社、农村信用合作社。

社会经济秩序、金融秩序,都具有很重要的意义。

二、结算的原则

银行结算的原则是银行、机关、企事业单位、个体工商户和个人等结算参与各方办理结算必须遵循的行为准则。银行结算的原则应根据社会主义市场经济发展的需要来确立。银行结算是社会经济活动各项资金清算的中介,其任务是根据经济往来合理组织结算和准确、及时、安全地办理结算,并按照结算法规的规定,保障结算活动的正常进行,为社会主义市场经济发展服务。我国的支付结算管理规章规定银行、机关、企事业单位、个体工商户和个人等办理结算必须遵循下列四条基本原则。

(一) 了解客户,提供账户服务原则

银行对存款人开户资料的真实性、合法性、合规性需要进行审核,银行要落实存款实名制的审核责任,了解客户,根据账户管理制度规定的条件审核存款人的开户资格,但是不得在制度规定之外为客户开立结算账户设定其他限制性条件或歧视性规定,应该满足正常经济活动各方当事人的开户需要,为符合条件的客户提供账户服务,不能对开立结算账户这一基础性金融服务的服务对象进行排他性选择。

(二) 恪守信用、履约付款原则

在社会主义市场经济发展的实践中,出现了多种交易形式,商业信用也随之有了发展。收付款人的经济往来,可以根据双方的资信状况,在相互守信和经济合同的基础上,按照结算法规自行协商约期付款。这一原则强调在结算中付款义务人必须讲究信用,严格遵守事先承诺,如期履行约定的付款职责和义务。这一原则是民法通则"诚实信用"原则在银行结算中的具体体现。任何一笔付款都要以付款义务人约定的付款承诺为前提,结算只是这种承诺的如期兑现行为。一旦付款义务人不守信用,不能如期履行付款义务,结算就无法实现。这一原则对履行付款义务的当事人具有约束力,是维护经济合同程序,保障结算当事人经济利益的重要保证。恪守信用、履约付款既包括了对企事业、个体经济户和个人的要求,也包括了对银行的要求,它是银行、机关、企事业单位、个体工商户和个人必须遵循的准则。

(三) 谁的钱进谁的账、由谁支配原则

这是银行办理结算的职责,银行应当维护机关、企事业单位、个体工商户和个人对自己存款的合法自主的支配权,保证谁的钱进谁的账户、由谁自主支配。这一原则主要在于维护存款人对存款资金的所有权或经营权,保证存款人对资金的自主支配权。结算款项应无条件地收进付款人所指定的收款人的账户,银行不得非法代任何单位扣款和查询。在结算过程中,收付双方发生交易纠纷,应按照结算办法的规定,由发生经济纠纷的收付双方自行处理,或向仲裁机关、人民法院申请调解或裁决,银行不参与。除国家法律另有规定外,银行作为资金清算的中介组织,对存款人的资金必须由其自主支用,其他任何机关、企事业单位、个体工商户和个人乃至银行本身都不能对存款人的资金进行干预和侵犯,这一原则既维护了存款人的合法权益,又加强了银行办理结算的责任,也保证了"恪守信用、履约付款"原则的贯彻。

（四）银行不垫款原则

银行在办理结算业务过程中，一旦发生付款人账户资金不足或收款人未收妥款项而急需用款时，不得采取由银行垫付资金的方式来解决。这一原则主要在于划清银行资金和存款人资金的界限。银行提供结算服务，是起到资金清算中介的作用，银行只负责办理收付款各方之间的资金转移，不承担垫付资金的责任。银行坚持不垫款原则，既可以防止企事业单位、个体经济户和个人不合理占用银行资金，维护银行正当权益，又可以杜绝套取银行信用，保证银行正常的信贷活动，从而保证了银行资金的安全。这一原则的应用，在信用卡业务和法人账户透支业务中有例外，即银行允许信用卡持有人和申请法人账户透支业务的法人在急需用款时，允许在一定期限、一定额度的范围内善意透支用款，这是结算与授信融资相结合的产物。

三、结算的方式

银行办理结算的方法称为银行结算方式，涉及结算的种类和结算工具。为适应社会主义市场经济发展的需要，银行结算既要发挥清算中介的支付职能，又要有利于适度发展信用制度，并增强票据的流通性和灵活性，从而有效地发挥银行作为社会资金清算中介的作用，便利商品流通和劳务提供，便利各种款项的清算，疏导和管理商业信用。为此，按照法制、方便、迅速、通用和安全的要求，银行结算确定了以票据为主体的结算制度。

现行国内的非现金结算基本形成了以汇票、支票、本票和银行卡为主体，汇兑、借记、贷记、电子支付等结算方式为补充的非现金支付工具体系。即结算方式以结算工具三票（汇票、支票、本票）、一卡（银行卡）为主，以多式（汇兑结算方式、借记结算方式、贷记结算方式、电子支付结算方式、委托收款结算方式和异地托收承付结算方式等）为辅，并结合适用区域来划分的。银行结算按适用区域可以分为同城结算和异地结算两种。由于银行结算实行集中统一和分级管理相结合的管理体制，人民银行分行可以经人民银行总行批准根据需要试行单项结算办法，以使各项结算方式互为补充、合理配置，以适应我国多种形式的商品交易和其他经济活动的需要。

结算方式的种类见图 10-1。

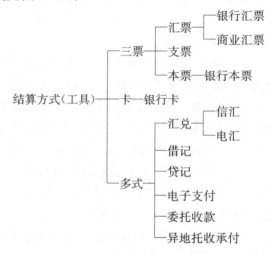

图 10-1　银行结算方式的种类图

银行汇票结算有的地方还分为区域性银行汇票结算和全国银行汇票结算；委托收款结算方式有的地方规定主要适用于异地委托收款结算之用，同城的采用借记结算办法，另外增设贷记结算办法。

四、银行结算的纪律

银行结算是一项涉及面广、影响性大的工作，企事业单位、个体经济户、个人和银行执行结算纪律的好坏将直接影响金融秩序的稳定和有序，办理银行结算遵守银行结算纪律是维护正常的结算秩序，促进社会主义市场经济发展的重要方面。

（一）机关、企事业单位、个体工商户和个人办理银行结算应遵守的结算纪律

机关、企事业单位、个体工商户和个人是银行的客户，是银行结算的重要当事人，机关、企事业单位、个体工商户和个人严格遵守结算纪律，按照结算法规办理结算，是严肃信用制度，维护结算秩序的前提条件。机关、企事业单位、个体工商户和个人必须遵守的结算纪律主要有：不准签发没有资金保证的票据或远期支票，套取银行信用；不准签发、取得和转让没有真实交易和债权债务的票据，套取银行和他人资金；不准无理拒绝付款，任意占用他人资金；不准违反规定开立和使用账户。

结算纪律要求机关、企事业单位、个体工商户和个人未经同意只准在银行账户余额内按照规定向收款人支付款项，遵守银行账户管理的有关规定，严守信用，信守合同。机关、企事业单位、个体工商户和个人违反银行结算纪律，将受到有关法规的处罚。

（二）银行办理结算应遵守的结算纪律

银行是办理结算的主体，银行严格按照结算法规办理结算，是维护结算秩序的重要环节。银行办理结算必须遵守的纪律主要有：不准以任何理由压票、任意退票、截留挪用客户和他行资金；不准无理拒绝支付应由银行支付的票据款项；不准受理无理拒付、不扣少扣滞纳金；不准违章签发、承兑、贴现票据，套取银行资金；不准签发空头银行汇票、银行本票和办理空头汇款；不准在支付结算制度之外规定附加条件，影响汇路畅通；不准违反规定为单位和个人开立账户；不准拒绝受理、代理他行正常结算业务；不准放弃对企事业单位和个人违反结算纪律的制裁；不准逃避向人民银行转汇大额汇划款项。

此外，为了严格遵守结算纪律，保证结算质量，接受客户监督，银行还必须遵守规定的办理结算的时效标准，并对外公布。

五、银行账户的管理

银行账户是银行为客户设立的账户，是分类连续记录开户机关、企事业单位、个体工商户和个人通过银行办理的各项经济业务，反映和监督开户机关、企事业单位、个体工商户和个人资金增减变化情况和结果的一种工具。银行利用各开户机关、企事业单位、个体工商户和个人的银行账户为各该机关、企事业单位、个体工商户和个人办理转账结算、融资和现金收付等业务。

（一）银行账户管理原则

1. 自愿选择原则

机关、企事业单位、个体工商户和个人可以自主选择银行开立银行账户，保护存款人合法权益，对于不符合账户管理制度规定的存款人，或者不按要求提供开户资料、不按规定履行开户程序的存款人，银行有权拒绝受理其开户申请。

2. 账户申报原则

银行账户的开立和撤销，开户银行和客户（不含个人）都应向人民银行办理申报手续。

3. 一个基本账户原则

企事业单位一般只能在银行开立一个基本存款账户，不能多头开立基本存款账户。开户申请人申请开立基本存款账户必须经人民银行当地分支机构核发开户许可证。

4. 存款保密原则

银行必须依法为开户存款人的存款保密，维护存款人资金的自主使用权。除国家法律规定和国务院授权人民银行总行的监督项目外，银行不代任何企事业单位、个体经济户和个人查询、冻结、扣划存款人账户内的存款。

（二）银行账户分类及开立

银行账户按存款人分为单位银行账户和个人银行结算账户，存款人以单位名称开立的银行账户为单位银行账户，单位银行账户通常可分为基本存款账户、一般存款账户、临时存款账户和专用存款账户四大类。个体工商户凭营业执照以字号或经营者姓名开立的银行结算账户纳入单位银行账户管理。存款人凭个人身份证件以自然人名称开立的银行账户为个人银行账户。银行为存款人开立的办理资金收付结算的人民币活期存款账户为银行结算账户。本章所述的银行账户特指银行结算账户。

基本存款账户是指存款人办理日常转账结算和现金收付的账户。存款人的工资、奖金等现金的支取，只能通过基本存款账户办理。

一般存款账户是指存款人在基本存款账户以外的银行借款转存、与基本存款账户的存款人不在同一地点的附属非独立核算单位开立的账户。存款人可以通过一般存款账户办理转账结算和现金缴存，但不能办理现金支取。

临时存款账户是指存款人因临时经营活动需要开立的账户。存款人可以通过临时存款账户办理转账结算和根据国家现金管理规定办理现金收付。

专用存款账户是指存款人因特定用途需要开立的账户，如政策性房地产开发资金、住房基金存款。

个人银行账户是自然人因投资、消费、结算等而开立的可办理支付结算业务的存款账户。

存款人申请开立存款账户，应填制开户申请书，提供银行账户开户办法规定的证明文件，送交盖有存款人印章的印鉴卡片，经银行审核同意后开立存款账户，其中开立基本存款账户，还须凭人民银行当地分支机构核发的开户许可证开户，其他账户也可建立开户许可证制度。

具有独立企业法人资格的房地产开发经营企业，该企业内部单独核算的单位等可以申请开立基本存款账户；根据资金运作需要，符合条件的也可以申请开立其他类型的账户。

(三) 账户管理

银行账户管理包括两个方面。一是人民银行的管理,人民银行会同工信部、国家税务总局、国家市场监督管理总局启动企业信息联网核查系统,实现跨部门信息共享,方便银行核验企业信息真实性和有效性。二是开户银行的管理,主要包括正确办理开户和销户,建立、健全开销户登记制度,建立账户管理档案,定期与存款人对账。

第二节　银行票据结算

我国银行结算方式主要分为银行票据结算方式和银行其他结算方式两大类。本节主要介绍银行票据结算方式。

对"票据"一词的理解可以有广义和狭义之分。广义的票据包括各种有价证券和凭证,如公司股票、公司债券、国家公债券、发票和提货单等;狭义的票据则是指票据法规定的汇票、支票和本票。在我国的银行结算制度中,有"三票"一说,这三票就是指汇票、支票和本票这个狭义的票据内容。银行票据结算方式就是指通过汇票、支票和本票清结社会经济活动中资金往来的结算方式。

一、汇票

(一) 汇票的概念和种类

汇票是出票人签发的,委托付款人在见票时或者在指定日期无条件支付确定金额给收款人或者持票人的票据。

在我国国内结算中,汇票分为银行汇票和商业汇票。银行汇票是由银行信用产生的,是银行签发的汇票;商业汇票是由商业信用产生的,是企业、事业、机关和团体等单位签发的汇票。

(二) 银行汇票

银行汇票是指出票银行签发的,由其在见票时按照实际结算金额无条件支付给收款人或者持票人的票据。它是汇款人将款项交存当地银行,由银行签发给汇款人持往异地办理转账结算或支取现金的票据。

银行汇票使用范围比较广泛。凡单位、个体经济户和个人需要向异地采购商品或支付各种款项时,都可以申请使用银行汇票。

银行汇票具有如下特点。

1. 票随人到

银行汇票可随身携带,票随人到,有利于单位、个体经济户和个人及时采购和急需用款。

2. 使用灵活

银行汇票的持票人既可以将汇票转让给销货单位,也可以通过银行办理分次支付,必要时还可转汇到其他地方。

3. 兑现性强

个体经济户和个人提出申请,经银行审查后签发的填明"现金"字样的汇票,可以到指定兑付银行支取现金,这样可以避免长途携带现金。

4. 保付性强

银行汇票由银行保证支付,收款人能及时收到款项。

我国银行汇票限于通汇的银行之间使用,在不通汇银行开户的汇款人可将款项转交附近的通汇行办理,解付跨系统银行签发的汇票时应通过同城票据交换将汇票提交给同城的有关银行审核支付后抵用。银行汇票一律记名,并一般规定有金额起点,也规定了付款期限,目前为一个月(不分大月、小月,统按次月对日计算,到期日遇例假日顺延)。逾期的银行汇票,兑付银行不予受理。

银行汇票结算流转简图见图10-2。

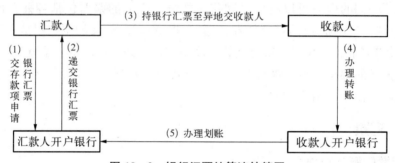

图10-2 银行汇票结算流转简图

(三)商业汇票

商业汇票是指出票人签发的,委托付款人在指定日期无条件支付确定的金额给收款人或者持票人的票据。

商业汇票是商业信用和银行信用发展的产物,它是商品交易活动中一项重要的信用支付工具。其主要功能三个。

1. 具有信用功能

购货单位可以把它作为延期付款的凭证以获得商品,销货单位也可以将其转让给银行取得贴现资金。

2. 具有支付功能

在社会经济活动中,商业汇票可以充当商品交换的媒介和资金清算的工具。

3. 具有流通功能

商业汇票可以在承兑期限内进行多次背书转让,完成债权的转移和实现债务的清偿。

商业汇票按其承兑人的不同,分为商业承兑汇票和银行承兑汇票。商业承兑汇票是由银行以外的付款人承兑的商业汇票。银行承兑汇票是由银行承兑的商业汇票,它是由收款人或承兑申请人签发,并由承兑申请人向开户银行申请,经银行审查同意承兑的票据。

在银行开立账户的法人之间根据购销合同进行的商品交易,可以使用商业承兑汇票;国有企业、股份制企业、集体所有制工业企业、供销合作社以及三资企业之间根据购销合同进行的商品交易,可以使用银行承兑汇票。商业汇票在同城和异地均可使用。

商业汇票承兑期限,由交易双方商定,最长不超过6个月,如属分期付款,应一次签发若干张不同期限的汇票,也可按供货进度分次签发汇票。

商业承兑汇票的收款人或被背书人,对同城承兑的汇票,一般应于汇票到期日送交开户银行办理收款;对异地承兑的汇票,一般应于汇票到期日前5日内送交开户银行办理收款。对逾期的汇票,一般应于汇票到期日的次日起10日内送交开户银行办理收款;超过期限的,银行不予受理。

付款人应于商业汇票到期前将票款足额交存其开户银行,银行至到期日凭票将款项划转给收款人、被背书人或贴现银行。

商业承兑汇票到期日,付款人账户不足支付时,其开户银行应将商业承兑汇票退给收款人或被背书人,由其自行处理。同时,银行对付款人按票面金额处以5%但不低于1 000元的罚款,并另处一定比例的赔偿金,赔偿收款人。

银行不能向本系统未设立机构的地区承兑银行承兑汇票,银行承兑汇票的承兑权限,按各银行规定的贷款审批权限执行,每张汇票承兑金额最高不得超过规定的限额。

商业汇票可以贴现、转贴现和再贴现。商业汇票的贴现银行一般是贴现申请人的开户行。商业汇票的收款人或被背书人需要资金时,可持未到期的商业承兑汇票或银行承兑汇票向其开户银行申请贴现;贴现银行需要资金时,可持未到期的承兑汇票向其他银行转贴现,也可向人民银行申请再贴现。

贴现、转贴现和再贴现的期限一律从其贴现之日起至汇票到期日止。实付贴现金额按票面金额扣除贴现日至汇票到期前一日(到期日遇例假日的应相应加计天数)的利息计算。

$$贴现利息 = 贴现金额 \times 贴现天数 \times 月贴现率 \div 30 天$$
$$实付贴现金额 = 贴现金额 - 贴现利息$$

商业承兑汇票和银行承兑汇票的结算流转图见图10-3和图10-4。

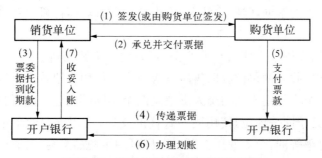

图10-3 商业承兑汇票结算流转简图

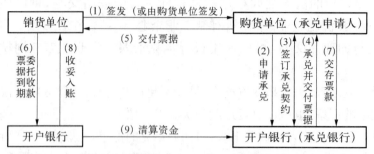

图 10-4 银行承兑汇票结算流转简图

随着《中华人民共和国电子签名法》的实施与修订以及信息技术的发展,我国已经开始推行电子商业汇票,电子商业汇票是指出票人依托电子商业汇票系统,以数据电文形式制作的,委托付款人在指定日期无条件支付确定金额给收款人或者持票人的票据。电子商业汇票的付款期限自出票日起至到期日止,最长不得超过1年。

二、支票

支票是出票人签发的,委托办理支票存款业务的银行在见票时无条件支付确定的金额给收款人或者持票人的票据。支票在我国是使用最久,也是使用最广泛的票据,它常作为最基本的同城结算工具。

支票具有如下特点:

1. 适用范围广

无论是企事业单位、个体经济户和个人都可以按规定向银行申请开户,使用支票。

2. 使用方便、灵活

所有在银行开立账户、领有支票的企事业单位、个体经济户和个人都可以根据需要,在票据交换地区,签发支票,用于商品交易、劳务供应和其他款项的结算。

开立支票存款账户,申请人应当有可靠的资信,申请时必须使用其本名,并提交证明其身份的合法证件,领用支票,应存入一定的资金并预留其本名的签名式样和印鉴。

支票可以支取现金,也可以转账。用于转账时,应当在支票正面注明。在使用横式单联支票时,一般规定如果在支票左上角加划两条斜线的为划线支票,只能办理转账,不能支取现金。

银行票据结算中的票据,除特别注明"不准转让"的以外,都可以在规定的付款有效期内流通转让。

在票据结算中,允许个人使用有关票据,可方便个人购房等大额消费活动,也便于售房单位等有大额款项收入的单位收取售房款等。个人使用支票较之于以前的个人支票有了进一步的发展。个人使用支票与个人支票是两个不同的概念。前者是支票扩大了使用范围,单位和个人处于同一地位,使用同一式样的支票,使用支票的单位和个人在支票上的权利义务上也是平等的,个人使用支票也同样可用于商品交易、劳务供应以及其他款项的结算;而个人支票是单独的一个结算种类,有特定的支票格式、受限制的结算、自成系统，其又称为个人储蓄支票。它与单位使用的支票是分离的。随着非现金支付工具的推广，支票影像交换系统应用、公民身份信息联网核查系统和完善个人征信系统的逐步完善，也为个人使用支票创造了良好的基础设施和外部条件。

三、本票

（一）本票的概念

本票是出票人签发的，承诺自己在见票时无条件支付确定的金额给收款人或者持票人的票据。

本票可以分为银行本票和商业本票。由银行签发的本票称为银行本票。由企业等单位签发的本票称为商业本票。我国票据及结算法规对银行本票有具体规定。

（二）银行本票

银行本票是银行签发的，承诺自己在见票时无条件支付确定的金额给收款人或者持票人的票据。它是申请人将款项交存银行，由银行签发给其凭以办理转账结算或支取现金的票据。

银行本票适用于同城结算业务，单位、个体经济户和个人在同城票据交换范围内的商品交易和劳务供应以及其他款项的结算都可以使用银行本票。银行本票一律记名，自出票日起，付款期限最长不得超过2个月，一般规定付款期限为1个月。在有效期内，银行本票可以背书转让。

银行本票见票即付，当场抵用，逾期的银行本票，兑付银行不予受理，须向签发银行办理退款手续。

银行本票具有信誉高和以转账为主的特点。

第三节　银行其他结算

银行其他结算是指银行票据结算之外的结算。银行其他结算方式包括银行卡结算、汇兑结算、借记结算、贷记结算、电子支付结算、委托收款结算和异地托收承付结算等方式。

一、银行卡结算

银行卡，是指由银行向社会发行的具有消费信用、转账结算、存取现金等全部或部分功能的信用支付工具。银行卡包括信用卡和借记卡。信用卡按是否向发卡银行交存备用金分为贷记卡、准贷记卡两类。贷记卡是指发卡银行给予持卡人一定的信用额度，持卡人可在信用额度内先消费、后还款的信用卡；准贷记卡是指持卡人须先按发卡银行要求交存一定金额的备用金，当备用金账户余额不足支付时，可在发卡银行规定的信用额度内透支的信用卡。信用卡是银行发给持卡人使用的一种信用凭证。最早发行信用卡的并不是银行，而是美国的汽油公司和零售商店，它们在20世纪20年代就开始向本公司职工和一些信用好的顾客发行信用卡,持卡人可以用来向发卡的公司和商店赊购货物。银行信用卡的发行开始于1951年,它通常是银行发给资信情况较好的单位和有稳定收入的个人,便利其购买商品或取得服务的信用凭证。借记卡持卡人须先交存备用金才能使用,并且不具备透支功能。我国有的银行在办理个人房地产抵押贷款时,也要求借款人先办理信用卡或者借记卡以便归还贷款,在住房消费的某些领域,如住房装修领域,有的装修企业已经接受银行卡支付装修款。与零售信用卡仅涉及买卖双方不同,信用卡等银行卡涉及三个当事人——银行、商户和持卡人。银行是发卡人,与商户约定,由商户向持卡人提供商品或服务的商业信用,或者通过银行卡网络进行实时扣款交易,然后通过其开户银行向持卡人的发卡行收回货款或费用,再由发卡行向持卡人办理结算。

银行卡具有如下特点:

1. 发挥支票、银行汇票的作用

银行卡可在同城和异地指定商场、宾馆、车站、码头、机场等特约机构转账购物、购票和消费。

2. 代替存折

在符合现金管理的前提下,银行卡可在同城和异地指定机构取款,也可通过指定自动柜员机取款。

银行卡种类多样,除了前述分类外,银行卡还可以按币种不同分为人民币卡、外币卡;按发行对象不同分为单位卡(商务卡)、个人卡;按信息载体不同分为磁条卡、芯片(IC)卡。银行信用卡,按信用等级和透支限额大小一般分为白金卡、金卡和普通卡。

银行卡作为一种先进的结算和支付方式,随着我国经济的发展和金融电子化进程的加快,银行卡业务也在不断发展,银行卡的种类会增多,用途多样。利用银行卡结算,可以减少现金货币的使用,节约现钞流通费用;扩大银行转账结算的范围,有利于扩大银行存款和增加特约单位营业额;方便购物消费,维护支付人的资金安全。

银行结算的各种工具和结算方式,为房地产金融的资金运动提供了各种可供选择的途径和手段。正确合理地选择结算工具和结算方式,将有利于资金的周转,提高资金的使用效益。

二、汇兑结算

汇兑是指汇款人委托银行将款项汇给外地收款人的一种结算方式。汇兑便于汇款人向异地主动付款,适用范围非常广泛,可适用于企事业单位、个体经济户和个人的各种款项的结算。

银行汇兑结算有如下三个特点。

1. 安全、迅速

汇兑是由汇款人通过汇出地银行汇到汇入地银行,支付给指定的收款人,因此,比较安全;电子汇款十分迅速,可缩短在途时间。

2. 可不开账户

外地收款人在当地没有开立账户的,也可以使用汇兑。

3. 可分次支付

收款人需要分次支付时,可以在当地银行开立临时存款账户,分次支取,付完清户。

汇兑分为信汇和电汇两种。一般而言,信汇是以邮寄方式将汇款凭证转给外地收款人指定的汇入行;而电汇则是以电报方式将汇款凭证内容转发给收款人指定的汇入行。电汇的汇款速度比信汇快捷,随着金融电子化的发展,一些银行开通了全国电子汇兑系统,这样,在与异地各开通网点之间资金划转能在更短的时间内,即24小时内到账抵用,有的甚至可以实时到账抵用。

银行全国电子汇兑系统的开通是银行在支付系统上的一大突破,这一系统大大提高了资金周转速度,为传统的银行汇兑业务增添了科技色彩,从而可为客户提供快速、高效、便捷和安全的结算服务。

三、借记结算

借记结算也是为了适应社会主义市场经济发展的需要,加快银行结算速度,提高社会资金效益,在同城委托收款结算方式的基础上发展起来的。其适用于当地参加同城票据交换银行开户的单位。

定期借记是收、付款人双方签订合同,由付款人授权收款人和付款人开户银行,在一定的金额范围内收、付房租、物业管理费、电话费、电报费、邮费、自来水费、燃气费等费用和国务院、人民银行规定的法定基金。

办理定期借记时必须具备:固定的付款日期;相对稳定的结算金额;收、付款人必须签订使用该项办法的合同;付款人对其开户银行的授权金额不得小于平时该项款项支付金额的一定比例,如200%,以保证付款银行在授权范围内无条件支付。另外,收款人办理借记,必须提高核算质量、避免差错。

付款人开户银行收到在授权金额范围内的定期借记凭证后,即从付款人账户付出。如付款人有异议,可在10天内(付款的次日起,到期遇例假日顺延)向银行提出,由银行如数向收款人划回,发生纠纷由收付双方自行解决。付款人开户银行收到超过授权金额范围的定期借记凭证后,可将凭证退回收款人开户银行转交收款人,由收款人用其他结算方式收取款项。

四、贷记结算

为了适应社会主义市场经济发展的需要,缩短银行结算时间,提高社会资金效益,一些地方在同城结算办法中推出了贷记办法。此办法适用于在当地参加同城票据交换的开户银行的开户单位。

贷记分为定期贷记和直接贷记。定期贷记是按固定日期由付款人签发,委托开户银行从其账户中将款项划转指定收款人账户的支付方式,适用于每月工资的发放,上、下级拨款等。直接贷记是付款人签发,委托开户银行从其账户中将款项付出划转指定收款人账户的支付方式,适用于当地各单位之间的劳务供应、资金调拨以及其他款项的支付。

贷记凭证只能提交给付款人开户银行办理转账,不能提取现金,不得流通转让。

五、电子支付结算

电子支付是指单位、个人直接或授权他人通过电子终端发出支付指令,实现货币支付与资金转移的行为。电子支付的类型按电子支付指令发起方式分为网上支付、电话支付、移动支付、销售点终端交易、自动柜员机交易和其他电子支付。

电子支付结算的实施需要依赖具有结算账户功能的银行账户。

六、委托收款结算

委托收款是收款人委托银行向付款人收取款项的结算方式。这是一种在银行开户的企事业单位和个体经济户提供收款依据,主动委托银行向交易对方收取款项的结算。它适用于商品交易、劳务款项以及其他应收款项的结算。

委托收款结算分为两大部分。第一部分是委托,收款人办理委托收款,应向开户银行填写委托收款凭证,提供收款依据;第二部分是付款,付款人开户银行接到收款人开户银行传递的委托收款凭证,经审查无误,及时通知付款人,付款人接到通知和有关附件,应在规定的付款期内付款。付款期为3天,从付款人开户行发出付款通知的次日算起(付款期内遇例假日顺延)。付款人在付款期内未向银行提出异议,银行视作同意付款,并在付款期满的次日(例假日顺延)上午银行开始营业时,将款项主动划给收款人。付款人如果拒付,必须于付款期内提出拒付理由书,并将有关结算凭证退回银行,再由银行退给收款人;若付款人无款支付,银行通知付款人退回有关结算凭证,再由银行退回收款人。

委托收款在同城和异地均可以办理。在同城结算中,目前此种结算方式,在有的地方已被前述的同城借记结算办法代替。

七、异地托收承付结算

异地托收承付,是根据购销合同由收款人发货后委托银行向异地付款人收取款项,由付款人向银行承认付款的结算方式。

托收承付与委托收款相比,具有如下特点:

1. 结算条件严格

托收承付的适用范围有较严格的规定。结算收款的依据较严格,要有符合经济合同法的购销合同作依据;办理托收要提供足以证明所交易的商品确已发运的证件。

2. 结算纪律较严

委托收款结算银行不承担审查拒绝付款理由的责任,缺乏银行的监督性。在资金供求矛盾突出,经济往来债务方不合理拖欠多的情况下,银行的监督还有一定的作用,托收承付结算方式有利于银行监督职能的发挥。

使用异地托收承付结算方式的单位,必须是国有企业、供销合作社以及经营管理较好,并经开户银行审查同意的城乡集体所有制工业企业。办理异地托收承付结算的款项,必须是商品交易,以及因商品交易而产生的劳务供应的款项;代销、寄销和赊销商品的款项,不得办理托收承付结算。

异地托收承付结算也分为两大部分。第一部分是托收,即收款人根据购销合同发货后委托银行向付款人收取款项。第二部分是承付,即由付款人向银行承认付款。付款人的承付期依验单付款还是验货付款而有差异。承付货款采取验单付款还是验货付款,由收付双方商量决定,并在购销合同申明确规定,付款人在承付期内,有正当理由,可向银行提出全部或部分拒付,银行应作审查,如果认为拒付理由不成立,银行不应受理付款人的拒付,而应采取强制扣款措施,并对无理拒付人处以罚款。

第四节 房地产结算融资

一、房地产结算融资的意义和特点

（一）房地产结算融资的意义

房地产结算融资是房地产业务相关当事人利用结算支付工具进行的融资。在现代经济社会中,随着市场经济和货币信用的不断发展,非现金结算支付工具在现代经济发展中的作用越来越重要,已经成为市场经济基础设施的重要组成部分。非现金结算支付工具适应了经济行为当事人安全、有效转移资金的需要,已经成为社会经济活动中实现货币所有权转移的重要载体。有的非现金结算支付工具在缓解企业和个人融资瓶颈中正在发挥着重要作用;同时也丰富了非现金结算支付工具尤其是票据作为货币市场中一种重要的金融产品的功能,有利于成为中央银行货币政策不可或缺的传导途径,使其可以在资金配置、流动性管理、风险分散中发挥积极的作用;并且由于结算融资是基于企业和个人信用信息查询系统实施的,有利于规范金融秩序、培养全社会的信用意识,建立和完善社会的信用机制。

房地产结算融资应该着力倡导推广商业承兑汇票的使用。商业承兑汇票是建立在商业信用基础上的信用支付工具,具有权利义务明确、可约定期限付款、可转让贴现等优点。推广使用商业承兑汇票,有利于丰富房地产开发经营企业支付手段,发挥房地产开发经营企业的主观能动性,促进银行信用和企业商业信用的有机结合,促进票据市场的发展。

（二）房地产结算融资的特点

房地产结算融资相比传统的贷款融资具有如下的特点。

1. 方便、快捷

相比传统的贷款融资,结算融资甚至可以由非现金结算支付工具的使用者自己选择实施,体现方便、快捷的特点。

2. 有可能获得免费融资

如信用卡中的贷记卡,一般有数十天的免息期。

3. 可以获得非金融机构提供的融资

相比传统的贷款融资,通常由银行业金融机构直接或者间接提供资金,而结算融资如果采用商业汇票,就会得到交易对方的赊销融资。

二、房地产结算融资的主要方式

房地产结算融资主要体现在个人支付购房款、支付房屋装修款、房地产开发经营企业等在房地产开发中的采购等与房地产相关的业务中使用具有融资结算工具或者账户上,房地产结算融资的主要方式有银行信用卡(贷记卡、准贷记卡)融资方式、商业汇票融资方式和支票融资方式等。

1. 银行信用卡(贷记卡、准贷记卡)融资

包括银行贷记卡在免息期内的透支融资和银行贷记卡在免息期后的善意透支融资、准贷记卡的善意透支融资。

2. 商业汇票融资

商业汇票是基于赊销而存在的,是作为延期付款以获得商品的凭证,这一结算工具的最初使用,就使得购买方获得了融资,电子商业汇票融资期限可长达1年。

此外,如前所述,商业汇票可以贴现、转贴现和再贴现。这样,商业汇票的持有人可以通过贴现、转贴现和再贴现,获得资金。

例如,某房地产开发经营企业于某年4月16日将其持有的于同年5月28日到期的银行承兑汇票50万元,向其开户银行申请贴现,经开户银行审核后同意当日办理,假定贴现率为8.4‰,则:

$$贴现利息 = 500\,000 \times 42 \times 8.4‰ \div 30 = 5\,880(元)$$
$$实付贴现金额 = 500\,000 - 5\,880 = 494\,120(元)$$

至于转贴现和再贴现的有关处理可比照贴现的处理。

贴现到期,贴现银行应向承兑人收取票款。如收到退回的商业承兑汇票,贴现银行应从贴现申请人账户内收取票款。

转贴现、再贴现到期,转贴现、再贴现银行向申请贴现的银行收取票款。

3. 支票融资

支票融资是基于具有透支功能的结算账户而进行的融资业务,通常银行会规定这类结算账户的透支限额,支票开具人可以在透支限额内方便地进行透支交易,获得融资。

此外,随着社会信用制度的不断完善,房地产开发经营企业通过发行远期商业本票的方式进行融资也将成为可能。

■ 本章小结

结算是指交易各方由于商品交易、劳务供应、证券买卖和资金划拨等经济活动引起的债权债务和股权变动,通过货币收付等形式来进行了结和清算的行为。房地产金融的结算是指房地产金融机构以中介者身份清结房地产经济活动领域各项资金往来的行为。

结算的原则有了解客户、提供账户服务原则,恪守信用、履约付款原则,谁的钱进谁的账、由谁支配原则和银行不垫款原则。现行国内的结算方式是以结算工具三票(汇票、支票、本票)、一卡(银行卡)为主,以多式(借记结算、贷记结算、电子支付结算、汇兑结算方式、委托收款结算方式和异地托收承付结算方式等)为辅,并结合适用区域来划分的。银行的结算纪律,企事业单位、个体经济户、个人和银行都应该遵守。

银行账户是银行为客户设立的账户,是分类连续记录开户企事业单位、个体经济户和个人通过银行办理的各项经济业务,反映和监督开户企事业单位、个体经济户和个人资金增减变化情况和结果的一种工具。银行账户管理要遵循自愿选择原则、账户申报原则、一个基本账户原则和存款保密原则。银行账户通常可分为基本存款账户、一般存款账户、临时存款账户和专用存款账户四大类。银行账户管理包括人民银行的管理和开户银行的管理两个方面。

我国银行结算方式主要分为银行票据结算方式和银行其他结算方式两大类。银行票据结算方式是指通过汇票、支票和本票清结社会经济活动中资金往来的结算方式。银行其他结算是指银行票据结算之外的结算,包括银行卡结算、汇兑结算方式、借记结算、贷记结算、电子支付结算、委托收款结算方式和异地托收承付结算方式。

房地产结算融资是房地产业务相关当事人利用结算支付工具进行的融资。结算融资可以缓解企业和个人融资瓶颈;丰富票据作为货币市场中一种重要的金融产品的功能,有利于成为中央银行货币政策不可或缺的传导途径,有利于规范金融秩序、培养全社会的信用意识,建立和完善社会的信用机制。

房地产结算融资应该着力倡导推广商业承兑汇票的使用。房地产结算融资具有方便、快捷,可能获得免费融资和获得非金融机构融资的特点。房地产结算融资的主要方式有银行信用卡(贷记卡、准贷记卡)融资方式、商业汇票融资方式和支票融资方式等。

复习思考题

1. 什么是结算?什么是房地产金融的结算?
2. 结算的原则有哪些?
3. 常见的结算方式有哪些?
4. 银行结算的纪律有哪些?
5. 银行账户管理的原则是什么?
6. 银行账户可以分为哪几种?
7. 什么是银行汇票和商业汇票?它们各自有什么特点?
8. 什么是支票?其有什么特点?
9. 什么是银行本票?其有什么特点?
10. 什么是银行卡?其有什么特点?

11. 什么是汇兑？其有什么特点？
12. 什么是借记结算？
13. 什么是贷记结算？
14. 什么是电子支付？
15. 什么是委托收款和异地托收承付？
16. 简述房地产结算融资的意义和主要方式。

第十一章 房地产证券化

本章从介绍证券化的含义出发,进而介绍了房地产证券化,分析了房地产证券的特性,然后定义了房地产股票、房地产债券和房地产投资基金受益券的含义,并且简述了房地产公司债券、房地产企业短期融资券和中期票据以及房地产股票的发行要点,介绍了住房抵押贷款证券化的基本原理,阐述了实施住房抵押贷款证券化的意义,概括了住房抵押贷款证券化的三种基本类型及其主要衍生品种,分析了实施住房抵押贷款证券化需要具备的基本条件,并且概述了住房抵押贷款证券化的运作要点和住房抵押贷款证券化面临的主要风险以及这些风险的控制问题,最后介绍了房地产PPP项目证券化和基础设施领域不动产投资信托基金(REITs)。

第一节 房地产证券化与证券市场概述

一、房地产证券化和房地产证券

(一)房地产证券化

证券是指各类商品、财产所有权、收益权或债权凭证的统称,是用以证明持券者拥有按照证券所载内容取得相应权益的权利的凭证。证券按照权利内容划分,可以分为商品证券、货币证券和资本证券。商品证券是证明持有者对一定的商品享有请求权,如提货单、栈单等;货币证券是证明持有者对一定数额的货币享有请求权,如本票、支票和汇票等;资本证券是证明持有者对一定资本或收益分配享有请求权,如股票、债券和其他各种权利受益凭证。这三类是广义上的证券,也称广义有价证券;而狭义上的证券或有价证券是指股票、债券等资本性证券,它们在证券市场上发行和流通。

证券化(Securitization)是由融资证券化(Financing Securitization)和资产证券化(Asset Securitization)两部分构成的。融资证券化是指筹资者采取发行证券的方式在金融市场上向资金供应者直接融通资金,而不是采取向银行等金融机构借款的方式间接融通资金的行为。资产证券化是指将缺乏流动性、但是预期未来能够产生稳定现金流的资产,通过适当的安排,转化成为能够在金融市场上出售和流通的证券的行为。融资证券化由于采用以负债或者所有者权益的方式发起,产生了新的信用关系,信用总量得以增加;而资产证券化是在已有的信用关系上发展起来的,只增强了信贷资产二级市场的流动性,基本上属于存量的证券化,通常不属于增加信用总量范畴。

至于证券化中的证券主要就是资本证券,但也有部分是货币证券的,如国外有的筹资者利用银行提供的票据融资便利采取发行远期商业本票这一货币证券形式来筹集资金,我国企业通过银行间债券市场发行的融资券和中期票据在一定程度上具有此类性质。

房地产证券化同样包括房地产融资证券化和房地产资产证券化。房地产融资证券化一般是指房地产资金短缺者通过发行房地产证券筹集资金用于房地产领域的行为,房地产证券大多为狭义概念上的证券。房地产资产证券化是指将非证券形态的房地产投融资资产转化成为能够在金融市场上出售和流通的证券,使房地产投融资主体与投融资客体之间非证券化的物权、债权转化成为股权、债权性质的可转让金融工具的过程。房地产资产证券化按照证券化所依赖的现金流来源,可以细分为房地产实物产权证券化和房地产债权证券化。房地产实物产权证券化是依赖房地产实物产权在未来能够产生的收益流(如房地产出售收入和房地产出租收入)而发行证券的过程,房地产债权证券化是依赖房地产债权在未来能够产生的收益流(如债权的回收)而发行证券的过程。房地产资产证券化上的证券是选择股票形态、基金受益券形态还是债券形态,这主要视原有房地产资产权利主张方是所有权还是债权而定,本章主要介绍以个人住房抵押贷款为代表的房地产债权的证券化和房地产实物产权证券化,房地产PPP项目证券化和基础设施领域不动产投资信托基金(REITs),具体内容见第三节、第四节、第五节和第六节。

房地产证券是指将证券发行所筹资金用于房地产的证券。从投资者角度来说,投资者不是将资金直接用于房地产开发经营过程,而是由房地产证券的发行者筹资后来运用,这是一种间接投资。从金融机构角度来说,可以发行房地产金融证券,也可以代理发行房地产证券。前者主要是商业银行,后者主要是证券公司,也有商业银行等。在代理发行中,证券公司和商业银行等可对发行者提供咨询、辅导等服务。

(二)房地产证券

1. 房地产证券的特性

房地产证券的特性具有一般狭义的有价证券的特性,其主要特性包括以下四点。

(1)可分割性

房地产证券可以分割,每一个单位是等价的,因而,能够作为可以买卖的金融商品,方便投资者购买。因为经过分割,房地产证券的单位价格可相对较小。

(2) 获利性

投资者进行房地产证券投资的一个目的就是在于获取收益,获利性是房地产证券的一个基本特性。房地产证券投资的收益分为三种情况。① 固定收益,在投资者购买房地产证券时就已经确定,不随发行者的经营业绩好坏而变动,如固定利息的债券和固定股息的优先股等;② 浮动收益,其收益取决于发行者的获利情况和分配政策,如普通股的股息和基金受益券的分配额等;③ 介于上述两种之间的收益,即该房地产证券的收益有一部分是固定的,不因发行者的经营业绩好坏而变动,另一部分是浮动的、不固定的,收益大小随发行者的经营业绩好坏而定。

(3) 风险性

房地产证券投资要承担风险,这种风险分为外在风险和内在风险两大类型。外在风险是因政治、经济等房地产证券发行者以外的因素的变化,对证券投资带来损失的可能性;内在风险是因房地产证券发行者本身的经营能力和财务状况,对证券投资带来损失的可能性。一般来说,投资风险大,收益高;投资风险小,收益就低。

(4) 流通性

房地产证券可以在证券市场上流通,投资者在需要收回资金时,可按当时的市价在证券市场上转让。房地产股票的投资者不能向发行者收回股金,只能通过证券市场卖出股票而收回资金;房地产债券在规定的到期日之前也不能向发行者赎回,需要资金的债券投资者也只能通过证券市场卖出债券;而房地产投资基金受益券的投资者则可视该基金受益券的性质是封闭型的或是开放型的,而在证券市场上转让或者向发行者赎回现金。总之,房地产证券具有流通性,也称变现性。

2. 房地产证券的种类

房地产证券的种类主要包括三大类,即房地产股票、房地产债券和房地产投资基金受益券。

(1) 房地产股票

房地产股票是房地产股份有限公司为筹集资金而发行的证明股东投资入股所持股份的法律凭证,是投资者据以取得股息和红利的一种有价证券。出于发行者的自身利益和投资者的不同需求,房地产股份有限公司发行的股票有多种类型,不同类型的股票通常包含有不同类型的权益。按照股东承担的风险和享有的权益的大小可把股票分为普通股和优先股。

普通股是股息随公司盈利变动的股票,是股份有限公司最先发行的基本股份。普通股的股息必须在支付了公司债息和优先股股息之后才能分得。普通股的基本权利有四个方面:一是投票表决权;二是盈余分配权;三是优先认股权;四是剩余财产分配权。

优先股是指比普通股在某些方面享有优先权利的股票。例如,优先股可以在普通股之前先分得股息,而且其股息通常是固定的。当股份有限公司结束时,优先股可按票面价值比普通股优先分配公司的剩余资产。但是,优先股股东一般无表决权。优先股还可根据股份有限公司允诺的优惠条件以及在股利分配上的优先程度分为:累积优先股,即在某些年份该优先股设定的股息因种种原因不能全部付给时,其积欠的部分必须在以后年份分配给普通股任何股利前先行补付;参加优先股,即该优先股除了有权获得其固定的股息外,还有权与普通股共享分配剩余股利的权利;可调换优先股,即可按既定调换比率将该优先股调换成普通股。

股票还可以按是否记名分为记名股和不记名股;按票面有无金额分为面值股和无面值股。我国目前的股票基本是记名有面值的普通股。

房地产股票具有一般股票的性质,房地产股份有限公司的股东作为出资者按投入房地产股份有限公司的资本额享有所有者的资产受益、重大决策和选择管理者等权利,并以其所持股份为限对房地产股份有限公司承担责任。

(2) 房地产债券

房地产债券是指企业或政府为筹集房地产开发经营资金,依照法定程序发行,约定在一定期限内还本付息的有价证券。房地产债券的持有人有权按照约定期限取得利息、收回本金,但是无权参与房地产债券的发行人对所筹资金的经营管理。

房地产债券按照发行人的不同,可以分为企业债券、金融债券和政府债券。企业债券是房地产企业为筹集房地产资金,依法向社会公开发行并承诺在一定期限内还本付息的债务凭证。随着经济体制改革的进行和现代企业制度的推广,企业债券将更多地出现在公司制的企业中,称为公司债券。金融债券是金融机构为筹措房地产投融资资金而发行的债券,此外,金融机构房地产抵押贷款证券化后发行的有关债券,一般也可以纳入其中。房地产抵押贷款证券化是指房地产金融机构在发放了房地产抵押贷款后,为了改善流动性和筹集资金等需要,以债权人的身份,将其所拥有的房地产抵押贷款债权作适当的组合和处理,在此基础上发行的一定面额的债券。购买者实际上就成了这类债券的投资者。这种将房地产抵押贷款证券化后形成的债券称为房地产抵押债券。政府债券是政府为房地产开发建设筹措资金,承担还本付息责任而发行的债券。

房地产债券按照记名与否分为记名债券和无记名债券;按照偿还期限可分为中长期债券、短期债券(又称融资券);按照计息方式可分为单利计息、复利计息和贴现无息债券;按照利率变动与否可分为固定利率债券、浮动利率债券。

房地产债券还可以有其他多种形式,如息票债券、可转换债券、附认购权证债券、抵押债券等。

我国的房地产债券主要以房地产开发经营企业发行的为主,地方政府发行和金融机构发行受较多的限制,但随着金融改革的深化、房地产抵押贷款业务的发展、证券市场的完善,房地产抵押债券的发行与流通将会成为房地产证券市场的重要内容。

(3) 房地产投资基金受益券

房地产投资基金受益券是指将房地产投资作为基金投资重要目标的基金发起人向社会公开发行,表示其持有人按其所持份额享有相关权利、承担相应义务的受益凭证。

投资基金是集中众多投资者的零散资金,交由各种投资专家进行投资,投资收益由投资者按出资比例分享,是一种化整为零、集腋成裘的组合投资方式。为了寻求投资的最佳收益并减少投资风险,房地产股票、债券以及房地产实业也可作为基金投资的对象,以实现最佳的投资组合,获得最大的投资收益。

房地产投资基金有多种形式,主要可以按以下两种方式分类。

按照组织形式的不同分为信托型基金和公司型基金。信托型基金是通过信托契约的形式设立;公司型基金是按照公司法设立,此时发行的基金其实就是股票。信托型基金的特点是基金本身不是独立法人,而是由基金管理公司(或者信托公司,下同)发起设立的一种独立运作、独立核算的资产,基金管理公司作为经理人负责基金资产运用,另聘信托人保管基金资产,经理人、信托人和投资者三方的责、权、利关系通过信托契约来规范。公司型基金的特点是基金本身为独立法人,自主进行基金的运作,另请信托人保管基金资产。

按照基金受益凭证是否可赎回,可以分为开放型基金和封闭型基金。开放型基金是在基金设立时,发行的基金单位总份额不固定,基金总额也不封顶,可视经营状况和市场需求连续发行,投资者可随时购买基金凭证,也可以随时赎回基金凭证的一种基金;封闭型基金是在基金设立时,限定了基金的发行总额,发行期满后就封闭起来,总份额不再增减的一种基金。封闭型基金的投资者不得向发行人请求赎回其所持有的份额,但可以将所持受益凭证在证券交易市场流通转让。

房地产投资基金也可以按照资金的运用方向分为房地产产业投资基金和房地产证券投资基金等。

二、房地产证券市场

(一) 房地产证券市场的含义

房地产证券市场是指房地产有价证券买卖、实现资金供应者和资金需求者之间资金融通的场所。它包括房地产证券发行市场和房地产证券交易市场。

房地产证券发行市场又称房地产证券初级市场或称房地产证券一级市场,是把房地产证券第一次发售给投资者的市场。房地产证券交易市场是买卖已发行房地产证券的市场。其中,有组织的市场以证券交易所为代表。证券交易所是最重要和最集中的市场,其有固定的交易场所、交易活动时间和规定的交易方式,这个市场又被称为次级市场或二级市场。

此外,尚有店头市场等。店头市场是指证券商不通过证券交易所,把未上市或部分已上市的房地产等证券直接与投资者进行买卖的市场,又称为证券商柜台市场。

(二) 房地产证券市场的作用

证券市场的恢复和发展,是我国经济体制改革进程中取得的一项重要成果。证券市场的存在和发展,有利于增加资金融通渠道,引导资源的合理流动,实现资源优化配置,缓解经济建设资金的短缺,对深化投资体制改革,增强投资者、筹资者的自我约束机制有着重要的意义。其中,房地产证券市场的作用主要表现在以下三个方面。

1. 为房地产资金的需求者提供了重要的筹资渠道

城市化发展,改善和提高人民居住条件,加快住宅建设,都会形成对房地产资金的需求,而且这种资金需求的量很大。房地产金融机构为了拓展其投融资业务,需要筹集资金。房地产证券市场的存在,为房地产金融机构以金融债券形式筹集投融资资金用于房地产领域提供了比一般存款负债筹资更为方便、快捷的手段。房地产开发经营公司也可利用股票、债券吸收社会闲散资金,形成可供企业长期使用的资金,这是一般银行贷款所不及的。房地产证券市场的存在,为房地产资金的筹集提供了重要渠道,有利于房地产开发建设资金的筹集,促进房地产经济的发展。房地产开发经营公司通过将其投资于仓储物流、产业园区形成的房地产资产证券化,也有利于扩大仓储物流、产业园区等基础设施建设的资金来源,长租住房投资和经营者通过房地产证券市场将租赁住房收益证券化获得流动性,有助于支持住房租赁市场的发展。

2. 促进房地产资金的筹集者提高资金使用效益

对房地产资金筹集者来说,通过发行房地产证券吸收社会闲散资金,就把自己置于社会公众的监督之下,投资者的选择会对筹资者未来的经营管理带来压力。资金筹得以后,必须将所筹资金用于规定的方向和用途,并接受证券管理部门的监管。对于房地产开发经营公司这个房地产资金的主要使用者来说,来自投资者的监督更实在,尤其是房地产股份有限公司的股东要参加房地产股份有限公司的重大决策,注重投资的回报,促使房地产股份有限公司加强经营管理,搞好投资决策,有效使用资金。这些都有助于筹资者增强自我约束机制,注重资金使用效益,促进房地产经济的健康发展。

3. 为繁荣证券市场,增加投资品种创造了条件

房地产证券市场作为整个证券市场的一个组成部分,为社会公众投资房地产创造了一个条件,增加了一个途径。房地产债券、房地产股票和房地产投资基金受益券在市场上的表现在某种程度上反映了房地产市场的状况。同时,对于投资者来说也增加了投资品种,为投资者实现证券资产多元化创造了条件,繁荣了证券市场。

第二节 房地产融资证券化

房地产融资证券化包括房地产债券、房地产股票和房地产投资基金受益券等的发行。这里仅就我国房地产公司债券、房地产企业短期融资券和中期票据以及房地产股份有限公司股票的发行作一些介绍。

一、房地产公司债券的发行

(一)发行主体

房地产公司债券的发行主体限于房地产股份有限公司和房地产有限责任公司。

(二)发行房地产公司债券应具备的条件

公开发行公司债券应当依法经证监会或者国家发展改革委注册。依法由证监会负责作出注册决定的公开发行公司债券申请,由证监会指定的证券交易所负责受理、审核。依法由国家发展改革委负责作出注册决定的公开发行公司债券申请,由国家发展改革委指定的机构负责受理、审核。申请公开发行公司债券的发行人,除符合证券法规定的条件

外,还应当具有合理的资产负债结构和正常的现金流量。鼓励公开发行公司债券的募集资金投向符合国家宏观调控政策和房地产产业政策的项目建设。

公开发行公司债券,应当符合下列条件:

① 具备健全且运行良好的组织机构;

② 最近三年平均可分配利润足以支付公司债券一年的利息;

③ 国务院规定的其他条件。

公开发行公司债券筹集的资金,必须按照公司债券募集办法所列资金用途使用;改变资金用途,必须经债券持有人会议作出决议。公开发行公司债券筹集的资金,不得用于弥补亏损和非生产性支出。

此外,上市公司发行可转换为股票的公司债券,除应当符合前述的条件外,还应当符合经国务院批准的国务院证券监督管理机构规定的新股发行条件。

对房地产公司债券的发行作上述规定,是为了使社会资金合理流动,保证发行债券的房地产公司具有足够的偿债能力,保护投资者的利益,维护金融秩序。

(三) 房地产公司债券的发行程序

1. 由公司的权力机构作出决定

房地产公司债券的发行应由房地产公司的权力机构作出决定。房地产股份有限公司、房地产有限责任公司发行房地产公司债券,由董事会制订方案,股东大会或股东会作出决议;国有独资房地产公司发行房地产公司债券,由国有资产监督管理机构作出决定。

2. 报请公司债券发行注册部门进行注册

房地产公司向注册部门注册债券发行时,应当提交下列文件:

① 发行人的债券注册发行申请。

② 有权机构的决议文件(董事会决议、股东会或股东大会决议等有效形式)。

③ 发行人的营业执照、公司章程。

④ 债券募集说明书。

⑤ 财务报告有关文件。

⑥ 中介机构有关文件(包括主承销商尽职调查报告、法律意见书、发行人和本期债券信用等级证明文件)。

⑦ 注册部门规定的其他文件。

3. 公告房地产公司债券募集办法

发行房地产公司债券获准注册后,应当公告房地产公司债券的募集办法。在债券募集办法中一般还应包括该房地产公司债券经证券主管机关认可的评估机构评定的债券等级。

4. 债券承销机构承销

债券承销应签订承销合同,承销合同的主要事项有:

① 合同当事人的名称、地址及法定代表人。

② 承销方式。

③ 承销债券的名称、数量、金额及发行价格。

④ 债券发行的日期和承销的起止日期。

⑤ 承销付款的日期及方式与承销费用的计算及支付方式和支付日期。
⑥ 剩余证券的退还方法。
⑦ 违约责任和其他需要约定的事项。

二、房地产企业短期融资券和中期票据的发行

房地产企业短期融资券和中期票据是指具有法人资格的房地产企业在银行间债券市场发行的，约定在一定期限还本付息的有价证券。短期融资券与中期票据的区别在于发行期限不同，短期融资券的期限在1年以内，中期票据的期限一般在5年以内。两者都属于房地产企业债务融资工具。

1. 发行资格

在中国境内依法设立的企业法人，发行募集的资金用于本企业生产经营。在实践中，通常一般还应具备以下条件：具有稳定的偿债资金来源，最近一个年度盈利；流动性良好，具有较强的到期偿债能力；近三年没有违法和重大违规行为；近三年发行的债务工具没有延迟支付本息的情形；具有健全的内部管理体系和募集资金的使用偿付管理制度。

2. 发行规定

短期融资券和中期票据发行方式、发行地点、审批方式都是相同的。

（1）注册

在中国银行间市场交易商协会注册。

（2）发行方式

金融机构（指取得非金融企业债务融资工具承销机构资格的金融机构，包括商业银行、政策性银行、证券公司、保险资产管理公司、信托公司、企业集团财务公司等）承销、余额管理、一次审批、分期发行。

非金融企业债务融资工具发行包括招标发行、簿记建档发行和非公开定向发行。招标发行，是指发行人在银行间债券市场招标发行债务融资工具的行为。簿记建档发行，是指发行人和主承销商共同确定利率区间后，投资人根据对利率的判断确定在不同利率档次下的申购订单，再由簿记建档管理人记录投资人认购债务融资工具利率（价格）及数量的意愿，并进行配售的行为。非公开定向发行，是指具有法人资格的非金融企业向银行间市场特定机构投资人发行债务融资工具，并在定向投资人范围内流通转让的行为。

簿记建档作为一种市场化的发行方式，已经成为大型企业债、公司债和非金融企业债务融资工具的主要发行方式。簿记建档定价市场化，符合发行人的要求。在簿记投标过程中体现出的竞争和博弈能有效提高定价效率。

（3）发行期限和发行额度

企业在注册阶段可不设置注册额度，发行阶段再确定每期发行产品、发行规模、发行期限等要素。短期融资券的期限在1年以内，中期票据的期限在5年以内，企业自主确定期限。

（4）信用评级

由在中国境内注册且具备债券评级资质的评级机构进行评级。

（5）信息披露

在债务融资工具存续期内，企业应按要求在银行间债券市场指定场所持续披露信息，包括年度报告和审计报告、半年度和季度资产负债表、利润表和现金流量表，企业发生可能影响其偿债能力的重大事项时，应及时向市场披露。重大事项包括但不限于：① 企业名称、经营方针和经营范围发生重大变化；② 企业生产经营的外部条件发生重大变化；③ 企业涉及可能对其资产、负债、权益和经营成果产生重要影响的重大合同；④ 企业发生可能影响其偿债能力的资产抵押、质押、出售、转让、划转或报废；⑤ 企业发生未能清偿到期重大债务的违约情况；⑥ 企业发生大额赔偿责任或因赔偿责任影响正常生产经营且难以消除的；⑦ 企业发生超过净资产10%以上的重大亏损或重大损失；⑧ 企业一次免除他人债务超过一定金额，可能影响其偿债能力的；⑨ 企业三分之一以上董事、三分之二以上监事、董事长或者总经理发生变动；董事长或者总经理无法履行职责；⑩ 企业做出减资、合并、分立、解散及申请破产的决定，或者依法进入破产程序、被责令关闭；企业涉及需要说明的市场传闻；企业涉及重大诉讼、仲裁事项；企业涉嫌违法违规被有权机关调查，或者受到刑事处罚、重大行政处罚；企业董事、监事、高级管理人员涉嫌违法违纪被有权机关调查或者采取强制措施；企业发生可能影响其偿债能力的资产被查封、扣押或冻结的情况；企业主要或者全部业务陷入停顿，可能影响其偿债能力的；企业对外提供重大担保。

（6）发行地点

发行地点为银行间债券市场（全国银行间同业拆借中心）。

（7）债券登记、托管、结算

在中央国债登记结算公司集中登记托管、结算。

短期融资券和中期票据作为房地产企业债务融资工具，管制较少，由中国银行间交易商协会实施自律管理；更多地采用市场约束方式，强调信息披露；发行期限灵活，尤其是中期票据，由房地产企业自主设计各期票据的利率形式、期限结构等要素；发行利率相对市场化，由发行人与承销机构自由协商确定；融资效率比较高，实行高效透明的备案制和余额管理，可在核定额度内根据房地产企业自身情况随时发券融资（尤指中期票据）。此外，融资成本较低，往往包括利息支出、承销费用、评级费、律师费等在内的综合费率较同期限商业银行贷款费用低。

随着非金融企业债务融资工具市场发展，房地产企业的非金融企业债务融资工具还涉及超短期融资券（超短期融资券是指具有法人资格、信用评级较高的非金融企业在银行间债券市场发行的，期限在270天以内的短期融资券）、永续票据、资产支持票据、绿色债务融资工具等。

三、房地产股份有限公司股票的发行

（一）发行主体

房地产股份有限公司股票的发行主体限于房地产股份有限公司。

（二）发行房地产股份有限公司股票应具备的条件

房地产股份有限公司的设立，可以采取发起设立或者募集设立的方式。以发起设立

方式设立股份有限公司的,公司股东(发起人)应当对其认缴出资额、出资方式、出资期限等自主约定,并记载于公司章程。以募集设立方式设立股份有限公司的,发起人应当书面认足公司章程规定其认购的股份,并按照公司章程规定缴纳出资。以非货币财产出资的,应当依法办理其财产权的转移手续。发起人认购的股份不得少于公司股份总数的35%;但是,法律、行政法规另有规定的,从其规定。对于房地产股份有限公司公开发行新股,应当符合股份有限公司公开发行新股的一般规定:

① 具备健全且运行良好的组织机构;
② 具有持续经营能力;
③ 最近三年财务会计报告被出具无保留意见审计报告;
④ 发行人及其控股股东、实际控制人最近三年不存在贪污、贿赂、侵占财产、挪用财产或者破坏社会主义市场经济秩序的刑事犯罪;
⑤ 经国务院批准的国务院证券监督管理机构规定的其他条件。

上市公司发行新股,应当符合经国务院批准的国务院证券监督管理机构规定的条件。

房地产股份有限公司公开发行股票,一般要披露以下风险因素:① 政策风险,包括土地相关政策变化的风险、信贷相关政策变化的风险、税收相关政策变化的风险;② 市场风险,包括宏观经济、行业周期性波动的风险,市场竞争的风险、原材料价格波动的风险;③ 业务经营风险,包括项目开发风险、筹资风险、销售风险、土地储备风险、跨地区进行从事房地产开发业务的风险、合作和合资项目的控制风险、工程质量风险、安全生产的风险、房地产开发业务集中在高库存城市的风险和财务风险,包括资产负债率过高风险、存货规模比较大的风险、投资性房地产公允价值波动的风险、销售阶段担保风险、经营性现金流波动的风险、未来资本性支出比较大的风险;④ 管理风险,包括人力资源风险、子公司管理风险、大股东控制风险;⑤ 募集资金投资项目风险;⑥ 其他风险,包括每股收益和净资产收益率摊薄的风险、股票价格波动的风险等,信息披露要尽可能对这些风险因素作出定量分析,不能作出定量分析的,应进行定性描述。对于项目开发中如存在"停工""烂尾"和"空置"的情况,应做特别风险提示。另外,要披露应对风险已采取的或拟采取的切实可行的具体措施,披露公司资质等级取得情况和相关证书,持有房地产专业或建筑工程专业资格专职技术人员数目,公司开发建设中采用的新工艺和新技术等情况,披露公司的主要经营策略及市场推广模式,披露公司经营管理体制及内控制度;披露房地产行业概况及业务特点;披露在开发过程中涉及的各项具体业务的运行情况;披露公司所开发的主要房地产业务项目的情况;披露公司的土地资源等。

(三) 房地产股份有限公司股票的发行程序

1. 作出发行房地产股份有限公司股票的决定

房地产股份有限公司发行新股,首先由董事会就新股发行问题作出决议,然后召开股东大会表决。房地产股份有限公司申请公开发行股票,依法采取承销方式的,应当聘请具有保荐资格的机构担任保荐人。在新股发行前及发行后的一段时间应由有资格的证券咨询机构(保荐机构)给予有关辅导。

2. 准备报批文件，办理报批

股票发行申请人聘请具有证券业务资格的会计师事务所、资产评估机构、律师事务所等专业机构，对其资信、资产、财务状况进行审定、评估，并就有关事项出具与新股发行有关的文件，随同公司营业执照、公司章程、股东大会决议、招股意向书（招股说明书）、财务会计报告、代收股款银行的名称及地址、承销机构名称及有关的协议、保荐人出具的发行保荐书、股票发行承销方案等文件，然后向国务院证券监管部门或者其授权的证券交易所提出申请，报请审批或者注册发行。申请文件受理后、发行审核委员会或者注册审核部门审核前，发行人应当将招股说明书（申报稿）在中国证监会网站（www.csrc.gov.cn）预先披露。2020年3月1日起新修订的《证券法》施行，证券公开发行注册制稳步推进，在总结证券交易所科创板和创业板推行注册制经验的情况下，证监会会适时提出在证券交易所其他板块和国务院批准的其他全国性证券交易场所实行股票公开发行注册制的方案，相关方案经国务院批准后实施。

3. 招股意向书（招股说明书），实施承销协议

房地产股份有限公司股票发行人应公告国务院证券监管部门规定的格式制作的招股意向书（招股说明书），证券承销机构实施承销协议。申请以配售股份形式发行新股的，按国务院证券监管部门的有关规定实施。股票承销协议与前述债券承销协议基本一致。

股票公开发行流程示意见表11-1。

表11-1 股票公开发行流程示意

日 期	发 行 安 排
T-6日	刊登《发行安排及初步询价公告》《招股意向书》等相关公告与文件 网下投资者提交核查文件 网下路演
T-5日	网下投资者提交核查文件 网下路演
T-4日	网下投资者提交核查文件（当日中午12:00前） 网下投资者在中国证券业协会完成注册截止日（当日中午12:00前） 网下路演
T-3日	初步询价日（申购平台），初步询价期间为9:30—15:00 联席主承销商开展网下投资者核查 战略投资者缴纳认购资金及相应新股配售经纪佣金
T-2日	确定发行价格区间 确定有效报价投资者及其可申购股数 刊登《网上路演公告》
T-1日	刊登《发行公告》《发行价格区间公告》《投资风险特别公告》 网上路演

(续表)

日 期	发 行 安 排
T日	网下累计投标询价申购日(9:30—15:00,当日 15:00 截止) 网上发行申购日(9:30—11:30,13:00—15:00) 确定发行价格 确定是否启动回拨机制及网上网下最终发行数量 网上申购配号 战略投资者确定最终获配数量和比例
T+1日	刊登《发行价格、网上发行申购情况及中签率公告》 网上申购摇号抽签 确定网下初步配售结果
T+2日	刊登《网下初步配售结果及网上中签结果公告》 网下发行获配投资者缴款,认购资金到账截至 16:00 网上中签投资者缴纳认购资金 网下配售投资者配号
T+3日	网下配售摇号抽签 联席主承销商根据网上网下资金到账情况确定最终配售结果和包销金额
T+4日	刊登《发行结果公告》《招股说明书》

注:① T日为累计投标询价申购、网上申购日;
② 上述日期为交易日,如遇重大突发事件影响本次发行,联席主承销商将及时公告,修改本次发行日程;
③ 如因上交所网下申购电子平台系统故障或非可控因素导致网下投资者无法正常使用其网下申购电子平台进行初步询价、累计投标询价申购工作,请网下投资者及时与联席主承销商联系。
资料来源:根据上海证券交易所首次公开发行股票公司的发行公告整理。

第三节　住房抵押贷款证券化

一、住房抵押贷款证券化及其实施的意义

住房抵押贷款证券化是指银行等金融机构将其持有的住房抵押贷款债权转让给一家特别目的机构(special purpose vehicle,SPV),由该机构(SPV)将其收购的住房抵押贷款经过整合和信用增级后,在资本市场上发行证券的行为。住房抵押贷款证券化是房地产资产证券化的一种。

住房抵押贷款证券化产生于 20 世纪 60 年代末的美国。当时,美国面临着较为严重的经济衰退,通货膨胀加剧,美国联邦储备委员会为了抑制通货膨胀,不得不采取高利率政策,使市场利率水平高企,而商业银行和储蓄贷款协会等金融机构由于受到《Q条例》及其后续的《利率控制法案》(Interest Rate Control Act)存款利率上限的限制,它们的存款利率水平与市场利率水平的差距拉大,因此造成商业银行尤其是储蓄贷款协会的储蓄资金被大量提取,经营陷入了危机。为了防止金融机构资产流动性不足带来更大的信用危

机,摆脱流动性不足这一困境,从事存贷款的金融机构不得不一方面出售一部分债权,主要是住房抵押贷款债权,以改善经营状况;另一方面又尽力谋求金融创新,寻找一种成本比较低并且比较稳定的资金来源。同时,美国的三大抵押贷款机构:政府国民抵押协会(Government National Mortgage Association,简称 GNMA)、联邦国民抵押协会(Federal National Mortgage Association,简称 FNMA)和联邦住房贷款抵押公司(Federal Home Loan Mortgage Corporation,简称 FHLMC)已经从金融机构收购了大量住房抵押贷款,并且为不少金融机构的住房抵押贷款提供了担保,为了获得新的资金来源,并且转嫁利率风险,三大抵押贷款机构和一些从事住房抵押贷款的金融机构开始将所持有的住房抵押贷款按照期限和利率等进行整合,并以此整合为基础发行抵押债券,从而实现了住房抵押贷款的证券化。

实施住房抵押贷款证券化的意义主要表现在以下五个方面。

1. **改善发放住房抵押贷款的金融机构的资产的流动性,增加了新的融资渠道**

住房抵押贷款的贷款期限一般都比较长,属于流动性比较差的资产业务,而住房抵押贷款的主要资金来源存款负债的期限一般比较短,并且存款负债的期限又比较缺乏刚性,金融机构资产与负债期限的不匹配使其容易陷入资金周转不畅的困境。住房抵押贷款证券化的实施,能够使相关金融机构及时调整自己的资产负债结构,改善其资产的流动性,并为满足新的住房抵押贷款需求提供新的资金来源。同时也为筹资相对困难的中、小银行进入住房抵押贷款市场,提供了新的融资渠道。

2. **分散了金融机构发放住房抵押贷款的部分风险**

由于实施住房抵押贷款证券化,可以使原本由发放住房抵押贷款的金融机构承担的住房抵押贷款风险分散和转移到众多的投资住房抵押贷款证券的投资者身上,分散了金融机构发放住房抵押贷款的部分风险。

3. **可以改善资本充足率,有助于提高银行的资本利用率**

根据巴塞尔有关协议,银行需要在资产风险等级加权平均的基础上建立风险资本储备金。住房抵押贷款的风险权重要比证券化后获得的现金或者投资的住房抵押贷款证券的风险权重高,抵押贷款证券化能够使银行等金融机构通过出售相对高风险资产,降低资产结构中高风险资产的比率,银行等金融机构将高风险资产向低风险资产转移,降低高风险资产在资产总额中的比重,就可以改善资本充足率,并有助于提高银行等金融机构的资本利用率。

4. **作为一项金融创新,丰富了金融市场及其他相关市场的产品和服务**

实施住房抵押贷款证券化,为投资者提供了新的投资工具,也有助于改善我国金融市场结构及融资结构比较单一的问题,同时,银行通过参与住房抵押贷款证券化过程中住房抵押贷款的回收服务获得收益,信托公司等机构充当特别目的机构(SPV)和信用增级以及信用评级机构,可以发挥各自的特长,这都有助于活跃金融市场及其他相关市场,丰富了金融市场及其他相关市场的产品和服务。

5. **有助于降低居民住房贷款成本,刺激居民购房的有效需求**

住房抵押贷款证券化,为我国的住房贷款资金供给提供了新的资金来源,资金来源的增多,有助于降低住房贷款的筹资成本,进而会降低居民住房贷款成本,提高居民的支付能力和有效需求,促进房地产及相关产业的发展。

二、住房抵押贷款证券化的种类

如上所述,房地产资产证券化上的证券是选择股票形态、基金受益券形态还是债券形态,这主要视原有房地产资产权利主张方是所有权还是债权而定,住房抵押贷款证券化的证券主要选择债券形式,根据被证券化的住房抵押贷款所有权转移与否、投资者是否承担住房抵押贷款提前偿付而面临再投资风险以及住房抵押贷款证券化的现金流等的不同,可以将住房抵押贷款证券化分为如下三种基本类型:

(一) 过手证券

过手证券(pass-through securities)类型下,被证券化的住房抵押贷款的所有权经SPV受让并随后以证券的出售而转移,被证券化的住房抵押贷款从银行的资产负债表的资产方移出,过手证券的投资者对住房抵押贷款及其还款现金流实际上拥有直接所有权。银行通常会提供相应的服务(如按月收取借款人偿还的住房抵押贷款本金和利息并进行"过手")。SPV将住房抵押贷款产生的还款现金流在扣除了有关费用(如担保费、服务费、过手费等)之后"过手"给投资者。由于银行把住房抵押贷款"真实出售",涉及直接所有权的过手,过手证券不出现在银行的资产负债表上。

住房抵押贷款的各种风险几乎会"原封不动"地过手给投资者,并且过手证券的投资者承担被证券化的住房抵押贷款提前偿还而产生的再投资风险。

(二) 资产支持债券

资产支持债券(asset-backed bond)是发行人以住房抵押贷款组合为抵押而发行的债券。资产支持债券类型下,被证券化的住房抵押贷款的所有权仍属于银行,被证券化的住房抵押贷款和发行的资产支持债券分别保留在银行的资产负债表中,住房抵押贷款组合所产生的现金流不一定用于支付资产支持债券的本金和利息,发行人可以用其他来源的资金支付资产支持债券的本金和利息,资产支持债券的投资者不承担被证券化的住房抵押贷款提前偿还而产生的再投资风险。资产支持债券的一个显著特征是它们一般都是超额抵押,通常按照债券本金部分的110%—200%进行超额抵押,也可以采取从第三方购买信用的方式来替代。

(三) 转付债券

转付债券(pay-through bond)是根据投资者对收益、风险和期限等的不同偏好,对住房抵押贷款所产生的现金流进行重新组合而发行的债券。转付债券兼有过手证券和资产支持债券的一些特点。转付证券类型下,偿还转付债券本金和利息的资金来源于住房抵押贷款所产生的现金流,转付债券的投资者承担被证券化的住房抵押贷款提前偿还而产生的再投资风险,这与过手证券相同;而被证券化的住房抵押贷款的所有权仍属于发行人,被证券化的住房抵押贷款和发行的转付债券分别保留在银行的资产负债表中,这与资产支持债券相同。

这三种基本类型证券的基本特性见表11-2。

表 11-2　证券化三种基本类型的基本特性

过手证券	资产支持债券	转付债券
被证券化的住房抵押贷款所有权经 SPV 受让并随后以证券的出售而转移,被证券化的住房抵押贷款从银行的资产负债表的资产方移出	被证券化的住房抵押贷款的所有权仍属于银行,被证券化的住房抵押贷款保留在银行的资产负债表中	被证券化的住房抵押贷款的所有权仍属于发行人,被证券化的住房抵押贷款保留在银行的资产负债表中
投资者承担被证券化的住房抵押贷款提前偿还而产生的再投资风险。	投资者不承担被证券化的住房抵押贷款提前偿还而产生的再投资风险	投资者承担被证券化的住房抵押贷款提前偿还而产生的再投资风险
过手证券不出现在银行的资产负债表上	资产支持债券保留在银行的资产负债表中	转付债券保留在银行的资产负债表中

在这三种基本类型的基础上,又派生了许多衍生品种,以吸引不同投资者的需要。其中抵押贷款担保债券(collateralized mortgage obligations,CMO)、仅付本金债券(principal-only class,PO)、仅付利息债券(interest-only class,IO)被广泛使用。

CMO 的特点在于对债券进行了分档,通常按期限的不同,设计不同档级的债券,每档债券的特征各不相同,较好地克服了过手证券的不足,从而能满足不同投资者对收益、风险和期限等的不同偏好。

仅付本金债券(PO)和仅付利息债券(IO)是将抵押贷款组合中的本金和利息进行了剥离,并分别以本金收入流和利息收入流为基础发行的债券,是本息分离债券(separate tranche interest and principal,STIP),属于剥离抵押贷款证券(stripped mortgage-backed securities,SMBS)。仅付本金债券(PO)和仅付利息债券(IO)有助于分散市场利率波动和提前归还贷款的风险,适应不同投资者的需要。

PO 债券一般是以低于面值的价格出售,投资者的收益取决于两个因素:一个是债券面值和出售价格之间的差价,另外一个是抵押贷款本金的偿还速度。差价越大,收益也就会越高;抵押贷款本金的偿还速度越快,收益也会越高,因为本金提前偿还提高了单位时间内投资的收益率。

与 PO 债券不同,IO 债券的投资者的收益取决于作为 IO 债券发行基础的抵押贷款实际利息收入现金流与投资额的差价,并且考虑抵押贷款实际利息收入现金流的时间因素。投资者投资 IO 债券的风险主要来自抵押贷款的提前偿还。因为抵押贷款的提前偿还会使未偿还的本金数额减少,减少本金数额则与之相联的未来应收的利息也随之不复存在,投资者所获得的利息收益也会减少。当市场利率低于抵押贷款利率时,借款人往往会重新安排融资,从而促使抵押贷款的提前偿还速度会加快,进而会使 IO 债券的投资者的收益下降,甚至出现投资者的投资净收益为负值,即投资者的最初投资大于实际利息收入现金流的现值。

表 11-3、表 11-4 列示投资 IO 债券的风险,两表中,资产池特征:总额 100 000 美元

的住房抵押贷款,期限5年,年利率10%(假定按年等额还本付息)。

表11-4与表11-3相比较,用来说明市场利率下降(用提前偿还率增加说明),引起投资IO债券投资者所获(利息现值)减少。表中IO债券投资者所获从25 546美元下降到18 780美元。

表11-3 设立IO/PO的现金流量(提前偿还率为0%)　　金额单位:美元

年　限	期初余额	利息(IO)	本金(PO)	PO提前偿还	期末余额
1	100 000	10 000	16 380	0	83 620
2	83 620	8 362	18 018	0	65 602
3	65 602	6 560	19 819	0	45 783
4	45 783	4 578	21 801	0	23 982
5	23 982	2 398	23 982	0	0
合　计			100 000	0	
利率为10%时的现值合计		25 546	74 454		

表11-4 设立IO/PO的现金流量(提前偿还率为20%)　　金额单位:美元

年　限	期初余额	利息(IO)	本金(PO)	PO提前偿还	期末余额
1	100 000	10 000	16 380	20 000	63 620
2	63 620	6 362	13 708	12 724	37 188
3	37 188	3 719	11 235	7 438	18 515
4	18 515	1 852	8 817	3 703	5 995
5	5 995	600	5 995	0	0
合　计			56 135	43 865	
利率为10%时的现值合计		18 780	44 405	36 815	

PO债券和IO债券在抵押贷款的提前偿还和市场利率变化时的风险、收益正好相反,可以适应不同投资者对于风险与收益的预期和偏好。

三、住房抵押贷款证券化的条件

住房抵押贷款证券化的实施,需要具备一些基本条件,这些条件主要有住房抵押贷款一级市场要有充分的发展、社会信用制度初步建立、住房抵押贷款证券化的法规基本配套以及证券市场的发展的一定程度。

(一)住房抵押贷款一级市场要有充分的发展

要实施住房抵押贷款证券化,需要有一定规模的住房抵押贷款余额,这样才有利于建立住房抵押贷款证券化的资产池,同时有了一定规模的住房抵押贷款余额,住房抵押贷款的所有人才更有可能有实施住房抵押贷款证券化的要求,目前,我国的房地产金融正在逐步改变单一的房地产开发贷款模式,大力发展个人住房抵押贷款,个人住房抵押贷款余额大部分集中在经济比较发达的地区,有的城市个人住房抵押贷款余额已经超过房地产开发贷款的余额。

(二) 社会信用制度初步建立

如果没有社会信用制度的建立,尤其是没有个人信用制度的建立,个人住房抵押贷款的所有人贷款银行很难对借款人的资信状况作出准确判断,个人信用制度的缺乏,就难以对个人的不诚信行为给予有效制约,而个人信用缺失会对个人住房抵押贷款的偿还产生负面影响,从而会影响个人住房抵押贷款证券的还本付息的正常进行,影响住房抵押贷款证券化的推行。因而,住房抵押贷款证券化需要个人信用制度来保证,需要社会信用制度的建立,至少是社会信用制度的初步建立。

(三) 住房抵押贷款证券化的法规基本配套

住房抵押贷款证券化需要相关法规配套,这些相关法规主要包括《商业银行法》《证券法》《信托法》《信托业法》《证券信用提高法》《金融资产证券化法》以及为证券化服务的抵押登记变更、会计、税务处理办法和收费规定等。有了这些法规和办法的配套,才能使住房抵押贷款证券化做到有法可依、有章可循,以利于住房抵押贷款证券化的顺利运作。我们现在有的法规已经颁布,但需要完善,尤其是对金融资产证券化需要从立法的高度加以推进,以使住房抵押贷款证券化的法规基本配套和完善。

四、住房抵押贷款证券化的运作

(一) 住房抵押贷款证券化的参与者

住房抵押贷款证券化的参与者通常主要有发起人、发行人、服务人、信用增级人、信用评级人和受托人等。

1. 发起人

发起人是住房抵押贷款的发放人,通常是发放住房抵押贷款的金融机构,如商业银行、住房专业银行等。

2. 发行人

住房抵押贷款证券的发行人主要有特殊目的机构(SPV),又称特设机构。SPV一般通过向不同的发起人收购住房抵押贷款资产,组成住房抵押贷款资产池,然后经过整合包装后发行住房抵押贷款证券,并且负责住房抵押贷款证券的本息兑付。具体承销和本息兑付工作可以由证券承销机构如证券公司、商业银行等承担。SPV可以由非发起人组建,也可以由发起人组建,SPV通常应该有独立的法律地位,SPV购买的住房抵押贷款资产应是一种"真实购买",在法律上应不再与发起人的信用相联系,如果发起人破产,被证券化的住房抵押贷款不应该作为破产财产用作清算。

3. 服务人

服务人是负责住房抵押贷款回收服务的机构,一般由住房抵押贷款的发放人或者其所属机构充当。服务人定期向住房抵押贷款的借款人收取到期本息,并且将收到的住房抵押贷款本息转让交给SPV,服务人一般还负责对本息收回情况进行分析,并经受托人审核后,向投资者公布。服务人定期获得服务费收入。

4. 信用增级人

信用增级人是为住房抵押贷款证券的发行提供信用担保的机构,通常由专业担保机构、商业银行、证券公司、保险公司等担任。通过信用增级人的担保或者保险行为,能够提高所发行的住房抵押贷款证券的信用级别,以有利于发行人对该住房抵押贷款证券的定价,即使住房抵押贷款证券的定价是以市场的方式通过供求来决定,由于信用增级,也会使住房抵押贷款证券的定价朝着有利于发行人的方向倾斜。当然,住房抵押贷款证券是否采取信用增级措施,可以由发行人根据信用增级费用和投资者的投资需求等因素权衡确定。

5. 信用评级人

发行的住房抵押贷款证券通常要有被投资者认可的信用评级机构进行评级,在该住房抵押贷款证券存续期间,评级机构一般也会持续进行评级,并且在必要时适时调整信用等级。

6. 受托人

受托人是受发行人和投资者的委托,作为担保品受托人和证券权益(一般是债权)受托人对发行人和投资者的账户进行管理。受托人通常将持有发行人以住房抵押贷款或者其他资产充当的担保品,并且作为住房抵押贷款证券持有人(投资者)的受托人,负责将服务人转让交给 SPV 的本息收入向投资者账户进行定期分配,在投资者的利益遭到侵害时,受托人将代表投资者的利益采取必要的法律措施。

此外,住房抵押贷款证券化的参与者还包括提供会计服务的会计师事务所、提供资产评估服务的资产评估机构、为发行人和承销机构提供法律顾问的律师事务所和提供款项收付服务的银行等。

(二) 住房抵押贷款证券化的运作要点

住房抵押贷款证券化的运作一般包括住房抵押贷款证券化资产池的形成、住房抵押贷款证券设计、信用增级、信用评级、住房抵押贷款证券发行和住房抵押贷款证券资产的管理和兑付。

1. 住房抵押贷款证券化资产池的形成

住房抵押贷款的发放银行作为住房抵押贷款证券化的发起人根据资金需求情况和住房抵押贷款的期限、利率、规模以及还款方式甚至借款人情况等因素,确定住房抵押贷款证券化的住房抵押贷款,组成住房抵押贷款证券化资产池或者将拟实行住房抵押贷款证券化的住房抵押贷款出售给专门的证券化公司,由专门的证券化公司组成住房抵押贷款证券化资产池。

2. 住房抵押贷款证券设计

住房抵押贷款证券化的发起人或者专门的证券化公司根据资产池的住房抵押贷款情况,如预计的住房抵押贷款违约率、预计的住房抵押贷款提前偿付率的情况,估算住房抵押贷款本息收入流,并且考虑市场上投资者的需求,对本息收入流进行适当的组合,设计成不同的住房抵押贷款证券品种。

3. 信用增级

在住房抵押贷款证券的设计中,可以通过信用增级人来提升住房抵押贷款证券的信用,信用增级包括内部信用增级和外部信用增级。内部信用增级主要有直接担保、储备账户和优先与从属结构等。其中,直接担保由发起人或者专门的证券化公司提供担保,包括利用超额的住房抵押贷款资产进行担保;储备账户是事先设立的用于在住房抵押贷款资产提供的现金流不足投资者约定的收益时给予补偿的一种现金账户,它通常可以由受托人托管,储备账户一般是从住房抵押贷款证券的发行收入中提取一部分储备起来而建立的;优先与从属结构是在住房抵押贷款证券化中发行两种类别的证券,即优先类证券和从属类证券,从住房抵押贷款本息回收中获得的现金流优先用于优先类证券的偿付,从属类证券的总额越大,为优先类证券提供的保障就越大。外部信用增级主要有担保和保险。其中,担保可以由各类专业担保机构提供,也可以由银行以出具保函或者开立信用证等方式提供;保险是由保险公司提供相关的保险,如提供住房抵押贷款借款人无力偿还债务的信用风险的保险,以保障住房抵押贷款证券化资产池的资产价值,从而保障投资者收回投资本息。

4. 信用评级

为了让投资者认知住房抵押贷款证券,住房抵押贷款证券通常需要信用评级,信用评级可以帮助发行人确定合适的信用增级方式和规模,信用评级结果可以为投资者提供一个明确的、可以理解的信用等级标准,以方便投资者投资决策。住房抵押贷款证券信用评级时一般不考虑市场利率变动等因素引致的市场风险,也不考虑住房抵押贷款资产提前偿付引致的风险,而主要考虑住房抵押贷款的信用风险。同时,信用评级也需要将被评级的住房抵押贷款证券与发起人的资产信用风险相分离。

5. 住房抵押贷款证券发行

住房抵押贷款证券通常由 SPV 发行或者由 SPV 通过证券承销机构发行,如通过一组包销商包销的公开发售或者由一名包销商安排的私人配售发行形式进行,但要符合当地的证券发行规则。

6. 住房抵押贷款证券资产的管理和兑付

住房抵押贷款证券资产的管理和兑付一般由受托人负责,一方面,受托人负责托管发行人以住房抵押贷款或者其他资产充当的担保品;另一方面,受托人将服务人收回并移交的本息收入定期向住房抵押贷款证券投资者支付,直至证券到期兑付完毕,如果服务人未能履行职责,受托人应该代为履行。

(四)中国住房抵押贷款证券化的尝试

2005 年 3 月,中国建设银行被批准作为住房抵押贷款证券化的试点单位,随后,由中国人民银行牵头,国家发展和改革委员会、财政部、劳动和社会保障部、建设部、国家税务总局、国务院法制办、中国银行业监督管理委员会、中国证券监督管理委员会、中国保险监督管理委员会参加的信贷资产证券化试点工作协调小组开展了一系列工作,中国人民银行、中国银行业监督管理委员会共同制定了《信贷资产证券化试点管理办法》,中国人民银行制定了《资产支持证券信息披露规则》,中国银行业监督管理委员会制定了《金融机构信贷资产证券化监督管理办法》,财政部发布了《信贷资产证券化试点会计处理规定》,建设部发出了《关于个人住房抵押贷款证券化涉及的抵押权变更登记有关问题的试行通知》,经中国人民银行批复,全国银行间同业拆借中心发布了《资产支持证券交易操作规则》、中国国债登记结算公司发布了《资产支持证券发行登记与托管结算业务操作规则》。经过准备,中国首只住房抵押贷款证券化产品"建元 2005—1 个人住房抵押贷款证券化信托"于 2005 年 12 月 15 日正式发行,并且于 2005 年 12 月 9 日依法成立。为了明确信贷资产证券化有关税收政策,财政部、国家税务总局发出了《财政部、国家税务总局关于信贷资产证券化有关税收政策问题的通知》,为了规范证券投资基金投资于资产支持证券的行为,保护基金份额持有人的利益,推动交易,中国证券监督管理委员会发出了《关于证券投资基金投资资产支持证券有关事项的通知》。

建元 2005—1 个人住房抵押贷款证券化的过程为[①]:中国建设银行将其合法拥有并符合入池标准的个人住房抵押贷款及相关权益交付给中信信托,中信信托设立"建元 2005—1 个人住房抵押贷款证券化信托"并以此为支持发行四级资产支持证券。A、B、C 三级优先级资产支持证券在全国银行间债券市场发行,发行净收入及次级资产支持证券将作为信托资产的对价交付给发起人中国建设银行。此期发行总量为 30.17 亿元,A 级 26.7 亿元(占比 88.5%),B 级 2.04 亿元(占比 6.75%),C 级 0.53 亿元(占比 1.75%),而次级证券 S 级 0.91 亿元(占比 3%)。A、B、C 三级评级分别为 AAA、A、BBB 级,而次级(S 级)没有评级。优先资产支持证券的计息方式为:按月付息,按月浮动,采用基准利率+基本利差。利率上限为资产池加权平均贷款利率(Weighted Average Coupon,简称 WAC)分别减去点差:A、B、C 级资产支持证券的点差为 1.19 个百分点,0.6 个百分点,0.3 个百分点。

建元 2005—1 个人住房抵押贷款证券化信托发行示意图见图 11-1。

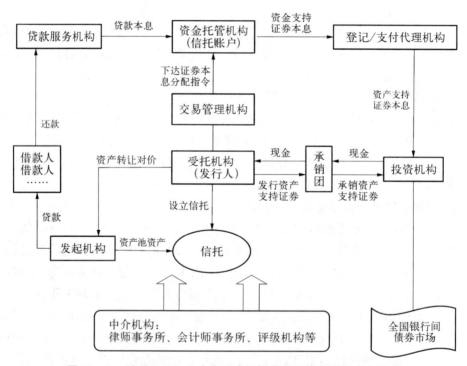

图 11-1 建元 2005—1 个人住房抵押贷款证券化信托发行示意

注:发起机构、贷款服务机构:中国建设银行股份有限公司;受托机构、发行人:中信信托投资有限责任公司;财务顾问:渣打银行(香港)有限公司;交易管理机构:香港上海汇丰银行有限公司北京分行;资金保管机构:中国工商银行股份有限公司;登记机构/支付代理机构:中央国债登记结算有限责任公司。

---

① 根据"建元 2005—1 个人住房抵押贷款证券化信托"发行说明书等相关发行与交易文件整理。

为简化信贷资产支持证券发行管理流程,提高发行管理效率和透明度,推动信贷资产证券化业务健康发展,到 2015 年,信贷资产证券化实施了注册和备案制度,住房抵押贷款等信贷资产证券化可以高效推进,受托机构和发起机构可自主选择信贷资产支持证券发行时机,这也给住房抵押贷款证券化的进一步发展创造了条件。

五、住房抵押贷款证券化的风险与控制

(一) 住房抵押贷款证券化的风险

住房抵押贷款证券化的风险按照不同的分类标准有不同的种类,如按照风险来源分可以分为住房抵押贷款资产风险和证券化过程风险;按照住房抵押贷款证券化的参与者分可以分为各类参与者面临的风险,参与者面临的风险主要集中在发行人和投资者身上。而参与者面临的风险又往往与风险来源有关,这里着重介绍住房抵押贷款证券发行人和投资者面临的风险。

1. 发行人面临的风险

发行人面临的风险主要有以下三个。

(1) 住房抵押贷款资产购买风险

发行人从发起人处购买住房抵押贷款资产,可能由于买卖双方信息不对称,引致住房抵押贷款资产购买价格大大高于住房抵押贷款资产的实际价值,或者买卖双方都对于住房抵押贷款资产的价格判断过高,引致购买价格大大高于住房抵押贷款资产的实际价值,对住房抵押贷款证券的发行和兑付产生负面影响,发行人面临住房抵押贷款资产购买风险。

(2) 住房抵押贷款证券的发行风险

住房抵押贷款证券的发行风险主要表现在发行人未能按照预定的发行价格或者预定的发行价格范围在预定的发行时间内发行完毕。这涉及住房抵押贷款证券品种的设计、发行时机、发行方式和费用以及承销机构的选择等。

(3) 住房抵押贷款证券的兑付风险

住房抵押贷款证券的兑付风险主要表现在由于住房抵押贷款资产的风险引致发行人未能按照预先的承诺支付投资者的投资收益。这涉及延迟或者未能支付到期本息,延迟或者未能支付兑付费用等。

2. 投资者面临的风险

投资者面临的风险主要有以下两个。

(1) 住房抵押贷款证券的兑付风险

住房抵押贷款证券的兑付风险主要表现在住房抵押贷款借款人的破产等偿债风险、受托担保品的贬值或者灭失风险、延迟支付风险以及提前偿付给某些种类的住房抵押贷款证券的投资者带来的预期收入落空和再投资风险等。

(2) 住房抵押贷款证券的流动性风险

住房抵押贷款证券的流动性风险主要表现在投资者持有该证券可能面临着在约定持有期内难以转让变现或者只能贬值变现的风险。这涉及缺乏合适的变现市场或者缺乏合适的需求者等。

（二）住房抵押贷款证券化风险的控制

1. 发行人风险的控制

针对上述发行人的风险，可以考虑采取如下三条风险控制措施。

（1）控制住房抵押贷款资产购买风险

发行人尽可能详细收集和了解拟购买的住房抵押贷款及其发放人的详尽信息，要求发起人承诺提供的信息必须是真实的，必要时可以通过专业资产评估机构介入。同时，发行人应该制定明确的收购住房抵押贷款资产的标准，避免购入不符合要求的住房抵押贷款资产。

（2）控制住房抵押贷款证券发行风险

发行人应该合理预测住房抵押贷款资产池的现金收入流，采用适当的信用增级方式，设计好住房抵押贷款证券化品种，选择恰当的发行时机和发行方式，挑选合适的住房抵押贷款证券承销机构，控制住房抵押贷款证券发行风险。

（3）控制住房抵押贷款证券的兑付风险

控制住房抵押贷款证券的兑付风险主要在于控制好住房抵押贷款资产购买风险和住房抵押贷款证券的发行风险。另外，发行人还应该挑选合适的服务人和受托人，发挥好服务人和受托人的作用，避免或者减少住房抵押贷款证券的兑付风险。

2. 投资者的风险控制

针对上述投资者的风险，可以考虑采取如下两条风险控制措施。

（1）控制住房抵押贷款证券的兑付风险

对于承诺进行信用增级的住房抵押贷款证券，要求发行人切实信守承诺落实信用增级措施，对于投资者本身也应该选择与其风险承受能力相适应的一定等级的住房抵押贷款证券来投资。同时，发行人应该尽可能采用具有破产隔离机制的 SPV 模式。

（2）控制住房抵押贷款证券的流动性风险

投资者应该选择投资那些有比较好市场流通条件的住房抵押贷款证券，避免或者减少住房抵押贷款证券的流动性风险。

住房抵押贷款证券化也可以进一步推广到房地产债权的证券化，如非住房的房地产贷款证券化、房地产销售尾款证券化等。

第四节 房地产实物产权证券化

如前所述，房地产实物产权证券化是依赖房地产实物产权在未来能够产生的收益流（如房地产出售收入和房地产出租收入）而发行证券的过程，它是以房地产财产或财产权利为基础的。随着房地产金融市场的发展，房地产实物产权证券化也开始出现并且增多。房地产实物产权证券化比较多地以商业地产证券化的形式出现，商业地产广义上通常指用于各种零售、批发、餐饮、娱乐、健身、休闲等经营用途的房地产形式，本节主要从商业地产证券化角度介绍房地产实物产权证券化。

一、商业地产证券化的意义

(一)改善商业地产持有人资产流动性

商业地产投资额大、开发周期长、投资回收期也长。商业地产建成之后,从初始招商到形成稳定出租率、获得基本稳定租金一般需要数年时间。由于回收投资需要经历比较长时间,对于商业地产的投资者而言,投资商业地产成为商业地产的产权持有人会长时间把资金沉淀在商业地产实体上。而通过商业地产证券化,既可以使商业地产持有人不改变其对相关商业地产的实际控制权,又可以套现部分资产,获得流动性,也可以通过商业地产证券化完全退出对该商业地产的持有。无论是部分套现还是全部退出,实际都改善了商业地产原持有人的资产流动性,又可以避免通过散卖来释放资金回笼的压力。

(二)维护商业地产经营的协调性,发挥房地产资产管理机构的作用

商业地产证券化可以使得原持有人继续维持对该商业地产的控制权,其或者其委托的资产管理机构可以发挥专业的房地产资产管理作用,维护商业地产经营的协调性和有效性,提高商业地产的品质和管理水平,有助于提升商业地产总体租金水平,避免该商业地产因为散卖而增加该商业地产的管理难度,影响整体经营格局。商业地产证券化有效化解了房地产资产的固定性与权益的流动性的矛盾,解决了资金多元化与经营统一性的对立问题。

(三)丰富金融市场投资工具

商业地产证券化丰富了金融市场的投资工具,丰富了资产证券化产品,扩张了相关金融机构和其他中介的服务领域,改变了中小投资者因为资金规模比较小,无缘投资商业地产的困境,让中小投资者有机会参与大型优质商业地产的投资,分享商业地产带来的租金回报和增值收益,并且投资者投资商业地产证券化的证券,其流动性、变现能力、交易便捷性都比直接的商业地产实物投资与转让更好。

二、商业地产证券化的种类

商业地产证券化的种类主要包括房地产投资信托基金和各类房地产专项资产管理计划。

(一)房地产投资信托基金

商业地产证券化主要的表现形式是房地产投资信托基金。房地产投资信托基金(Real Estate Investment Trust,REITs)是一种以发行收益凭证(基金单位或者基金股票)的方式汇集多数投资者的资金,由专门投资机构进行房地产投资经营管理,并将投资综合收益按比例分配给投资者的一种基金。其可以采用公募或者私募方式设立,房地产投资信托基金运作有期限或者无期限,并且可以根据监管要求采取公开上市或者非上市形式。不过从商业地产证券化角度,能够公开上市更容易受到投资者认可,也有助于商业地产资产的流动性。

(二)房地产专项资产管理计划

房地产专项资产管理计划通常是通过证券公司及基金管理公司子公司资产证券化业务得以开展。它是以基础资产所产生的现金流为偿付支持,通过结构化等方式进行信用增级,在此基础上发行资产支持证券的业务活动。基础资产可以是单项房地产财产权利或者房地产财产,也可以是多项房地产财产权利或者房地产财产构成的资产组合。证券公司、基金管

理公司子公司为开展房地产资产证券化业务专门设立房地产专项资产管理计划。房地产财产权利或者房地产财产持有人通过房地产专项资产管理计划实现商业地产资产的流动性。

三、商业地产证券化在中国的实践

商业地产证券化在中国已经有一些探索,在房地产投资信托基金方面,早期的如中国内地房地产于 2005 年在香港上市的越秀房地产投资信托基金,以及 2013 年在香港上市的开元产业投资信托基金和春泉产业信托等。2015 年,国内首个公募发行的房地产投资信托基金——鹏华前海万科 REITs 封闭式混合型成功发行。在房地产专项资产管理计划方面,2014 年,中信启航专项资产管理计划设立,中信启航专项资产管理人为中信金石基金管理有限公司,基础资产为北京中信证券大厦第 2—22 层和深圳中信证券大厦第 4—22 层房产及对应的土地使用权。募资规模 52.1 亿元,其中优先级 36.5 亿元,次级 15.6 亿元,比例为 7∶3,优先级份额存续期间获得基础收益,退出时获得资本增值的 10%;次级份额存续期间获得满足优先级份额基础收益后的剩余收益,退出时获得资本增值的 90%。优先级的评级达到 AAA。期限不超过 5 年,投资人全部为机构投资者。中信启航专项资产管理计划通过在深圳证券交易所挂牌交易。此外,中信证券联合苏宁云商等创设中信华夏苏宁云创资产支持专项计划,该计划规模接近 44 亿元,其中 A 类证券规模约为 20.85 亿元,期限为 18 年,每 3 年开放申购/回售。B 类证券规模约为 23.1 亿元,期限为 3+1 年。A 类的预期收益率约为 7.0%—8.5%,B 类的是固定+浮动收益,固定部分约为 8.0%—9.5%。计划募资规模达 44 亿元。该计划以苏宁 11 家门店为基础,但又并非直接持有苏宁云商的门店物业等资产,而是通过私募基金持有这些物业后,把私募资金的份额作为基础资产来设立资产支持证券。中信证券的子公司中信金石基金管理有限公司设立了专门的中信苏宁私募投资基金,并以该私募投资基金的名义收购苏宁云商持有 11 家门店资产。该计划由华夏资本设立的中信华夏苏宁资产支持专项计划资产支持证券,华夏资本角色是计划管理人,设立并管理该专项计划。投资者通过华夏资本认购后,成为专项计划资产支持证券持有人。

专项资产管理计划在现阶段成为商业地产证券化的重要途径。

随着住房租赁市场的发展以及政策鼓励房地产开发企业开展住房租赁业务,支持住房租赁企业、机构的发展,住房租赁领域也有望推行租赁住房证券化。

第五节 房地产 PPP 项目证券化

一、房地产 PPP 项目概述

PPP 是英文 Public-Private-Partnership 的缩写,在我国称为"政府和社会资本合作",是指政府部门(public)通过与社会资本(private)建立伙伴关系(partnership)提供公共产品或服务的一种方式。不少国家普遍将 PPP 模式作为缓解财政压力、提高公共服务效率的一次变革。在房地产领域一些房地产企业也参与与政府合作的公共产品或服务的投资,如涉及基础设施或公共服务的产业新城综合开发运营、文化地产、养老地产开发经营、保障性安居工程建设运营。采用PPP项目形式,房地产企业作为社会资本能在项目前期论证阶段就参与进来,全面了解项目,准确识别和评判项目,这样能提高项目筛选效率和未来如果参与项目的实施效率。

二、PPP项目证券化的原因

PPP模式因其投资建设期不短,经营期限又长,投资方面临资金占用困境。为缓解PPP项目资金投入后形成资产的流动性压力,也是增强PPP项目债务融资的偿还能力,增加PPP项目对于社会资本的吸引力,需要PPP项目证券化。PPP项目的证券化对盘活PPP项目存量资产、加快社会投资者的资金回收、吸引更多社会资本参与PPP项目建设具有重要意义。

三、PPP项目资产证券化的基本条件

PPP项目资产证券化的基本条件主要有:

① 项目已严格履行审批、核准、备案手续和实施方案审查审批程序,并签订规范有效的PPP项目合同,政府、社会资本及项目各参与方合作顺畅;

② 项目工程建设质量符合相关标准,能持续安全稳定运营,项目履约能力较强;

③ 项目已建成并正常运营2年以上,已建立合理的投资回报机制,并已产生持续、稳定的现金流;但是考虑到项目建设期资金短缺问题,已在积极探索项目公司及相关主体在符合一定条件下,根据项目建设期依托的PPP合同约定的未来收益权,发行资产证券化产品,进一步拓宽项目融资渠道。

④ 原始权益人信用稳健,内部控制制度健全,具有持续经营能力,最近三年未发生重大违约或虚假信息披露,无不良信用记录。

四、PPP项目资产证券化的途径

PPP项目资产证券化的途径体现在PPP项目不同主体发起的资产证券化上。PPP项目资产证券化的途径主要有:

1. 项目公司作为发起人的PPP项目资产证券化

在项目运营阶段,项目公司作为发起人(原始权益人),可以按照使用者付费、政府付费、可行性缺口补助等不同类型,以能够给项目带来现金流的收益权、合同债权作为基础资产,发行资产证券化产品。项目公司作为发起人也可以探索,在项目建设期推行PPP项目资产证券化。

2. 项目公司股东作为发起人的PPP项目资产证券化

除PPP合同对项目公司股东的股权转让质押等权利有限制性约定外,在项目建成运营2年后,项目公司的股东可以以能够带来现金流的股权作为基础资产,发行资产证券化产品,盘活存量股权资产,提高资产流动性。考虑到控股股东与其他股东的差异,而控股

股东需要负责项目运营管理,控股股东的变化、人员变动可能会对项目运营带来不利影响,对于项目公司股东作为发起人有限制性规定,其中,控股股东发行规模不得超过股权带来现金流现值的50%,其他股东发行规模不得超过股权带来现金流现值的70%。

3. 项目公司其他相关主体作为发起人的PPP项目资产证券化

项目公司其他相关主体主要包括为项目公司提供融资支持的各类债权人,以及为项目公司提供建设支持的承包商等企业。这些主体可以合同债权、收益权等作为基础资产,按监管规定发行资产证券化产品,盘活存量资产,多渠道筹集资金,支持PPP项目建设实施。

五、PPP项目资产支持证券

PPP项目资产是在基础设施和公共服务领域开展政府和社会资本合作过程中,社会资本方(项目公司)与政府方签订PPP项目合同等协议,并依据合同和有关规定享有所有权或用益物权的项目设施或其他资产,包括项目公司运营所需的动产(机器、设备等)、不动产(土地使用权、厂房、管道等)等。房地产PPP项目资产证券化主要涉及不动产资产。

PPP项目资产支持证券是指证券公司、基金管理公司子公司作为管理人,通过设立资产支持专项计划开展资产证券化业务,以PPP项目收益权、PPP项目资产、PPP项目公司股权等为基础资产或基础资产现金流来源所发行的资产支持证券。除了PPP项目资产,证券化包含的基础资产或者基础资产现金流还包括PPP项目收益权和PPP项目公司股权。PPP项目收益权是在基础设施和公共服务领域开展政府和社会资本合作过程中,社会资本方(项目公司)与政府方签订PPP项目合同等协议,投资建设基础设施、提供相关公共产品或服务,并依据合同和有关规定享有的取得相应收益的权利,包括收费权、收益权、合同债权等。PPP项目收益主要表现形式为使用者付费、政府付费或可行性缺口补助等。PPP项目公司股权是在基础设施和公共服务领域开展政府和社会资本合作过程中,社会资本方出资组建项目公司开展PPP项目的实施,并依据股东协议和项目公司章程等享有的资产收益、参与重大决策和选择管理者等权利。

六、房地产PPP项目证券化的实践

PPP项目在21世纪初我国就有实践,进入2014年9月,随着国发[2014]43号文《国务院关于加强地方政府性债务管理的意见》的发布和此后的基础设施和公共服务政府和社会资本合作系列文件的发布,PPP项目迎来了新一轮应用推广的高潮。2016年12月国家发展改革委与中国证监会联合启动传统基础设施领域的PPP项目资产证券化工作,2017年3月,作为首批4单PPP资产证券化项目之一的园区PPP项目资产证券化落地,相关主体是主营业务涉及产业新城和商业地产及相关业务的华夏幸福基业股份有限公司,该项目以华夏幸福固安工业园区新型城镇化PPP项目供热收费收益权资产支持专项计划(简称"华夏幸福固安PPP资产支持专项计划")发行,项目的主要内容有[①]:

---

① 根据《华夏幸福固安工业园区新型城镇化PPP项目供热收费收益权资产支持专项计划计划说明书》《华夏幸福关于固安工业园区新型城镇化PPP项目供热收费收益权资产支持专项计划成立的公告》整理。

1. PPP 资产支持证券的基本情况

(1) 华夏幸福固安 PPP 资产支持专项计划的目的

计划管理人设立专项计划的目的是接受资产支持证券投资者的委托,按照专项计划文件的规定,将认购资金用于购买基础资产,并以该资产所产生的收益向资产支持证券投资者支付专项计划资产收益。

(2) 资产支持证券品种

华夏幸福固安 PPP 资产支持专项计划采用结构化分层设计,根据不同的风险、收益和期限特征,专项计划的资产支持证券分为优先级资产支持证券和次级档资产支持证券,优先级资产支持证券分为 1 年至 6 年期 6 档,均获中诚信证券评估有限公司给予的 AAA 评级;次级资产支持证券期限为 6 年,由九通基业投资有限公司(华夏幸福全资子公司、原始权益人固安九通基业公用事业有限公司控股股东)全额认购。专项计划优先级 4—6 档在存续期内第三年末设置利率调整、购回和售回机制,即第三年末原始权益人有权选择购回全部优先级资产支持证券,且投资者有权将其持有的优先级资产支持证券全部或部分售回给原始权益人。

(3) 专项计划目标募集规模

华夏幸福固安 PPP 资产支持专项计划资金募集规模及相关信息见表 11-5。

表 11-5 华夏幸福固安 PPP 资产支持专项计划资金募集规模及相关信息

证券简称	信用级别	发行规模(亿元)	预期年收益率(%)	兑付日
17 九通 A1	AAA	0.58	3.90	2018 年 4 月 24 日
17 九通 A2	AAA	0.80	5.00	2019 年 4 月 24 日
17 九通 A3	AAA	1.02	5.20	2020 年 4 月 24 日
17 九通 A4	AAA	1.28	5.20	2021 年 4 月 23 日
17 九通 A5	AAA	1.43	5.20	2022 年 4 月 22 日
17 九通 A6	AAA	1.59	5.20	2023 年 4 月 24 日
17 九通次	—	0.36	—	2023 年 4 月 24 日
推广对象	合格投资者			
托管人	中国邮政储蓄银行股份有限公司北京分行			
登记机构	中国证券登记结算有限责任公司上海分公司			

注:预期年收益率并不是管理人向客户保证其投资本金不受损失或取得最低收益的承诺。

2. 项目参与主体

该项目参与主体包括了原始权益人、计划管理人、牵头推广代理机构、联席推广代理机构、财务顾问、托管人、监管银行、信用评级机构、法律顾问、代理推广机构法律顾问、会计师事务所和资产支持证券登记机构。对原始权益人、计划管理人以及项目投资者这三个证券资产化中的三个最重要的主体做进一步关注。

(1) 原始权益人

原始权益人也称发起人,是证券化基础资产的原始所有者,在华夏幸福PPP资产支持专项计划中,可以理解为最开始拥有供热收益权并将其作为基础资产出售给SPV机构的华夏幸福全资子公司固安九通基业公用事业有限公司(以下简称"九通公用事业")。

作为原始权益人,九通公用事业在华夏幸福PPP资产支持专项计划中的主要作用是:组建资产证券化的资金池,并将已经组建好的资金池移交给证券发行机构(即招商资管)进行发行。此外,九通公用事业需要对园区内日常供热进行经营管理,有效保障居民和企业的供热需求。

(2) 计划管理人

计划管理人是整个资产证券化过程最主要的策划者和实施者,一般由证券类公司担任,担负着链接原始权益人和投资者的作用。在华夏幸福PPP资产支持专项计划中,计划管理人是招商证券资产管理有限公司(以下简称"招商资管")。

作为计划管理人,招商资管要对整个资产证券化过程进行策划和实施,确保资产支持证券的顺利发行。招商资管根据PPP项目资产证券化相关规定,制定相应的运作规则进而全方位管理包括项目立项、预审、决策、实施、管理和退出这六个阶段的各项事务。此外,招商资管还需承担相应的披露义务,按照协议定期将华夏幸福PPP资产支持专项计划的运作情况或者相关公告发布到官方网站和证券交易所网站上,帮助投资者了解要购买或已买的资产支持证券的情况。

(3) 投资者

投资者是指购买资产支持证券的机构和个人,包括银行、保险公司、社保基金、其他投资基金、公司及散户投资者等。在华夏幸福PPP资产支持专项计划中,优先级资产支持证券的推广对象为国内具有适当的金融投资经验和风险承受能力,具有完全民事行为能力的符合相关管理办法的合格投资者,次级资产支持证券由九通公用事业认购,以此保障投资者的收益。

3. 华夏幸福固安PPP资产支持专项计划主要交易结构

(1) 设立SPV

SPV是指接受发起人转让的资产或受发起人委托持有资产,并以该资产为基础发行证券化产品的机构。

在本项目中,计划管理人(招商资管)根据《资产买卖协议》购买并受让基础资产,支付基础资产的购买价款;原始权益人(九通公用事业)按照《资产买卖协议》约定的条款和条件向买方出售并转让基础资产。

(2) 重组基础资产现金流量

由于居民和企业的供暖使用情况不同,支付时间不一样,资金被收入监管账户的时间跨度有12个月。因此,需要对基础资产的现金流进行重组,使得其能够按时还本付息。根据华夏幸福对外公布的证券产品结构,招商资管通过现金流量的固定摊销方式重组了相关资产,并对基础资产进行了优次级分层。

(3) 支付投资者本息

在华夏幸福PPP资产支持专项计划中,九通公用事业作为原始权益人承担提供资产服务的责任。九通公用事业需要将居民和企业上缴的资金按年归集到监管银行,招商资管根据《计划说明书》及相关文件的约定,向托管人发出分配指令,托管人根据分配指令,将相应资金划拨至登记托管机构的指定账户用于支付资产支持证券本金和收益。

华夏幸福固安 PPP 资产支持专项计划交易结构如图 11-2 所示:

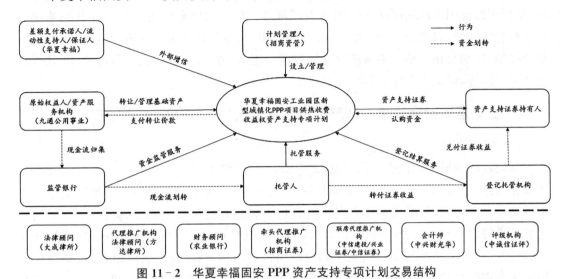

图 11-2 华夏幸福固安 PPP 资产支持专项计划交易结构

PPP 项目证券化实践还有基于 PPP 项目公司股权的华夏幸福基业股份有限公司下属间接全资子公司九通基业投资有限公司以其持有的固安工业园区新型城镇化项目的项目公司三浦威特园区建设发展有限公司的股权带来的现金流为支撑,通过中信证券股份有限公司设立资产支持专项计划发行资产支持证券进行融资;PPP 项目证券化实践还有以资产支持票据的形式出现的,如华夏幸福基业股份有限公司下属全资子公司幸福基业物业服务有限公司通过向中国银行间市场交易商协会申请注册 PPP 项目资产支持票据进行融资,发行的资产支持票据以幸福物业为设立财产信托而根据《信托合同》转让给受托人的,依据三浦威特园区建设发展有限公司与固安县人民政府签署的《廊坊市固安工业区开发建设委托协议》、三浦威特园区建设发展有限公司与幸福物业签署的《市政物业管理委托服务合同》,幸福物业在特定期间内为固安新型城镇化 PPP 项目提供市政物业服务而享有的收取物业服务费应收款项的权利为基础资产,发行资产支持票据。

第六节 基础设施领域不动产投资信托基金

一、推行基础设施领域不动产投资信托基金的目的

基础设施 REITs 是国际通行的配置资产,具有流动性较高、收益相对稳定、安全性较强等特点,推行基础设施领域不动产投资信托基金(REITs)能有效盘活存量资产,丰富金融产品,拓宽社会资本投资渠道,提升直接融资比重,增强资本市场服务实体经济质效,也有助于推动基础设施投融资市场化、规范化地健康发展。

二、基础设施领域不动产主要类型

基础设施是指为社会生产和居民生活提供公共服务的物质工程设施和社会服务载体,是用于保证国家或地区社会经济活动正常进行的公共服务系统。本节涉及的基础设施包括仓储物流,收费公路、机场港口等交通设施,水电气热等市政设施,产业园区等其他基础设施,特别是在房地产领域涉及仓储物流实施、产业园区等,包括高科技产业园区、特色产业园区等,但是不含住宅和商业地产。

三、基础设施领域不动产投资信托基金(REITs)的一般要求

(1) 特征要求

基础设施领域不动产投资信托基金(REITs)采用"公募基金+单一基础设施资产支持证券"的产品结构,需同时符合下列特征:① 80%以上基金资产持有单一基础设施资产支持证券全部份额,基础设施资产支持证券持有基础设施项目公司全部股权;② 基金通过资产支持证券和项目公司等特殊目的载体穿透取得基础设施项目完全所有权或特许经营权;③ 基金管理人积极运营管理基础设施项目,以获取基础设施项目租金、收费等稳定现金流为主要目的;④ 采取封闭式运作,收益分配比例不低于基金年度可供分配利润的 90%。

(2) 基础设施项目要求

基础设施基金拟持有的基础设施项目应当符合下列要求:① 原始权益人享有完全所有权或特许经营权,不存在经济或法律纠纷和他项权利设定;② 原始权益人企业信用稳健、内部控制健全,最近 3 年无重大违法违规行为;③ 经营 3 年以上,已产生持续、稳定的现金流,投资回报良好,并具有持续经营能力、较好增长潜力;④ 现金流来源具备较高分散度,且主要由市场化运营产生,不依赖第三方补贴等非经常性收入;⑤ 中国证监会规定的其他要求。其中原始权益人是指基础设施基金持有的基础设施项目的原所有人。

四、基础设施领域不动产投资信托基金(REITs)定价方式、发售和交易

基础设施领域不动产投资信托基金(REITs)采取网下询价的方式确定份额认购价格,由财务顾问受委托办理路演推介、询价、定价、配售等相关业务活动,公众投资者按照询价确定的价格,通过销售机构参与基金份额认购。

公开募集基础设施领域不动产投资信托基金(REITs)符合《证券法》《证券投资基金法》规定的,可以申请在证券交易所上市交易。

房地产证券化除了前述内容以外,现在还有与房地产证券化有关的业务也在推进,这就是房地产企业供应链 ABS/ABN(Asset Backed Securitization/Asset Backed Medium-term Notes),房地产企业供应链 ABS 是指围绕房地产产业链上的核心企业——房地产开发企业,以下属项目公司与 N 家上游供应商(建筑施工企业、建筑材料公司、电梯设备公司、家居公司等)采取赊购赊销的交易方式,形成的大量工程款、贸易款等应收账款为基础资产,为上游供应商提供融资的资产证券化产品。交易结构的核心是应收账款的反向

保理,依托核心企业的信用,沿着贸易链的反方向推动,核心企业对应收账款的债务进行确权,确立债务人角色,为业务增信;往往多个债权人将享有的同一个债务人的应收账款债权转让给保理公司,保理公司作为原始权益人,以其对单一债务人的债权为基础资产发起资产证券化业务,其中在证券交易所市场交易的以 ABS 形式,在银行间市场交易的以 ABN 形式。

本章小结

证券化(securitization)是由融资证券化(financing securitization)和资产证券化(asset securitization)两部分构成的。融资证券化是指筹资者采取发行证券的方式在金融市场上向资金供应者直接融通资金,而不是采取向银行等金融机构借款的方式间接融通资金的行为。资产证券化是指将缺乏流动性、但是预期未来能够产生稳定现金流的资产,通过适当的安排,转化成为能够在金融市场上出售和流通的证券的行为。房地产证券化同样包括房地产融资证券化和房地产资产证券化。房地产融资证券化一般是指房地产资金短缺者通过发行房地产证券筹集资金用于房地产领域的行为,房地产证券大多为狭义概念上的证券。房地产资产证券化是指将非证券形态的房地产投融资资产转化成为能够在金融市场上出售和流通的证券,使房地产投融资主体与投融资客体之间非证券化的物权、债权转化成为股权、债权性质的可转让金融工具的过程。

房地产证券是指将证券发行所筹资金用于房地产的证券,主要包括三大类,即房地产股票、房地产债券和房地产投资基金受益券。房地产证券的特性具有一般狭义的有价证券的特性,其主要特性包括:可分割性、获利性、风险性、流通性。

房地产证券市场是指房地产有价证券买卖、实现资金供应者和资金需求者之间资金融通的场所。它包括房地产证券发行市场和房地产证券交易市场。房地产证券市场的作用主要表现在为房地产资金的需求者提供了重要的筹资渠道,促进房地产资金的筹集者提高资金使用效益,为繁荣证券市场,增加投资品种创造了条件。

房地产融资证券化包括房地产债券、房地产股票和房地产投资基金受益券等的发行。本章主要介绍我国房地产公司债券、房地产企业短期融资券和中期票据以及房地产股票的发行,涉及发行主体、发行条件等。

短期融资券和中期票据等非金融企业债务融资工具发行包括招标发行、簿记建档发行和非公开定向发行。招标发行,是指发行人使用中国人民银行发行系统在银行间债券市场招标发行债务融资工具的行为。簿记建档发行,是指发行人和主承销商共同确定利率区间后,投资人根据对利率的判断确定在不同利率档次下的申购订单,再由簿记建档管理人记录投资人认购债务融资工具利率(价格)及数量的意愿,并进行配售的行为。非公开定向发行,是指具有法人资格的非金融企业向银行间市场特定机构投资人发行债务融资工具,并在定向投资人范围内流通转让的行为。

住房抵押贷款证券化是房地产资产证券化的一种主要形式。住房抵押贷款证券化是指银行等金融机构将其持有的住房抵押贷款债权转让给一家特别目的机构（Special Purpose Vehicle，简称 SPV），由该机构（SPV）将其收购的住房抵押贷款经过整合和信用增级后，在资本市场上发行证券的行为。实施住房抵押贷款证券化的意义主要表现在改善发放住房抵押贷款的金融机构的资产的流动性，增加了新的融资渠道；分散了金融机构发放住房抵押贷款的部分风险；可以改善资本充足率，有助于提高银行的资本利用率；并且，作为一项金融创新，丰富了金融市场及其他相关市场的产品和服务；还可以有助于降低居民住房贷款成本，刺激居民购房的有效需求。

住房抵押贷款证券化品种有三种基本类型：过手证券、资产支持债券、转付债券。它们的主要衍生品种有抵押贷款担保债券（CMO）、仅付本金债券（PO）、仅付利息债券（IO）。

住房抵押贷款证券化的实施，需要具备的基本条件主要有住房抵押贷款一级市场要有充分的发展、社会信用制度初步建立、住房抵押贷款证券化的法规基本配套以及证券市场一定程度的发展。

住房抵押贷款证券化的参与者通常主要有发起人、发行人、服务人、信用增级人、信用评级人和受托人等。住房抵押贷款证券化的运作一般包括住房抵押贷款证券化资产池的形成、住房抵押贷款证券设计、信用增级、信用评级、住房抵押贷款证券发行和住房抵押贷款证券资产的管理和兑付。住房抵押贷款证券化运作中会面临的风险，需要采取措施予以控制。

房地产实物产权证券化借助于房地产投资信托基金和各类房地产专项资产管理计划得以实现。

在房地产领域，一些房地产企业与政府合作投资公共产品或服务，如涉及基础设施或公共服务的产业新城综合开发运营、文化地产、养老地产开发经营、保障性安居工程建设运营。为缓解 PPP 项目资金投入后形成资产的流动性压力，也是增强 PPP 项目债务融资的偿还能力，增加 PPP 项目对于社会资本的吸引力，需要 PPP 项目证券化。PPP 项目资产证券化的途径体现在 PPP 项目不同主体发起的资产证券化上。PPP 项目资产证券化的途径主要有：项目公司作为发起人的 PPP 项目资产证券化、项目公司股东作为发起人的 PPP 项目资产证券化、项目公司其他相关主体作为发起人的 PPP 项目资产证券化等。

PPP 项目资产支持证券是指证券公司、基金管理公司子公司作为管理人，通过设立资产支持专项计划开展资产证券化业务，以 PPP 项目收益权、PPP 项目资产、PPP 项目公司股权等为基础资产或基础资产现金流来源所发行的资产支持证券。

推行基础设施领域不动产投资信托基金（REITs）能有效盘活存量资产，丰富金融产品，拓宽社会资本投资渠道，提升直接融资比重，增强资本市场服务实体经济质效，也有助于推动基础设施投融资市场化、规范化地健康发展。

基础设施包括仓储物流，收费公路、机场港口等交通设施，水电气热等市政设施，产业园区等其他基础设施，特别是在房地产领域涉及仓储物流实施、产业园区等，包括高科技产业园区、特色产业园区等，但是不含住宅和商业地产。

基础设施领域不动产投资信托基金（REITs）有特征要求和基础设施项目要求。公开募集基础设施领域不动产投资信托基金（REITs）符合规定可以申请在证券交易所上市交易。

复习思考题

1. 什么是证券化？什么是房地产证券化？
2. 房地产证券有哪些特性？
3. 什么是房地产股票？什么是房地产债券？什么是房地产投资基金受益券？
4. 房地产公司债券和房地产股票的发行要点有哪些？
5. 什么是房地产企业短期融资券和中期票据，其有什么特点？
6. 非金融企业债务融资工具发行方式有哪些？
7. 寻找房地产企业非金融企业债务融资工具发行实例，了解其发行方案、募集说明书和评级情况。
8. 什么是住房抵押贷款证券化？实施住房抵押贷款证券化有什么意义？
9. 住房抵押贷款证券化有哪几种基本类型，各有什么特点？
10. 实施住房抵押贷款证券化需要哪些基本条件？
11. 住房抵押贷款证券化的运作要点有哪些？
12. 住房抵押贷款证券化中发行人和投资者各自面临哪些主要风险？如何控制这些风险？
13. 寻找商业地产证券化实例，了解其运作结构，分析其面临的风险。
14. 寻找住房租赁资产证券化实例，了解其运作结构，分析其面临的风险。
15. PPP项目的证券化的原因是什么？PPP项目的证券化的途径有哪些？
16. 基础设施领域不动产投资信托基金（REITs）的特征要求有哪些？
17. 寻找房地产企供应链ABS或ABN实例，了解其发行方案、运作结构，分析其面临的风险。

案例分析

 **杭州滨江房产集团股份有限公司 IPO 融资**[①]

杭州滨江房产集团股份有限公司（以下简称滨江集团）成立于1996年。2007年集团

---

① 资料来源：《杭州滨江房产集团股份有限公司首次公开发行股票招股说明书》；王其明："滨江房产过会：放大的信心"，《中国经营报》，2008年3月17日；钱向劲："滨江集团29日上市定位预测"，《证券时报》，2008年5月29日；《杭州滨江房产集团股份有限公司2015年年度报告》。

销售额突破40亿元,销售份额占杭州市场9%左右。滨江集团是杭州市最早以城市运营的观念实施旧城改造的开发企业之一,也是杭州市最早参与"招拍挂"土地市场运作的开发企业之一。截至2008年5月份,该公司拥有的在建和拟建项目土地权益面积100.87万平方米,权益规划建筑面积为205.45万平方米。

滨江集团是继广宇集团之后杭州第二只在A股市场登陆的房地产股票,于2008年5月29日在深圳证券交易所中小企业板上市。滨江集团IPO前总股本为46 000万股,此次IPO发行6 000万股,占发行后总股本的比例11.54%,发行前每股净资产为2.42元,发行价格为20.31元/股,募集资金逾12亿元人民币,主要用于城市之星、阳光海岸、金色蓝庭三个项目的开发。

滨江集团能成功上市,企业规模是重要因素,除此之外,滨江集团较为清晰的股权结构也是有利因素。和一些在股权方面存在较大上市难度的房企相比,滨江集团产权、股权关系相对清晰,也有利于加快上市的进程。滨江集团前身是杭州滨江房产集团有限公司,为了达到上市标准,从改制开始到最后挂牌,滨江集团用了两年时间走完上市历程。2006年11月26日,经滨江集团股东会决议,同意将杭州滨江房产集团有限公司整体变更为股份有限公司,即以截至2006年10月31日的经浙江天健会计师事务所有限公司审计的净资产424 367 992.91元中的420 000 000元按1:1折合股份总额420 000 000股,每股面值1元,净资产超过420 000 000元部分转作公司资本公积—股本溢价。2006年12月6日,杭州滨江房产集团股份有限公司在浙江省工商行政管理局完成工商变更登记,注册资本42 000万元,注册号为3300001012047。2007年3月25日,杭州滨江房产集团股份有限公司及原股东杭州滨江投资控股有限公司、戚金兴、朱慧明、莫建华、戚加奇同意杭州滨江房产集团股份有限公司以每股4.90元的价格向上海汉晟信投资有限公司、新理益集团有限公司、江苏新业科技投资发展有限公司、深圳新九思人实业发展有限公司增发4 000万股普通股。2007年3月28日,股份公司完成工商变更登记,注册资本变更为46 000万元。

分析:

经过多年的发展,我国房地产行业已经取得很大进步,随着政府对开发用地的供给更加市场化,开发商更加致力于追求规模化和专业化经营,更加重视企业保持适当的土地储备,同时在产品同质化以后,发展商的品牌也日益显示出其价值,这些都要求开发商们必须具备更强的资金实力,才能应对随之而来的同行业竞争和市场考验,才能不断地扩大经营地域,提高市场占有率。

房地产融资的渠道有多种,滨江集团上市融资属于本章所述之房地产融资证券化的典型案例,随着证券市场的日益成熟,近年来上市股权融资成为房地产商的新宠,究其原因主要在于上市股权融资具有一些其他融资方式所不具备的优点,它不仅可以帮助企业融得巨额开发资金,分散资金风险,还可以为企业赢得巨大的品牌效应。上市还有利于迅速提升企业的竞争力,实现规模实力的扩张,做大做强,使企业达到质的飞跃。从滨江集团上市这个案例来看,结合2015年年报,上市使得滨江集团2015年实现销售额233亿元,第一次突破200亿元大关,滨江品牌的外溢,形成以社区和高端业主为场景和对象的生活服务业的特色,并且为多主业发展创造条件。上市的重大意义还在于促使企业进行股份制改造,规范公司治理,从而向着现代企业制度迈进。我国的房地产企业不少属民营企业,经营并不规范,经营风险相对较大,因此很难获得金融机构的支持,要取得融资,首先必须改制,建立现代企业制度。上市股权融资不仅可以解决企业融资的问题,还能促使企业进行股份制改制。

任何事情都要一分为二地分析。尽管上市对于房地产企业发展意义重大,但是如果企业不能把握机会、科学决策和严格管理,其结果可能适得其反,对企业将会产生颠覆性的打击。上市仅仅只是一个开始,证券市场严格的监管制度和信息披露制度会给企业带来相当大的压力。上市之后,房地产公司必须加大规范治理的力度。良好的公众形象对上市公司意义重大,而塑造良好的资本市场形象的关键是做好信息披露工作和建立良好的投资者关系,最关键的是公司本身要规范治理。这包括公司日常决策管理的规范化、激励机制和约束机制的明晰化及重新调整适应资本市场要求的发展战略等。

第十二章 国外及中国香港地区①的房地产金融

本章首先概述了国外房地产金融,然后介绍了国外房地产金融机构主要类型和国外房地产贷款的主要种类,最后分别择要介绍了美国、新加坡和中国香港地区的房地产金融。内容涉及美国房地产金融市场的主要参与者、住房抵押贷款证券化和有特色的住房贷款保险,新加坡的公积金制度和住房制度,香港的住房发展计划、楼宇按揭贷款、香港按揭证券有限公司和房地产投资信托。

第一节 国外房地产金融概述

一、国外房地产金融机构

房地产业尤其是其中的住房业是世界上许多国家一个主要的产业,许多国家都采取各种措施支持房地产业的发展。房地产具有投资巨大、使用期限长的特点,房地产业的发展离不开房地产金融的支持已成为许多国家政府的共识。他们都采取建立或鼓励民间设立房地产金融机构,以金融手段作为房地产业发展的后盾。

世界上许多国家的房地产金融机构由于受房地产和金融具体政策的影响,而各有不同。有的设立专门的房地产金融机构,有的由一般金融机构兼营房地产金融业务,有的两

---

① 19世纪中叶,英国两次发动侵略中国的鸦片战争,迫使清政府签订《南京条约》和《北京条约》,1898年又迫使清政府签订《展拓香港界址专条》,从而侵占了整个香港地区。1997年7月1日,中国政府恢复对香港行使主权,中华人民共和国香港特别行政区正式成立。

者兼而有之;有的由政府机构设立,有的由民间设立。一般来说,房地产金融机构有如下几种类型:

(一)商业银行

各国的商业银行最初都以承做工商存贷业务为主,这类银行是整个银行体系乃至整个金融体系的骨干力量。吸收存款是商业银行的重要任务,随着定期存款的增长和房地产业的发展,利益的诱因促使商业银行发放了期限较长的房地产贷款,当然这也与有关国家金融管理当局放宽对商业银行发放房地产贷款的限制有关,尤其是在第二次世界大战后,美国、英国、芬兰等经济发达国家的商业银行大规模发展房地产贷款业务。因为这种房地产贷款业务也可以转过来导致存款的增加和借此招揽其他业务。在美国,房地产贷款已占商业银行贷款总额的30%左右,其到期期限有些长达30年。在英国,哈利法克斯银行(Halifax)在2016年5月已经把房贷还款年龄限制延长至80岁。在丹麦,第三大银行日德兰银行在2019年8月向客户提供年利率为负0.5%的10年期贴息购房贷款。

商业银行在不同的国家有不同的名称,如美国称为国民银行、州银行,英国称为存款银行等。

(二)住房储蓄贷款机构

住房储蓄贷款机构是一种以吸收个人储蓄为主要资金来源,并向购房者发放贷款的专业性房地产金融机构。这种机构在不同的国家,名称也不一样。美国的储蓄贷款协会、互助储蓄银行,英国的住房互助协会,澳大利亚、新西兰的房屋互助协会都是属于此类住房储蓄贷款机构。这类机构的存款主要是储户的长期存款,因而,它们的资金来源比较稳定,资金的运用主要是住房抵押贷款,而且,这种来源与运用是结合在一起的,以住房抵押贷款来吸引住房储蓄存款。

(三)抵押银行

抵押银行与其他贷款机构不同,它不是一个存款机构,抵押银行的经营业务一般借助于其他融资机构作媒介。一般做法是,抵押银行发行短期债券,由商业银行、保险公司、退休基金等购买,或向商业银行借款,然后将筹得的资金发放房地产抵押贷款,接着再把贷款出售给长期贷款人。抵押银行持有的某一抵押债权的时间一般较短,其主要业务是为长期贷款人提供中间服务,如代收贷款本息、提供会计服务等。

(四)其他房地产金融机构

这类房地产金融机构有保险公司,尤指人寿保险公司,还有房地产投资信托公司、汽车金融公司等。

人寿保险公司收取的保险费大部分作为准备金。由于保险费收入和保险金给付存在较大的时间差,可以利用准备金余额发放房地产抵押贷款。房地产投资信托公司可以设立房地产投资基金,利用发行基金受益凭证(或者股票)筹集起来的资金发放房地产抵押贷款,有的汽车金融公司也开展住房贷款业务。

此外,房地产金融机构还包括政府设立的有关房地产融资机构,如美国的住房贷款银行、日本的住房金融公库、巴西的全国住房发展银行等;还有房地产抵押贷款保险(担保)机构,如美国的联邦住房管理局、退伍军人管理局等。

随着 PropTech[房地产科技,是房地产(property)和科技(technology)的混合体]和 FinTech[金融科技,是由金融(finance)与科技(technology)两个词合成而来]的融合发展,Real Estate FinTech(房地产金融科技)开始出现,由此也带来与房地产金融相关的机构的出现,这些机构主要分为房地产金融科技类的住房抵押贷款公司和为住房抵押贷款公司服务的房地产科技公司。

房地产金融科技类的住房抵押贷款公司提供在线数字贷款平台,为房产投资者和借款人提供金融服务,用户可以在线上申请,获批以后就可以获得贷款,这类公司利用业务规则自动化和机器学习技术来实现贷款审批与发放的操作,同时简化贷款质量管理、提高贷款效率和降低成本。这类公司有的有专门服务的对象,如专门服务教育工作者购房。

为住房抵押贷款公司服务的房地产科技公司主要提供智能贷款平台,有的还是基于数字云的智能抵押平台,该平台提供房屋贷款、利率、期限和其他与抵押相关的解决方案,有的还利用了区块链技术,也有公司提供征信服务等。

二、国外房地产抵押贷款的种类

国外房地产抵押贷款的种类可以有多种分类,主要的分类方法有两种。

(一) 按贷款的用途分类

1. 住房抵押贷款

住房抵押贷款是借款人用于购置住房的贷款。

2. 商业房地产抵押贷款

商业房地产抵押贷款是借款人用于购置商业用途的店铺、办公大楼、餐馆、汽车旅游旅馆、一般旅馆等的贷款。

3. 工业房地产抵押贷款

工业房地产抵押贷款是借款人用于购置工业企业的厂房、仓库等的贷款。

4. 教堂房地产抵押贷款

教堂房地产抵押贷款是借款人用于购置教堂及相关房地产的贷款。

5. 农业房地产抵押贷款

农业房地产抵押贷款主要是借款人用于购置土地的贷款,另外还包括农场主购买用于农业的其他房地产的贷款。

6. 建造贷款

建造贷款是用于在建房地产建设的贷款。其特点在于借款人不是一次性而是按建造计划分次提款,贷款人每次付款时要按照贷款协议考虑工程进度、施工质量等因素。

7. 抵押银行贷款

抵押银行贷款是用于向发放不动产抵押贷款的抵押银行发放的贷款。抵押银行常以其受押的房地产作担保品。

8. 住房建筑管理机构贷款

住房建筑管理机构贷款常以购买住房建筑管理机构所发行的证券的形式出现。如美国商业银行购买美国联邦政府机构所发行的证券,发行人用所筹资金发放房地产抵押贷款。

上述房地产抵押贷款前五项属于直接房地产抵押贷款,即贷款人直接发放贷款给房地产最后购买者;后三项属于间接房地产抵押贷款,即贷款人不直接发放贷款给房地产最后购买者。

(二) 按贷款的还本付息方式分类

1. 固定利率房地产抵押贷款

固定利率房地产抵押贷款是一种在贷款期内利率固定,还本付息均分为若干期,每期还本付息数额相等的房地产抵押贷款,又称为标准房地产抵押贷款。

2. 可变利率房地产抵押贷款

可变利率房地产抵押贷款是一种利率变动的房地产抵押贷款。它可以分为两种情形:一是利率由贷款人按贷款合同根据市场利率定期调整,称为可调利率;二是利率钉住某种指数上下浮动,称为浮动利率,但是,有的时候通常也把这两种通称为可调利率房地产抵押贷款。利率变动可根据需要规定一个幅度。一般地,可变利率房地产抵押贷款每期还本付息数额相同,如利率上升,则每期还本付息额中利息部分增加,本金部分减少,从而整个还本付息期延长;反之亦然。或者,可变利率房地产抵押贷款每期还本付息数额随利率变动而调整,还本付息总的期限不变。

3. 分级还款房地产抵押贷款

分级还款房地产抵押贷款的每期还本付息数额按一定的百分比或一定的数额逐期递增。同时,也可规定当分期还本付息数额达到某一水平后,以后各期还本付息数额就固定在这个水平。此还本付息方式适合那些随时间推延收入能显著增加的借款人。

4. 双重指数房地产抵押贷款

双重指数房地产抵押贷款是一种为保证房地产抵押贷款的偿还能力,在一个较长的时期中保持房地产抵押贷款按期还贷付款现值的房地产抵押贷款。此方法同时从两个方面考虑了通货膨胀的影响:贷款人把还款额与价格指数联系起来;借款人把还款额与工资指数挂起钩。任何在实际还本付息额上出现的差额都可以资本化于未偿还本金,并在以后偿还。这样做的结果使得还本付息额与借款人收入保持一定的比例,可以按照通货膨胀作调整,这样既可以使借款人保持支付能力,又可以使贷款人减少因通货膨胀造成的损失。

5. 反向年金房地产抵押贷款

反向年金房地产抵押贷款是一种专为老年人把其拥有的房地产产权资本转化为现金以应付生活支出的房地产抵押贷款。贷款利率可固定或变动。借贷双方签订这种贷款协议后,由贷款人按该抵押房地产价值的一定成数确定贷款总额,然后按月支付一定的金额给借款人,贷款到期后,借款人或其继承人可通过偿还贷款本息赎回抵押的房地产;否则,由贷款人处理后收回贷款本息。有的国家规定借款人的年龄必须超过60岁。

6. 只付利息不需还本房地产抵押贷款

只付利息不需还本房地产抵押贷款是贷款机构为了吸引借款人而推出的一种新的另

类贷款方式,该贷款规定在8年到10年,只要付利息,不用还本金,以减少借款人每月好几百元的支付额。同时,这种贷款方式的贷款利率也低于一般性房地产抵押贷款的利率。借款人可以等到贷款转回成一般性房地产抵押贷款后再开始每月定期支付利息也同时归还部分本金。这种贷款用途通常是购买住房,考虑到一般房地产抵押贷款在头几年的每月支付额中几乎都是利息,归还的本金额其实很少,所以如果买家在新购入的住房中住上超过七年,这种贷款方式与传统贷款在本金上的归还额差别并不太大,特别是一些住房价格上涨迅速的地区,涨幅超过住房的折旧,屋主大可以到卖房子时再一次归还本金。贷款人可以做自己的银行,可以很快地归还借贷本金,也可以根本不还,可以把少支付的几百元做再投资,也可以把钱拿去归还利息更高的信用卡借贷,让个人处理现款的弹性更大。不过,贷款机构多半不对第一次购房者开放这种贷款。

7. 房屋增值分享贷款

房屋增值分享贷款是贷款机构除了低于市场利率的利息外,另可以获得房屋部分增值的一种贷款。房屋增值分享贷款在一定程度上使贷款机构可以应对通货膨胀带来的压力,获得房屋增值的一定比例增值好处,其前提是贷款机构提供比较优惠的贷款条件——低的贷款利率。这比市场利率低的贷款利率提供了贷款机构将来可望分享房屋价值增值的部分利益的机会。如一笔房屋增值分享贷款,采用等额本息还款方法,贷款金额80 000美元,期限30年,合同固定利率8%(低于市场利率),贷款机构将收取该房屋价值增值的40%,此增值利益的分享在第10年年底或者在此前时间房屋被出售时分享。假定该房屋现在价值100 000美元,前10年没有出售,第10年年底增值到140 000美元,则贷款机构取得增值额的40%,这样,贷款机构除了每个月获得587.01美元外,还在第10年年底获得增值额16 000美元〔(140 000美元-100 000美元)×40%=16 000美元〕。

8. 限制重新贷款的房地产抵押贷款

限制重新贷款的房地产抵押贷款通常是为了减轻重新贷款对贷款机构利润的影响,有的贷款机构推出一项至少在2—3年内不得重新贷款的住房抵押贷款产品,为了吸引借款人,这种贷款的利率比不受限制的住房抵押贷款利率更低廉。

房地产抵押贷款还可以有多种其他形式。

三、国外有特色的个人信用评估制度

(一)富有经验的个人信用报告机构

信用报告机构是信用体系正常运转的中枢,完善的信用制度应该有健全的信用服务机构作为组织保障。在国外,无论是以实行全能银行制著称的德国还是曾经以分离银行制著称的美国,都建立有从事信用报告服务的专门机构,对个人的信用状况进行搜集与处理,以公正、有效的服务赢得了声誉。

在德国,夏华控股公司(Schufa Holding AG)为德国最大消费者信用报告机构,主要业务在于消费者融资相关资料搜集与处理,该公司的信息有固定使用者,签约会员主要是授信金额较大的银行等金融授信机构,签约会员同时也是信息提供者。而更多的信用报告机构并无固定使用者,信息来源几乎都不是使用者所提供的①。

在美国,提供个人信用调查报告的消费信用报告机构主要有三个,它们是益百利信息服务公司(Experian Information Services)、全联公司(Trans Union)及艾贵发公司(Equifax,Inc.),它们的基本工作是收集消费者个人的信用记录,合法地制作消费者个人信用调查报告,并向法律规定的合格使用者有偿传播信用报告。它们各自拥有庞大的计算机数据库,涵盖整个北美地区的个人信用档案。

美国的个人信用调查报告内容一般涉及四方面的信息。

1. 辨识信息

辨识信息包括报告编号、姓名、别名、新旧地址、社会安全号码、出生年月日、配偶姓名、现职公司名称与前职公司名称共8项内容。

2. 信用交易信息

正面信息与负面信息都记录,包括消费者向金融机构、信用卡发放单位、零售商等授信者申请信用或贷款的科目、账号、开户日期、贷款金额或额度、最近余额、还款人姓名(配偶或共同借款人)、期数、每期偿还额、逾期金额、逾期数等重要信用资料。

3. 公共记录信息

公共记录信息只记录负面信息,主要是各州、县政府登记在案的破产声明、积欠税款、法院债务判决等案件,部分州政府还规定积欠子女赡养费者也需列入记录项目。

4. 查询记录

凡是查询该消费者信用报告的机构或个人,其名称、查询日期等都必须按顺序列入查询记录,供后续查询者参考。

根据美国《公平信用报告法》(*Fair Credit Reporting Act*,FCRA),消费者信用报告所列出的信用信息具有时效,不同类别的信息,保留的时间存在差别。按照美国《平等信用机会法》(*Equal Credit Opportunity Act*,ECOA)等法律的规定,某些个人资料不得列入消费者信用调查报告中,如个人种族、宗教信仰、医疗记录、个人背景资料、生活习惯、政治立场等信息不得在报告中反映。此外,美国还有许多家小型消费者信用服务机构,提供不同形式的消费者信用服务。

(二) 比较完善的个人信用评估方法和指标体系

在美国,几乎每个成年人都离不开信用消费,要申请抵押贷款、分期付款、信用卡等,都需要对消费者的信用资格、信用状态和信用能力进行评价。与对国家和企业的评级不同,对消费者的评价是用分数来代表的,对上述记录内容,设置若干指标。通过统计计算等手段,经过综合分析和加工后,最后给出消费者的信用得分,一般是300—900分,分数越高,信用程度越高,反之信用程度就会越低。相应地,借款者的信用评分越低,逾期率越高。信用评分与抵押贷款表现比率关系可以见表12-1所示:

---

① 《信用信息业巡礼——德国夏华控股公司(Schufa Holding Company,Germany)介绍》,http://www.jcic.org.tw/publish/010302.htm, https://www.schufa.de/en/。

表 12-1 信用评分与抵押贷款表现

信用评分	贷款未逾期：贷款逾期
600 以下	8∶1
700—799	123∶1
800 以上	1 292∶1

有的消费信用报告机构也会采用其他的分数段表示,构成分数的权重也有所不同,但基本内容都大同小异。另外,根据消费信用报告机构所使用的评分模型,有的信用评分可测算数十个预测变量。

信用评分(credit score)是衡量信用申请者违约或逾期风险所计算的一种数值。前述美国三大信用报告机构均使用个人消费信用评估公司费尔艾萨克公司(Fair Isaac Corporation)推出的信用评分模型——FICO 评分。FICO 评分的实质,是应用数学模型对个人信用信息进行量化分析。该评分模型考虑的五个方面的因素及其占比为:① 以往支付历史占 35%;② 信贷欠款数额占 30%;③ 信贷历史长度占 15%;④ 新开信用账户占 10%;⑤ 在用的信贷类型占 10%。FICO 评分及含义见表 12-2。

表 12-2 FICO 评分及含义

分 值	含 义
300—579 分	代表有风险借款申请人
580—669 分	代表借款申请人在信用评分的均值以下,但仍有银行会考虑其借款申请
670—739 分	代表借款申请人信用良好
740—799 分	代表借款申请人信用非常可信
800 分及以上	代表借款申请人信用绝佳

据估计,在所有房屋抵押贷款申请中,有超过七成的决策过程,将信用评分视为重要因素。信用报告机构所提供的评分,一般作为初步审查抵押房屋、抵押贷款申请者的信用状况,并且成为房屋抵押贷款发放与否的决策基础。信贷人员根据经验,采取主观判断与信用评分相结合的方法对贷款申请者的资信进行分析,对于符合借款申请资格的申请者,贷款机构还利用信用评分考虑对申请信用的消费者的可贷款金额与适用利率。随着技术的进步,尤其是计算机技术的进步、因特网使用的普及,信用评分能够立即通过计算机网络传送至贷款机构,为贷款机构提供消费者信用纪录的实时分析。由于每一家信用报告机构都有其独特的评分模型与信用评分,因此,每位消费者一般具有超过一种以上的信用评分。针对这种情况,有的贷款机构只使用某一家的信用报告与评分,而有的贷款机构细查各机构(主要是三大信用报告机构)提供的信用评分,并选择其中位数供其贷款决策之用。

信用评分与贷款获得状况往往密切相关,信用分数在 660 分以上的借款人通常收入稳定可靠,债务负担合理,可以获得优质贷款(prime loan),借款人主要是选用最为传统的 30 年或 15 年固定利率抵押贷款。信用分数在 620—660 之间的借款人以及少部分分数高于660分的借款人通常信用记录良好但一般无法提供收入证明,可以获得"Alt-A"抵押贷款,但是借款利率比优质贷款利率要高一些。信用分数低于620分的借款人通常无法出示收入证明,同时债务负担较重,他们要想获得借款,只能获得次级贷款(subprime loan),此种贷款通常是短期内低息、中长期高息,总体贷款利率比"Alt-A"抵押贷款还要高。

第二节 美国的房地产金融

一、美国房地产金融的特点

（一）以住房金融为主的房地产金融

美国的房地产金融又称不动产金融,是以金融机构为中介,以房地产抵押贷款为主体构成的房地产金融市场为特征的。在这个房地产金融市场中,商业和农业房地产抵押贷款在房地产抵押贷款中的主要地位在二次大战后已逐渐让位给住房抵押贷款,到1990年年初,住房抵押贷款余额已大约占整个房地产抵押贷款余额的2/3,住房金融在房地产金融中的主要地位已经确立。以下特点以住房金融为主来说明。

（二）民间私人信用占住房金融的主导地位

美国的住房金融市场的主体是私营性质,包括私营金融机构、投资者和个人。私营金融机构较少受不正常的人情、行政等外来因素干扰,经营自主,灵活性较强,住房抵押贷款的稳健性较好,借贷双方都按借贷规则办理借贷业务。

（三）住房金融形式多样、分层次化

美国的住房金融以住房抵押贷款为重要特征,借款购房者以住房作抵押从金融机构取得贷款,贷款种类多样,政府或私人的保障机构为住房抵押贷款的偿还提供担保或保险。信托机构从事住房抵押的信托业务,住房抵押贷款可通过次级住房金融市场实现证券化或以其他方式出售。各住房金融机构在住房金融市场上融通资金,安排资产,调整资产和负债结构,形成多样化和分层次的住房金融格局。

（四）政府对住房金融市场进行比较有效的干预

美国的住房金融市场由初级市场和次级市场两部分构成,两个市场相互衔接、相互促进。美国政府在其中起了不可低估的作用,主要表现在对住房金融市场尤其是次级市场进行有效的干预,这种干预从临时性应付发展成法治化调控。从1929—1933年经济大危机后,美国相继出台了《住房抵押再贷款法》《对雇主贷款法》《国民住房法》《住房与城市发展法》《房屋抵押公开法》《同等信用机会法》《房地产清算程序法》《房屋贷款人保护法》《借贷真相法》和《紧急住房金融法》等法规。与此相适应还建立了调节住房金融市场的机构,如承担初级市场贷款保证的联邦住房管理局和退伍军人管理局,以及主要在次级市场运作的联邦住房贷款银行、联邦住房贷款抵押公司；联邦全国抵押贷款协会、政府全国抵押贷款协会等。

美国有偿或者无偿地向信用中介服务机构包括个人信用报告机构提供的政府信息主要有:工商注册、税收和统计等方面的基础信息。

美国的通货监理署(Comptroller of the Currency)还经常对贷款银行包括住房抵押贷款在内的核贷标准进行调查,了解银行系统信用风险趋势,并且发布有关业务指导公告,如对贷款银行采用的自动核贷系统,通货监理署曾经提醒银行系统如果不当使用模型、或依赖有误的估计、或夸大模型结果的解释时,会导致严重恶化贷款银行信誉与获利能力的结果,也就是产生"模型风险"。为避免模型风险,贷款银行内部应当制定模型有效性验证的政策,进行模型有效性验证。通货监理署为此还发布公报,披露模型验证指引,以协助各贷款银行减少模型风险。

二、美国主要的住房融资与保障机构

(一)住房融资初级市场的主要融资机构

美国的住房融资初级市场的融资机构包括国民银行、州银行、人寿保险公司、抵押银行、房地产信托投资公司、互助储蓄银行(Mutual Saving Banks,MSB)和节俭机构(Thrift Institutions)如储蓄贷款协会(Savings & Loan Associations,S&L)等。

储蓄贷款协会是一种互助性质的住房融资机构,它起源于1831年英国移民在美国宾夕法尼亚州建立的"牛津节俭协会",第二次世界大战以后,正式更名为储蓄贷款协会。参加协会的成员有在协会储蓄存款的义务,当他们购建房资金不足时,也有权利向协会申请贷款。储蓄贷款协会成员既是授信储蓄存款者,又是受信借款购建房者。储蓄贷款协会的住房抵押贷款的成数可达9成以上,贷款期限可长达30年,其住房抵押贷款必须是储蓄贷款协会所在州的第一抵押贷款。储蓄贷款协会在联邦注册后受联邦住房贷款银行管理,不过,在20世纪70年代末期,美国社会的通货膨胀率和市场利率不断升高,储蓄贷款协会的许多贷款的实际贷款利率变为负值,以及储蓄贷款协会经营上的一些其他问题,加上联邦住房贷款银行对其监管不力,大多数储蓄贷款协会出现亏损,不少储蓄贷款协会破产或濒于破产。为了解决储蓄贷款协会的危机,1989年美国设立了重组信托公司(Resolution Trust Corporation,RTC),处理处于困境的储蓄贷款协会问题。美国国会还通过了新的法案,建立了专门的节俭机构监管办公室(Office of Thrift Supervision),又称储蓄管理局,负责对储蓄贷款协会的管理。

(二)住房融资初级市场的主要保障机构

美国的住房融资初级市场的保障机构除了私营的抵押贷款保险公司外,主要的就是联邦住房管理局(Federal Housing Administration,FHA)和退伍军人管理局(Veterans Administration,VA)。

联邦住房管理局是根据1934年《国家住房法》成立的,它可为符合政府政策的住房抵押贷款的偿还提供担保,当借款人违约时,贷款人有权把该住房抵押贷款转让给联邦住房管理局,并取得等于未偿还债务金额的债券,该债券的本息支付由联邦政府担保。担保费由借款人支付。

退伍军人管理局是1944年设立的,它可为符合条件的退伍军人取得住房抵押贷款提供还款担保。借款人不支付担保费,但对担保额有限制。

此外,乡村住房服务机构(the Rural Housing Service,RHS),系美国农业部乡村发展局(USDA Rural Development)的一个机构,也为乡村住房抵押贷款提供担保。

(三)住房融资次级市场的主要融资机构

住房融资次级市场是相对于住房融资初级市场而言的。住房融资初级市场是指购房借款人和贷款人之间直接进行交易的市场;而住房融资次级市场则是由最初的贷款人用已贷放的抵押贷款与其他贷款人或投资商之间再进行交易的市场。这里的其他贷款人或投资商就是住房融资次级市场的融资机构,这些机构主要是由联邦政府发起建立的。它们主要是:

1. 联邦住房贷款银行和联邦住房贷款抵押公司

联邦住房贷款银行(Federal Home Loan Bank,FHLBank)是依据《1932年住房贷款银行法》设立于20世纪30年代初期,目的是将住房抵押贷款机构与全国资本市场联系起来,为成员机构提供信用支持。其成员机构主要是储蓄贷款协会、少数互助储蓄银行与人寿保险公司,到2014年底,有超过7 000个成员机构。作为其附属机构的联邦住房贷款抵押公司(Federal Home Loan Mortgage Corporation,FHLMC,常称为Freddie Mac),又称房地美,于1970年由国会批准成立,其股票现在在纽约证券交易所上市(FRE/NYSE),房地美主要协助商业银行、抵押银行和储蓄贷款协会开拓二级抵押市场,购买、出售联邦住房管理局保险和退伍军人管理局担保贷款和其他传统抵押贷款,并开展住房抵押贷款证券化业务,发行转付债券,即将一批期限、还本付息额等相近的住房抵押贷款组合起来,以此为担保发行的债券,并将收取的抵押贷款本息转付给债券持有者。1983年联邦住房抵押贷款公司首度发行转付债券(pay-through)形态的抵押贷款担保债券(CMO),改变传统抵押证券现金流量的安排,配合不同的到期日,以吸引更多的投资者。

联邦住房贷款银行及房地美在调节住房融资次级市场,加强住房抵押资金的流动性方面起过积极的作用。

2. 联邦国民抵押贷款协会和政府国民抵押贷款协会

联邦国民抵押贷款协会(Federal National Mortgage Association,FNMA,常称为Fannie Mae),又称房利美,是根据《国民住房法》于1938年成立的,其目的在于通过它们的服务,促进住房抵押贷款市场的流动性和稳定性,保证民众能够持续得到住房抵押贷款。其宗旨是向中低及偏低收入的美国人提供金融产品与服务,使他们能够更容易购到能够负担得起的住房。1968年由于通过了《住房和城市发展法》,房利美变成了一个由政府支持但股权私有的公司,这是一家被美国国会特许的由股票持有人拥有的公司,其股票在纽约证券交易所上市(FNM/NYSE)。同时,从原房利美中分离出隶属于美国住房与城市发展部(US Department of Housing and Urban Development,HUD)的政府国民抵押贷款协会(Government National Mortgage Association,GNMA,常称为Ginnie Mae),又称家利美。

改制后的房利美,其宗旨并未改变,但其筹资范围有了很大的发展。1995年11月,房利美已成为美元全球债券的最大发行者,发行在外的以抵押贷款为后盾的证券有5 600亿美元[①],到2003年年底,房利美发行在外的债券有8 500多亿美元[②]。

[①] 谢利:"房利美成为美元全球证券最大发行人",《金融时报》,1995年11月27日。
[②] *Fannie Mae 2003 Annual Report*,p1.

房利美实现其宗旨主要是在住房融资次级市场。它向最初贷款人购买抵押贷款，最初贷款人包括储蓄贷款协会、商业银行等。目前购买的抵押贷款有：单户（Single-Family）、常规的没有联邦政府机构保险或担保的固定或可以调整利率的第一留置权的抵押贷款；其他类型的抵押贷款包括联邦住房管理局保险和退伍军人管理局以及乡村住房服务机构〔the Rural Housing Service，RHS，系美国农业部乡村发展局（USDA Rural Development）的一个机构〕担保的抵押贷款、多户（Multifamily）抵押贷款、安全的第二留置权的抵押贷款等。

房利美对所购买的抵押贷款采取两种处理方式：一是发行以抵押贷款为后盾的转付债券，由证券投资者购买；二是把所购抵押贷款作为自己的投资。房利美通过创造各种具体的抵押贷款产品而使其成为美国最大的提供住房抵押贷款的公司。因为房利美以购买最初贷款人贷出的住房抵押贷款的方式向购房借款人提供了抵押贷款资金。

家利美则完全由联邦政府所有，它的主要任务是利用美国政府的诚信为联邦住房管理局和退伍军人管理局以及乡村住房服务机构保险或者担保的住房抵押贷款证券化所发行的证券提供担保，也为房地产抵押投资工具（real estate mortgage investment conduit，REMIC）证券化提供担保，房地产抵押投资工具被视作一种信托工具，系1986年税法改革方案出台后，特别针对抵押贷款担保债券（CMO）创新的一项新的产品，又称为"不动产抵押投资管道"，它避免了抵押贷款担保债券（CMO）双重征税问题，因为它在税前支付给该产品的购买人利息和本金，体现税赋优惠，这也带动美国住房抵押贷款证券化业务，使其日趋成熟发展。

2013—2015年房利美投资房地产抵押贷款相关证券情况见表12-3。

表12-3　2013—2015年房利美投资房地产抵押贷款相关证券情况

抵押贷款相关证券	截至12月31日		
	2015	2014	2013
	百万美元		
房利美	9 034	10 579	12 443
房地美	5 613	6 897	8 681
家利美	817	642	995
次优非政府担保证券	3 114	6 598	8 865
次级非政府担保证券	3 925	6 547	8 516
商业房地产抵押贷款支持证券	3 596	3 912	4 324
房地产抵押贷款收益债券	3 150	4 745	5 821
其他房地产抵押贷款相关证券	1 404	2 772	2 988
总计	30 653	42 692	52 633

资料来源：*Fannie Mae 2015 10K*，p97.

2018—2019年房利美投资房地产抵押贷款相关证券情况见表12-4。

表12-4 2018—2019年房利美投资房地产抵押贷款相关证券情况

抵押贷款相关证券	截至12月31日	
	2019	2018
	百万美元	
房利美	4 944	3 264
其他机构	4 688	3 759
次优和次级非政府担保证券	686	1 897
房地产抵押贷款收益债券	315	435
其他房地产抵押贷款相关证券	314	350
总计	10 947	9 705

资料来源：Fannie Mae 2019 Form 10-K, p62.

联邦全国抵押贷款协会和政府全国抵押贷款协会的存在及其运作，提高了住房融资次级市场的效率，促进了住房抵押贷款的发展。

美国的住房融资次级市场是美国住房金融市场或者是美国的房地产金融市场的一个重要特色。

2004年开始美国连续17次加息，联邦基金利率从1%提升到5.25%。贷款利率大幅攀升加重了购房者的还贷负担。美国房地产市场在2006年还是欣欣向荣，在人们对美国房地产市场未来的估计还是非常乐观之时危机突然显现，流动性的紧缩和利率的大幅攀升一方面增大了住房贷款者的还款压力；另一方面，美国金融市场流动性的减少也使房地产市场逐渐降温，房价上涨的趋势发生反转，次级房贷违约率不断上升。进入2007年，次贷危机开始显现，对房利美与房地美造成重大的影响，"两房"（房利美与房地美）持有的住房抵押贷款的公允价值不断缩水，"两房"对抵押贷款风险的忽视带来了灾难。房利美2007年亏损了20.5亿美元，房地美亏损了30.9亿美元。2008年，"两房"的亏损有进一步扩大的趋势，到2008年年底"两房"亏损都达到500亿美元以上，为了避免"两房"风险向其他领域传染、蔓延和拯救经济，美国联邦政府决定对陷入经营困难的"两房"进行救助，并于2008年9月7日宣布接管"两房"。"两房"通过向美国财政部发行高级优先股获得财政部的注资，在接管期间取消"两房"普通股和一般优先股的派息，"两房"日常业务由联邦住房金融局（Federal Housing Finance Agency，简称FHFA）管理。为了帮助"两房"走出困境，美国联邦政府随后设立了专项投资资金，用于在公开市场购买"政府资助机构的资产支持证券"；同时为"两房"设立专门的短期贷款工具，保证其融资需求，避免出现流动性紧缺。2010年6月，"两房"因未能达到最低股价要求，并且美国联邦住房金融局（FHFA）发表声明，要求"两房"从纽约证券交易所和其他全国性证交所退市。"两房"因未能达到最低股价要求而被勒令从纽约证交所退市。随着"两房"经营情况的改善，"两房"给政府上交的红利已经超过政府的救助成本。2014年3月，美国参议院银行委员会高层又提出了新的"两房"改革议案,计划五年内逐步改进"两房"市场化管理机制。2019年9月,美政府公布建议结束"两房"政府托管,推进私有化,并且进行住房金融体系改革的计划,2020年5月,美国联邦住房金融管理局(FHFA)公布对"两房"私有化转型计划进行修改意见征求,拟进一步调高资本充足率要求,并对其他多项最低资本金内容的调高提出要求,这将促使"两房"重新申请上市筹资。

三、美国政策性住房融资的监管机构

2008年以前,美国对政策性住房融资机构实行"分头监管"。由联邦住房金融委员会(Federal Housing Finance Board,FHFB)监管联邦住房贷款银行系统(FHLBS),FHLBS包括遍布全美的12家地区性联邦贷款银行(Federal Home Loan Bank,FHLBank),住宅和城市开发部(HUD)设立联邦住房企业监督办公室(OFHEO)监管"两房"。OFHEO主要职责首先是监督"两房"的公共住房,其次为实现稳健经营。"分头监管"模式导致权责有限,监管部门缺乏沟通协调,造成监管缺位。并且,监管部门过度强调机构的公共住房职责,间接导致住房融资机构以扩大风险为代价实现住房目标。

次贷危机爆发后,美国于2008年通过了《住房和经济复苏法》,根据这个法案,美国撤销了联邦住房企业监管办公室(OFHEO)和联邦住房金融委员会(FHFB),将这两个机构的职能并入新成立的联邦住房金融管理局(FHFA),统一监管12家联邦住房贷款银行和"两房",从而使次贷危机前的两级市场分别监管变为统一监管的新体制。

四、美国房地产金融的其他方面

(一) 贷款种类

美国房地产金融市场的运作,一般要先有最初贷款人的抵押贷款的发放,随着房地产金融业务的发展、竞争的加剧,抵押贷款形式除了前面所述的以外,各金融机构不断创新抵押贷款形式,如多重抵押贷款。这是因为金融机构一般不是按房地产价值足额发放抵押贷款,而是按照一定的成数发放,如果购买房地产者资金还不足,还可以向第二家金融机构申贷,仍以该房地产作抵押。这样,第一笔抵押贷款为第一抵押,第二笔抵押贷款为第二抵押,还可以有第三、第四抵押。一般说来,第一抵押贷款拥有第一抵押请求权,在贷款偿还及抵押物请求权方面处于优先地位,非第一抵押的抵押,对应的贷款人受损的风险依次增大,相应地,贷款利率一般也要递增。此外,还有固定可调利率贷款(fixed-adjustable)、一揽子抵押贷款等。固定可调利率贷款起始利率是固定的,固定的期限可能是3年、5年或7年,此后的利率则根据市场水平一次性或者定期进行调整,如5/25和7/23这两种固定可调利率贷款前5年或7年的利息是固定的,这个期限结束后对剩余的贷款一次性或者定期按市场利率计算。一揽子抵押贷款其抵押品不仅包括房地产,还包括房地产内的高档家具、高档电器等,主要用于公寓楼、饭店等的融资。在这种抵押贷款中,还往往要有各种保险,如房产保险、借款人人寿保险,等等。最初抵押贷款的复杂化,已给次级融资市场的金融产品的设计带来了复杂性。

随着互联网技术的发展,美国的一些贷款机构利用互联网,并且针对住房贷款领域贷

款报价不实、引起借款申请人极度不满的问题,推出了透明贷款(Transparent Mortgage 或 See-through Financing)服务,帮助借款申请人掌控申请贷款进度与费用,避免借款申请人在完成申贷手续、银行准备放款前才发现,整个费用和当初预估的差距太大。透明贷款服务,让借款申请人由始至终都能掌握贷款申办进度与费用。透明贷款的好处是借款申请人很早就知道完成申贷手续需要花费多少钱,有充裕的时间调度资金,而非最后一刻才知道而措手不及。借款申请人如果不方便上网,也可通过传真或邮寄取得全部资料。透明贷款服务,也替贷款机构节省运作成本,手续费也比传统的贷款方式低廉。

在美国,住房抵押贷款再融资也比较普遍,尤其是在利率下滑、住房增值时期,通过再融资获得的现金有助于提高消费者的支出,或者调降贷款的月还款额,增加消费者可以消费的开支。

(二) 贷款发起和贷款还款

在贷款发放时,贷款机构通常还需要收取费用和点数(Fees & Points)作为贷款发起费,例如,贷款 100 000 美元,费用和点数为 0.6%,则贷款发起费为 600 美元,贷款机构实际支付 99 400 美元,但是偿还还是按照 100 000 美元贷款为基础计算还本付息额。

在贷款还款方面,除了前面第四章介绍的到期一次还本付息方式、等额本息还款方式和等额本金还款方式外,还有可变利率房地产抵押贷款等贷款品种所对应的还款方式,这里通过举例对可变利率房地产抵押贷款所对应的还款方式作一介绍。

例如,某笔住房抵押贷款的贷款总额为 15 万美元,贷款期限为 30 年,初始利率为 9%,以后贷款利率每满一年根据当时 5 年期国库券年利率加上 3% 的利差进行调整,还款方式为等额本息还款方式,如果贷款第 2 年 5 年期国库券年利率为 9%,则第 1 年、第 2 年的每月还款额可以计算如下(有关公式参见第四章第二节的相关内容)。

首先,计算第 1 年的每月还款额:

$$PMT_{m1} = 150\ 000 \times 9\%/12 + \frac{150\ 000 \times 9\%/12}{(1+9\%/12)^{360}-1}$$
$$= 1\ 206.93(美元)$$

其次,计算第 1 年年底的贷款余额:

$$P_{b12} = 1\ 206.93 \times \frac{(1+9\%/12)^{348}-1}{9\%/12 \times (1+9\%/12)^{348}}$$
$$= 148\ 974.72(美元)$$

最后,计算第 2 年的每月还款额:

$$PMT_{m2} = 148\ 974.72 \times 12\%/12 + \frac{148\ 974.72 \times 12\%/12}{(1+12\%/12)^{348}-1}$$
$$= 1\ 537.95(美元)$$

第 2 年年底的贷款余额以及以后每月还款额和贷款余额可以按照同样的方法计算出来。

上述例子对于第2年起的利率变化没有限制,由于高企的利率,给借款人的还款增加了压力,对此,贷款机构推出了每月还款额有增幅上限,超过增幅上限的部分作为负分期还款加到贷款余额中去的还款方式。如上例中,如果规定每月还款额的每一次增幅不得超过5%,则第2年每月还款额只能是1 267.28美元,超过的部分增加到贷款余额中去。以第2年第1个月(总第13期)为例,由于该月原没有增幅上限时的还款额为1 537.95美元,其中应还的利息为1 489.75美元,因此,该月应还的利息(1 489.75美元)与实际还款额(1 267.28美元)的差额(222.47美元)将增加到贷款余额中去。就第2年第1个月(总第13期)末而言,由于该月实际没有归还本金,贷款余额就为149 197.19美元(148 974.72美元+222.47美元=149 197.19美元)。这种还款方式由于对每月还款额增幅有限制,并且允许负分期还款,这减少了借款人短期的还款压力,但会使贷款机构延迟现金收入,并且可能引致贷款成数过高,贷款担保程度下降的风险,因而,贷款机构往往会要求借款人承担的贷款初始利率要比利率变化没有限制的可变利率房地产抵押贷款的初始利率要高一些。另外,由于允许负分期还款,这种还款方式对于借款人后期的还款也会增加一些压力。

此外,在可变利率房地产抵押贷款中,贷款机构还推出了每年利率增幅有上限,但是没有负分期还款的可变利率房地产抵押贷款。如规定不管市场利率怎样变化,贷款利率每年向上调整的最大值为2%,这样,在上述最初的例子中,第2年的贷款利率只能为11%,第2年的每月还款额变为:

$$PMT_{m2} = 148\,974.72 \times 11\%/12 + \frac{148\,974.72 \times 11\%/12}{(1+11\%/12)^{348}-1}$$
$$= 1\,425.14(美元)$$

这种还款方式的贷款利率的限制中,有的贷款机构还规定在整个贷款期限内利率累计增幅上限,如规定在整个贷款期限内利率累计增幅上限为6%等。由于在这种还款方式下,贷款机构需要承担更大的利率风险,因此,贷款初始利率往往要比上述两种可变利率房地产抵押贷款的初始利率要高。

可变利率房地产抵押贷款需要选择合适的利率指数,在美国所选择的利率指数主要有6个月期的国库券利率、1年期的国库券利率、3年期的国库券利率、5年期的国库券利率和由联邦住房金融管理局(FHFA)公告的可调利率房屋抵押贷款指数,表12-5是2018年3月至2019年5月联邦住房金融管理局(FHFA)公告的可调利率住房抵押贷款(ARM)指数。

表12-5 可调利率住房抵押贷款(ARM)指数

公告日期	指数月份	指数利率(%)
2019年5月29日	2019年4月	4.15
2019年4月30日	2019年3月	4.36
2019年3月28日	2019年2月	4.46

(续表)

公告日期	指数月份	指数利率(%)
2019年2月28日	2019年1月	4.60
2019年1月24日	2018年12月	4.83
2018年12月27日	2018年11月	4.86
2018年11月29日	2018年10月	4.75
2018年10月25日	2018年9月	4.62
2018年9月27日	2018年8月	4.63
2018年8月28日	2018年7月	4.60
2018年7月26日	2018年6月	4.59
2018年6月26日	2018年5月	4.57
2018年5月29日	2018年4月	4.51
2018年4月26日	2018年3月	4.49
2018年3月27日	2018年2月	4.28

资料来源：https://www.fhfa.gov/DataTools/Downloads/Pages/Monthly-Interest-Rate-Data.aspx，2020年6月10日。

（三）贷款资产证券化

美国的贷款资产证券化始创于住房抵押贷款证券化，并且以过手证券（Pass-through Securities）为主要形式之一，过手证券的发行按照发行或者担保发行机构的性质可以分为政府及政府背景的机构和私营机构两大类，前者一般指家利美、房地美及房利美，后者是由节俭机构、商业银行或者其他私人机构组成。目前，后者发行的过手证券规模要比前者发行的过手证券规模小许多，但也有较好的发展前景。过手证券的一般运作模式如图12-1所示。

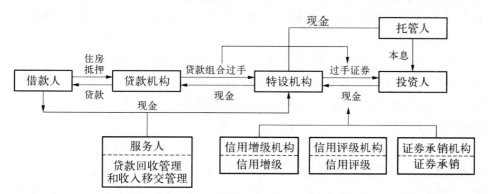

图 12-1 过手证券的一般运作模式

家利美、房地美及房利美在过手证券发行中的作用和担保性质并不完全相同。家利美的过手证券是以美国政府的信誉作为保证的，坏账风险几乎不存在，如同国债。当原始住房抵押贷款借款人未能在约定存续期限内支付利息与每月本金还款时，在政府信誉保证下，可稳定证券持有人的投资收益。并且，家利美在过手证券发行中仅提供政府保证，并不是证券发行者。家利美的过手证券系由符合资格的金融机构，如商业银行、储蓄机构或住房抵押贷款银行等发行。这种由家利美担保的证券被称为抵押支持证券（MBS），首次在1970年发行，发行者只有在符合家利美订定承销标准前提下，才可取得家利美提供的证券发行的担保，并可将流动性低的住房抵押贷款，转换为由美国政府保证的高流动性证券。符合条件的原始抵押贷款应该是由联邦住房管理局、退伍军人管理局以及乡村住房服务机构提供保险或者担保的抵押贷款。在这个证券化过程中，家利美除了收取担保费外，更有助于实现提供房地产抵押贷款市场所需资金，并促进住房融资次级市场发展的目的。

房地美的过手证券主要是在其从抵押贷款发起人处购买没有保险/担保的或者由私人保险的抵押贷款后，由其担保并发行的证券，目前，作为其发行基础的抵押贷款也有少量是由联邦住房管理局、退伍军人管理局以及乡村住房服务机构提供保险或者担保的抵押贷款。这种由房地美发行的证券被称为参与证券（participation certificate，PC），该证券首次在1971年发行，1990年，房地美推出了黄金参与证券（Gold PC），此后，房地美发行的参与证券主要是黄金参与证券，黄金参与证券的担保要比普通参与证券的担保强，房地美担保黄金参与证券的投资者按时得到利息及本金，而对于普通参与证券，房地美担保普通参与证券的投资者按时得到利息，而本金是在到期后不迟于1年的时间内给予偿还。

房地美创立的参与证券有两种发行方案：一种是现金方案（cash program），另一种是担保人/互换方案（guarantor/swap program）。现金方案下，房地美购买贷款机构发放的常规抵押贷款，一般为单户或者2—4户住房抵押贷款，经过组合并且担保后在市场上销售；担保人/互换方案下，房地美允许贷款机构将发放的常规抵押贷款经过组合与以相同组合担保的参与证券进行交换，如某家贷款机构发放了1亿美元的常规抵押贷款，它可以将这些常规抵押贷款与房地美的参与证券进行交换，这些参与证券的基础常规抵押贷款组合就是这1亿美元的常规抵押贷款。与现金方案不同，担保人/互换方案下贷款机构获得的是证券而非现金。

房利美尽管在1938年已经成立，但在1972年开始购买住房抵押贷款作为投资，参与资产证券化的时间更加晚，直到1981年，房利美才将购买的住房抵押贷款组合化，并发行首批由其担保的住房抵押贷款支持的过手证券，也称为抵押支持证券。房利美担保其发行的抵押支持证券的投资者能够按时得到利息及本金。

在美国，还有转付型证券，并且派生了许多衍生品种，以吸引不同投资者的需要。抵押贷款担保债券（CMO）属于转付型证券，并且有许多衍生品种。抵押贷款担保债券（CMO）采用了分档（tranches）技术，它通常按照期限的不同，设计不同档级的债券，每档债券的特征各不相同，在一定程度上克服了过手证券的提前偿付的不足，比较好地满足了不同投资者对收益、风险和期限等的不同偏好。这里主要介绍顺序偿付档（sequential pay tranches）、z债券档（z-bond tranche）、浮动利率档（floating-rate tranches）和计划分期偿付档(planned amortization class tranches，PAC)。

顺序偿付档是以住房抵押贷款组合为基础，发行多档债券，如 A 档、B 档、C 档和 D 档等，首先根据每档未偿付的余额按约定的利率支付每档债券的利息，然后按照本金偿还规则偿还本金，而本金偿还规则是每档必须在它前面的档的所有本金被偿付以后才有权得到偿付。如对 A 档债券本金被偿付完毕之后，才偿还 B 档债券的本金，对 B 档债券本金偿付后，才偿还 C 档债券的本金，对 C 档债券本金偿付后，才偿还 D 档债券的本金，直到 D 档债券的本金被全部偿还。由于存在担保品的提前偿付，每个时期用于偿付的金额是不确定的。

Z 债券档实际上是上述顺序偿付档最后档，在发行多档债券时，规定最后一个档次为 Z 档，又称应计档(accrual tranche)债券，此种债券规定 Z 档可获得的利息先不用于 Z 档的利息偿还，而是被用于加速前面档的本金余额的偿付，并且将 Z 档的获得的利息累积到 Z 档的本金上。如在利息偿付上，对 A、B、C 档未偿付的余额按约定的利率支付每档债券的利息，Z 档的债券属于应计利息累积债券，不能实际获得利息支付的，而是将应该支付的利息累积起来并计入 Z 档的本金额。在本金偿付上，首先偿还 A 档债券的本金，当 A 档债券被清偿完毕之后，才偿还 B 档债券的本金，对 B 档债券本金偿付后，才偿还 C 档债券的本金，在前面各档债券的本金都被偿还完毕后，才偿还 Z 档债券的本金(包括累计利息)。

浮动利率档是顺应某些投资者偏好浮动利率资产，以便与其浮动利率负债搭配的要求而设计的，这种债券的利率定期(如按月、按季等)随利率参数进行浮动，由于在设计上将上述顺序偿付档或者 Z 债券档当中的某一档或者某几档设置成正浮动利率档和逆浮动利率档(inverse floating-rate tranches)，并且使两者支付的加权平均利率与创设浮动利率档之前的某一档或者某几档的利率一致，同时规定逆浮动利率档逆浮动利率的下限为零，使抵押贷款担保债券资产池能够支持这种债券。如将上述 Z 债券档当中的 C 档设计为 FL 档、IFL 档，其中 FL 档是正浮动利率档，IFL 档是逆浮动利率档。在利息偿付上，对 A、B、FL、IFL 档未偿付的余额按确定的利率支付每档债券的利息，对于 Z 档，以前期的本金加上累积的利息为基础累计计息，Z 档的利息用来加速前面档的本金余额的偿付。在本金偿付上，首先偿还 A 档债券的本金，当 A 档债券被清偿完毕之后，才偿还 B 档债券的本金，对 B 档债券本金偿付后，再偿还 FL 档和 IFL 档债券的本金，FL 档和 IFL 偿还按照各自占原档 C 档的比例进行偿还，在前面各档债券的本金都被偿还完毕后，才偿还 Z 档债券的本金(包括累计利息)。

计划分期偿付档是一种能进一步减少提前偿付风险的有计划分期偿付类债券。这种债券的特点是如果提前偿付被限制在一个特定范围内，则现金流具有很高的预知性，在这种债券中以分期计划表的形式设置 PAC 档，另外设置非 PAC 档，又称支持(support)档或者伴侣(companion)档。PAC 档债券的投资者比非 PAC 档债券的投资者在获取基础担保品本金偿付方面具有优先权，所有在分期计划内超过 PAC 档本金偿付的现金流纳入支持档的本金偿付，只有支持档债券承担了提前偿付风险，除非支持档债券被全部清偿完毕，才不管分期计划表如何设置，将所有本金偿付均支付给

PAC 档。计划分期偿付档目前已经有了创新,增设 PAC Ⅱ 档,这种经过创新的计划分期偿付档,规定 PAC 档拥有本金偿付的第一优先权,其次是 PAC Ⅱ 档,最后是支持档。

在美国还有剥离抵押贷款证券(SMBS),主要有仅付本金债券(PO)、仅付利息债券(IO)和包括在 CMO 中的本息分离债券(CMO Strips)。

随着金融创新的不断进行,美国的房地产抵押贷款证券化规模和品种都在不断增加。而在房地产抵押贷款证券化品种的设计中需要考虑房地产抵押贷款的提前偿付问题,美国有三种表示抵押贷款提前偿付率(prepayment speed)的方法:① 联邦住房管理局(FHA)的经验;② 有条件的提前偿付率(condition prepayment rate,CPR);③ 公共证券协会(public securities association,PSA)的提前偿付基准。由于第一种方法极易产生误导,已经不再使用。

有条件的提前偿付率(CPR)是假定抵押贷款资产池中的剩余本金在抵押贷款剩余期限内每月都有提前偿付,这一提前偿付率根据该资产池的特点(包括其历史上提前偿付统计和当前以及预期的未来经济环境)确定。由于 CPR 是年提前偿付率,为了估计月提前偿付率(single-monthly mortality rate,SMM),需要把 CPR 转换成为 SMM,转换公式为

$$SMM = 1 - (1 - CPR)^{1/12}$$

相应的月提前偿付额公式为

t 月的提前偿付额 $= SMM \times$(第 t 月初的贷款余额 $-$ 第 t 月的计划本金偿付额)

而公共证券协会(PSA)提前偿付基准(PSA prepayment benchmark)被表述为每月的年提前偿付率。PSA 基准是假定一笔抵押贷款刚开始时提前偿付率比较低,随着抵押贷款还款时间延续而加快,到一定时期可以稳定在一个定率上。PSA 基准对于 30 年期的抵押贷款有如下的提前偿付率假定:① 第一个月的 CPR 为 0.2%,以后的 30 个月每月增加年率 0.2%直到 6%的年率水平;② 剩余期限内的 CPR 一直保持 6%的年率水平。这个基准被称为 100%PSA 或者 100PSA。100PSA 的计算可以用公式表示为

如果 $t \leqslant 30$,则 $CPR = 6\% \times (t/30)$;
如果 $t > 30$,则 $CPR = 6\%$。

式中,t 为从抵押贷款发放之日起的月份数。

提前偿付率的快或者慢可以用 PSA 的百分比表示,如 150PSA 表示提前偿付率为 PSA 基准提前偿付率 CPR 的 1.5 倍,50PSA 表示提前偿付率为 PSA 基准提前偿付率 CPR 的一半,0PSA 表示没有提前偿付。

(四)非贷款融资方面

由于受美国经济周期性变化的影响,房地产金融市场同样也有反映。从 1982 年开始的美国房地产投资的又一次扩张,引发了全美房地产信用投入开发高潮,到 20 世纪 80 年

代后半期,市场上房地产供应量激增,大大超过了需求增加,导致市场上房地产供给过剩,尤其是在营利性房地产上表现更为明显,如房地产租金水平下降,房地产贬值严重;到1995年这种状况更为严重,如著名的美国洛克菲勒大厦市值比6年前下降了50%,一些房地产市值跌到了抵押贷款本金以下,越来越多的房地产借款者不能按期还贷;至20世纪90年代中期,已使一批金融机构破产,不少储蓄贷款机构、商业银行、保险公司等曾为房地产过度扩张推波助澜的资金供给者已经背上了沉重的坏账包袱,其中大部分因此完全停止了对房地产业的贷款。这样,在非贷款融资方面出现了一个变化,这就是一些美国房地产公司开始走进华尔街,已经在纽约证券交易所发行股票。据1994年年中的统计,在过去的一年半里,至少有75家房地产公司发行了股票,筹集了250亿美元。此外,由于20世纪90年代利率的持续走低,使得20世纪60年代经美国国会立法(《房地产投资信托法》)准许设立的房地产投资信托(Real Estate Investment Trust,REIT)又被不少投资者看中,一些投资者开始通过房地产信托购买积留在金融机构和政府手中濒临破产的房地产,并利用房地产信托进行新的投资。通过房地产投资信托(REIT),聚少成多,小额投资者也能够进行多样化的房地产投资,主要是从事投资可以带来收益的商业房地产项目与房地产证券。美国的房地产投资信托(REIT)采用公司型组织形态,按照投资对象的不同,房地产投资信托(REIT)分为三类:产权型房地产投资信托(Equity REIT)、抵押贷款型房地产投资信托(Mortgage REIT)和混合型房地产投资信托(Hybrid REIT)。产权型房地产投资信托主要是投资和运营收益性房地产项目,涉及房地产开发、租赁和客户服务等。抵押贷款型房地产投资信托主要是从事向房地产开发经营者提供贷款,另外也从事购买房地产抵押贷款或者抵押支持证券(MBS)等业务。混合型房地产投资信托,兼有产权型房地产投资信托和抵押贷款型房地产投资信托的双重特点,是既从事房地产投资也从事抵押贷款业务的房地产投资信托公司。根据美国国家房地产投资信托协会(National Association of Real Estate Investment Trusts,NAREIT)的统计,到2015年底,共有233家房地产投资信托(REIT)上市,总市值为9 389亿美元。其中产权型房地产投资信托182家,市值为8 865亿美元;抵押贷款型房地产投资信托41家,市值为524亿美元;混合型房地产投资信托从2010年以来已经不复存在。21世纪以来上市房地产投资信托概览见表12-6[①]。

表12-6 上市房地产投资信托概览 (单位:百万美元)

年末	合计	市 值	产权型	市 值	抵押贷款型	市 值	混合型	市 值
2000	189	138 715.4	158	134 431.0	22	1 632.0	9	2 652.4
2001	182	154 898.6	151	147 092.1	22	3 990.5	9	3 816.0
2002	176	161 937.3	149	151 271.5	20	7 146.4	7	3 519.4
2003	171	224 211.9	144	204 800.4	20	14 186.51	7	5 225.0

---

① NAREIT:FTSE Nareit Real Estate Index Historical Market Capitalization,1972-2019,https://www.reit.com/data-research/reit-market-data/us-reit-industry-equity-market-cap,2020年6月10日。

(续表)

年末	合计	市值	产权型	市值	抵押贷款型	市值	混合型	市值
2004	193	307 894.73	153	275 291.04	33	25 964.32	7	6 639.37
2005	197	330 691.31	152	301 490.98	37	23 393.73	8	5 806.61
2006	183	438 071.1	138	400 741.4	38	29 195.3	7	8 134.3
2007	152	312 009.0	118	288 694.6	29	19 054.1	5	4 260.3
2008	136	191 651.0	113	176 237.7	20	14 280.5	3	1 132.9
2009	142	271 199.2	115	248 355.2	23	22 103.2	4	740.8
2010	153	389 295.4	126	358 908.2	27	30 387.2	—	
2011	160	450 500.6	130	407 528.9	30	42 971.7	—	
2012	172	603 415.3	139	544 414.9	33	59 000.3	—	
2013	202	670 334.1	161	608 276.6	41	62 057.4	—	
2014	216	907 425.5	177	846 410.3	39	61 017.2	—	
2015	233	938 852.0	182	886 487.5	41	52 364.6	—	
2016	224	1 018 729.9	184	960 192.8	40	58 537.1	—	
2017	222	1 133 697.6	181	1 065 947.7	41	67 749.9	—	
2018	226	1 047 641.3	186	980 314.9	40	67 326.4	—	
2019	219	1 328 806.2	179	1 245 878.3	40	82 927.8	—	

根据美国《国内税收法》《税收改革法》和《REIT 现代化法》，作为一个房地产信托(REIT)，其组织形态上应该是一个公司型组织、受董事会或受托人所管理，REIT 的证券可以流通交易，证券投资者至少有 100 个，房地产投资信托(REIT)的总投资至少 75% 是投资在房地产(金融)领域，房地产信托(REIT)的总收入至少 75% 来自租金收入、房地产抵押贷款的利息收入、其他 REIT 证券投资收益，在纳税年度的下半年，房地产投资信托(REIT)不能只有 5 个投资者或者更少的投资者合计拥有公司 50% 以上的证券；至少每个会计年度应纳税所得的 90% 当作红利分配给证券投资者人。此时，符合条件的房地产信托(REIT)可以免交公司所得税。此外，房地产投资信托(REIT)通过房地产投资组合，更多元化地投资，而不是仅投资于单一栋建筑，而且所投资的房地产都由经验丰富的房地产专业人员管理。这样，房地产投资信托(REIT)也就可能得到一些投资者的青睐。

(五) 贷款保险

美国的房地产贷款中的保险，除了有政府机构的参与以外，在支持购房者降低购房首付款上也较具有特色，例如，假定购买一套价格为 15 万美元的住房，有三种付款方案可以供购房者选择，这三种付款方案都利用贷款期限 30 年，利率为 10.5% 的住房抵押贷款，但首期付款数额及每月还款数额有所不同,具体数据如表12-7所示。

表12-7 住房抵押贷款保险举例 （单位:美元）

付款方案	首期付款数额		每月还款数额
	首期款	保险费	
方案1 首期款占20%,没有保险	30 000	0	1 098
方案2 首期款占10%,有抵押贷款保险	15 000	540	1 273
方案3 首期款占5%,有抵押贷款保险	7 500	1 425	1 362

表12-7中,每月还款数额包括住房抵押贷款本金、利息及保险费(如有保险时)。方案1没有保险;方案2有保险,每月还款数额中包含38美元保险费;方案3有保险,每月还款数额中包含58美元保险费。与此同时,通常还可以规定在借款人购房付清房价款一定百分比(如20%)后,每月保险费即可以停止支付。从中可以看到,住房抵押贷款时投保住房抵押贷款保险,所缴保险费的多少与借款人所需支付的首期款呈负相关关系。这也使银行等贷款机构能够发放高于常规住房抵押贷款成数的住房抵押贷款,但又不使银行等贷款机构承担过大的风险。

(六) 贷款风险管理其他方面

为了应对某些贷款机构贷款等业务过分膨胀可能引致的风险,美国在2008年前还设有联邦住房企业监督局(Office of Federal Housing Enterprise Oversight,OFHEO),对房利美(Fannie Mae)和房地美(Freddie Mac)等的运作进行监督,督促其注意运作风险,遵循联邦银行监管机构的规定,如收紧高风险贷款即非传统抵押贷款的核保操作,制定内部控制以确保从二级市场上购买的贷款达到风险控制标准要求等。并且,各个监管部门重视应对次优级抵押贷款产生的风险。但是,受到购房者对于未来预期的乐观判断,以及贷款机构过分追求盈利、金融创新过度和相关监管方面的纰漏或者失职等因素的作用,美国在2007年出现了基于次级贷款的次贷危机,并且在2008年次贷危机进一步加剧,引发了波及全球许多地方的金融和经济危机。

次级贷款是指一些贷款机构向信用程度较差和收入不高的借款人提供的贷款,主要在住房贷款领域,又称次级抵押贷款。次级抵押贷款的出发点本是好的,能够为信用评分较低或者付不起首付款而无法取得普通抵押贷款的低收入者提供获得借款的机会。

次贷危机产生的主要原因可以归结为以下三点。

① 美国联邦利率急速上升导致房地产市场降温,房价下跌,贷款利率大幅攀升加重了购房者的还贷负担。这使得次级债务人纷纷"理性"违约,贷款机构产生大量的恶性损失。

② 贷款机构追求高利润率,不计后果扩张次级贷款业务。

③ 过度的证券化。建立在MBS之上的数种金融衍生品被创造出来。而信用评级公司失职,给予一些信用不好的证券化产品三个A、两个A的评级,使很多投资者包括国际

机构都盲目购买。

上述原因,使得次级贷款机构和其他存贷机构深陷坏账危机。

为了应对次贷危机,美国政府采取了多项措施,以挽救经济。在房地产金融领域的措施包括将陷入亏损困境的房地美和房利美收归国有,出台住房稳定计划,帮助部分陷入困境的借款购房者通过抵押再融资减轻还贷负担,让他们"更供得起"住房,鼓励贷款机构减少次级抵押贷款借款人的"月供",并给予贷款机构补贴,加大对两大房贷机构房地美和房利美的注资,期望使抵押贷款利率维持在低水平,以鼓励中产阶级家庭继续购房,提振市场信心。

第三节 新加坡的房地产金融

新加坡的房地产金融是以公积金制和住房抵押贷款相结合为特色的。

一、新加坡的公积金制度和住房制度

1955年,新加坡当时的英国殖民地政府通过立法建立了中央公积金(Central Provident Fund, CPF)制度,同年7月,成立了中央公积金局(Central Provident Fund Board),负责管理公积金工作。1965年8月新加坡独立后,继续实行这项中央公积金制度。中央公积金制度规定,雇员和雇主必须按雇员工薪的一定比例缴纳公积金,由雇主按月集中向中央公积金局缴纳,中央公积金局设立雇员公积金储蓄账户。公积金的缴交率由中央公积金局根据经济发展状况和雇员工资水平和年龄确定,每年公布一次。雇员和雇主的缴交率可以不同。这项制度实施之初,雇员和雇主的缴交率都为5%,以后经过多次调整。1984年,雇员和雇主的缴交率都曾达25%;20世纪90年代初,雇员和雇主的缴交率分别为23%和15%,以后又调整为雇员和雇主的缴交率各自为20%,在1997年亚洲金融危机期间,雇主的缴交率降为10%,1999年,雇主缴交率调为12%,到2002年中,雇主缴交率为16%,如果是自雇人士,则自行提缴20%在个人公积金账户中,对于55岁以上的雇员缴交率有所下降。2003年对于公积金缴交率进行了调整,调整后雇主和雇员的总公积金缴交率就维持在33%:20%来自雇员,另13%来自雇主。根据政府设定,长期的雇员与雇主总缴交率应可在30%—36%之间灵活调动,方便政府更快地针对经济情况做出改变。2007年2月,政府决定把雇主公积金缴交率从13%调高至14.5%,新缴交率从当年7月1日起生效①。2016年1月1日起,在私营部门和公共部门工作没有退休金的雇员的公积金缴交率见表12-8,不同年龄存在缴交差异。新加坡人已接受公积金缴交率有升必有降的事实,公积金缴交率的调整也成为配合新加坡经济发展的有利武器。这种公积金制度是一种由政府立法通过强制储蓄方式并规定其用途的一项社会保障制度。

---

① "雇主公积金缴交率调高1.5个百分点",《联合早报》,2007年2月16日。

表 12-8 私营部门和公共部门工作非可享退休金的雇员的公积金缴款率

雇员年龄	缴交率（月薪≥750 新元）		
	雇主（月薪的%）	雇员（月薪的%）	合计（月薪的%）
55 岁及以下	17	20	37
55 岁以上到 60 岁	13	13	26
60 岁以上到 65 岁	9	7.5	16.5
65 岁以上	7.5	5	12.5

资料来源：https://www.cpf.gov.sg/Employers/EmployerGuides/employer-guides/paying-cpf-contributions/cpf-contribution-and-allocation-rates,2020 年 6 月 12 日。

2020 年 2 月，新加坡 2020 年财政预算案提出 2021 年 1 月起，55 岁以上至 65 岁员工的雇主与雇员公积金缴交率各调高一个百分点，65 岁以上至 70 岁的员工，雇主与雇员缴交率则分别调高 0.5 个百分点与一个百分点。为协助雇主适应调整，政府第一年会抵消雇主缴交率的一半。后受到 2019 新型冠状病毒（COVID-19）疫情影响，延后一年调高年长员工的雇主与雇员公积金缴交率。①

中央公积金制度最初只是用于雇员的养老保险，以后随着国民经济的发展和雇员收入水平的提高，公积金的使用范围有了扩大。为此，中央公积金局为雇员公积金储蓄开设三个专户，即普通账户、保健储蓄账户和特别账户，雇员和雇主缴交的公积金存款会分别进入这三个不同的账户。其中，存款时，普通账户占存入款项的比例随着年龄不同而有差异，随着年龄增长，整体来说，普通账户分到的越来越少，分配到特别账户的比例则先在 50—55 岁年龄段上升至顶峰，再在 55 岁之后骤降，保健储蓄账户分到的越来越多。缴存的公积金账户分配比例一览见表 12-9。

表 12-9 缴存的公积金账户分配比例

雇员年龄	（月薪≥750 新元）		
	普通账户（月薪的%）	特别账户（月薪的%）	保健储蓄账户（月薪的%）
35 岁及以下	23	6	8
35 岁以上到 45 岁	21	7	9
45 岁以上到 50 岁	19	8	10
50 岁以上到 55 岁	15	11.5	10.5
55 岁以上到 60 岁	12	3.5	10.5
60 岁以上到 65 岁	3.5	2.5	10.5
65 岁以上	1	1	10.5

资料来源：https://www.cpf.gov.sg/Employers/EmployerGuides/employer-guides/paying-cpf-contributions/cpf-contribution-and-allocation-rates,2020 年 6 月 12 日。

① 《年长员工公积金缴交率延后调高》，《联合早报》，2020 年 5 月 28 日。

普通账户存款可用于支付购房的首付和还房贷、购买中央公积金局授权的投资产品；其余两个账户的存款分别用于雇员退休养老金等特殊费用和雇员及其家属的医疗费用、购买政府强制的医疗保险，也可购买一份额外的个人商业医疗保险。根据公积金条例的有关规定，雇员可以动用公积金储蓄支付购买住房的首期付款，并可用公积金储蓄偿还购房借款。公积金制度有利于购房消费。

用公积金储蓄来购房是与新加坡的住房制度分不开的。由于历史原因，在20世纪60年代以前，新加坡居民的住房矛盾很突出，缺房情况严重。在1959年6月新加坡实现自治后，为解决严重的房荒，于1960年初成立了建屋发展局，由政府投资建造"政府组屋"，向中低收入居民出租出售，建屋发展局具体负责。20世纪60年代中期，新加坡政府提出了"居者有其屋"计划，推行住房商品化，将"政府组屋"以出租为主逐步转向以出售为主，参加公积金的人士可以动用普通账户中的所有款项来购买，如有不足可以向银行贷款，也可利用将来续存的公积金偿还，但将来如果转售，必须将原来所提领的款项归存普通账户，如有获利则获利不必归存，如为亏损，也不必补足。经过大约20年的努力，已基本解决了人民的居住问题，而且，人民的居住水平正在不断提高，房地产三级市场也很活跃。而公积金的一部分又通过融资渠道作为建屋发展局住房建设投资的主要来源，促进了住房的开发建设，并且，为了使参加公积金的人士的公积金存款能适度投入商业房地产买卖，凡是未经宣告破产且公积金账户中有足够存款者，可动用公积金存款支付全部或部分房款，或者分期偿还贷款。另外，如果个人财力不足也可集合数人共同动用公积金购买房地产。2002年9月起，参加公积金的人士可以用不超过普通账户中可投资储蓄的35%，购买房地产信托基金①。同时，为了使公积金储蓄在退休财务保障、保健开支和房屋贷款之间，有更完善的配置，新加坡开始实行参加公积金的人士用来偿还房屋贷款的公积金存款，不应超过房屋估价的150%的规定，并且这个上限将逐年调低，并在五年内降低至相等于房屋估价的120%。具体见表12-10。

表12-10　中央公积金偿还房屋贷款上限调降进度表

购房日期	中央公积金偿还房屋贷款上限
2002年9月1日—2003年12月31日	150%
2004年1月1日—2004年12月31日	144%
2005年1月1日—2005年12月31日	138%
2006年1月1日—2006年12月31日	132%
2007年1月1日—2007年12月31日	126%
2008年1月1日起	120%

数据来源：新加坡中央公积金局官网 http://www.cpf.gov.sg。

---

① 韩宝镇："公积金储蓄可购房地产信托基金"，《联合早报》，2002年8月30日。

对于年满 55 岁的公积金会员中,有少数人因为普通账户存款不足,希望动用非普通账户存款偿还每月房屋贷款。政府也对此采取灵活做法,在考虑公积金会员的退休需求的情况下,新加坡建屋发展局会提供财务咨询服务,积极地帮助有需要的屋主,根据个别情况为他们制定适当的解决方案,确保年长者有住屋又有积蓄。

2019 年,为支持新加坡人购房,新加坡继续提供公积金住房补助金给符合条件的购房者,并且增加补助力度。同时,购买转售组屋时,购房者所获的津贴会与组屋单位的剩余屋契挂钩。购买剩余屋契至少能让自己住到 95 岁的购房者,将能获全额津贴。若无法符合这项条件,所获的津贴将按比例计算。

二、新加坡房地产金融概览

新加坡房地产贷款由银行、金融公司和邮储信贷机构承担。在 20 世纪 80 年代中期,这三类金融机构在房地产贷款市场各占三分之一,但随着房价的上升,以及新建住房的相继落成,住房交易的活跃,银行加大了对房地产贷款市场的竞争,到 1992 年,银行房地产贷款额增至 89 亿新元,占整个房地产贷款总额的 71%,远远领先于金融公司 12% 和邮储信贷机构 17% 的份额;同时,银行房地产贷款在整个银行贷款业务中所占的比重也达到了 18%。

新加坡政府关注居民的收入是否付得起住房的价格,在制定政府投资的组屋价格时,要确保三房或四房式组屋的价格是一般低收入或普通收入家庭所负担得起的,使居民每月花在分期付款买房子上的钱只占家庭收入的 25%—30%。1992 年直接向建屋发展局购买组屋的家庭平均收入与屋价的比例见表 12-11。

表 12-11　购买组屋的家庭平均收入与屋价的比例

组屋类型	每月平均家庭收入（新元）	平均屋价（新元）	屋价与常年收入的倍数
三房	1 364	55 000	3.4
四房	1 766	103 400	4.9
五房	2 548	143 400	4.7
公寓式组合	3 388	225 400	5.5

数据来源：新加坡《联合早报》,1993 年 3 月 13 日。

从 2013 年到 2015 年,新加坡非成熟组屋区新组屋购房者的平均偿债比率(Debt Servicing Ratio,简称 DSR,指一户家庭每月房贷供款占月收入的百分比,介于 30%—35% 的偿债比率,被视为买家负担得起房屋)呈下滑的趋势。这三年分别为 24%、22% 和 19%。这与建屋发展局稳定非成熟组屋区新组屋售价,改善各种购屋津贴有关,并且也与新加坡居民家庭工作月入中位数从 2013 年的 7 872 元,上升至 2014 年的 8 292 元,2015 年则进一步上扬至 8 666 元有关[①]。

[①] 邓华贵:"偿债比率逐年下降非成熟组屋区新组屋更易负担",《联合早报》,2016 年 4 月 26 日。

为了帮助低收入家庭(包括新家庭)改善或获得住房,新加坡政府还制定了购买转售组屋的抵押贷款条例。该条例规定,每月收入在一定新元(20世纪90年度初中期为1 000新元)或以下的家庭,可以申请到占市价或交易价(视何者低而定)95%的贷款,以购买三房式或四房简化型组屋;而每月收入在一定新元以上的家庭,在购买各类型转售组屋时可申请到占市价或交易价(视何者低而定)80%的贷款,贷款偿还期最长为25年。此后贷款偿还期曾有延长,但是在2013年仍把组屋贷款年限从30年缩短至25年。

在银行贷款方面,新加坡的商业银行通常都对于借款人提前还款作出一些限制,如规定在提前偿还罚款期(pre-payment penalty period)内(一般为1到5年不等)还清全部贷款额的人,需要缴付罚款,罚款率在0.5%—2.5%不等,计算基础有的是未还清的贷款额,有的是原贷款总额。而银行在作为抵押权人行使抵押权后,如果抵押的房地产有动用公积金购买的部分,则贷款银行的受偿应在抵押房地产处分后的价款填回原业主的公积金账户后进行①。

另外,为了避免银行系统因房地产市场走弱而受到波及,有效地监管和限制银行在房地产市场所面对的风险,金融管理局规定银行的房地产相关贷款不得超过非银行同业贷款总额的35%,以加强监督和控制银行在房地产市场所面临的风险。

由于大多数的组屋购买者都是用贷款来购买组屋,并且偿还期很长,为了帮助申请贷款购买组屋者合理安排长期财务规划,确认自身的承受能力,建屋发展局规定向建屋发展局贷款购买新组屋或转售组屋的组屋购买者,必须向建屋局申请一封建屋发展局贷款合格书(HDB Loan Eligibility Letter),贷款合格书将会清楚地注明,该买主所能借到的最高贷款额以及偿还期限,并且最高贷款额每个月所需负担的分期付款数目。那些经过评定无法负担组屋贷款的人,将无法得到贷款合格书,也无法向建屋发展局办理贷款购买组屋②。

建屋发展局贷款利率以公积金普通账户的法定利率〔公积金普通账户的利率按新加坡主要银行的三个月利率计算,若这利率低于2.5%法定年利率,公积金局就会支付2.5%这个较高的利率。非普通账户的公积金利率高于普通账户,2016年非普通账户的公积金最低利率为4%,所有公积金账户总数的首6万元(包括普通账户的两万元顶限),也将继续获得多1%的利率。从2016年1月起,55岁及以上的会员所有公积金账户总数的首3万元还可获得额外一个百分点的利率〕为基础,再加上0.1%,与银行贷款利率相比更稳定。1999年以来,建屋发展局贷款的利率一直保持在2.6%。而银行贷款利率主要根据市场利率和各家银行商业策略而确定,市场利率常以与新元银行同业拆息率(SIBOR)挂钩。有的时候,银行推出的利率有很大吸引力,不少购房者在购买组屋时选择银行贷款,特别是转售组屋购房者。不过,选择建屋局贷款的买家只需支付10%首期付款,向银行贷款的首期付款为20%,而且5%必须是现金,其余才能用公积金支付③。2019年5月

---

① 韩宝镇:"申请抵押贷款应该注意什么?",《联合早报》,2002年4月9日。
② 游桂娥:"明年买组屋要申请贷款合格书",《新明日报》,2006年10月13日。
③ 杨丹旭:"市场利率走高更多转售组屋买家向建屋局贷款",《联合早报》,2016年2月24日。

10日后,购买剩余屋契至少能让自己住到95岁的购房者,可以获得的建屋局贷款成数最高为九成,剩余屋契不能让购房者自己住到95岁,获得的建屋局贷款成数,则按照90%的比例计算。

第四节 中国香港地区的房地产金融

一、中国香港的住房发展计划概述

中国香港地区的房屋大致可分为三大类:第一种是由民营发展商兴建的私人房屋,其价格由市场自行决定;第二种是由政府兴建、以申请人的负担能力为基础,及确保可负担的单位数量由最少50%增加至最少75%的价格出售给中产阶层的居屋;第三种是公屋,它们由政府独资兴建,专门出租给较贫穷人士居住。

中国香港地区行政当局从20世纪50年代开始有计划地进行住房开发建设,兴建公共屋村供居民租用。1978年,中国香港地区行政当局制定了"居者有其屋计划",鼓励中低收入的家庭购买房屋居住。"居者有其屋计划"由香港房屋委员会负责实施,以帮助那些收入超过申请公共租屋标准又无力按市场价购买房屋的中下收入家庭,能以低于市场价30%—45%的价格购买居屋自住。另外,对于不符合申请公共租屋和居屋条件,又无力按市场价购买房屋的中等收入家庭,也有一定的优惠措施。1987年,中国香港地区行政当局又推出了"长远房屋策略",提出为所有家庭提供他们能够负担得起楼价或租金的房屋;鼓励家庭自置居所,并满足他们日益增长的需求;重建旧型公共屋村,借以改善居住环境。1998年,中国香港特别行政区政府又实施"租者置其屋计划",分期推出可供租户购置的公屋,目的是让公屋租户购得现住的公屋,使租户当上业主,而购买价格远低于市值的价格,一般定价可以为市值的45%,如果在规定的优惠期限内购买,更可以享受楼价折上折的特别折扣优惠。住房发展政策的实施,也促进了中国香港房地产金融业的发展,随着香港经济的发展,尤其是香港房地产市场的变化发展,香港政府的住房政策也有新的变化,如2002年6月,中国香港特别行政区政府宣布在未来数年把出售的居屋单位的数量以9 000为上限;到了2006年后,更大幅减少至2 000个。有舆论认为这反映出特区政府已改变居屋政策,希望逐步淡化居屋的角色,让公营房屋退出房地产市场,避免与私人发展商争利,长远而言有利楼市整体发展[①]。2014年中国香港特别行政区政府公布《长远房屋策略》,提出"供应主导"和"灵活变通"的策略,并确立三个主要策略性方向,以逐步扭转房屋供求失衡的局面。通过居者有其屋计划、私人机构参建居屋计划、居屋第二市场计划、重建置业计划、租者置其屋计划、可租可买计划丰富香港居民的住房问题的改善途径,香港房屋委员会还推进为有住屋需要的低收入家庭提供可负担的租住房屋,并协助中低收入家庭自置居所开展工作。

---

① 张传熙:"香港:审时度势淡出楼市",《人民日报》,2002年6月10日。

二、香港的楼宇按揭贷款

香港的房地产主要指住房楼、商业楼和工业楼货仓,对于已经建成的统称楼宇,未造好的称为楼花,但有时又不作区分,统称楼宇。香港的房地产抵押贷款称为楼宇按揭贷款。什么是"按揭"?通常认为"按揭"一词是英语 assets-gage 的译音,意为财产抵押品或担保品。楼宇按揭贷款通常指购楼者以所购楼宇作抵押而从金融机构取得的贷款。最初,这种楼宇按揭贷款要把楼宇的产权转到贷款机构名下,作为偿还贷款的保证,但从1984年中国香港地区行政当局实施了《地产转让及物业条例》后,楼宇按揭贷款不再采用这种做法,而是将抵押楼宇不作产权转移,实行真正抵押意义上的楼宇抵押贷款,但习惯上仍称为楼宇按揭贷款。

按揭贷款有多种形式,并相应有不同的名称,主要有:加按贷款,指按揭贷款取得者在没有达到银行可贷的最高额时要求追加的贷款;再按贷款,指取得按揭贷款者向另一家金融机构要求再次以同一财产办理按揭贷款;复按贷款,指一家金融机构向另一家办理了按揭贷款的金融机构发放按揭贷款,按揭物为先办理了按揭贷款的金融机构已受押的财产;等等。

中国香港地区行政当局为实施"居者有其屋计划",采取了许多措施,其中包括为居民安排优惠的住房按揭贷款。这种优惠的住房按揭贷款规定:贷款利息优惠,首期支付少,只有一成,还款期可长达20年。以后为配合"房屋长远发展策略",帮助符合条件的人士多途径地购置居所,1988年,香港房屋委员会推出了"自置居所贷款计划"。目的是为有意置业而符合资格的家庭及单身人士,提供免息贷款或发放每月按揭还款补助金,以协助他们实现置业的心愿。该计划规定凡是租住公屋的住户及准住户,都可以按"自置居所贷款计划"申请一笔无息贷款,以便购买私人楼宇等作居所,免息贷款金额,实施初期为7万港元,以后有过调整,并且区别不同资格人士和还贷方式而有差异。对于获得贷款批准的购楼者,也可以不申请免息贷款,但可以申请接受为期若干个月,每月一定港元的楼宇按揭贷款还款补助金,并且无须偿还。如2001年10月份,获得批准的绿表[①]申请人可选择领取一笔66万元免息贷款,13年内摊还;或者50万元免息贷款,20年内摊还。白表申请人则可选择一笔41万元免息贷款,分13年摊还;或者31万元免息贷款,分20年摊还。如果不选择申请无息贷款,绿表申请人可选择在48个月内每月领取4 200元按揭还款补助金,白表申请人可选择在48个月内每月领取2 800元按揭还款补助金;至于单身申请人可以领取的免息贷款/每月按揭还款补助金则为上述金额的一半。针对不符合政府住房保障政策又无力购买商品房的家庭,香港在1993年推出"夹心阶层住屋贷款计划",帮助符合条件的家庭购置私人楼宇。1998年,香港推出"首次置业贷款计划",经过资产审查的市民可获低息贷款,对象包括家庭及单身人士,每个个案可获最高60万元及30万元贷款。政府在2014年12月16日公布新的《长远房屋策略》,这是自1998年以来

---

① 香港房屋委员会将有资格申请自置居所贷款的人根据一定条件分为两类,分别为绿表申请人和白表申请人,两类人可以获得的自置居所贷款免息或者按揭贷款还款补助金存在不同。

首份在房屋方面的长远策略性文件。《长远房屋策略》提出下列三大策略性方向,以期逐步扭转目前房屋供求失衡的局面:① 加建新公共租住房屋,善用现有公屋资源;② 加建资助出售单位,丰富资助自置居所的形式并促进现有单位在市场流转;③ 通过持续土地供应及适时实施需求管理措施以稳定楼市,并在私人住宅物业销售和租务上促进良好做法。中国香港特别行政区的住房计划推动了住房按揭贷款,但住房按揭贷款不是中国香港特别行政区房地产贷款的全部,旧区的改造、新市镇的开发,也推动了其他楼宇的开发,而这都离不开房地产金融的支持。目前,中国香港特区房地产业所占用的银行贷款资金已达银行全部贷款的三分之一,各种楼宇按揭贷款吸引了众多房地产投资或投机者。中国香港银行界也通过调整楼宇按揭贷款成数和贷款利率等,参与调节房地产市场的供求状况,如1994年初,中国香港银行界为压抑过热炒风,减低银行本身贷款风险,纷纷收紧楼宇按揭贷款成数,汇丰银行与恒生银行对500万港元以上的住房单位按揭贷款成数降至五成,而按揭贷款利率增加半厘,汇丰银行还规定对月收入3万港元或以上的家庭,每月最高按揭还款与家庭月收入的比率不得超过50%等。而在1997年的亚洲金融风暴后,给中国香港的房地产市场以极大打击,楼盘市价大幅下跌,不少通过按揭贷款购房的人士成为负资产人士,到2001年底,银行业内的负资产住房按揭贷款总数约为7.3万宗,涉及贷款总值约1 250亿港元①,为了缓解负资产人士的财务负担,并且也为了拓展银行的业务,有的银行推出高达市值1.4倍的负资产转按,该转按贷款是希望通过减低借款人每月还款额,来减轻还贷压力,银行在提供1.4倍转按贷款中,银行只承担最高十成的按揭贷款风险,超过十成的按揭贷款,将通过按揭证券化在市场出售,银行在增加按揭之余,并无增加额外贷款风险,当然,申请转按贷款的负资产人士也需要满足一定的条件,如在过去12个月准时供款,并维持稳定收入,愿意接受转按贷款的利率水平(比原按揭贷款利率低,如为优惠利率减0.5厘—1.75厘等),贷款额在50万—800万元之间,并且接受如果提前偿还贷款的罚息规定。同时,申请人也需要一次性支付贷款额一定比例(如2.98%)的转按费②。楼宇按揭贷款利率的高与低,尤其是楼宇按揭贷款成数的宽与紧,已成为香港间接调控楼宇市道的重要手段之一。

受到经济环境影响,香港负资产住宅按揭贷款涉及的金额由2019年第4季末的7.46亿港元,增加至2020年第1季末的18.67亿港元;负资产住宅按揭贷款中无抵押部分的金额由2019年第4季末的2 500万港元,增加至2020年第1季末的8 100万港元;2020年第1季末负资产住宅按揭贷款的宗数由2019年第4季末的128宗,增加至384宗。但是,这些个案涉及银行职员的住屋按揭贷款或按揭保险计划的贷款,而这类贷款的按揭成数一般较高。银行自从2011年第1季起,并无录得任何拖欠3个月以上的负资产住宅按揭贷款纪录。③

香港金融管理局自2009年以来推出的8轮逆周期宏观审慎监管措施,已显著增强

---

① 韦金:"负资产数目料续下降",《大公报》,2002年6月5日。
② 韦金:"嘉银推1.4倍负资产转按",《大公报》,2002年5月7日。
③ 香港金融管理局:《2020年第1季末负资产住宅按揭贷款》,https://www.hkma.gov.hk/gb_chi/news-and-media/press-releases/2020/04/20200429-6/。

香港银行体系应对楼市一旦逆转的能力。新造住宅按揭贷款的平均按揭成数由2009年9月推出首轮逆周期措施前的64%，降至2019年12月的53%。新造按揭的平均供款与入息比率亦由2010年8月首度推出有关比率上限时的41%，降至2019年12月的36%[①]。

为应对2019新型冠状病毒（COVID-19）疫情影响，纾缓受影响企业和市民的资金压力，香港金融管理局、香港房屋委员会联合金融机构推出住宅按揭"还息不还本"安排，并且将"还息不还本"安排延伸至资助房屋贷款，香港房屋委员会确认并同意参与资助出售单位按揭的银行及财务机构可向资助出售单位的按揭人提供延期偿还本金的按揭贷款安排（简称"还息不还本"按揭贷款安排），延期偿还本金最多12个月，而按揭贷款的还款期亦可同步获得延长最多12个月。延期偿还本金期可最迟于2020年12月31日开始。这个安排适用于资助出售单位计划（包括居者有其屋计划、私人机构参建居屋计划、可租可买计划、租者置其屋计划和绿表置居计划）的一手市场及第二市场计划。为鼓励参与财务机构为购买资助出售单位人士提供按揭贷款及较优惠的按揭条款，房委会为它们提供按揭贷款保证（即是在按揭贷款保证期内及指定情况下，由房屋委员会承担借款人拖欠的按揭还款）。按揭贷款保证契据内的条款对按揭还款期及还款额等有所规定。这些规定有可能令参与财务机构未能向资助出售单位业主提供"还息不还本"按揭贷款安排[②]。

三、"香港按揭证券公司"

"香港按揭证券公司"全称"香港按揭证券有限公司"（Hong Kong Mortgage Corporation Limited，简称HKMC），成立于1997年3月，是一家公众有限公司，其使命是促进银行业界稳定，市民置业安居，香港债券市场发展，退休规划市场发展。由中国香港行政当局通过外汇基金全资拥有，符合中国香港《银行业条例》规定的公营单位地位，据此，由"香港按揭证券公司"发行或担保的债券只附有20%的风险资产权重，根据资本充足率制度，香港按揭证券公司的风险权数为20%。并且，"香港按揭证券公司"为符合中国香港《保险公司条例》的一家认可保险公司。"香港按揭证券公司"按照商业原则成立，承担发展香港第二按揭市场的使命，中国香港特别行政区政府期望能够通过"香港按揭证券公司"的运作，增强中国香港的银行及货币体制的稳定性，促进中国香港资本市场的发展，提高市民置业比例。经过多年发展，香港按揭证券有限公司拥有三家全资附属公司，分别为香港按证保险有限公司、香港年金有限公司及香港按揭管理有限公司。

"香港按揭证券公司"主要从事向银行、政府团体与机构及相关组织、法定团体、公营机构及物业发展商购买以中国香港住宅物业或其他抵押品为抵押的按揭或贷款组合，收购任何类别的债权证、应收款项、金融资产及据法权产；在资本市场发行债券，为购买按揭贷款筹措资金；将按揭组合证券化，向投资者发行按揭证券；为银行发放的以中国香港住宅物业或楼花作抵押的按揭贷款业务，以及住宅物业和其他资产（如适用）作抵押的安老

[①] 香港金融管理局2019年报第81页。
[②] 香港特别行政区政府新闻公报 https://www.info.gov.hk/gia/general/202004/24/P2020042400645.htm?fontSize=1。2020年4月24日。

按揭贷款与补地价贷款提供按揭保险。此外，香港按揭证券公司现在也为符合条件的非上市企业包括中小企业的贷款提供财务担保。

香港按揭证券公司推出的按揭保险计划，有助于自置居所人士获得比较高的按揭成数，从而减轻其支付首付款的负担，目的是推动在香港自置居所；推出安老按揭计划，旨在给予老年人多一项财务安排的选择，借此提升其生活水平。通过安老按揭，老年人可以以自有物业为抵押品，从相关贷款机构一次性或者分期获得一笔款项，而香港按揭证券公司为此提供按揭保险。补地价贷款有助于促进补地价资助房屋的市场流转，因为补地价后，50 岁及以上资助房屋业主可以在公开市场出售或出租其房屋，而香港按揭证券公司为补地价贷款提供保险保障[①]。2018 年 5 月 1 日起按揭保险计划转移至香港按证保险有限公司并由其经营。香港按证保险有限公司为一所由香港按揭证券公司全资拥有之附属公司。在按揭保险计划下，银行为按揭贷款提供者。如果置业人士拖欠贷款，按揭保险一般会为银行六成按揭以上的贷款部分提供保障。因此，按揭保险计划除了可以促进香港市民安居置业之外，亦有助维持香港银行体系的稳定性。按揭保险计划自 1999 年推出以来，已协助超过 149 000 个家庭自置居所[②]。

"香港按揭证券公司"购买的按揭贷款包括以最优惠利率为基准的住宅按揭贷款、以中国香港银行同业拆息为基准的住宅按揭贷款和可调整定息住宅按揭贷款。为了推行按揭组合证券化计划，先后成立了两家特别目的机构（SPV），一家是香港按揭证券融资（第一）有限公司，另一家是 Bauhinia MBS Limited（系在开曼群岛注册成立的特别目的机构），"香港按揭证券公司"出售给这两家公司的按揭贷款，以"净售"方式完成，所有已出售给这两家公司的按揭贷款不再属于香港按揭证券公司资产负债表中的项目。根据中国香港《公司条例》，这两家公司不被视为"香港按揭证券公司"的附属公司，并且是不受其他公司破产影响的独立公司。特别目的机构（SPV）还会以不同货币及结构发行按揭证券，并且所发行的按揭证券有的甚至可以没有担保。"香港按揭证券公司"提供的按揭保险，最高保险金额可以达到楼价的 20%，由此，银行在提供按揭贷款时，也可以提高到楼价的 90%，而"香港按揭证券公司"为分散风险，会向核准再保险公司购买按揭再保险。按揭保险保障的比例及对应的按揭成数会根据金融监管部门的要求作相应调整。此外，"香港按揭证券公司"对于特别目的机构（SPV）发行的按揭证券，根据发行计划，可以提供担保，担保按时支付按揭证券的本金和利息，并且收取担保费用。

按揭组合证券化的示意图如图 12-2 所示。

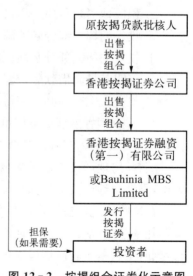

图 12-2 按揭组合证券化示意图

[①] 根据香港按揭证券有限公司 2015 年年报整理。
[②] 香港按揭证券有限公司 2019 年年报，第 71 页。

四、中国香港的房地产投资信托

2002年下半年,中国香港的证券及期货事务监察委员会(简称证监会)开始讨论在中国香港引入房地产投资信托基金的概念和可行性,目的是增加可供公众选择的投资产品种类,以及加强中国香港作为国际金融中心的地位。在2003年3月,中国香港证监会发表了一份守则草拟本,订明规管香港房地产投资信托基金的一般原则和规则,并咨询公众,其后于2003年8月发布《房地产投资信托基金守则》,对REITs的设立条件、组织结构、受托人资格、投资范围、股息分配等方面做出明确的规定。2005年6月发布经过修订的《房地产投资信托基金守则》,撤销了中国香港房地产投资信托基金投资海外房地产的限制外,并且将REITs借贷比率上限调高至资产总值的45%。中国香港证监会规定房地产投资信托基金是以信托方式组成而主要投资于房地产项目的集体投资计划。有关基金旨在向持有人提供来自房地产的租金收入的回报。房地产投资信托基金透过出售基金单位获得的资金,会根据组成文件加以运用,以在其投资组合内维持、管理及购入房地产。《房地产投资信托基金守则》此后又经过了2010年、2013年和2014年的修订,形成了《房地产投资信托基金守则》(第5版),扩大了房地产投资信托基金的投资范围,允许房地产投资信托基金可以投资于物业发展及相关活动,投资于金融工具,但是有比例限制,这些被投资项目必须占投资资产总值的25%以下,投资物业发展及相关活动和购入空置及没有产生收入或正在进行大规模发展、重建或修缮的建筑物的未完成单位价值之和不能超过投资资产总值的10%,投资任何单一公司集团发行的金融工具不超过该投资资产总值的5%。根据《房地产投资信托基金守则》的规定,获得认可的房地产投资信托基金必须具备的条件:

① 专注投资于可产生定期租金收入的房地产项目;
② 积极地买卖房地产项目是受到限制的;
③ 收入的较大部分必须源自房地产项目的租金收入;
④ 收入的绝大部分必须会定期以股息方式分派给持有人;
⑤ 订明其最高借款额;及
⑥ 关连人士交易必须获得持有人的批准。

并且,中国香港证监会认可房地产投资信托基金的一项条件,是该基金将会在证监会接纳的某个期间内在香港联合交易所上市。

随着《房地产投资信托基金守则》的实施,已经有若干房地产投资信托成功发行并且上市,香港房地产投资信托基金概览见表12-12。

在这些房地产投资信托基金中,领展房产基金(00823,HK)是香港市场首个房地产投资信托基金,其前称领汇房地产投资信托基金于2005年11月25日在香港联合交易所上市,当时是收购了香港房屋委员会旗下的与公屋相连的约150个商场、约180个停车场及93个街市,为了达到世界级房地产投资及管理机构的目标,领展翻新了旗下在香港的数十个房地产项目,斥资为旗下物业增加无障碍通道等。并且投地发展甲级办公楼、商场和停车场的综合物业项目,还进军中国内地,收购办公楼等,2015年领展房产基金已经购入了北京欧美汇购物中心以及上海新天地的企业天地1号和2号物业。而越秀房产信托基

表 12-12　香港房地产投资信托基金概览①

代号	名称	按盘价	市值（HK$）	市盈率
405	越秀房产信托基金	HK$3.620	11.65B	11.49x
435	阳光房地产基金	HK$3.950	6.56B	8.53x
停牌625	睿富房地产基金	HK$4.350	2.01B	—
778	置富产业信托	HK$6.810	13.25B	8.91x
808	泓富产业信托	HK$2.310	3.49B	10.41x
823	领展房产基金	HK$65.800	135.40B	—
1275	开元产业信托	HK$0.990	967.97M	—
1426	春泉产业信托	HK$2.560	3.72B	13.13x
1503	招商局商业房托	HK$2.580	2.90B	92.14x
1881	富豪产业信托	HK$1.190	3.87B	—
2778	冠君产业信托	HK$4.090	24.08B	—
87001	汇贤产业信托	RMB 2.180	14.18B*	25.95x

注 * 港元等值的金额。
信息于开市后提供并延时最少十五分钟。
在数据核对处理期间，按盘价一栏会显示上日收市价。
更新：2020年6月16日 16:08 HKT。

金（00405，HK）是首只在中国香港上市的具有中国内地房地产背景的房地产投资信托基金。至于睿富房地产基金（00625，HK），因为其持有的唯一物业北京佳程广场在购入中卖方对北京佳程广场收益造假，对睿富房地产基金造成极大的负面影响，睿富房地产基金价格连续下跌，在获得北京佳程广场卖方赔付后，通过出售佳程广场，清盘退市。这也从一个侧面揭示了房地产投资信托基金运作面临的风险。2019年12月10日，招商局商业房托基金成功在香港证券交易所挂牌，招商局商业房托是首家央企REITs，其五项底层资产全部位于粤港澳大湾区核心城市——深圳市的南山区蛇口区域，其中包括四项商业物业，新时代广场、科技大厦、科技大厦二期及数码大厦，以及一项商场物业，即花园城。香港房地产投资信托基金的发展也会给中国内地发展房地产投资信托基金带来经验与借鉴。

本章小结

国外房地产金融机构主要有商业银行、住房储蓄贷款机构、抵押银行、人寿保险公司、

---

① 资料来源：https://www.hkex.com.hk/Market-Data/Securities-Prices/Real-Estate-Investment-Trusts?sc_lang=zh-HK。

房地产投资信托公司以及政府设立的有关房地产融资机构等。

国外房地产抵押贷款的种类可以有多种分类,按贷款的用途分类有住房抵押贷款、商业房地产抵押贷款、工业房地产抵押贷款、教堂房地产抵押贷款、农业房地产抵押贷款、建造贷款、抵押银行贷款和住房建筑管理机构贷款。按贷款的还本付息方式分类有固定利率房地产抵押贷款、可变利率房地产抵押贷款、分级还款房地产抵押贷款、双重指数房地产抵押贷款、反向年金房地产抵押贷款、只付利息不需还本房地产抵押贷款、房屋增值分享贷款和限制重新贷款的房地产抵押贷款等。

美国房地产金融的特点是以住房金融为主的房地产金融,民间私人信用占住房金融的主导地位,住房金融形式多样、分层次化,政府对住房金融市场进行有效的干预。

美国住房融资初级市场的主要融资机构包括国民银行、州银行、人寿保险公司、抵押银行、房地产信托投资公司、互助储蓄银行和节俭机构如储蓄贷款协会等。住房融资初级市场的保障机构除了私营的抵押贷款保险公司外,主要的就是联邦住房管理局(FHA)和退伍军人管理局(VA)。住房融资次级市场的主要融资机构有联邦住房贷款银行(FHLBank)、联邦住房贷款抵押公司(Freddie Mac,又称房地美)、联邦国民抵押贷款协会(Fannie Mae,又称房利美)、政府国民抵押贷款协会(Ginnie Mae,又称家利美)。美国房地产金融市场的抵押贷款的日趋复杂化,已给次级融资市场的金融产品的设计带来了复杂性。在贷款还款方面,也呈现多样化。美国的贷款资产证券化始创于住房抵押贷款证券化,家利美、房地美及房利美在过手证券发行中的作用和担保性质并不完全相同,家利美在过手证券发行中仅提供政府保证,并不是证券发行者。房地美的过手证券主要是在其从抵押贷款发起人处购买没有保险/担保的或者由私人保险的抵押贷款后,由其担保并发行的证券,房地美发行的证券被称为参与证券(PC),房利美也发行由其担保的住房抵押贷款支持的过手证券,这种证券也称为抵押支持证券。

在美国,还有转付型证券,并且派生了许多衍生品种,以吸引不同投资者的需要。抵押贷款担保债券(CMO)属于转付型证券,并且有许多衍生品种。抵押贷款担保债券(CMO)采用了分档(Tranches)技术。此外,还有剥离抵押贷款证券(SMBS),主要有仅付本金债券(PO)、仅付利息债券(IO)和包括在CMO中的本息分离债券(CMO Strips)。房地产抵押贷款证券化品种的设计中需要考虑房地产抵押贷款的提前偿付问题。表示抵押贷款提前偿付率的方法目前有:有条件的提前偿付率(CPR)、公共证券协会(PSA)的提前偿付基准。

房地产投资信托(REIT),能够聚少成多,使小额投资者也能够进行多样化的房地产投资。房地产投资信托(REIT)分为三类:产权型房地产投资信托(Equity REIT)、抵押贷款型房地产投资信托(Mortgage REIT)和混合型房地产投资信托(Hybrid REIT)。

美国的房地产贷款中的保险,除了有政府机构的参与以外,在支持购房者降低购房首付款上也较具有特色。

新加坡的房地产金融是以公积金制和住房抵押贷款相结合为特色的。中央公积金局为雇员公积金储蓄开设三个专户,即普通账户、保健储蓄账户和特别账户。其中,普通账户存款可用于购买住房。公积金制度有利于购房消费。为了帮助低收入家庭(包括新家庭)改善或获得住房,新加坡政府还制定了购买转售组屋的抵押贷款条例。

中国香港的住房发展计划主要有"居者有其屋计划""长远房屋策略""租者置其屋计划"和"自置居所贷款计划"等。中国香港的楼宇按揭贷款有多种形式,如加按贷款、再按贷款、复按贷款。"香港按揭证券公司"是按照商业原则成立,承担发展中国香港第二按揭市场的使命,中国香港特别行政区政府期望能够通过香港按揭证券公司的运作,增强中国香港的银行及货币体制的稳定性,促进香港资本市场的发展,提高市民置业比例。

中国香港的房地产投资信托基金是以信托方式组成而主要投资于房地产项目的集体投资计划。房地产投资信托基金透过出售基金单位获得的资金,会根据组成文件加以运用,以在其投资组合内维持、管理及购入房地产。

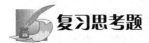

复习思考题

1. 国外房地产金融机构主要有哪几种?
2. 国外房地产贷款的种类主要有哪些?
3. 美国房地产金融的特点是什么?
4. 美国住房融资次级市场的主要融资机构有哪些?
5. 什么是次级贷款?美国 2007 年出现的次贷危机的主要原因是什么?
6. 房地产投资信托可以分为哪三类?
7. 简述新加坡的公积金制度和住房制度。
8. 什么是"按揭"?简述中国香港地区的楼宇按揭贷款。
9. "香港按揭证券有限公司"设立的目的及其主要业务是什么?
10. 简述中国香港设立房地产投资信托基金必须具备的条件。
11. 选择一家香港上市房地产信托基金近年的定期报告,了解该房地产投资信托基金的发展情况。

案例分析

| 案例 | 具有中国内地房地产背景的越秀房产信托基金[①] |

越秀房产信托基金(以下简称"越秀 REIT")是根据汇丰机构信托服务(亚洲)有限公

---

① 资料来源:越秀房产信托基金 2008 中期报告及 2008 年度报告。

司(作为信托人)与越秀房托资产管理有限公司(作为基金管理人)于2005年12月7日订立的信托契约组成的香港房地产投资信托基金,该契约由双方于2008年3月25日作出了修改并订立首份补充契约。

越秀REIT于2005年12月21日在香港联合交易所有限公司上市,是全球首个投资于中国内地物业的上市房地产信托投资基金。2008年2月获得基金单位持有人批准,把其投资范围扩大至广东省以外整个中国,包括香港及澳门。越秀REIT的物业组合包括位于广州的五项商用物业:白马大厦、财富广场、城建大厦、维多利广场及越秀新都会大厦。基金所持物业全部位于我国广州市核心商业区域,物业总建筑楼面面积约为22.2万平方米,估值总额为504 350万元。

2005年12月,越秀REIT全球公开发售,其中原计划国际配售5.2亿份基金单位,香港公开发售6 000万份,每基金单位2.85港元至3.075港元。最终的招股结果为:香港公开发售及国际配售分别获得496倍及74倍认购;最终发售价以上限定价,每基金单位为3.075港元;最终香港公开发售部分为3亿份基金单位,约占全球发售基金单位总数的51.2%。于2008年6月2日发行65 972 687份代价基金单位作为收购越秀新都会支付的代价的一部分。截至2008年12月31日,合计共发行1 065 972 687份基金单位。

越秀REIT在最初上市时只拥有白马大厦、财富广场、城建大厦、维多利广场四项物业。越秀投资通过在英属维尔京群岛(BVI)注册的城市建设开发集团(中国)有限公司(以下简称"GCCD BVI")和广州华振公司共同持有白马商贸大厦物业持有者白马合营公司的100%的权益;通过GCCD BVI的子公司Acon BVI与GCCD集团合资成立中外合营企业广州市城市建设开发有限公司持有财富广场、城建大厦、维多利广场三处房地产。越秀REIT是通过四家BVI公司(柏达投资有限公司,金峰有限公司,福达地产投资有限公司,京澳有限公司)持有这四项物业的。这四家BVI公司是GCCD BVI的全资子公司,越秀投资通过GCCD BVI将这四个BVI公司的股权转让给越秀REIT,从而形成了房地产信托投资基金的结构。

越秀新都会大厦单位是越秀REIT于2008年6月1日,以6.773亿港元的代价向越秀投资新收购的综合商务楼,涉及物业总建筑面积为61 964平方米。代价约2.032亿港元透过于2008年6月2日发行及配发65 972 687份代价基金单位偿付,其余约4.741亿港元透过于2008年6月2日支付现金偿付,该款项是通过与香港上海汇丰银行以浮息过渡性贷款融资的。该收购使得越秀房托基金物业组合的总建筑面积增加38.5%至222 615平方米[①]。该项物业是透过广州捷雅城房地产开发有限公司持有的,该公司是越秀REIT通过购买全部股权而拥有的英属维尔京群岛公司连同境内合作伙伴所共同持有的物业公司。

财富1701是越秀REIT透过广州捷雅城房地产开发有限公司,于2008年7月14日在公开拍卖市场上以1 550万元人民币的价格投得的,建筑面积999.011 9平方米。有关

---

① 资料来源:越秀房产信托基金2008年6月2日刊发的公告——完成有关收购新物业及发行代价基金单位的关联人士交易。香港交易所网站http://www.hkexnews.hk/。

交易完成后,财富广场单位的可供租赁面积将从原来40 356.2平方米增至41 355.2平方米,越秀REIT于财富广场的拥有权比例(按总建筑面积计)从约50.2%提升至约51.4%①。

分析:

2005年6月,香港证监会对《房地产投资信托基金守则》进行修订之后,认可进行海外投资,持有和经营香港以外的房地产的房地产投资信托基金,越秀REIT由此应运而生。

1. 基金架构及利得分配

越秀REIT为单位信托基金,有独立的信托人和管理人,并相互制衡,实现REIT的高效运作。越秀REIT拥有清晰的权益结构,越秀REIT在上市前一系列的结构调整及重组即是为了满足《房地产投资信托基金守则》对权益结构的要求。信托契约对新发基金单位及利得分配均依据房托基金守则做出了规定,对于新发基金单位,需经过基金单位持有人大会的批准,并且要按比例优先向原基金单位持有人发售。但是,2008年新发行的基金单位是作为收购房地产的代价,按信托契约及《房地产投资信托基金守则》的规定,可以不经过基金单位持有人大会的批准,无须按比例优先向原基金单位持有人发售。根据信托契约,越秀REIT须向基金单位持有人分派不少于90%的可分派收入总额,这与其他国家和地区REITs的利得分配的规定是一致的。

2. 税收及监管

越秀REIT是依据修订后的《房地产投资信托基金守则》而成立的,完全受该守则及香港的其他相关法律法规的监管,完善的监管机制有助于基金的运作及发展。在税收方面,由于越秀REIT所持物业都在香港以外的地区,便无须缴纳香港规定的利得税。另外,通过在英属维尔京群岛和英属处女群岛设立的特殊目的载体及其子公司间接持有物业,达到了规避税收和监管的目的,而《房地产投资信托基金守则》规定特殊目的载体不得超过两层,越秀REIT最大限度地利用了特殊目的载体。

3. 规模扩张

收购越秀新都会使得越秀REIT持有的物业总建筑面积增加了38.5%,通过收购实现了规模扩张。按照越秀投资授予越秀REIT优先购买权的承诺,近几年内,越秀REIT将会进一步收购物业,其规模还将继续扩大。

---

① 资料来源:越秀房产信托基金2008年7月15日刊发的公告——收购物业。香港交易所网站 http://www.hkexnews.hk/。

第十三章 房地产金融创新

本章首先介绍了房地产金融创新的理论,然后介绍了房地产金融创新的基本内容和基本方法,包括房地产金融创新的构成、房地产金融产品及其特点、房地产金融产品开发的目的、方法和程序等,最后就房地产金融创新的经济效应作了分析。

第一节 房地产金融创新的基本理论

房地产金融创新是房地产金融领域的当事人通过对房地产金融活动的各种要素的重新组合和创造性变革所创造或引进的新事物。房地产金融创新是金融创新的重要组成部分,我们从金融创新的层面阐述房地产金融创新。金融创新理论源于创新理论的倡导者美籍奥地利经济学家约瑟夫·熊彼特的观点,尽管熊彼特的观点更多的是从一般企业的角度探讨经济发展中的创新问题的,但却为后来的金融创新理论奠定了重要基础。"创新"的概念最早是由熊彼特在1912年出版的《经济发展理论》一书中提出的,熊彼特认为,所谓创新,就是建立一种新的生产函数,也就是说,企业家把一种从来没有过的关于生产要素和生产条件的"新组合"引入生产体系的活动。这种新组合包括以下内容:① 引入新产品;② 引进新技术,即新的生产方法;③ 开辟新的市场;④ 开拓并利用原材料新的供应来源;⑤ 实现企业的新组合[①]。

金融创新大致可归为四类:① 金融制度创新;② 金融组织创新;③ 金融产品创新;

[①] [美]J.A.熊彼特:《经济发展理论》,商务印书馆,1990年,第73页。

④ 金融监管创新。当代金融创新理论起源于20世纪50年代末、60年代初,经过数十年的发展,已经形成了多种不同的理论流派,这些理论流派从不同的角度从理论上阐述金融创新,分析金融创新的促成因素,探讨金融创新的原始动力。金融创新理论流派主要有以下几种:① 规避管制理论;② 约束诱导理论;③ 制度改革理论;④ 交易成本理论;⑤ 财富增长理论;⑥ 技术推进理论。

一、规避管制型金融创新理论

规避管制型金融创新理论认为,金融创新主要是由于金融机构为了获取更多利润而规避政府和金融管理当局的管制所引致的。该理论认为,许多形式的政府和金融管理当局管制实质上隐含了税收,阻碍了金融机构从事已有的营利性活动和利用管制以外的利润机会,因此金融机构会通过金融创新来逃避政府和金融管理当局的管制。但当金融创新危及金融稳定和货币政策不能按预定目标实施时,政府和金融管理当局又会加强管制,这又将导致新的一轮金融创新,金融管制与金融创新的关系如图13-1所示,而静态均衡几乎是不可能存在的。

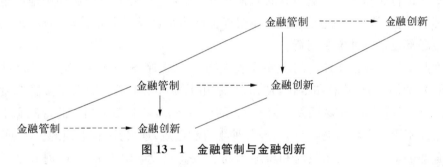

图13-1 金融管制与金融创新

规避管制型金融创新理论的主要代表人物是凯恩(E.J.Kane),凯恩认为,"规避管制"是指对各种规章制度的限制性措施实行回避。"规避创新"则是回避各种金融控制和管理的行为。在市场机制约束下和法制基础上,金融机构在回避各种金融控制和管理以寻求最大利润的过程中,就会产生金融创新行为。凯恩设计了一个制订规章制度的框架。在这个框架中,制订经济规章制度的程序和被管制人规避的过程是相互适用和相互作用的,通过这种相互关联作用,逐步形成比较成熟的政策和规章制度,而金融机构由于其对于政策和规章制度的深入了解和适应,又会提出规避这些政策和规章制度的若干新设想。

二、约束诱导型金融创新理论

约束诱导型金融创新理论认为,金融创新主要是指金融机构为回避或者摆脱其内外部的制约而采取的自卫行为。金融机构的外部压制主要来自政府和金融管理当局的种种管制和制约,以及金融市场上的一些约束。金融机构的内部压制主要是金融机构内部管理的一些指标,如贷款拨备率/拨备覆盖率、流动性比率、资本充足率比率等。

约束诱导型金融创新理论的主要代表人物是西尔柏(W.L.Silber),西尔柏主要是从供给角度探索金融创新,认为金融创新是微观金融组织为了寻求最大的利润,减轻外部对其产生的金融压制而采取的"自卫"行为。西尔柏认为,金融压制来自两个方面:一方面,外部的压制,如政府的控制管理,这种因外部条件变化形成的金融压制会导致金融机构效率降低或机会成本增长,金融机构要通过逃避压制来尽量地降低其损失。另一方面,内部强加的压制,如金融机构为了保障其资产具有营利性的同时还要有一定的流动性,为此需要采取一系列的资产负债管理制度,这些管理制度确保了金融机构的稳健运行,但却产生了内部的金融压制,面对这两个方面的金融压制,实行最优化管理和追求利润最大化的金融机构将从机会成本和金融机构管理成本的角度来寻求最大限度的金融创新,这就是微观金融组织金融创新行为的逻辑结果。

三、制度改革型金融创新理论

制度改革型金融创新理论认为,金融创新是一种与经济制度互为影响、互为因果关系的制度改革,金融体系的任何因制度改革的变动都应该可以认为是金融创新。如政府为了加强对于银行业和房地产金融业的监督管理,成立监督管理银行业和房地产金融业的监督管理委员会,就是一种金融创新,在银保监会内部调整设立审慎规制局、现场检查局和普惠金融部也是一种金融创新。

制度改革型金融创新理论的主要代表人物是戴维斯(S. Davies)、塞拉(R. Sylla)和诺斯(North),他们认为,政府和金融当局的管制和干预行为本身就隐含了金融制度领域的创新,在市场经济社会,市场活跃、经济开放的环境下,政府和金融当局的管制和干预直接或者间接地阻碍着金融活动,市场出现各种规避和摆脱政府管制和干预的金融创新行为,而这些金融创新行为又对于政府和金融当局实施金融政策构成威胁,政府和金融当局必然要采取一系列有针对性的金融制度创新。作为经济制度的一个组成部分,政府和金融当局采取的金融改革,虽然是以建立一些新的规章制度为明显的特征,但它的意义已经不是以往的"金融压制",而带上了"创新"的成分。一个显著的例子是,1934年美国存款保险金制度的建立,都是作为政府和金融当局为稳定金融体系而采取的有力措施,虽然属于金融管制的一部分,但也可认为是金融创新行为。

四、交易成本型金融创新理论

交易成本型金融创新理论认为,金融创新的支配因素是降低交易成本。这一理论包含两层意思:一是降低交易成本是金融创新的首要动机;二是金融创新是对科技进步引致交易成本降低的反应。

交易成本型金融创新理论的主要代表人物是希克斯(J. R. Hicks)和尼汉斯(J. Niehans),他们认为,交易成本是作用于货币需求的一个重要因素,不同的需求产生对不同类型金融工具的要求,交易成本高低使经济个体对需求预期发生变化。交易成本降低的趋势促使货币向更高级的形式演变和发展,产生新的交换媒介、新的金融工具。不断降低交易成本就会刺激金融创新,改善金融服务。

五、财富增长型金融创新理论

财富增长型金融创新理论认为,财富的增长是决定对金融资产和金融创新需求的主要因素,因为财富的增长,提高了人们对金融资产和金融交易的需求,促发了金融创新以满足不断增长的金融需求。财富的增长是产生金融创新需求的主要因素。

财富增长型金融创新理论的主要代表人物是格林(B.Green)和海伍德(J.Haywood),他们认为,科技进步引起财富增加,人们避免风险的愿望和行为促使金融业开展金融创新,使得金融业得以发展,并且使金融资产日益增加。

六、技术推进型金融创新理论

技术推进型金融创新理论认为,新技术革命的出现,特别是电子计算机技术、通信技术和互联网技术及其设备成果等在金融业的应用,是促成金融创新的主要原因。如信息处理和通信技术的成果应用于金融业后,大大缩短了空间和时间的距离,加快了信息传播的速度,提高了资金调拨的速度,降低了成本,使全球金融市场趋于一体化,为进行24小时全球金融交易创造了条件。而互联网技术特别是移动互联网技术的广泛应用更是极大地方便了金融机构和金融客户,拓展了金融机构的服务领域、服务手段和服务时间。韩农(T.H.Hannon)和麦道威(J.M.MeDowell)通过对20世纪70年代美国银行业新技术应用的实证研究,较早地提出了新技术的采用是引致金融创新的主要因素。

事实上,每一种金融创新往往都是多种因素作用的结果,上述金融创新理论能够说明在一定时间和空间跨度金融创新生成机理,尽管存在偏重于某个侧面的弱点,但是,仍然不失为阐述金融创新缘由的重要理论,并且有助于指导人们在房地产金融实践中探索房地产金融创新活动。

第二节 房地产金融创新的基本内容

一、房地产金融创新的内容

房地产金融创新涉及制度创新、组织创新、产品创新、监管创新,涉及房地产金融供应与需求两个方面。从供应方观察,主要是产品创新。

(一)房地产金融制度创新

制度创新是指在人们现有的生产经营和生活环境条件下,通过创设新的、更能有效激励人们行为的制度、规范体系来实现社会的持续发展和变革的创新。所有创新活动都有赖于制度创新的积淀和持续激励,通过制度创新得以固化,并以制度化的方式持续发挥着自己的作用,这是制度创新的积极意义所在。

制度创新的核心内容是社会政治、经济和管理等制度的革新,是支配人们行为和相互关系的规则的变更,是组织与其外部环境相互关系的变更,其直接结果是激发人们的创造性和积极性,促使不断创造新的知识和社会资源的合理配置及社会财富源源不断的涌现,最终推动社会的进步。同时,良好的制度环境本身也是创新的产物,而其中很重要的就是创新型的政府,只有创新型政府,才会形成创新型的制度、创新型的文化。政府从经济活动的主角转为公共服务提供者,努力创造优质、高效、廉洁的政务环境,进一步完善自主创新的综合服务体系,充分发挥各方面的积极性,制定和完善促进自主创新的政策措施,切实执行好已出台的政策,激发各类房地产金融主体的创新活力。制度创新是创新之本,没有制度创新,就没有核心竞争力。

房地产金融制度创新,是引导房地产金融创新的基础,只有房地产金融制度创新,才能真正激活房地产金融其他创新活动。

(二)房地产金融组织创新

任何组织机构,经过合理的设计并实施后,都不是一成不变的,房地产金融组织也是如此。它们如同生物的机体一样,必须随着外部环境和内部条件的变化而不断地进行调整和变革,才能顺利地成长、发展,避免老化和死亡。房地产金融组织创新是通过调整和变革房地产金融组织结构及管理方式,使其能够适应外部环境及组织内部条件的变化,从而提高组织活动效益的过程。房地产金融组织创新涉及功能体系的变动,即根据新的任务目标来划分组织的功能,对所有管理活动进行重新设计。如根据保障房融资和政策性住房金融需要,建立政策性住房金融机构。管理结构的变动,如对职位和部门设置进行调整,改进工作流程与内部信息联系。管理体制的变动,包括管理人员的重新安排、职责权限的重新划分等。管理行为的变动,包括各种规章制度的变革等。

房地产企业金融化某种程度上也是房地产金融组织创新的表现形式。一些房地产企业通过投资行为涉及金融租赁、小额贷款公司、互联网金融平台公司、保险公司、房地产金融科技公司。

(三)房地产金融产品创新

1. 房地产金融产品及其特点

房地产金融产品是指向市场提供的能够满足人们某种愿望和需要的与理财联系在一起的各种受托服务。房地产金融产品具有如下的特点:

(1)受益性

人们购买房地产金融产品最主要的目的是期望通过房地产金融,能够使本人或者其他人受益。

(2)不可分性

在现代社会,房地产金融产品与房地产金融机构是分不开的,任何时候顾客要获得房地产金融服务的满足,房地产金融机构这一服务来源是必不可少的。

(3)易模仿性

房地产金融产品容易被模仿,因为房地产金融产品常用的服务价格竞争、服务方式和其他营销手段容易为其他受托人模仿,并且模仿成功的时间比较短。

2. 房地产金融产品创新的目的、方法、程序与策略

(1)房地产金融产品创新开发的目的

创新开发房地产金融产品的目的主要是为了取得如下的效果,对于这些效果的追求构成了房地产金融产品创新开发的目的。

① 降低提供同类或者类似房地产金融产品的成本;

② 吸引现有市场以外的实力客户,通过扩大服务对象的数量或者提高服务对象质量来达到增加利润的目的;

③ 增加原有市场的销售量或者销售额;

④ 满足客户新的需要。

(2) 房地产金融产品创新开发的方法

① 开拓新市场,市场的需求可以被创造,从而为房地产金融产品创新开发提供了契机;

② 挖掘现有市场的潜力;

③ 降低成本,如通过电子化等手段降低房地产金融产品的成本;

④ 通过重新组合和创造性变革设计新的房地产金融产品。

(3) 房地产金融产品创新开发的程序

① 形成创意,主要是通过内外部两个渠道形成房地产金融产品创新的创意,内部渠道主要包括房地产金融机构的研究开发部门、市场营销部门、高级管理人员乃至广大普通员工,外部渠道主要包括房地产金融机构的客户、房地产金融业务的合作伙伴或者竞争对手,政府及其所属机构。

② 创意优选,对创意进行分析、比较、选择,要避免对创意的潜在价值估计不足,以致未予选择,失去机会,也要注意避免错误选择没有多大市场或者发展前途的新的房地产金融产品,引致失败和损失。

③ 具体分析,对于选定的创意进行进一步的商业分析,并且形成明了的房地产金融产品概念和具体内容。

④ 房地产金融产品营销,对于最终创新确认的房地产金融产品,采取适当的方式营销。

(4) 房地产金融产品创新的策略

① 挖掘客户需要的策略,房地产金融产品创新应该进一步刺激社会需求,满足社会资金保值增值需求、满足委托人转移、管理房地产金融财产目的的需要。

② 提高房地产金融产品竞争力的创新策略,房地产金融产品竞争力的核心是房地产金融产品本身的功能和房地产金融服务的质量,这涉及房地产金融机构具体采取什么样的竞争策略,是采取抢先策略,即抢先推出某种房地产金融产品,还是跟随策略,即及时模仿推出相应房地产金融产品,以及采取最低成本策略或者周到服务策略等。

③ 扩张型创新策略,主要是扩展房地产金融机构已有的服务和提供多元化房地产金融产品。

④ 差异型创新策略,要努力迎合特别需求来创造顾客忠诚度,根据客户的收益与风险偏好、流动性偏好以及其他一些特殊要求,结合房地产金融活动的领域,房地产金融机构凭借自身的技术优势和管理优势,设计相应的房地产金融产品,实现某种新的服务功

能,这种功能要明显地与众不同,明显地弥补以往服务的某种不足,以满足客户的需要。

3. 房地产金融产品创新的主要方面

房地产金融产品创新包括资产证券化创新、房地产融资创新等,其中房地产众筹是互联网+房地产金融的结合的代表形式。

(1) 资产证券化创新

资产证券化创新在商业性个人住房抵押贷款证券化的基础上,发展其他商业性房地产贷款证券化,并且进一步拓展到个人住房公积金贷款证券化。除了贷款资产的证券化外,还有其他涉及房地产的证券化产品,如房地产实物资产证券化、房地产应收账款证券化等。

(2) 房地产融资创新

一是传统的房地产贷款方式的创新,如还款方式的创新;二是筹资的创新,尤其是以房地产众筹为代表。房地产众筹是指在互联网上面向大众筹集资金,以帮助筹款人完成某个有特定意义的房地产项目,投资者通过参与房地产众筹获得房地产产权或者投资货币收益。

房地产众筹形式多样化,主要有融资型开发类众筹、营销型开发类众筹、"购买型+理财型众筹"、REITs型众筹等。而这些房地产众筹形式的实施往往借助于互联网,实现互联网+房地产金融的结合。

融资型开发类众筹通常适用于区域房价上涨预期与资金成本不匹配,项目利润不足以覆盖银行、信托等传统融资方式的资金成本的情况。通过在项目拿地后、建设前进行众筹,为项目建设阶段提供低成本资金,达到降低项目负债率的目的,同时也利于提前锁定一批购房意向人群。营销型开发类众筹一般在项目建设期进行,虽然众筹期处于项目预售前、募集金额也用于项目建设,由于众筹发起时间在建设期,有利于项目的前期宣传,并能为项目提前锁定一批有购房意向的客户。"购买型+理财型众筹"的模式,通过拿出部分房源作为标的,以低于市场的销售价格及"基本理财收益+高额浮动收益"吸引客户,设定固定期限,由投资者共同享有标的物产权。在退出时,投资者享有优惠购房权或将标的物销售后退出获得增值收益;开发商则牺牲部分利润获取大量现金流,提升项目知名度。REITs型众筹,所有投资者将组建成立资产管理公司,由资产管理公司整体购买物业,并委托物业管理公司等进行管理运营;投资者通过金融产品持有物业相应权益,获得租金收益以及持有期内的物业增值价值;开发商以较高的销售价格获得现金,同时收取长期的资产管理费用。

(四) 房地产金融监管创新

房地产金融监管创新包括房地产金融监管组织的创新、房地产金融现场监管方式的创新、房地产金融非现场监管方式的创新、房地产金融监管与房地产监管的合作与协调创新等。金融监管部门为进一步协调对房地产金融机构与房地产金融业务的监管,建立房地产金融宏观审慎管理体系,从人口、房地产市场、房地产金融、经济与金融等方面建立房地产金融宏观审慎监测指标体系,在综合评估判断房地产市场发展走势的基础上,因地制宜,构建逆周期的房地产金融宏观审慎调控机制就是房地产金融监管的一种创新。

第三节　房地产金融创新的经济效应

一、房地产金融创新对经济的正面影响

（一）房地产金融创新促进了房地产金融机构运作效率的提高，增加了房地产金融机构的盈利能力

房地产金融机构运作效率的提高主要体现在房地产金融机构的活动能力提高，同时进一步迎合了房地产金融委托人的需求。房地产金融机构的活动能力的提高表现在房地产金融机构的服务领域的扩大、服务品种的增加和服务的渗透力的增强，进入了一些过去无法或者难以进入的领域、提供了一些过去无法或者难以提供的服务、调动了一些过去无法或者难以动员的资源等。随着房地产金融机构房地产金融创新方案的实施，不仅满足了各种类型的客户对房地产金融产品和房地产金融服务的多样化需求，而且增加了房地产金融机构的业务种类，拓宽了房地产金融机构的经营活动范围和发展空间，扩大了房地产金融机构的业务经营收入，并且房地产金融机构使用各种创新，尤其是资金运用的房地产金融创新，使房地产金融机构组织和运用资金的能力大大提高，资产总额大幅度增长，增加了房地产金融机构的盈利能力。

（二）房地产金融创新提高了房地产金融机构的竞争能力

房地产金融创新使传统的房地产金融措施对客户的吸引力下降，使得传统业务利润的部分递减；房地产金融创新使房地产金融机构寻求集团化的发展。这些都强化了金融机构的竞争。房地产金融创新对房地产金融竞争的强化，既提高了房地产金融机构的整体运作效率，使客户可以享受到高效、便利的房地产金融服务，同时又进一步促进了房地产金融创新。房地产金融创新与房地产金融竞争具有相辅相成的互动关系，房地产金融创新进一步强化了房地产金融竞争的外在压力，而房地产金融竞争又进一步强化了房地产金融创新的内在动力，房地产金融机构通过创新—竞争—再创新这样一个持续不断、循环往复的过程，使房地产金融机构的竞争能力不断增强，房地产金融创新不断向更高的层次和阶段发展。

（三）房地产金融创新提高了房地产金融业的发展能力，提升了房地产金融业在国民经济中的地位

房地产金融创新不仅在房地产金融业务的拓展、房地产金融机构实力的增强、从业人数的增加与素质的提高等方面促进了房地产金融业的发展，由于房地产金融机构盈利能力的增强，带动了房地产金融机构资本扩张能力和现代化管理手段的提高。并且，房地产金融创新还推动了房地产金融业产值的快速增长，使之在一国金融业、第三产业乃至国内生产总值中的比重迅速上升，为金融业、第三产业和国民生产总值的增长作出了重要贡献。房地产金融业作为金融业的主体之一，其快速发展对金融业、第三产业乃至国民生产总值的增长产生了积极的影响。房地产金融业产值的高增长大大提升了房地产金融业在金融业中的地位，进而成为金融业的支柱之一，在一些经济和金融发展水平较高的国家，

金融业已成为国民经济中的主导产业,作为金融业重要组成部分的房地产金融业的地位得到提升,从而也提升了房地产金融业在国民经济中的地位。

(四)房地产金融创新提高了房地产金融市场的深度与广度

房地产金融创新丰富了房地产金融市场的交易品种,使房地产金融市场容纳的房地产金融资产种类不断增加。各种类型的资金房地产金融产品纷纷推出,动产、不动产以及知识产权等财产、财产权等财产管理房地产金融产品的出现和创新,房地产金融产品的技术性也将越来越强。房地产金融产品利用既有基础金融工具与衍生工具的嫁接,可以满足房地产金融市场交易主体对房地产金融产品的需求,激发房地产金融市场活力,并且成为推动房地产金融市场扩张的一个重要因素。随着房地产金融创新及房地产金融产品交易规模的扩张和对外开放,房地产金融市场的活跃程度逐渐提高,有些房地产金融创新,本身就要以多个金融市场做依托,是一种跨市场的国际性金融交易。比如,受托进行货币互换和利率互换,就会涉及多种货币和多种利率,自然涉及多个金融市场,这使得房地产金融市场也会超越了时空限制,这样,一些房地产金融机构就有可能扩大经营范围,并且实现跨国化,而在房地产金融市场也就会出现一些在房地产金融业起主导作用的经营规模庞大的跨国房地产金融机构,房地产金融市场的深度和广度大大增加。

(五)房地产金融创新推动制度改革

在金融自由化和金融创新浪潮的推动下,金融机构之间的竞争加剧,彼此间的业务渗透和交叉越来越广泛,房地产金融业务、银行业务与证券业务之间的一些界限变得越来越模糊。特别是一些规避分业经营的法律限制的房地产金融创新措施,将会对促进金融业务交叉的作用更为明显,金融业从分业经营逐步转向混业经营,反映了资本追求经济利益和自我扩张的欲望,体现了金融机构摆脱经营约束,改变生存和发展环境,获取更大经营空间的内在要求。房地产金融等金融创新在这一转变过程中发挥了重要的作用,当明显带有业务交叉特点或规避分业管制的房地产金融等金融创新措施已经成为现实存在时,政府和金融管理当局将不得不承认由于宏观经济、金融环境的变化,原有房地产金融制度等金融制度已经存在明显缺陷,从而采取了一种较明智的、现实主义的态度,对已有的房地产金融创新等金融创新予以宽容和认可,实施制度改革,建立新制度。

房地产金融创新等金融创新冲击了金融分业经营制度,使房地产金融机构的业务界限在一定程度上变得模糊,一些实行分业经营模式的国家逐步由分离型经营向综合型经营转化,这反映了资本追逐经济利益,体现了房地产金融机构等金融机构寻求自我扩张、摆脱经营约束,改变生存和发展环境,获取更大经营空间的内在要求。房地产金融创新等金融创新对于这种转化发挥了重要的促进作用。

二、房地产金融创新对经济的负面影响

(一)房地产金融创新增大房地产金融机构面临的风险

房地产金融机构在房地产金融创新过程中,尤其是跨地域的房地产金融创新过程中,需要选择合作伙伴,由此面临着伙伴选择风险,在房地产金融创新过程中,房地产金融机构也会利用电子计算机技术、远程通信技术和信息处理技术处理房地产金融事务,由此也

面临着电子风险,等等,房地产金融创新会使房地产金融机构面临新的风险,如果房地产金融机构过分看重自身的利益,借助于房地产金融创新,违反房地产金融目的来处分房地产金融财产,或者只为房地产金融创新而违背管理职责,那房地产金融创新过程中的风险,就实实在在地出现在房地产金融机构面前。

（二）房地产金融创新降低了金融体系的稳定性和安全性

房地产金融创新等金融创新逐步模糊了金融分业经营,金融机构之间的业务逐步呈现互相交叉、互相融合的状况,并且使得金融竞争变得激烈。这种竞争在提高房地产金融效率的同时,由于房地产金融等金融业务的多元化,金融机构会产生同质化,如果监管当局监管不力,或经济、金融形势发生某些突变,有的房地产金融机构就有可能出现风险甚至破产,尽管这一般不会涉及房地产金融财产,但是,这会给公众带来对房地产金融机构的负面影响,进而使金融体系的稳定性和安全性受到挑战。

（三）房地产金融创新使房地产金融监管的有效性下降

房地产金融创新模糊了各金融机构传统业务的界限,建立在传统分业经营模式基础上的房地产金融等金融监管制度框架,会落后于房地产金融等金融发展的现实,房地产金融机构为了逃避管制、增强竞争实力,采用创新手段使房地产金融监管出现某种监管真空,使原有的监管体系和房地产金融等金融监管制度受到挑战,而房地产金融等金融监管创新相对滞后,房地产金融等金融监管对于房地产金融监管的难度增大,使得房地产金融等金融监管的有效性被削弱。

房地产金融创新为房地产金融业增添了活力,但也加大了房地产金融业的风险。从整体看,房地产金融创新的积极作用远远超过其负面影响,我们应当积极地推进房地产金融创新,并采取有效措施趋利避害,减少或者避免房地产金融创新的负面影响。

本章小结

房地产金融发展离不开金融创新,金融创新推进房地产金融的发展,经过多年的发展,房地产金融需要在制度创新、组织创新、产品创新、监管创新方面有进一步的突破。

房地产金融创新是房地产金融领域的当事人通过对房地产金融活动的各种要素的重新组合和创造性变革所创造或引进的新事物。金融创新大致可归为四类：① 金融制度创新；② 金融组织创新；③ 金融产品创新；④ 金融监管创新。金融创新理论流派主要有以下六种：① 规避管制理论；② 约束诱导理论；③ 制度改革理论；④ 交易成本理论；⑤ 财富增长理论；⑥ 技术推进理论。房地产金融产品创新开发的方法主要有：① 开拓新市场,市场的需求可以被创造,从而为房地产金融产品创新开发提供了契机；② 挖掘现有市场的潜力；③ 降低成本,如通过电子化等手段降低房地产金融产品的成本；④ 通过重新组合和创造性变革设计新的房地产金融产品。

房地产金融创新涉及制度创新、组织创新、产品创新、监管创新,涉及房地产金融供应与需求两个方面。从供应方观察，主要是产品创新。房地产金融产品创新包括资产证券化创新、房地产融资创新等，其中房地产众筹是互联网＋房地产金融的结合的代表形式。

房地产金融创新对于经济发展有正反两方面效应，需要采取有效措施趋利避害，减少或者避免房地产金融创新的负面影响。

复习思考题

1. 什么是房地产金融创新？
2. 房地产金融创新依据的理论主要有哪些，其具体内容是什么？
3. 房地产金融产品创新开发的程序是怎么样的？
4. 什么是房地产众筹？
5. 你认为当前可以进行哪些房地产金融创新？
6. 试述房地产金融创新对经济的影响。

案例分析

案例   **碧桂园—平安众筹建房项目**

2015年4月，碧桂园以6.08亿元竞得上海市嘉定区徐行镇02—05地块，这也是平安好房首个开发类众筹项目。项目以"一平方米"作为众筹单位，由平安好房将众筹项目包装为保险、债券、好房宝等金融产品，向特定对象（平安好房注册用户）进行认筹，通过金融产品设计，避免投资者与开发商直接接触，规避了集资建房的法律风险；融资完成后项目开工，在开发建设过程中，投资者将以小开发商的身份，对项目提出建议，参与到项目的设计、社区配套等过程中，一定程度上实现产品"定制化"；在楼盘完成后，投资者即拥有了某一套楼房整体或者部分的权益；此后，投资者可以选择众筹权利转为产权、直接拥有该套住房，或者是委托开发商卖房后转成收益权。

分析：

这是融资型开发类众筹模式，但是又有明确的营销导向，要求投资者需是未来的购房者。

在平安好房模式中，投资者的收益主要体现在前期众筹的标的价格将远低于楼盘的销售价格，价差将成为其主要获利渠道；开发商虽然在销售价格上有所让利，但通过众筹降低融资、销售等环节的成本，从而获得收益，并实现了对购房客户的提前锁定；而平安好房在整个众筹过程中只做平台建设，并不参与具体投资，收益来源于向开发商收取的平台管理费用。

参考文献和网址

1. [美]彼得·钦洛伊:《房地产投资盈利技巧》,中国经济出版社,1992年。
2. 宾融:《住房抵押贷款证券化》,中国金融出版社,2002年。
3. [美]盖伦·E.格里尔、[美]迈克尔·D.法雷尔:《房地产投资决策分析》,上海人民出版社,1997年。
4. 佘国华:《抵押权法专论》,经济科学出版社,2000年。
5. 王洪卫、王诃:《第13届亚洲房地产学会年会暨国际研讨会论文集》,上海财经大学出版社,2008年。
6. 香港按揭证券有限公司2015年年报。
7. 郁文达:《住房金融:国际比较与中国的选择》,中国金融出版社,2002年。
8. 张超英、翟祥辉:《资产证券化——原理·实务·实例》,经济科学出版社,1998年。
9. 中国人民建设银行房地产信贷部:《房改金融》,四川科学技术出版社,1992年。
10. 中国人民银行房地产金融分析小组:《2004年中国房地产金融报告》,2005年8月5日。
11. 中国人民银行货币政策分析小组:《2014、2015年第四季度中国货币政策执行报告》。
12. 中国人民银行金融稳定分析小组:《中国金融稳定报告(2006)》,中国金融出版社,2006年。
13. 中国人民银行上海市分行金融研究室:《金城银行史料》,上海人民出版社,1983年。
14. 周道炯等:《中国经营投资的金融巨子——建设银行》,人民出版社,1989年。
15. 朱镇华:《中国金融旧事》,中国国际广播出版社,1991年。
16. Ginnie Mae: *Ginnie Mae Annual Report*, 2001.
17. Fannie Mae: *Information Statement*, April, 2002.

18. NAREIT: *Research and Statisitics 2002*, www.nareit.com.
19. Fannie Mae: *Fannie Mae 2003 Annual Report*, *Fannie Mae 2015 10K*
20. Ginnie Mae: 2008 *Ginnie Mae Annual Report*.
21. NAREIT: *Historical REIT Industry Market Capitalization*: 1972—2015.
22. www.pbc.gov.cn
23. www.cbrc.gov.cn
24. www.csrc.gov.cn
25. www.circ.gov.cn
26. www.mohurd.gov.cn
27. www.szse.cn
28. www.cpf.gov.sg
29. www.fhfa.gov
30. www.reit.com
31. www.chinamoney.com.cn
32. www.hkex.com.hk

图书在版编目(CIP)数据

房地产金融/曹建元主编. —2 版. —上海：复旦大学出版社，2021.4
(公共经济与管理. 投资学系列)
ISBN 978-7-309-15509-9

Ⅰ.①房… Ⅱ.①曹… Ⅲ.①房地产金融-研究 Ⅳ.①F293.33

中国版本图书馆 CIP 数据核字(2021)第 027669 号

房地产金融(第二版)
曹建元　主编
责任编辑/戚雅斯

复旦大学出版社有限公司出版发行
上海市国权路 579 号　邮编：200433
网址：fupnet@ fudanpress.com　　http://www.fudanpress.com
门市零售：86-21-65102580　　团体订购：86-21-65104505
外埠邮购：86-21-65642846　　出版部电话：86-21-65642845
常熟市华顺印刷有限公司

开本 787×1092　1/16　印张 20.25　字数 468 千
2021 年 4 月第 2 版第 1 次印刷

ISBN 978-7-309-15509-9/F·2782
定价：48.00 元

如有印装质量问题，请向复旦大学出版社有限公司出版部调换。
版权所有　　侵权必究